悪の歴史

大石 学◆編著

日本編 下

隠されてきた「悪」に焦点をあて、真実の人間像に迫る

清水書院

はしがき

本巻は、日本の古代・中世をあつかった上巻に続き、高等学校の日本史教科書に登場する日本近世・近代の人物を取り上げ、広く知られる業績やイメージとは異なる、裏の素顔、異なった評価を示すことで、よりリアルで豊かな人物像を示そうとするものである。

本巻で取り上げる「悪」とは、反倫理・非道徳という意味だけではない。日本の古代・中世で使われた、藤原頼長《ふじわらのよりなが》(一一二〇～五六)の「悪左府《あくさふ》」、源《みなもとの》義平《よしひら》(一一四一～六〇)の「悪源太《あくげんた》義平」「鎌倉悪源太」、平景清《たいらのかげきよ》の「悪七兵衛《あくしちびょうえ》」、あるいは鎌倉時代後期の武装集団「悪党《あくとう》」、荒法師・僧兵などの「悪僧」の「悪」が、中央権力や神仏と対立しつつも、「その人が抜群の能力、気力、体力を持っていて恐るべきであることを表わす」(『日本国語大辞典』)意味も含めて用いる。

その後、一〇〇年に及ぶ戦国時代を終焉《しゅうえん》させ、「日本近世」の「平和」が実現すると、儒学《じゅがく》に基礎づけられた、「武力」「力」とは異なる法と秩序にもとづく善悪の基準が列島社会に浸透した。近世において、「悪」の語は、江戸吉原や各地の遊里《ゆうり》・芝居町を「悪所」とよび、歌舞伎の敵役を「悪形《あくがた》」とよぶなど、脱秩序・非秩序のニュアンスが強まった。江戸の川柳《せんりゅう》では、「悪所とはばちの当った言葉なり」と、遊里が快楽の場所であることを詠い、「悪所とはおや斗《ばか》りいふ言《こと》ばなり」「悪所とハはきつい法度《はっと》の言葉なり」と、親や権力が使う言葉と皮肉っている。先の源義平も、「清和源氏のゴロツキハ悪源太」と、平清盛に斬首されるさいに雷になって太刀取りの難波経房を殺すといい、実際に殺したという話をかけてその不道徳を詠んでいる。また、平景清（悪七兵衛）も、「泊んなと悪七兵衛錣《しころ》引」と、勇猛さを誇る景清が、屋島の戦いで敵の源氏の美尾谷十郎の冑《かぶと》の錣を断った話とからめて「七兵衛」を、女郎の勧誘語「しべえ」にかけている。古代・中世の「悪」が、近世の「悪所」文化に受け継がれ、近世の遊里や歌舞伎が、「悪」を再構成し、再定義したのである。他方近世中期に農民から代官となった田中丘隅《きゅうぐ》は、著書『民間省要《せいよう》』において、「国土の邪正善悪、人の噂・取沙汰《とりざた》、惣而《すべて》の密事、国々所々の悪所ニして能知るゝ事あれば、是らの場所とて除くへからす」と、全国の悪所は、国家や社会の善悪情報などが集まる場所であり、廃止してはならないと、「悪所」の効用も述べている。

　しかし、近世的な「悪」も広く見られた。たとえば幕府は、一七一一（正徳元）年の高札において法にもとづく「盗賊悪党の類あらハ申出へし」（『御触書寛保集成』同四八号)と盗賊を悪党とし、一七三四(享保十九)年の代官宛の触《ふれ》において、「於御代官所若悪党もの等有之」(同一三二六)では百姓一揆勢を悪党とし、一七七二(安永元)年の農民宛の覚《おぼえ》においては、「他所ヨリ悪党モノ入込……博奕《ばくち》三笠附取退無尽等イタシ候ヘバ」(『日本財政経済史料』二下)と、博奕打ちなどを悪党としている。

以上のように、近世においては、儒学にもとづく法や秩序に反する者が、「悪」「悪人」とされたのである。そして、この「近世日本」に成立した善悪・価値観に基礎づけられつつ、「日本近代」の国家的思想や文明思想が形成されていった。日本の近代化・文明化もまた、「近世日本」の延長上にあったのである。

二〇一七年八月

大石学

「悪の歴史」日本編【下】

目次

❖本書に掲載した各人物論については、各執筆者の考えや意向を重んじて、年代表記のほかは内容や論説などの統一は一切行っておりません。したがいまして、人名や地名などが異なる表記の場合もあります。

また、年代は西暦を主に年号(元号)を( )に示しました。日本が太陽暦を採用した一八七二(明治五)年以前は、西暦と陰暦の間で月・日にずれがありますが、陰暦の月・日をそのまま使用しました。

「悪の歴史」

日本編

【下】

1535–1619
安土桃山時代に薩摩を中心に九州南部に勢力をはった戦国大名。慶長の役では朝鮮に出兵、関ヶ原の戦いにも参戦。

多くの犠牲に成り立った武将

島津義弘

…しまづよしひろ…

吉峯真太郎

島津義弘は薩摩藩《さつまはん》の武将である。豊臣秀吉の命令で朝鮮出兵し功績を挙げた。また、関ヶ原の戦いでは西軍につくものの最後まで動かず、敗戦が濃厚になってから徳川軍に切り込み、中央を突破して薩摩まで帰った人物である。

薩摩における島津家

薩摩において、島津家は特別な存在である。鎌倉以来薩摩に関わり、守護大名から戦国大名、そして藩政時代と長きにわたり薩摩を治めた。江戸時代、多くの大名が転封《てんぽう》や改易《かいえき》の対象になり、配置換えが行われたのに対し、島津家はずっと薩摩に居続けたのである。島津には暗君なしといわれ、幕末の斉彬《なりあきら》、中世においては「島津家中興の祖」と仰がれる貴久《たかひさ》、その父で「日新斎《じっしんさい》」と呼ばれる忠《ただ》良《よし》、貴久の長子義久《よしひさ》、と名だたる当主を輩出してきた。その中で異色の活躍を見せたのが島津義弘である。義弘を「当主」とみなすかどうかについては様々な意見があるが、その生涯で有名なものは朝鮮出兵での奮闘と関ヶ原の戦いにおける敵陣を中央突破しての退却「島津の退き口」であろう。

本章ではそんな戦国時代きっての武将島津義弘が生涯で五二回の戦いに出陣し、武功を挙げた点に着目する。それだけ戦に出て、武功を挙げたということはそれだけ多くの人を殺め、または多くの味方を死なせたということだろう。当時の武将としては当然かもしれないが、本章ではあえてそこにふれることで義弘の「悪」の部分を見ていく。

島津家の三州統一

義弘は一五三五(天文《てんぶん》四)年七月二三日、島津家十五代当主島津貴久の次男として伊作の亀丸城に生まれた。兄には後の十六代当主義久、弟に歳久《としひさ》、異母弟に家久といて、島津四兄弟として知られている。義弘は幼少より武勇を好み、厳冬の夜、庭先に木刀や槍を晒《さら》し、早朝それを取って霜雪を踏んでは撃剣に励み、あるいは炎暑を犯し氷雪を厭《いと》わず大木刀を縦横に揮《ふる》ったと言われる。また、義弘が自らその軍功・武功・見聞などを中心に書き記した自伝ともいえる『惟新公御自記』には、

> そもそも予、かたじけなくも義久公の舎弟として若き時より身を弓矢のことに委ね、命の危難の間に奉じ、数十年の中、昼夜をおかず。

とある(以下の引用もすべて同書による)。義弘は兄であり当主である義久を敬う姿勢を崩さず、若い時から戦ばかりであったようだ。

そんな義弘が初めて合戦に参加したのは一五五四(天文二三)年の岩剣《いわつるぎ》城の合戦である。義弘は十九歳であった。

> 天文のころ薩隅日の国人《こくじん》等逆心を挟み、方々に蜂起せしむ。

と、薩摩、大隅《おおすみ》、日向《ひゅうが》の豪族ら反守護勢力が進出してきたのを契機に島津は大隅へ総軍を動かした。反守護勢力が加治木《かじき》の肝属《きもつき》氏を攻撃したことに始まり、守護島津貴久がそれを助ける形で出兵したのである。これより大隅をめぐる戦いが始まる。

義弘は脇元《わきもと》から白銀坂《しらがねざか》に陣を張り、偵察を二人送り込んだが二人は討ち死にしたようだ。それで義弘は伏兵を脇元におき、城下の人家を焼き、鹿児島の兵に脇元の収穫期の稲を刈り取らせて、追ってきた敵軍帖佐《ちょうさ》の兵を伏兵とともに撃破している。さらには敵船を十艘奪い取るなど武功を挙げた。やがて、反守護勢力の援軍二〇〇〇が到着すると、義弘の軍は星原で相対することとなる。

> 予、軍の吉凶を量らず、すなわち陣中の軍兵を引率し、足をも止めず懸け入り、方々に追い散らし、数千の強敵を討ち亡し、大利を得おわんぬ。

とあり、この戦いの吉凶を考えもせず、陣中の兵を引き連れて、足を止めずにまっしぐらに敵中に懸け入り、敵兵を追い散らし、数千もの強敵を打ち負かしたことがわかる。反守護方の犠牲はかなりのもので、この合戦に最も軍功の大きかった義弘が岩剣城の城主となり、以後三年間ここの守護を務めることになった。

その後も大隅をめぐる戦いは続いていく。大隅西部における反守護方の拠点は蒲生《かもう》本城であり「岸高く谷深し、四方に地の続き無く、依り易く攻め難し」と天然の要塞であった。そこで島津方はその支城松坂城を攻めることになった。松坂城もまた周りを柵で囲われ、乱杭、逆茂木《さかもぎ》、数重の木戸で固められた堅固な城で、城兵の守りも厳重であった。島津方は民家に火を放ち、鬨《とき》の声を上げて攻撃をかけたが、敵も鬨の声でこれに応じ、「矢を放ち、石を打つこと雨の降るが如し」だったようで、なかなか進めなかった。そこで義弘は憤激し、自ら城門を突破していった。その時の様子が以下のようである。

自ら三尺の剣を手にし、真っ先に攻め入るところ、武者一騎懸け出で、予と渡り合う。暫く相戦うと雖も、終に討ち伏せ、渠《かしら》の首を捕りおわんぬ。

義弘は自ら三尺の剣を持ち、真っ先に城内に攻め入ったところ、武者一騎が出てきてしばらく戦ったが、ついには勝ち、そのものの首を取った。義弘が首を取った最初の戦いで、このとき二二歳であった。このときの戦いでは、城攻めが終わった後の鎧に矢を受けた後が四、五カ所あったが、体まで達しているものは無かったようである。この合戦の攻防はすさまじく、島津方に傷つかない者はいないくらいで、一度兵を引き上げているが、後に再び急襲した。その時には城主は戦死し、婦女子の機《はた》を織る者まで崖から落ちて殉じたと言われている。

一五五七(弘治三)年にはついに蒲生本城の最後の支城北村城への攻撃が始まった。島津勢は蒲生の麓周辺の麦など作物をなぎ払い、菱刈《ひしかり》氏への総攻撃を行った。しかし菱刈軍が高山に陣を張り、矢、石を雨のように乱射して来るのに対し、島津から放った矢などは届かずなかなか進めなかった。そこで義弘が単騎で先陣を切り、城へ登った。すると、

ここに楠原と名乗るものありて予と渡り合う。……互いに勝負を決せんと欲して暫《しばら》く相戦うと雖も、終に斬り伏せ、楠原の首を刎《は》ねおわんぬ。傍らに在りし勇士も亦、手に懸け討ち取る。立て籠もる所の敵残らず討ち果たされ、大将菱刈左間権頭自害す。誠に快意少なからざるなり。

とある。楠原という武将の首を切り、その他の兵士を手にかけ、立て籠もった敵、敵大将が死んだのを快く感じているのだ。四〇〇人余りが討ち死にしたと考えられている。しかし、義弘も切り傷、矢傷が多く、重傷を負ったのである。この「大隅蒲生合戦」は後に相手方の降伏で終結することとなるが、このときの功績が後の三州統一成功の要因の一つとも言われている。

その後も薩摩・大隅・日向を平定する戦いは続くが、一五七二(元亀《げんき》三)年には木崎原《きさきばる》の合戦がその

最たるものとして有名である。飫肥《おび》に勢力のあった伊東氏との戦いであり、ここでも義弘は中心となって戦った。物見の者から「敵は折からの暑さで池島川で水浴中」という知らせを受けると直ちに隊を率いて敵を不意打ちした。伊東氏の軍は鎧を着ける間もなく、裸のまま切り裂かれ、突き刺されて討たれていったという。また、「一人ももらさず討ち果たすべき由、下知を諸卒に加え」て、自らも落ち行く敵を追いかけ討ち負かした。

一五七七(天正五)年、伊東氏は義弘の日向統一を阻止できず、豊後の大友氏を頼って落ち延び、これにより島津は三州を支配することとなった。義弘は四三歳であり、最初の合戦から十四年、敵味方多くの死者を出す日々の連続であった。

島津家の九州制覇

義弘の戦の日々は終わらない。豊後の大友宗麟《そうりん》は伊東氏の日向復帰を大義名分に南下し、島津本国への侵攻を企図した。大友軍は耳川《みみがわ》周辺で島津の少軍を破り、高城に来襲した。義弘は兵を引き連れて駆けつけ、大友軍と島津軍は川を挟んで対峙することとなる。義弘は計策をめぐらせて四〇〇〇人の兵を分けて道路要所三方に伏せさせ、軽卒六〇〇人余りを敵の辺りに使わせて戦いを挑んだ。大友軍はこれを追って来たので伏兵が皆立ち上がり、大いにこれを破り三〇人余りを屠殺したという。このため敵陣は騒動して攻めてきたので、伏兵がまた立ち上がり、さらに五〇〇人余りを斬殺したと伝えられる。さらに彼の盛んな豊州の軍衆、無双の強敵たりと雖も、宿運の究める所、為す方無くして崩れ、古川に入り、人馬打ち重なりて不測の渕を埋む。

と、川には大友勢の人馬が重なり、日州耳川までの七里の間、討ち死にした者が累々と重なり続いた。大友側の死者は数千人とも言われ、島津の大勝であった。大友宗麟はこの後急速に衰え、義弘はこの合戦で最も軍功があったとして義久より太刀の拝領があった。島津氏の威勢はこうして九州全土に響き渡ることとなった。ここでも多くの死者の上に義弘が登り詰めていく様子が見て取れる。

その後も九州制覇に向けて戦を乗り越えていくが、その目前で天下統一を進める豊臣秀吉に敗れ、降伏し、義弘は大隅国を安堵《あんど》されることとなる。

朝鮮出兵

これまで九州での主な合戦を中心に義弘を見てきたが、その生涯で忘れてはならないのが朝鮮出兵である。義弘は国内だけでなく、中国、朝鮮の人々も多く殺めたのである。秀吉の第一次朝鮮出兵に対して、義弘・久保親子は船の確保ができず、日本一の遅陣となり、義弘は無念に感じていた。また、この出兵の間に息子の久保、娘婿の朝久を亡くしている。そんな義弘の名が明国《みんこく》や李朝朝鮮に知れ渡ることになるのが、慶長の役、泗川の戦いである。

日本の再出兵に対応して明は大軍を南下させ、海軍は朝鮮海軍と合流して海路をふさぎ、日本軍の退路を断とうとした。大規模な戦闘が巨済《コジェ》島周辺で展開され、島津忠恒《ただつね》は海上から、義弘は陸上から参戦し、明と朝鮮の連合軍を退け、海路を確保することに成功した。ついで日本軍は南原を包囲しこれを陥れることに成功する。義弘はこの戦いで四二一人の首級を上げたと言われる。

一五九八(慶長三)年、泗川旧城は島津軍一五〇人が討ち取られ明に奪われた。義弘は泗川新城で明軍が攻めてくるのを待っていた。十月一日、午前九時頃には二〇万といわれる明軍が続々と城下に参集し、柵際までせまって矢や鉄砲を雨あられと放ったが城兵は動かなかった。やがて城門を打ち破った明兵がまさに城内になだれ込まんとした時、島津軍の鉄砲隊がいっせいに鉄砲を撃ちかけた。この攻撃によって柵や塀に取り付いていた明兵は撃ち落とされ、さらには明側の火薬箱に火がつき次々に爆発した。そのため数万の明軍は混乱し、そこに島津軍が鬨の声をあげて一斉に討って出た。浮き足だった明兵は我先にと逃げ散り、敵味方入り乱れての大乱戦となったと伝えられる。この大勝利の結果は国許の義久にむけて報告されていて、それによると討ち取った敵は三万八七一七人、義弘軍は首九五二〇と残されている。この激戦によって明軍は退き、島津軍の退路が確保された。そして明軍の間には「鬼石曼子(おにしまづ)」の名が流れたという。

朝鮮出兵は秀吉からの命令とはいえ、中国、朝鮮の人々の多くの犠牲を生んだ。義弘自身も戦だけではなく、文禄の役後の帰国に際しては、陶工二四人を連行し、薩摩に陶窯を開かせ、薩摩焼が創られた。兵ではない者も被害を受けたのである。

終わりに

生涯で五二回の合戦に出陣した島津義弘は、これまで見てきたように多くの敵味方の死に関わってきた。最後に関ヶ原での中央突破にふれたい。義弘はあえて徳川方の正面へ突っ込み、敵中突破を敢行して戦場を離脱した。この時義弘には千数百人の家臣が従っていた。しかし、義弘の逃走のために甥の豊久はしんがりをつとめて戦死し、共に戦ってきた長寿院盛淳は主君の身代わりになって戦死したという。鹿児島まで逃げ切れたのは八〇人余りとなっていた。

多くの敵味方を死に追いやった義弘は現代の価値観からすると「悪」とも見えるが、戦国の世では信頼を集める、優秀な武将だったのだろう。鹿児島では義弘の功績をたたえ、徳重《とくしげ》神社(妙円寺)に祀り、年に一度、行列をなしてお参りに行く妙円寺まつりが盛大に行われている。

⦿参考文献

新名一仁編『シリーズ・中世西国武士の研究　第一巻　薩摩島津氏』(戎光祥出版、二〇一四年)

山本博文『島津義弘の賭け―秀吉と薩摩武士の格闘』(読売新聞社、一九九七年)

栄村顕久『島津四兄弟　義久・義弘・歳久・家久の戦い』(南方新社、二〇一六年)

三木靖編『島津義弘のすべて』(新人物往来社、一九八六年)

島津修久編『島津義弘の軍功記　「惟新公自記」について』(鶴嶺神社社務所、一九八一年)

川口素生『島津一族　無敵を誇った南九州の雄』(新紀元社、二〇一一年)

『鹿児島県史』

1567−1637
隻眼で独眼竜とよばれる、陸奥一の戦国大名。仙台の基礎を築く。風流や粋を好み、「伊達者」の祖となった。

すべては天下のため
伊達政宗
…だてまさむね…

杉本寛郎

伊達政宗の人気

NHK大河ドラマ最大のヒット作といえば、『独眼竜《どくがんりゅう》政宗』(一九八七〈昭和六二〉年)だろう。平均視聴率は四〇%に届く勢いで、今となってはおなじみになった各回冒頭にその回の背景や人間関係を解説する手法は、『独眼竜政宗』以降恒例となった。これによって物語への理解を深めることができ、東北の一戦国大名でしかなかった伊達政宗は、信長・秀吉・家康に劣らないほどの全国的な知名度を得た。伊達政宗人気は二一世紀になっても衰えることはなく、テレビゲームやアニメの主人公にもなり、まさに老若男女が知る人気戦国武将となった。

〝独眼竜〟の誕生

ここでは、伊達政宗の生涯に「悪」の面から迫る。それにあたり、政宗の生涯を追っていくが、その人気ゆえ一昔前であればレアな豆知識でしかなかった、「伊達政宗といえば仙台の人だが、生まれは山形県米沢市」といったことも最早常識となりつつある。父は伊達氏第十六代当主輝宗《てるむね》、母はお隣・山形城を居城とする最上氏《もがみし》の女で義姫《よしひめ》。二人の長男として一五六七（永禄《えいろく》十）年八月三日に生まれた。政宗の誕生にあたり、次のような伝説がある。義姫は輝宗に嫁ぐと、戦国の時世を危ぶんで、国・家を興隆させる文武の才・忠孝の誉れある子を望み、長海という修験者《しゅげんじゃ》に湯殿山《ゆどのさん》で祈禱《きとう》するように命じた。湯殿山は山形県中央部にある出羽三山の一つで、中世以後、修験道の道場が開かれ、山岳信仰の対象となっていた。長海は湯殿山で祈禱し、その証として、山頂の源泉に梵天《ぼんてん》（修験道で祈禱に用いる道具で、棒の先から御幣《ごへい》を垂れ下げたもの）をつけて下山した。この梵天をもらった義姫は、寝所の屋根に安置した。ある夜、義姫は夢のなかで白髪の僧に、胎内《たいない》に宿を借してほしいと聞かれた。夫の許しを得たいというと僧は頷《うなず》いて去り、夢が覚めたという。輝宗にこのことを話すと、これは瑞夢《ずいむ》に違いない、次も僧が現れたら許すようにといわれた。その夜、再び僧が現れ、同じ願いをしてきたので、義姫が許可すると僧は喜び、梵天を渡し、子を大切に育てるようにと伝えられ、夢が覚めた。そののち懐妊し、生まれた男子は梵天丸と命名された。このことは「性山公治家記録《しょうざんこうじかきろく》」に記されている。この「治家記録」とは仙台藩がまとめた藩の歴史で、四代藩主伊達綱村《つなむら》のときはじめられた。伊達氏歴代当主の公務・国政・雑事などについて編年体に記録し、十数人の儒者が担当した。各代ごとに戒名《かいみょう》をとって性山（輝宗）・貞山《ていざん》（政宗）・義山《ぎさん》（二代仙台藩主忠宗《ただむね》）の三代の「治家記録」が、一七〇三（元禄十六）年に完成した。藩による藩の歴史書となると、過去を美化・称賛したものになってしまいそうだが、この編纂にあたり綱村は史実を忠実に書き記すようにと指示を出した。

こうして誕生した政宗少年に、父輝宗は教育係として臨済宗の僧・虎哉宗乙《こさいそういつ》を招き、近習として片倉小十郎景綱《かげつな》らを仕えさせた。片倉景綱は政宗より十歳年上で、米沢八幡神社神主の次男であった。その後も生涯にわたり政宗に仕え、軍事・内政の両面で活躍し、白石城《しろいし》（宮城県白石市）を任された。こちらもゲームで大変人気になった人物である。

政宗は幼少期に疱瘡《ほうそう》にかかり、熱に苦しみ奇跡的に治癒《ちゆ》するが、右目を失明してしまう。右目は眼球が外に出て醜くなったという。あまりにも醜いので刀で衝《つ》き潰《つぶ》すようにと近習に命じたが、恐れてだれもその命に従わないでいると、片倉小十郎が小刀で衝き潰した。「独眼竜政宗」はこのようにして誕生した。後年、政宗は病とはいえ隻眼《せきがん》となったことを、親への不孝と考え、自分の画像は両目を描くように命じている。刀の鍔《つば》を眼帯として描かれる政宗は後世の作り物で、政宗がどのような姿で生活していたのかを伝えるものはない。その点、『独眼竜政宗』では平時の政宗は右目をさらけ出していたというスタイルで物語が進んでいる。案外そのようだったのかもしれない。

政宗が疱瘡に苦しんでいるとき、母・義姫は一度もお見舞いに来て言葉をかけることがなかった。というのも弟の小次郎を寵愛《ちょうあい》するようになったためで、隻眼となった政宗を廃嫡《はいちゃく》し、小次郎に家督を継がせるよう輝宗に進言している。輝宗にその気はなかったらしく、兄弟での家督争いは戦国の世で御家没落の主要因であったので、政宗を十一歳で元服《げんぷく》させ、十三歳で田村家の女を正室に娶らせて、十五歳で初陣を果たさせるなど、嫡子としての基礎固めをした。早熟の時代ではあったが、十一歳で元服、十三歳で婚姻というのは殊に早いものであった。そして輝宗は四一歳で家督を政宗に譲ってしまった。このとき政宗は十八歳。戦国時代の東北地方は、養子縁組が複雑に絡み合う中で、親兄弟が敵味方になって争い、和睦してはまた争うという状態であった。伊達氏も稙宗《たねむね》―晴宗、晴宗―輝宗と親子で争うことが長く続いた。輝宗はその経験から、早くに我が子に家督を譲り、家を盤石にしたいという狙いがあったと言われている。

当主政宗―次第に垣間見える非情さ―

政宗が伊達家の家督を継いだころ、もう織田信長はこの世にいなく、小牧《こまき》・長久手《ながくて》の戦いが終局を迎え、羽柴秀吉が天下統一を加速させる戦国時代の終盤であった。しかし奥羽では小さな領地を取ったり取られたり、小さな城を攻め落としたり落とされたりを繰り返しているような状態であった。伊達氏の当面の敵は、会津の蘆名《あしな》氏と浜通りの相馬《そうま》氏で、今の福島県中通りを南下しながらほかの小勢力を旗下に従えていこうという戦略であった。中通りには、畠山・二階堂・白河などの諸氏がいて、田村氏は政宗正室の実家であった。そのなかに小浜に勢力を張る大内定綱《さだつな》という小大名がいた。南下する伊達氏に対し、大内は当初追従の姿勢を見せていた。政宗の家督相続に際しては、祝いを述べるために米沢へ参上し、以後は政宗の命に応じ、米沢に居住し仕えることを了承していた。しかし一時、本拠地の小浜に帰ると、以降政宗の命に従うことはなく、それどころか蘆名や畠山・二階堂と手を組み、政宗に対し敵対するようになった。この侮辱的な態度に政宗は激怒し、大内の北の拠点である小手森《おでもり》城を攻めた。このとき、政宗は当時の東北地方の合戦では先例のない、「撫《な》で切り」という皆殺し戦略に及んだ。当時の東北地方の合戦は、何度か切り結んだのち、中立の立場の勢力が仲介となって和睦するのが常であった。政宗は若くして当主となった自分を侮った大内に対し、見せしめともいえるくらい凄惨な態度で臨んだ。この合戦の戦果を伯父の最上義光《よしみつ》に「大内備前定綱の親類たちを合わせて五〇〇〇人余りを討ち取りました。そのほかには女・子どもはもちろん、犬まで皆殺しにし、一一〇〇人余りを切りました」と伝え、さらに追伸では「きっと、この世の中の慣習では、このことを偽りと思われるでしょうが、世間に隠しようがない事実です」と結んでおり、戦果を自慢げに語る政宗が目に浮かぶ。しかし、この戦いは周辺の諸勢力に大きなインパクトを与え、敵対する勢力を増やしてしまうこととなった。

父の死

小手森城を落とされた大内定綱は居城小浜《おばま》城を捨てて、二本松城の畠山義継《よしつぐ》を頼った。政宗は二本松攻めに取りかかろうとするが、畠山は政宗に恭順の姿勢を示し、許しを請うた。しかし政宗は小手森攻めの際に、畠山が大内に加勢していたことに腹を立て、条件として、畠山の領地は五ヶ村を残して没収し、さらに嫡子を米沢に人質に出すことを要求した。畠山はそれでは家臣を養えないと譲歩を求めたが、政宗は決して許さなかった。この畠山の処分を決めるとき、政宗は小浜城にいて、輝宗はその近くに陣を構えていた。畠山は面識のあった輝宗の陣所を訪れ交渉に当たっていた。

畠山処分が決まった翌日、畠山は伊達成実《しげざね》(政宗従兄弟)の陣で輝宗に謁見《えっけん》し、礼を述べ、さらにその翌日には輝宗の陣所で再度礼を述べて二本松への帰路についた。が、ここで事件が起きた。二本松へ帰る畠山を玄関まで見送りにきた輝宗が、突如畠山に拉致《らち》されてしまった。畠山は輝宗の胸元に短刀を押しつけ、その周りを畠山の家臣七、八人が囲んだまま、二本松へ向かった。畠山謁見に同席していた、伊達成実や留守政景《まさかげ》（輝宗弟）らの家臣は突然のことであったので、武具など身につけることもなく、ただただ跡を追いかけるだけであった。このとき政宗は小浜城にはおらず、狩りに出かけていた。知らせを受けると急行したが、面々は阿武隈川《あぶくまがわ》沿いの川向こうは二本松領という場所まできていた。輝宗は「我等をかばいたてするうちに、二本松領ハちかつく、川をあなたへ引こされてハ、をのつからの人しち也、しからはむねんの次第也、我をばすてよ（私をかばっているうちに二本松領は近づいていく。川のあちらの二本松領へ引き連れられては、自然と人質になってしまう。そうなっては無念である。私を見捨てて畠山を討て）」と述べたという。ついに政宗も覚悟を決めて、畠山勢に討ち掛かった。その混乱のなか、輝宗は畠山に討ち取られてしまった。政宗は畠山の死体をずたずたに切ったあと、藤のつるで結びつけて、磔《はりつけ》にしてさらした。

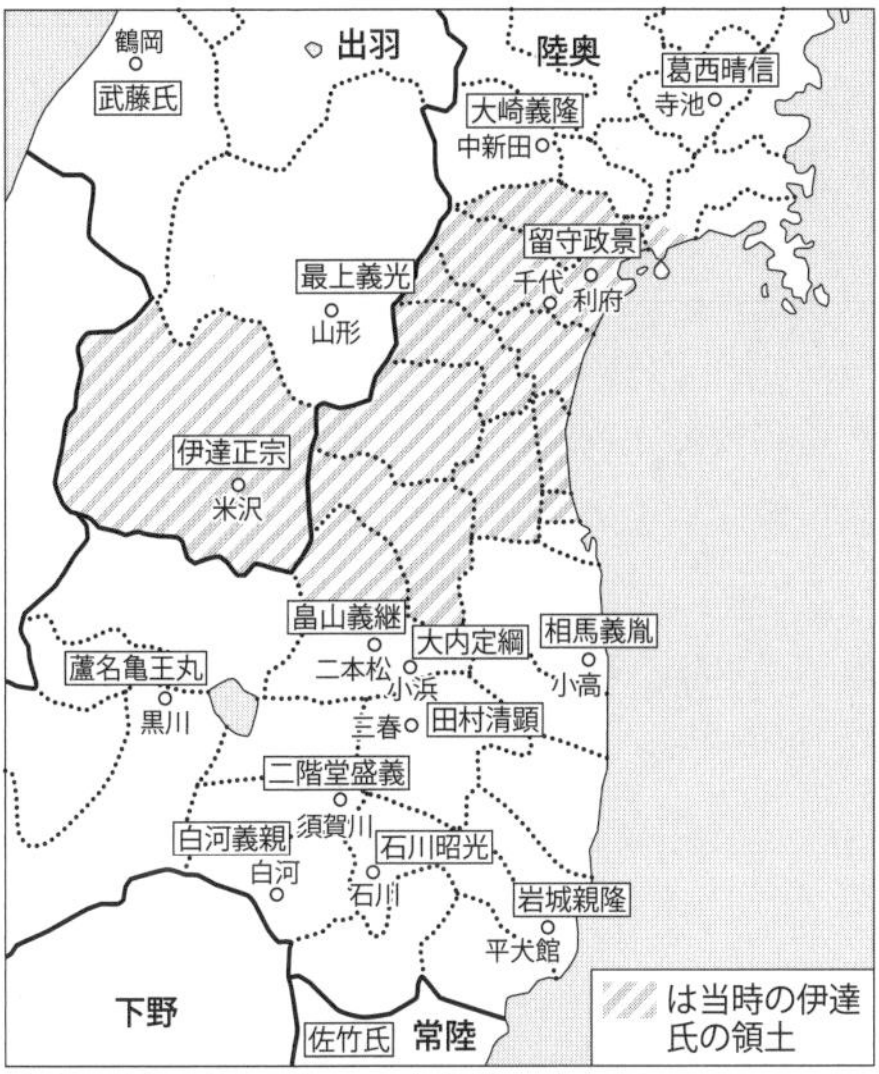

政宗が家督を継いだころの南奥州の勢力図
（『伊達政宗と家臣たち』「仙台市博物館図録」）

畠山がなぜこのような挙動に出たのかは

定かではない。畠山の家臣が、輝宗陣所で狩支度のために弓・鉄砲の準備をしているところを見て、自分たちが襲われると感じ畠山に耳打ちしたとか、この日、市中で刀を研《と》いでいる者がふざけて、「畠山で試し切りしてやろう」といっていたのを真に受けたともいわれる。輝宗を連れ去る畠山に、伊達家臣が「しさいをとへともこたへす（子細を尋ねても何も答えなかった）」と伝えられており、突発的な事件だったのかもしれない。こうして輝宗は非業の死を遂げた。四二歳。政宗は自らの選択で父の生死を分かつことになった。事件自体は偶発的とされるが、小手森での撫で切りや畠山の断罪といった非情さが招いた事件であったかもしれない。

弟・母との別れ

その後、政宗は四方の敵との戦いに明け暮れる。そして人取橋《ひととりばし》・郡山《こおりやま》・摺上原《すりあげはら》での激戦を経て、南奥羽での覇権を確立した。政宗がようやく宿敵蘆名氏を滅ぼして、奥州一の大名になったころ、日本列島の半分以上は豊臣秀吉の勢力下に置かれ、関東の後北条氏が臣従するのを待つばかりであった。秀吉による上野《こうずけ》での領地分けの裁定に、一時は従った後北条氏であったが、それを不服とし、真田氏への軍事行動に出た。このことにより秀吉の小田原征伐が開始された。政宗のもとに秀吉から小田原に参陣して臣従すべしと通達がくる。秀吉からは、これよりも前、蘆名氏を滅ぼした頃から再三上洛の要請と、自身に臣従を示していた蘆名討伐を責める手紙が届いていた。

一五九〇（天正十八）年四月、政宗はついに小田原へ参陣することを決意した。ここで事件が起きた。母・保春院《ほしゅんいん》（義姫の出家後の名前）から出発前の宴に招待されるが、そこで出された膳を食すとたちまち腹痛を起こし、急いで自身の館に戻り薬を飲んで一命を取り留めた。母によって毒を盛られたのだ。保春院は政宗を殺し、自分が寵愛する小次郎を伊達家の跡継ぎに据えようとしたのであった。このことを見抜いた政宗は、翌々日に実の弟・小次郎を手打ちにし、母・保春院を実家の最上家へ返し、家の憂いを絶って、翌月小田原へ出発した。家を守るためとはいえ、実の弟を討ち、母を追放までしたのである。このことは「貞山公治家記録」に記載されている。

が、近年、この事件の信憑性《しんぴょうせい》に対して疑問が持たれている。というのもこの毒殺未遂事件のあと、政宗は保春院とたびたび手紙や贈り物のやりとりをしているのだ。毒殺されかけ、追放したのに、そのような友好的な関係が成り立つであろうか。保春院の出奔《しゅっぽん》時期については、一五九四（文禄三）年の虎哉宗乙から大有康甫《だいゆうこうほ》和尚（政宗の大叔父）に宛てられた手紙に"保春院が最上へ出奔した"と書かれており、ほんとうは「治家記録」の記述から四年後の可能性がある。さらに、小次郎は殺されずに武蔵国の大悲願寺に入山し、出家したともいい、政宗が小田原参陣の不在時に小次郎を擁立して伊達家を乗っ取ろうとする勢力に対抗するため、政宗と保春院が伊達家を守るために共謀して画策したのではないか、という説がある。

しかし、保春院のほんとうの出奔時期がわかったとしても、その明確な理由はわからないし、伊達家を守るためとはいえ、「治家記録」に母の悪評を残した政宗は非情な人物といえる。政宗は、母に毒殺されかけ、弟を殺し、母を追放し、小田原へ向かったという歴史を残した。

天下への野望―関ヶ原編―

小田原へ参陣した政宗は、秀吉に臣従を誓い、豊臣大名として再出発する。しかし秀吉による奥州仕置《しおき》によって、政宗よりも前に秀吉への臣従を誓っていた蘆名氏から奪った領土は没収されてしまった。さらにその翌年には、先祖伝来の福島県北部の領地や米沢まで没収・転封《てんぽう》され、旧刈田郡域を除く宮城県のほぼ全域と岩手県の南部が領土となった。以後、秀吉に没収された旧領の回復が政宗の悲願となる。

そのチャンスは十年後訪れた。秀吉の死後、豊臣政権内の権力争いが表面化した、関ヶ原の戦いである。本隊同士の戦いは美濃国《みののくに》関ヶ原（岐阜県不破郡関ヶ原町）で行われたが、徳川家康派と毛利《もうり》輝元《てるもと》・石田三成《みつなり》派の戦いは九州や東北など各地で展開された。このとき政宗は、家康派として戦うが、戦後補償として家康から先の奥州仕置で没収された先祖伝来の地を与えることを約束されていた。政宗は会津の大名上杉景勝《うえすぎかげかつ》と戦った。このときの政宗の思惑は、本隊同士の長引く合戦に乗じて、奥羽を統一し、天下を窺う大大名になろうというものであったかもしれない。そのために政宗は、表面上では上杉攻めをしながらも、北面の南部氏との国境地帯で一揆を扇動《せんどう》し、同じく上杉攻めの後詰《あとづ》めとして出羽《でわ》に出陣していた南部氏の領内に侵攻しようとしていたと言われている。一揆の首謀者である和賀忠親《わがただちか》は奥州仕置によって没収された旧領・和賀郡を取り返そうと試み、南部氏の花巻城《はなまき》を攻めた。その際、政宗から兵器や兵糧を援助され、政宗家臣の後詰めも受けていた。しかし、南部勢の激しい抵抗に遭《あ》い、旧領獲得は失敗に終わり、政宗の南部侵攻の道も絶たれた。

加えて、関ヶ原での本隊同士の戦いは半日で片がつき、一揆のようすが南部氏や最上氏、さらには鷹《たか》獲得のため奥羽に下っていた家康の鷹匠から家康に詳細に報告されてしまったため、政宗の立場は悪くなってしまった。これにより家康からの旧領回復の約束は反故《ほご》となり、戦いの褒美《ほうび》としては、上杉勢から獲得した刈田郡のみの加増となった。家康派として戦った諸将が大幅な領地の増加を見せたのに比べると、危ない橋を渡った政宗にとっては労多く、益少なすぎる結果となってしまった。一揆の首謀者である和賀忠親は、陸奥《むつ》国分尼寺(仙台市若林区)で自害したが、これは政宗による口封じであったとも言われている。逆にいえば、「トカゲのしっぽ切り」をしっかりしたことが、伊達家存続につながったのかもしれない。

天下への野望―キリシタン編―

関ヶ原合戦で勝利した家康は、表面上は豊臣家の宰相として振る舞いながらも、徐々に自身の野望を果たすための地盤固めをしていった。その間、政宗は家康の命令に従い、江戸城や越後高田城の普請をこなした。家康に対し「二心なし」というところを示しながらも次の機会を窺っていた。

軍事的・政治的に巨大な勢力となった家康に対抗するために、さらに巨大な勢力を後ろ盾としようとした。それはローマ教皇とスペイン王国であった。

話は戻るが、一五四九(天文《てんぶん》十八)年、イエズス会の宣教師フランシスコ・ザビエルが鹿児島に上陸し、日本にキリスト教が伝来した。キリスト教は九州・畿内近国を中心に爆発的に広まり、十六世紀末には国内で十五万人の信者がいたという。戦国大名たちは南蛮《なんばん》貿易の利潤を求めてキリスト教布教を許可し、織田信長や豊臣秀吉も彼らを保護した。しかし民衆の結束力を知った秀吉は、天下統一以後、キリスト教の布教を抑圧する政策を採りはじめ、跡をついだ家康も一六一四（慶長《けいちょう》十九）年以降、キリスト教禁教政策を展開する。この間、イエズス会は布教を自粛し、かわってスペインのフランシスコ会が布教を活発におこなった。彼らは関東や東北で布教を進めた。一六一一年十一月、イスパニア大使ビスカイノは仙台城で政宗に謁見した。彼らは「金銀島探検」のため来日していたが、帰国するための船が遭難し困っていた。そこで、政宗は彼らの帰国を助け、領内への宣教師の派遣と南蛮貿易を求めようとする。一六一三（慶長十八）年九月、政宗はフランシスコ会の宣教師ルイス・ソテロと結んでスペイン国王・ローマ教皇のもとに使節を派遣した。使節の代表は支倉六右衛門常長《はせくらろくうえもんつねなが》。渡航船はサン・ファン・バウティスタ号という西洋式の帆船で、幕府の船大工も協力して作られた。九〇日かけて太平洋を航行し、ノビスパニア（メキシコ）についた。この使節の目的は、メキシコを介した新たな南蛮貿易ルートの開拓で、当然幕府の許可を得て企画されたものであった。使節一行は、メキシコでトラブルはあったが、日本人初の大西洋横断を果たし、スペイン・イタリアでは歓迎を受けた。スペインで国王に政宗の親書を渡し、ローマ教皇にも謁見《えっけん》した。しかしこの後、情勢は激変する。日本では徳川氏が天下を完全に掌握し、オランダとの結びつきを強め、キリスト教は布教禁止、さらに教徒の弾圧、宣教師の追放が進められていた。この情報はヨーロッパにも伝えられ、支倉らの使節は成果をあげることができず、ほぼ強制退去のようにして一六二〇（元和六）年、無念の帰国となった。政宗は貿易立国の道が閉ざされ、利用価値がなくなったと判断すると、それまで緩めていたキリシタン弾圧を強化する方針を打ち出した。それは支倉が帰国した二日後のことであった。一六二三(元和九)年、政宗は宣教師とキリシタン八名を広瀬川で水責めにして殉教させた。近年、この政宗の政策には、スペインの軍事力を利用して徳川氏から天下を奪い取る目的があったという説もある。ヨーロッパで「奥州王」と称された政宗は、「日本皇帝」になることはなく、その生涯を終えた。

⊙参考文献

小林清治『伊達政宗』(「人物叢書」、吉川弘文館、一九五九年)
仙台市史編さん委員会編『仙台市史 通史編三 近世一』(二〇〇一年)
佐藤憲一『素顔の伊達政宗 「筆まめ」戦国大名の生き様』(洋泉社、二〇一二年)
高橋充編『東北の中世史五 東北近世の胎動』(吉川弘文館、二〇一六年)
平重道編『仙台藩史料大成 伊達家治家記録』一〜四(宝文館出版、一九七二〜七四年)
東京大学史料編纂所編『大日本古記録 家わけ 第三ノ四 伊達家文書四』(東京大学出版会、一九六九年)
小井川百合子『伊達政宗言行録 木村宇右衛門覚書』(新人物往来社、一九九七年)
仙台市博物館編『伊達政宗の夢─慶長遣欧使節と南蛮文化』(慶長遣欧使節出帆四〇〇年・ユネスコ世界記憶遺産登録記念特別展「伊達政宗の夢─慶長遣欧使節と南蛮文化」実行委員会、二〇一三年)

1542–1616
尾張岡崎の領主から、信長と結び秀吉に従い、秀吉亡き後、関ヶ原に石田三成を破って天下人となり、江戸幕府を開いた。

戦国の勝者、「徳川の平和《パクストクガワーナ》」の立役者

徳川家康

……とくがわいえやす……

大石 学

なかぬなら　殺してしまへ　時鳥《ほととぎす》――織田右府《おだうふ》
鳴かずとも　なかして見せふ　杜鵑《ほととぎす》――豊太閤《ほうたいこう》
なかぬなら　鳴まで待よ　郭公《ほととぎす》――大権現様《だいごんげんさま》

江戸時代後期、肥前平戸藩（長崎県平戸市）藩主の松浦静山《まつらせいざん》（一七六〇～一八四一）が著した随筆『甲子夜《かっしや》話《わ》』所収のこれらの句は、戦国時代を代表する三人の武将の個性や歴史的役割をあらわす句として、広く知られている。室町幕府や朝廷、寺院、神社など古い権威にチャレンジした織田信長（一五三四～八二）、さまざまな創意工夫と策略で日本を統一した豊臣秀吉（一五三七～九八）、そして二人の仕事をうけついで完成させた徳川家康（一五四二～一六一六）という、戦国時代を終わらせた三人（「三英傑」）をたくみに詠んでいる。また、「織田がつき　羽柴がこねし天下餅《もち》　すわりしままに　食うは徳川」という歌もある。江戸後期の落首を元にしたと言われるが、信長と秀吉が一生懸命につくった成果を、家康が苦労をせずに手に入れたというものである。三人の生没年や活躍の時期を見ると、この

ような評価もできるかもしれない。

「ホトトギス」も「天下餅」も作者は不明であるが、さまざまなバリエーションの句が見られ、社会に広まっていたことが知られる。いずれにしても、彼らはリレーをするように戦国時代に幕を下ろし、最終ランナーの家康が、春をつげるホトトギスを鳴かせ、「平和」(泰平)という餅を味わったのである。しかし、ホトトギスの声を聞き、餅を食べたのは、家康だけではなかった。二六五年にわたる江戸時代、国民全体が「平和」の恩恵をうけたのである。

家康の人生を見ることは、狡猾《こうかつ》な狸親爺《たぬきおやじ》ではなく、「無為無策」のリーダーでもない、「戦国」から「平和」への移行を達成した「リアル家康」の戦争の人生をたどることでもある。

平和の達成

織田信長、豊臣秀吉、徳川家康による「天下一統」、すなわち「戦国時代の終焉」は、秀吉の一五八五(天正《てんしょう》十三)年の九州諸大名宛て、八七年の関東・東北諸大名宛ての「惣無事令《そうぶじれい》」(戦争停止令)に示される、列島規模での「平和」の達成という意義をもった。

その後、一六〇三(慶長《けいちょう》八)年、家康の江戸開幕に始まる江戸時代は、この「平和」のもと、約三〇〇〇万人の国民が社会を「文明化」させる過程でもあった。この時代、庶民は刀・鑓《やり》・弓などの武器を持つことを禁止され、鉄砲は農具としてのみ使用を許された。また、独占的に武器所持を許可された武士たちも、その勝手な使用は禁止された。私的な決闘や戦争、すなわち武力による問題解決は、公権力によって封じ込められたのである。

江戸幕府は、武力による解決を封印・凍結し、法にもとづく国家・社会の「平和」（秩序維持）の実現を目指した。近世日本とは、「平和」と「文明化」の維持・発展に向けて、さまざまな制度や秩序を整備・充実化する過程といえるのである。

家康の五つの「大戦」

江戸幕府編纂《へんさん》の『徳川実紀《じっき》』（『新訂増補国史大系 三八・徳川実紀』第一篇、吉川弘文館、一九二九年）は、十八世紀後半の幕政を主導した老中松平定信《さだのぶ》の建議のもと、幕府儒官《じゅかん》の林述斎《じゅつさい》が責任者となって監修し、一八〇九（文化六）年に起稿、四三（天保十四）年に完成した。将軍一代ごとに編年体で編纂され、最初の「東照宮《とうしょうぐう》御実紀」は、初代将軍徳川家康の事蹟で始まる。その巻一は、家康の出自や幼少期を扱うが、ここでは彼が成長する戦国時代を、「天下一日もしづかならず」（十七頁）と、戦乱続きの不安な時代と記している。

巻二は、家康の元服以後を扱うが、ここでは家康の「五つの大戦《おおいくさ》」をフォーカスしている。「大戦の一」は、一五七〇（元亀元）年の「姉川の戦」（姉川の合戦）である。この戦いは、近江東浅井郡姉川河原（滋賀県長浜市）における信長・家康連合軍と浅井長政《あざいながまさ》・朝倉景健《あさくらかげたけ》連合軍の合戦である。当初信長は、自身が朝倉軍に向かい、家康は浅井軍に向かうよう指示した。しかし、明け方になり朝倉軍が一万五〇〇〇騎の大軍であることがわかると、自分は八〇〇〇騎の浅井軍に向かい、家康が朝倉軍を迎えうつよう作戦を変更した。家康の家臣たちは、この期に及んでの陣替えに反対する者も多かったが、家康は信長の指示どおりに大軍に向かうことが勇士の本意と説得、急ぎ陣形を変更し、朝倉軍を迎えうつ態勢をとった。家康軍は、酒井忠次《ただつぐ》を先鋒《せんぽう》に朝倉軍を攻め、これを破った。しかし、浅井軍と戦った織田軍は苦戦し、戦陣十一段まで破られ、本陣の旗本も混乱した。家康は、これを見ると、自軍の旗本に浅井軍を攻めるよう命じた。本多忠勝らが馬上で槍をもち、浅井軍を横から攻めたので、織田軍も持ち直し、最終的にこの合戦に勝利した。信長は、この勝利を「徳川殿の武威による所なり」(三六頁)と激賞し、多くの贈り物を与えた。このころ、家康は今川氏真の紹介で、上杉謙信と協力関係を結んだ。謙信は、「当時海道第一の弓取《ゆみとり》と世にきこえたる徳川殿の好通を得ることこそ、謙信が身の悦これに過るはなけれ」(三六頁)と、「弓取」(戦さ上手)すなわち武勇で知られる家康と関係を結んだことを喜んだという。

「大戦の二」は、一五七二(元亀三)年の「三方原《みかたがはら》の合戦」である。この時期、将軍足利義昭《あしかがよしあき》が主導して形成した、本願寺、武田信玄、朝倉義景、浅井長政、三好義継《みよしよしつぐ》、松永久秀《ひさひで》などによる信長包囲網は強化されていた。信玄は、十月三日、四万五〇〇〇の軍勢で甲府を出立し、南進して信濃から遠江に入り、十二月十九日、家康方の二股城《ふたまた》(静岡県天竜市)を落とした。しかし、家康の本拠浜松城には向かわず、その北方を西進し、三方原《みかたがはら》(静岡県浜松市)の台地に達したのである。これを見た家康軍八〇〇〇は、信長の援軍三〇〇〇とともにこれを追って合戦を挑んだが大敗した。『徳川実紀』によれば、家康自身も窮地に陥ったが、家臣の夏目吉信が槍で家康の馬の尻をたたき、浜松城の方向に逃がしたあと、自らは敵中に向かって時間をかせぎ、討ち死にした。浜松城に戻った家康は、敵が近くまで追撃してきたために、城門を閉じようとする家臣を制して、これから戻ってくる兵のために開けておくよう命じた。そして、門の内外に大きな篝火《かがりび》をたかせ、自らは湯漬けを三杯食べて大いびきで寝たので、近侍の武士たちは、その度胸に驚いたという。その後、徳川軍は城から討って出て、武田軍に大きな損害を与えたため、信玄はこの様子を見て、「勝てもおそるべきは浜松の敵なり」(三七頁)と驚嘆したという。さらに、『徳川実紀』には後日談として、信玄が、家臣の馬場信房《ばばのぶふさ》にたいして、日本には越後の上杉謙信と徳川家康の二人ほどの弓取はいない。今度の戦でも、討たれた家康軍の武士の屍は、身分の低い者たちも含めて、皆武田軍に向かっている者はうつぶし、浜松城に向かっている者は仰向けになっていたと述べ、勇猛果敢な家康軍を高く評価した。そして、一年前、自分が駿河を攻めたさい、家康に遠江を与え、同盟を結んで先陣を頼んでいたら、いまごろは中国や九州を平定し、やがて六〇余州を支配できたであろうと述べたという。

しかし、信長包囲網の危機は変わらず、一五七三(天正《てんしょう》元)年二月、信長は足利義昭に和議を申し入れたが、拒否された。そこで信長は、洛外《らくがい》に火をかけて京都に入り、義昭の御所を包囲して上京《かみぎょう》にも放火した。信長の威圧の前に、朝廷が和議を仲介し、信長と義昭はこれに応じた。しかし、七月三日、義昭は宇治川《うじかわ》中州の槙島《まきしま》城(京都府宇治市)に籠《こ》もり、これが落とされると、妹婿の三好義継の河内若江《かわちわかえ》城(大阪府東大阪市)など各地を転々とし、一五七六(天正四)年、毛利領備後《もうりりょうびんご》の鞆《とも》(広島県福山市)に逃れた。ここに、一三三六(建武《けんむ》三)年に、足利尊氏《たかうじ》が開いた室町幕府は、滅亡したのである。

「大戦の三」は、一五七五（天正三）年、信長・家康連合軍が武田信玄の子勝頼《かつより》軍と三河設楽原《みかわしたらがはら》（愛知県新城市《しんしろし》）で戦った「長篠《ながしの》の合戦」である。

一五七四（天正二）年、武田勝頼は遠江《とうとうみ》の高天神城《たかてんじん》（静岡県掛川市）を奪い、翌七五年二万余騎で三河長篠城（愛知県新城市）を囲んだ。家康は信長に救援を要請し、五月十三日信長はこれをうけて岐阜を出発、十八日織田・徳川連合軍七万二〇〇〇は、武田軍と対峙した。連合軍は、陣の前に堀をつくり、土塁を築いて、馬防柵を二重三重に構え、二一日早朝、鉄砲に熟練した一〇〇〇人が発砲し、戦が始まった。血気にはやる勝頼は夜中も攻撃し、激戦となったが、家康家臣の大久保忠世、忠佐兄弟は、今日の戦は、徳川家が主戦、織田家は加勢であるので、徳川家が織田家に遅れるのは恥であるとし、柵から前に出て戦った。さらに、連合軍は鉄砲を激しく撃ち、武田軍は人塚を築くほどの死者を出した。この日、武田家の戦死者は一万三千余、うち家康軍が討ち取ったのは七〇〇〇、連合軍の戦死者は二家あわせて六〇人に及ばなかった。この合戦の鉄砲については、これまで小瀬甫庵《おぜほあん》（一五六四〜一六四〇）の『信長記《しんちょうき》』にもとづき、一〇〇〇人を三組に分け交代で撃たせる戦法が伝えられてきたが、同時期の史料に三段撃ちの記事がないことから、近年はこれをフィクションとする説が有力となっている。ただし、連合軍が鉄砲を使い圧勝したことは間違いない。

以上、「五つの大戦」のうち、姉川の戦い、三方原の戦い、長篠の戦いの三つについて、『徳川実紀』は共通点を指摘している。それは、室町幕府十五代将軍の足利義昭との戦いということである。すなわち、「当家（徳川家）において尤《もっとも》険難危急なりといへども、その実は足利義昭の詐謀におこり」（四一頁)と、徳川家の危機は、足利義昭の謀略によるものとする。これは、当初、信長が足利義昭を戴《いただ》き、足利家復興に功績があったが、信長は勝手なふるまいが多く、義昭はこれを嫌い、表向きは信長を重用しつつも、実は越前朝倉、近江浅井、甲斐武田などに密書を送り、信長追討を指示していたとし、これに、「朝倉、武田等をのれが姦計を以て、また簒奪の志を成就せんとせしものなり」(四一頁)と、朝倉や武田など戦国大名らの野心が加わったことに由来するという。これを家康の立場から見ると、足利義昭を中心とする中世的権威・権力の政治勢力に対して、新興勢力である信長と家康がこれらを倒したということになる。これが徳川家にとっての三つの大戦の意味であった。

秀吉との対決

一五八二(天正十)年六月二日、信長は京都の本能寺(京都市下京区)で、家臣の明智光秀《あけちみつひで》に攻められ自殺した(四九歳)。本能寺の変である。信長の仇を討ったのは、家臣の羽柴(豊臣)秀吉であった。しかし、信長の後継問題や遺領問題など、「ポスト本能寺の変後処理」は、あくまで織田家中の問題であり、いかに信長の厚い信頼を得ていたとはいえ、同盟者にすぎない家康が、この話し合いに参加することはできなかった。

しかし、後継争いの勝者秀吉が、もっとも警戒したのは、この家康であった。家康は、織田家中の権力闘争を冷静に見つめていたが、その実力を示したのが、「大戦の四」の「小牧《こまき》、長久手《ながくて》の合戦」であった。一五八四(天正十二)年三月から十一月にかけて、家康・信雄《のぶかつ》(信長二男)連合軍と、豊臣秀吉が尾張の小牧・長久手(愛知県長久手市)で繰り広げた戦いである。『徳川実紀』によれば、秀吉は小牧で苦戦したさい、「秀吉掌を打て長く歎息し、誰か徳川を海道一の弓取とはいひしぞ、凡日本はいふにや及ぶ、唐天竺《からてんじく》にも古今これ程の名大将あるべしとは思はれず、軍略妙謀あへてまろ等が及ぶ所ならずと感服し、これも夜明ぬ先に、十二万の軍勢をくり引に楽田へ班軍せり」(五三頁)と、ため息をつき、だれが家康を海道一の弓取といったのか、海道、日本どころか、中国、インドをあわせても、古今これ以上の名将はいない。軍略は自分が及ぶところではないと感服し、夜明け前に十二万の兵を退かせたという。信長を後継し、その後天下を統一する秀吉の珍しい「敗北宣言」でもある。

家康・秀吉の「両雄」対決である「小牧・長久手の合戦」は、全体としては引き分けに終わったが、その後秀吉は、一五八五(天正十三)年政務を担当する関白に就任し、天皇の命令の形を借りて、関東・東北から九州まで、「天下の静謐《せいひつ》」(平和)であることを命じた(惣無事令《そうぶじれい》)。国内において、「惣無事」社会を実現した秀吉は、しかし対外関係で大きな失敗を犯した。それは、一五九二(文禄元)年の文禄の役、九七(慶長二)年の慶長の役、二度の朝鮮侵略戦争である。この過程で、豊臣家家臣団内部の、加藤清正、黒田長政、藤堂高虎《とうどうたかとら》ら武功派大名と、軍目付《いくさめつけ》を統括して、秀吉に戦況や軍功を報告した石田三成ら官僚派大名の対立が顕在化したのである。これは、豊臣政権の政治基盤の分裂を意味した。『徳川実紀』は、徳川家の立場から豊臣政権に対して、人々がようやく平安な生活を迎えたところ、また遠征を思い立ち、私欲を異国にまで及ぼそうとした。秀吉には、「武」があったが、「徳」がなかったために、二代目秀頼で滅んだと厳しい評価を与えている。

関ヶ原合戦

一五九八(慶長三)年秀吉が没すると、家康は遺子秀頼《ひでより》を補佐する「五大老五奉行」体制の中心人物として、豊臣家臣団の分裂に積極的にかかわり、自らの権力を強化し、中央政局を主導していった。家康が、まず標的としたのは、五大老の一人、会津の上杉景勝《かげかつ》であった。一六〇〇(慶長五)年、大坂にいる家康は、景勝に対して謀叛《むほん》の嫌疑の罪状を送り、上洛を求めた。しかし、景勝の側近直江《なおえ》兼続《かねつぐ》らが激しく反発したため、家康は会津制圧を決意し、大坂を出立した。家康の上方不在を好機とみた五奉行の一人石田三成は、家康打倒の意を決し大谷吉継《よしつぐ》を味方にした。しかし、七月十二日、これを謀叛とみた五奉行の増田長盛《ながもり》は、三成挙兵を家康に伝え、長束正家《なつかまさいえ》と前田玄以《げんい》の二奉行と、五大老の一人毛利輝元に至急上坂するよう要請した。秀吉後室で秀頼生母の淀殿《よどどの》も三奉行とともに、三成の行動を謀叛とみなし、家康に上坂を求めた。この時点で、公儀は豊臣・徳川両家双方であり、謀叛人は景勝・三成であった。

しかし、ここで三成は猛烈な巻き返しに出た。増田、長束、前田の三奉行を説得、大坂に到着した毛利輝元を総大将とし、宇喜多秀家《うきたひでいえ》も味方にした。三成らは、大坂に残る家康の留守居を追い出し、総大将輝元を大坂城西の丸に入れた。十三か条にわたり家康を弾劾し、家康打倒を記した三奉行連署あるいは毛利と宇喜多の檄文を、全国の大名に発した。これに応じて、小西ら多くの大名が大坂城に入った。ここに対立は、三成の反乱ではなく、「豊臣家」内部の親家康派と親三成派の抗争へと、性格を変えたのである。

一方、会津に向かった家康は、下野小山《おやま》(栃木県小山市)から江戸に戻り、体勢を整えて、東海道を京都に向かった。先鋒は、福島正則《まさのり》と池田輝政《てるまさ》で、家康方の豊臣大名であった。この間三成勢は、家康勢が籠《こも》る伊勢安濃津《あのつ》城(三重県津市)、松坂城(松阪市)、丹後田辺《たんごたなべ》城(京都府舞鶴市)、近江大津《おうみおおつ》城(滋賀県大津市)などを落としたが、思いの外手間取り三万の軍勢が関ヶ原に参加できなかった。他方、徳川勢も秀忠軍三万八〇〇〇が、信州上田(長野県上田市)で真田昌幸《まさゆき》・信繁《のぶしげ》(幸村《ゆきむら》)父子に足止めされた。双方想定外の戦力低下があったものの、三成軍約八万、家康軍約九万が、「天下分け目」の戦いに臨んだのである。

「大戦の四」の「関ヶ原の合戦」は、福島正則に従って参陣した大道寺内蔵助直次《だいどうじくらのすけなおつぐ》の話として、「凡《およそ》関原の戦といふは、日本国が東西に別れ、双方廿万に及ぶ大軍一所に寄集り、辰《たつ》の刻に軍始り、未《み》の上刻には勝負の片付たる合戦なり」(七〇頁)と、約二〇万もの大軍が日本を東西に分けて一か所に集まり、午前十時ころ開戦し、午後一時ころに勝負がついたという。そして、「かゝる大戦は前代未聞の事にて、諸手打込の事なれば作法次第といふ事もなく、我がちにかゝり敵を切崩したる事にて、追留などゝ云事もなく、四方八方へ敵を追行たれば、中々脇ひらを見る様ならずと見えたり」(『徳川実紀』、七〇~七一頁)と、さまざまな軍勢が入り交じった混戦であり、戦場の作法は通用せず、みな勝手に攻撃し敵を斬り倒し、追撃をやめることなく、四方八方に敵を追いかけたので、なかなか周囲を見る余裕がなかったという。今日、私たちは、関ヶ原の陣形図などから、ともすると本陣の家康と三成の指揮のもと、組織的・統一的な戦闘が行われたように思いがちであるが、実際は、戦場の指揮官や諸隊は、各自の判断でそれぞれ勝手に戦闘に突入していったのである。当初、戦いは互角であったが、途中小早川秀秋が三成方から家康方へ裏切ったことを契機に情勢が変わり、家康勢が勝利した。

しかし、関ヶ原の合戦は、徳川家と豊臣家の戦争ではなく、三成には不本意ではあるが、豊臣秀頼には何のかかわりもないというのが、家康や家康方豊臣大名、さらには大坂城淀殿らの理解であった。すなわち、家康は、あくまでも豊臣政権の大老＝公儀として戦い、自分に味方する豊臣大名を動員し、謀叛人の石田、上杉、毛利、宇喜多らを誅罰《ちゅうばつ》したと位置づけたのである。「豊臣家」当主秀頼は健在であり、これに心を寄せる豊臣系大名も多数存在した。こののち、「徳川」「豊臣」両家対立は新たな局面を迎えることになるのである。

徳川・豊臣家の外交・戦争と「徳川の平和《パクストクガワーナ》」

一六〇〇（慶長五）年の関ヶ原合戦から同十九年の大坂の陣までの「戦間期」、家康は豊臣家との「外交」を展開した。それは、①一六〇三（慶長八）年の家康将軍就任。これは家康の業績が朝廷によって認められ権威化されたことを意味する。ここに、関白秀吉の権威と権力を維持・永続しようとする「豊臣公儀」と、これとは別に、徳川家康の将軍を頂点とする権威と権力を確立しようとする「徳川公儀」が並立・対抗することになった。②同年の家康孫千姫と秀頼の婚姻。③〇五（同十）年、秀忠の将軍襲職。家康は将軍職を子秀忠に譲り、自らは駿府《すんぷ》（静岡市）で「大御所」として秀忠を助ける政治体制をしいた。「天下（権力）はまわりもち」という、戦国時代以来の下剋上の風潮を否定し、豊臣家の関白以来の「公儀」を否定した。④〇六（同十一年）、上洛した家康は、武家の官位は幕府の推挙がなければ無効とすることを朝廷に申し入れた。これは、朝廷と大名が直接結びつくことと、豊臣家を通じて官位を上昇させるルートを遮断《しゃだん》した。大名たちは、朝廷や豊臣家とは別に、徳川家のもとに全国規模で編成されたのである。これらをふまえて家康は、一六一四（慶長十九）年七月方広寺鐘名《しょうめい》事件を起こし、同年十月の大坂冬の陣、一六一五（元和元）年四月の大坂夏の陣により、豊臣家を追い込んでいったのである。

武力により戦国の最終的覇者となった家康は、さっそく「徳川の平和《パクストクガワーナ》」＝新秩序の確立に取り組んだ。すなわち、一六一五（元和元）年閏《うるう》六月、「一国一城令」を発布し、城郭を軍事施設から行政施設へと機能・性格を切り替えた。同年七月には、朝廷、公家、寺社、武士、庶民を対象に、武家諸法度《ぶけしょはっと》、禁中並《ならびに》公家諸法度、諸宗諸本山諸法度などの重要法令を発布し、古代以来の諸権力を国家的・国民的規模で統合・編成したのである。

「五つの大戦」のうち、先の三つが足利家を中心とする旧体制の解体であったのに対し、小牧長久手と関ヶ原の合戦、そして「大戦」にはカウントされていないが「大坂の陣」は、協力して旧体制を打倒しつつも、少し先を行くライバル豊臣家との直接対決であった。そして、大坂の陣＝「下剋上の総決算」で豊臣家を滅ぼした家康は、翌一六一六（元和二）年四月駿府において七五歳で没した。「徳川の平和」の創始者は、「鳴くまで待つ」「すわりしままに食う」存在ではなく、まぎれもなく戦国サバイバルを武力で勝ち抜いた戦国武将だったのである。しかし、彼の使命はこれで終わらなかった。没後家康は、「東照大権現」「東照宮」の名を与えられ、「平和」「泰平」の創設者・守護神として広く社会に浸透していくのである。

⦿参考文献

辻達也『日本の歴史十三 江戸開府』（中央公論社、一九七四年）
北島正元『日本の歴史十六 江戸幕府』（小学館、一九七五年）
笠谷和比呂『関ヶ原合戦』（講談社メチエ、一九九四年）
本多隆成『定本徳川家康』（吉川弘文館、二〇一〇年）
大石学他編『現代語 徳川実紀・家康公伝一 関ヶ原の勝利』（吉川弘文館、二〇一〇年）
大石学『敗者の日本史十・近世日本の勝者と敗者』（吉川弘文館、二〇一五年）

1604–51
母は浅井氏。参勤交代やキリシタン禁制など、江戸幕府の諸制度を整えた第3代将軍。乳母春日局に養育される。

弟を自害に追い込んだ将軍

徳川家光

…とくがわいえみつ…

野村　玄

江戸幕府を確立させた将軍として名高い徳川家光だが、その権力の基盤はどのように形成されたのか。家光が将軍職を継承する前後、彼が存在を意識せざるをえなかった人物の一人が弟の徳川忠長《ただなが》であった。その忠長が、身柄《みがら》を預けられていた上野《こうずけ》国の高崎で「自害」して果てた時期は、一六三三（寛永《かんえい》十）年十二月六日であったことが、次の『江戸幕府日記』の寛永十年十二月八日条から確認できる（藤井譲治監修『江戸幕府日記　姫路酒井家本』第二巻、四五七頁、以下の引用史料は一部読み下しで引用）。

一、駿河大納言《（徳川忠長）》殿、去六日高崎において御自害、是日来の御乱心終に相収まらざるに依る也、これに依り、今日阿部豊後守《ぶんごのかみ》これを差し遣わさる云々。

ここでは忠長が「自害」した理由について、それまでの「乱心」が収まらなかったことによるとされている。小池進氏によれば、忠長による家臣の手討ちが一六二五（寛永二）年から確認されるという（小池進「保科正之と徳川家光・忠長」）。また、その前年の一六二四（寛永元）年には「寛永元年九月十七日付続重友宛細川忠利書状案」で忠長の「御不食」が取り沙汰されているが(東京大学史料編纂所編『大日本近世史料　細川家史料』九、一六五号、九三頁)、これらは時期的に見て前年の一六二三(元和《げんな》九)年の家光への将軍宣下《せんげ》と関係している可能性がある。

家光と忠長の関係について、彼らの実母が相互に異なるのではないかとの問題提起を行っている福田千鶴氏は、忠長を江《ごう》の実子とするいっぽう(福田千鶴『江の生涯』)、家光の生母は春日局《かすがのつぼね》であったと述べている(福田千鶴『春日局』)。福田氏は江の忠長への強い愛情の背景として家光と異なる実の母子関係の存在を指摘するが、それを巷間よくいわれるような家光の将軍職継承までの江の動きと直ちに結びつけることには慎重である(福田千鶴『江の生涯』)。実際には生前の家康の意向もあり、家光が将軍職を襲職《しゅうしょく》したが、福田氏によれば、一六二六(寛永三)年の江の病没後に家光と忠長の「折りあいが悪くな」って一六三一(寛永八)年の甲斐国での「蟄居《ちょきょ》」、一六三二(寛永九)年の秀忠の病没をうけて上野国高崎での「幽閉《ゆうへい》」となり、「忠長は母の死後、自身こそが正嫡《せいちゃく》であるとの思いを抑えることができなかったのではないだろうか。まわりの家臣たちにも、そのことをけしかける雰囲気があっただろう」とされている(福田千鶴『江の生涯』)。

家光の将軍襲職直後から忠長の心身に異変が生じ、それに実母の死が拍車をかけたという流れが浮かび上がるが、だとしても忠長の「自害」という結論は必然ではあるまい。さらに忠長を追い詰めたものは何であったかがここでは問題である。この点を考えるにあたり、次の「寛永十年十二月十九日付魚住《うおずみ》伝左衛門尉宛細川忠利書状案」の記述は当時の雰囲気をよく伝えていると思われる(東

京大学史料編纂所編『大日本近世史料　細川家史料』十一、七〇〇号、一六五頁）。

一、駿河大納言《(徳川忠長)》殿の儀、御自害成され候、御勘当《ごかんどう》の儀候ゆえ候哉、爰元《ここもと》大名衆急度《きっと》御笑止成る由申し上ず候、年寄衆我等所へ御出候ハんとの事候へ共、春へ延候へハ、是非近日御出候ハん由ニ而、はやしなとも仕候へとの事ニ而御座候間、少も駿河大納言殿の儀ニ御構ハなきと見へ申候間、御使者など御下《おくだし》成《な》らるニ及ばざる様ニ、見及び申し候事。

ここで細川忠利は忠長の「自害」の理由を推測しているが、注目すべき点は、ほかの大名たちが忠長の死についてお気の毒だとは幕府に申し上げていないとしている点であり、それは近日中に細川邸を訪問する予定であった年寄衆（のちの老中に相当）の態度からもうかがわれ、彼らは訪問時のお囃《はや》子《し》を所望しているのである。通常ならば、時の将軍の弟の不幸であるから、歌舞音曲は停止されるものである。細川はこのような様子を見聞きして「少も駿河大納言《(徳川忠長)》殿の儀ニ御構ハなきと見へ申候」と記述したのである。ここからは家光とその周辺の悲しみは看取されない。弟の死を悲しまない、あるいは悲しまなくてもよいとする雰囲気は、当時どのように醸成されたのか。

例えば、新井白石《はくせき》が徳川綱豊《つなとよ》（のちの家宣《いえのぶ》）に命じられて一七〇二（元禄《げんろく》十五）年に提出した『藩翰譜《はんかんふ》』の第十一・駿河殿には次のような記述がある（国書刊行会編『新井白石全集』第一巻、例言、四九一～四九二頁）。

大相国（徳川秀忠）家かくれさせ給ひし後、諸大名の許へ、いづちともなく、将軍家（徳川家光）失ひ参らせて駿河殿（徳川忠長）御代に立て参らせん由の、めぐらし文をめぐらす、此時松平陸奥守《むつのかみ》（伊達）政宗、最初に将軍家に参りて、かくと申す、藤堂和泉守高虎これに続き、其餘の人々皆此由を告げ申すに、加藤肥後守忠広父子、此由を申さず、駿河殿にも此事知召しながら、早く告げ申させ給はざりしに因りて、罪かうぶらせ給ひぬ、抑《そもそ》も此謀は土井大炊頭《おおいのかみ》利勝より出たり、利勝心に思ひけるは、今の世、よのつねの大名の謀反企てんに、謀かは組みすべき、御一門の人々の御結搆あらんには、組みする事もありなんやと思ひしかば、大相国《だいしょうこく》かくれ給ひしより、罪蒙《つみか》ぶれる様にして引き籠《こ》り居て、忍び〳〵に此廻文を廻らす、加藤父子が罪定りしのち利勝いつとなく出て仕へしとかや、此後百世を経るとも誰かかゝる謀には組みすべき、利勝は深き謀ある人にて永き当家の忠臣たりと、舊《ふる》き者の申せしを承りき、誠にしかりや。

すなわち、秀忠が病没した後、将軍家光を亡き者として忠長を将軍にする動きがあるとの廻文が出回ったといい、伊達政宗や藤堂高虎らがいち早くこのことを幕府に通報したが、加藤忠広父子は通報せず、また噂の当事者であった忠長も通報しなかったことから、加藤と忠長は罪を問われたという内容である。しかも、このような廻文を仕組んだ人物は土井利勝で、利勝による深謀遠慮《しんぼうえんりょ》で謀反の謀を未然に防止できたとある。家光によって改易《かいえき》された加藤と忠長を結びつける論調だが、ここで注意すべき点は史実としての加藤家改易へとつながった話は、当時の加藤家が土井利勝の謀反を疑わせる怪文書を配布したとされたことなどが発端であって（東京大学史料編纂所編『大日本近世史料細川家史料』四、九五八号・九六二号）、土井利勝の策略で加藤家の謀反の動きが炙《あぶ》り出されたわけではなかったという点である。にもかかわらず、後年にこのような話が記述された背景には、加藤家の改易と忠長の死が家光による反逆という同一線上に位置づくものとして捉えられるようになっていたことがあるだろう。実際、研究史上も、幕府による加藤家の改易と忠長への一連の処分は連続的に捉えられてきた（朝尾直弘「将軍政治の権力構造」、藤井譲治『徳川家光』）。だが、そのような説明が可能となる状況は加藤忠広の出羽《でわ》国庄内への預けと忠長の上野国高崎への預けまでであって、加藤の余生と比べれば、忠長の結末はあまりにも無惨なのである（野村玄『徳川家光』）。加藤と異なり、忠長が死を選ばなければならなかった背景に何があったのかを考える必要がある。その意味で、前述したような、忠長の死をめぐる家光とその周辺の受けとめ方が気になるのである。

では忠長の死について、前引の『藩翰譜』はどのように説明しているのだろうか。次の『藩翰譜』の第五・安藤（国書刊行会編『新井白石全集』第一巻、一九一～一九二頁）は、これまでも先行研究が注目してきた史料だが、これをふまえて小池進氏は忠長の自害を「家光の強要」とし（小池進『江戸幕府直轄軍団の形成』）、下重清氏は家光による「忠長への自殺教唆」（下重清『幕閣譜代藩の政治構造』）の結果とみている。

寛永日記等の諸記を合せ見るに、寛永九年十二月駿河殿《（徳川忠長）》、高崎の城に渡らせ玉ふ、明る十年九月、阿部対馬守重次、将軍家の御使として、行向ひ、右京進重長《（安藤）》に逢て、御使の旨を伝ふ、駿河殿、初め罪宥られ玉ひ、重長《(安藤)》に召預けらるゝ事既に終んぬ、されども猶《なお》御心改らせ給はず、よからぬ御振舞ひ世に漏ぬる事少からず、きつと其罪を定めさせ玉はん事は、さすがに親しき御中なり、如何でか仰も出さるべき、此上は重長如何にも計らひて、彼の御心より起りて、御自害あらん様に仕るべき者なりとのべたり、重長畏り承り、暫《しば》しは、ものをも云はず、やゝありて後重次《(阿部)》に向ひ、重長かゝる仰を蒙《こうむ》る事、尤も不幸の至なり、さりながら、などか仰をば背き候べき、御教書をや帯し玉ふらん、さらば拝し奉るべしと望む、重次聞て此事、君《(徳川家光)》の御心より出て、重次が口に伝へ、御身が耳に入るべき事なれば、御教書を下し給はるべき事にあらず、また重次苟《いささか》も執政の事に加る身として、此御使を承る、何をか疑ひ玉ふべきといふ、重長重て重長が申所、き殿を疑ひ参らするにもあらず、まして仰を軽んじ奉るにも候はず、そもく\此殿《(徳川忠長)》は大相国《(徳川家光)》の御寵子、将軍家《(徳川家光)》の御愛弟、親しくも、貴くも、わたらせ玉ひ、古にあつて、六議の中其二つを兼させ玉ふ御身なり、縦令《たとい》いまかく罪蒙らせ給ふとも、よのつね人臣の例に准し難し、されば執政の重臣仰を伝へ給ふとも、口づから述られん事は重長たやすく領掌《りょうしょう》に及ぶべからず、只願くは、御筆を染られて下し給るべきよしを、よきに執し給るべしと云切てければ、重次力なく引かへして、此由を申す、やがて自から御筆を染められし御教書を帯して、これを渡す、さてこそ重長領掌をば、してんけれ、かくて月を越て後、十二月《(寛永十年)》六日の朝に至りて、重長大納言《(徳川忠長)》のわたらせ給ふ所を守る侍に下知して、殿《(徳川忠長)》のおはします庭に、縁の間少し引のきて、厳しく鹿垣をむすびわたす、殿みづから御出ありて、何故にかくはするぞと尋ねさせ玉ひしに、重長が侍、畏りて、公よりの仰にや候はん、精《くわし》き事は存ぜず候と申す、障子引建て入らせ玉ひて後は、出させ玉はず、日も既に暮れぬ、近く召仕るゝ女房達三人を、宵より皆御暇給はりて、おのが局々に下さる、御傍にはべるもの、女の童たゞ二人あり、酒温めて参らせよと仰られしに依て、御前を立て、やがて、提《ヒサゲ》子もちてまゐる、御盃を取上げ玉ひて、めすこと二たびに至りて、今少し温めてまゐらせよとあれば、一人の童提子もちて出づ、今一人の童には、汝は肴取りて来れとありしかば、同じく御前を立て御酒御肴もち来て見れば、白き御小袖の上に、黒き御小袖に御紋つきたるを打掛て伏させ玉ひしが、御小袖悉くあけに染みて、事切れさせたまふ、二人の童は大に驚き走り出て、かくと告しかば、配所の御供に侍ひし人々、走せ参りて見るに、御わき刀にて、御頸の半つき貫かせ玉ひ、前の方へおし切つて、うつぶしに伏させ玉ひぬ、御年は廿八にぞならせ玉ひける、また御事あるべき五三日前より、御宝物ども長持に入れさせ玉ひ、御手ずさみに書せ玉ひし反古やうの者と同じく、おはします所の庭にして、悉く焼棄させ玉ひき、此程よりかく思召たゝせ給ひしにやなど、世には伝へぬ、詳なる事をば誰か知るべき、もし此等の事誠ならんには、重長が申せし言葉、今又一月を越ん程を待て、其後御心つかせ玉ふやうに計らひしは、深き心ありとぞ、見えし其事も皆空しくなりぬれば、あはれなりし事なり、今の世誰かかゝる仰うけて、一月をこえん程を、その事となく打過ぐべき、誠に重長はゆゝしき人にこそ。

この史料によると、家光の使者として高崎に赴いた阿部重次が安藤重長に対し、「駿河殿《(徳川忠長)》、初め罪宥られ玉ひ、重長(安藤)に召預けらるゝ事既に終んぬ、されども猶御心改らせ給はず、よからぬ御振舞ひ世に漏ぬる事少からず、きつと其罪を定めさせ玉はん事は、さすがに親しき御中なり、如何でか仰も出さるべき、此上は重長如何にも計らひて、彼の御心より起りて、御自害あらん様に仕るべき者なり」という家光の意向を伝えたが、将軍の弟を「自害」に追い込むようにとの趣旨に驚いた重長は、事の真偽を確かめるため、口頭による指示ではなく、家光からの命令書を重次に求めた。重次は重長の求めを家光に伝え、家光は自筆の命令書を重長に交付したところ、重長は忠長の居所を守衛する家臣に命じて「殿(徳川忠長)のおはします庭に、縁の間少し引のきて、厳しく鹿垣をむすびわた」した。これを見た忠長は「なぜこのようなことをするのか」と重長の家臣に問うたところ、重長の家臣は恐縮して「公よりの仰にや候はん、精《くわし》き事は存ぜず候」と答えた。これを聞いた忠長は部屋に入って出てこなくなってしまった。その後、忠長は側近くで仕えていた童女たちに酒の仕度を命じたが、童女たちが戻ったところ、血まみれで息絶えた忠長が発見されたという。また、この事態の二週間ほど前に忠長は身辺の整理をしていたといい、あるいは忠長はその頃から死を考えていたのだろうかとの推測も記されている。

確かにこの史料には、家光の指示を受けた重長が忠長の居所を「鹿垣」で囲うという行動に出たことが忠長の「自害」の引き金となったとある。しかし、家光が忠長を「自害」に追い込まなければならないと判断した理由が、「猶御心改らせ給はず、よからぬ御振舞ひ世に漏ぬる事少からず、きつと其罪を定めさせ玉はん事は、さすがに親しき御中なり、如何でか仰も出さるべき」とされている点はいかにも弱い。この程度の理由で「自害」に追い込まなければならないならば、その時期はもっと早くに設定されねばならなかったであろう。秀忠の病没は影響していようが、なぜ一六三三(寛永十)年十二月という時期であったのかが説明されるべきである。その時期と、先ほどの忠長の訃報を受けた家光とその周辺の反応とが整合的に理解されるような状況が当時あったはずなのである。

そのことを考えるうえで重要な史料が、次の『オランダ商館長日記』の一六三四年五月八日〔一月八日〕条の一部である(東京大学史料編纂所編『日本関係海外史料　オランダ商館長日記』訳文編之一〈上〉、一一八〜一一九頁)。

同月八日(六三四年五月〔一日〕)陛下〇徳川家光。のただ一人の弟〇さきの駿河大納言忠長。が次のような原因でその腹を切ったと聞いた。すなわち、当地江戸に、ダイロ〇内裏。の特命を帯びた重立った貴人二人が、上記の陛下(徳川家光)の弟(徳川忠長)(彼は以前、スルガ〇駿河。・トートー〇遠江。・ミカワ〇三河。の王であったが、彼の非行のため、その所領から召放たれ、江戸から北の方四八マイルの地〇上野高崎。に監禁されていた。)の赦免を乞うための代表となってやって来た。これらの代表委員となった大官たちは、様々な要職にある人々から大きな予期しない仕打を受けたが、もし陛下が事柄を理解しようとしないなら、近くミアコで行なわれる儀式と戴冠《たいかんしき》式は(彼の唯一の弟をこのように孤立したままにして置いては)滞り無く執り行うことはできないであろう、と説いて、その請願と要求を熱心に行った。陛下は、彼の(唯一人の、であったのに)弟に恩情を施すために、彼の父〇秀忠。により一旦述べられた言葉を撤回するだけの決心がつきかねていたため、彼の弟を殺害するた

め、秘かに腕の立つ屈強の人々を（彼等自らがこの追放された領主を訪問しに行くように見せかけ）派遣して、そして、そのような前提のもとに彼等は相手と同席した折に、話のはずみにいさかいにもちこみ、互に殺し合う手筈であったという。それは、たとえどのような結果になろうとも、それにより陛下の名に傷がつくことも、負い目を受けることもないためであった。

こうして、今月三日にこれらの選ばれた貴人たちは、上記のスルガの領主（徳川忠長）のもとに行き、事を彼等の仕組んだ陥し穴に向けて運び、そして彼に襲いかかった。しかし、彼○徳川忠長。は勇敢な武人であったので、抜刀し、彼等の一隊のうち幾人かを斬り伏せた。その瞬間、やはり選り抜きの人々（今でこそ見捨てられているとはいえ、彼らの盛時には一廉《ひとかど》の殿原たちだった）であった彼の従者たちも、直ちに残りの全員を攻撃し、切り倒した。

上述の領主○忠長。は、それが彼の生命を奪おうとしたものであることを見てとると、自分の腹を切る決心をした。そしてその翌日、彼はその乳母とともに、大なる悲歎と不満の故に最期を遂げた、というのである。

これによると、オランダ商館は和暦の一六三四（寛永十一）年正月八日に忠長の切腹の情報を得ている。その原因については、内裏の主要な貴族二名による忠長の赦免要求があり、貴族二名が「近くミアコで行なわれる儀式と戴冠式は（彼の唯一の弟をこのように孤立したままにして置いては）滞り無く執り行うことはできないであろう、と説いて、その請願と要求を熱心に行った」ことが影響したとの観測を記し、家光は忠長のもとへ刺客《しかく》を派遣して忠長は応戦したが、彼は家光の意図を察して切腹したとある。刺客の派遣と忠長の切腹の時期は一六三四(寛永十一)年正月のこととされており、この点は日本側の史料との間で少し時間差がある。従来からこの史料自体は小池進氏や下重清氏によって言及されてきたが、引用の部分については否定的に捉えられる傾向が強かった(小池進『江戸幕府直轄軍団の形成』、下重清『幕閣譜代藩の政治構造』)。しかし、一六三四(寛永十一)年における「近くミアコで行なわれる儀式と戴冠式」とはその年の家光の上洛のことであり、忠長の赦免要求が上洛の成否と関わらせて行われたとするならば、家光にとっては宮中からの圧力以外の何物でもなく、また、かといってそれまでの家光と忠長との兄弟関係を想起すれば、忠長を復権させることの危険性は充分に認識されていたことであろう。家光が一六三三(寛永十)年十二月という時期に忠長を急に粛清しなければならないと判断した理由があったとすれば、それは目前に迫っていた上洛の成否との関わりの中で忠長の処遇が論じられ始めたからではないかということを、前引の『オランダ商館長日記』は推測させるのである。

だが、さらに『藩翰譜』と『オランダ商館長日記』のどちらにも共通して明らかなことは、忠長が「自害」したということ、そして、そこまで忠長が追い込まれた過程において、家光は一切直接に手を下さない形が採られたということの残酷さである。しかも、その忠長の死は、兄によっても大名諸侯からも追悼されることなく、忘却の彼方に追いやられた。ある意味で忠長は、身内によって二度殺されたといっても過言ではないのである。

●参考文献
朝尾直弘「将軍政治の権力構造」（朝尾直弘『朝尾直弘著作集　第三巻　将軍権力の創出』岩波書店、二〇〇四年）
小池進『江戸幕府直轄軍団の形成』（吉川弘文館、二〇〇一年）
小池進「保科正之と徳川家光・忠長」（『日本歴史』第七五八号、二〇一一年七月）
下重清『幕閣譜代藩の政治構造―相模小田原藩と老中政治―』（岩田書院、二〇〇六年）
野村玄『徳川家光―我等は固よりの将軍に候―』（ミネルヴァ書房、二〇一三年）
福田千鶴『江の生涯―徳川将軍家御台所の役割―』（中央公論新社、二〇一〇年）
福田千鶴『春日局―今日は火宅を遁れぬるかな―』（ミネルヴァ書房、二〇一七年）
藤井譲治『徳川家光』（吉川弘文館、一九九七年）

●史料
国書刊行会編『新井白石全集』第一巻（国書刊行会、一九七七年）
東京大学史料編纂所編『大日本近世史料　細川家史料』四（東京大学出版会、一九七四年）
東京大学史料編纂所編『大日本近世史料　細川家史料』九（東京大学出版会、一九八四年）
東京大学史料編纂所編『大日本近世史料　細川家史料』十一（東京大学出版会、一九八八年）
東京大学史料編纂所編『日本関係海外史料　オランダ商館長日記』訳文編之一（上）（東京大学、一九七六年）
藤井譲治監修『江戸幕府日記　姫路酒井家本』第二巻（ゆまに書房、二〇〇三年）

1579−1643
明智光秀の家臣の娘。後に江戸幕府第3代将軍となった徳川家光の乳母になって権力をにぎり、幕府の政策にも関与した。

賢女か、あるいは悪女か
春日局
…かすがのつぼね…

椿田有希子

春日局は、徳川幕府三代将軍徳川家光《いえみつ》の乳母《めのと》。本名は稲葉福《いなばふく》。一五七九（天正《てんしょう》七）年生まれ（推定）。父は明智光秀《あけちみつひで》の家臣斎藤利三《としみつ》。幼少の折、父利三が山崎の戦いで戦死したため、母方の一族である稲葉重通《しげみち》の養女となったのち、重通の養子正成《まさなり》の二番目の妻となる。正成との間に稲葉正勝《まさかつ》らを産むが（子の数については諸説あり）、離縁。一六〇四（慶長《けいちょう》九）年七月の徳川家光（幼名竹千代）誕生にともない乳母となり、相模《さがみ》国内に化粧料三〇〇〇石を与えられた。なお、正成や正勝ら一族ものちに幕府に登用され、とくに正勝は老中にまで出世している。

家光の幼少期、将軍継嗣が誰になるかは確定しておらず、二代将軍秀忠《ひでただ》とその正室江《ごう》が寵愛する家光の弟忠長《ただなが》（幼名国松）が将軍になる可能性もあった。そのことを危惧《きぐ》した福は家康に直訴し、世嗣《せいし》の座に家光を据えることに成功する。その恩義ゆえに家光は福を厚遇し、全幅の信頼を寄せつづけた。彼女が最晩年、病の床に臥した際には、じつに四度も家光みずから見舞いに訪れたほどである。

紫衣《しえ》事件をめぐって幕府と朝廷との間に不協和音が生じていた一六二九（寛永《かんえい》六）年十月、幕府の使者として上洛し、後水尾天皇に拝謁した。このとき、家光の妹で天皇の中宮である徳川和子（東福門院）から「春日局」の号を下されたことで、以後、春日局と称されるようになる。最終的には従二位という高位にまで上りつめ、「二位局」とも呼ばれた。

このように、春日局は女性政治家・権力者として絶大なる影響力を行使し、世嗣決定や紫衣事件といった政治史の重要な局面にも登場して幕政の安定に寄与した。また、近世を通じて続く江戸城大奥の基礎を作ったという点においても、その功績は大きい。

一六四三（寛永二〇）年九月十四日没。享年六五。江戸湯島《ゆしま》の天澤山麟祥院《りんしょういん》に葬られた。法名は麟祥院殿従二位仁淵了義大姉。

春日局の評価をめぐって

とある人物に対する評価が、その時々の政治・社会状況によって一八〇度転換することはままある。近世前期随一の女性政治家として権勢を誇った春日局も、その一人である。

近代国民国家形成の過程において、春日局には新たな評価が与えられた。長野ひろ子氏が、一八九一（明治二四）年に歌舞伎座で初演された福地桜痴《ふくちおうち》作の演劇『春日局』の分析を通じて明らかにした如く、明治前半期に政治的・公的空間から女性が排除されていく過程において、春日局は守役として優秀さを遺憾《いかん》なく発揮しつつも夫の権力に素直に服従し、謙虚で常に他者のために献身する「良妻賢母」の象徴として読み替えられていったのである。

修身教科書もまた、かかる春日局イメージの浸透に一役買った。春日局が大奥で紙が贅沢《ぜいたく》に使われていることを嘆き、女中らに紙漉《かみす》きの見学をさせたという逸話からは「倹約の大切さ」という教訓を導き出し、江戸城の城門が刻限で閉められた後はいかに権力者たる春日局であろうと門番が決して開門に応じず、彼女もそれに素直に従ったという逸話からは、彼女がいかに遵法精神に溢れた人物であったかを強調し、規則に従うことの重要性を児童生徒に説く、といった具合である。このように明治以降、娯楽や教育など様々な機会を通じて、「善人」「賢女」春日局像が人々の間で認知されていったのである。

しかし、一方でそうした春日局像に異を唱える向きもあった。著名な江戸風俗考証家であり、明治から昭和にかけて数多くの随筆を発表した三田村鳶魚《えんぎょ》は、一九二三～二四（大正十二～十三）年頃に執筆した随筆「春日局の焼餅競争」において、「賢女とか烈婦《れっぷ》だとか、しきりに春日局は褒《ほ》められているけれども」と前置きしたうえで、「焼餅黒々」とした「妬婦《とふ》」だの、「実に騒動女」だのと、これでもかとばかりに春日局を扱《こ》き下ろしている。ここで描き出されている春日局の姿は、まさしく「悪女」としか言いようがないものである。

じつは、春日局＝「騒動女」という理解は、近世の早い段階からすでに存在していた。一五六五（永禄《えいろく》八）年に生まれ、一六六四（寛文四）年に一〇〇歳で没した江村宗具《えむらむねとも》（専斎《せんさい》）の話を聞き書きにした『老人雑話』には、「慈照院殿（注・足利義政《よしまさ》）の時、春日の局と云女あり、彼が所為にて、応仁の乱起り天下騒動す、近来の春日局の号は是を考すして然る歟《か》」とある。応仁の乱を引き起こした（というのはあくまでも宗具個人の見解であるが)「春日局」という室町時代の女性某にくだんの春日局がなぞらえられているのだが、ここから分かるのは、春日局が同時代の人間から必ずしも良い印象を持たれておらず、それどころか天下の騒動の元凶と目されることすらあった、ということである。ちなみにこの話は、京都町奉行元与力の神沢貞幹(杜口)が著した近世後期の随筆集『翁草《おきなぐさ》』にも収載されており、こうした言説が近世をつうじて一定程度流布していたことを窺わせる。

春日局を「妬婦」「騒動女」と断罪する論拠として鳶魚が挙げているのは、稲葉正成との離縁のいきさつ、世嗣決定をめぐる江との確執、忠長の改易《かいえき》と自害への関与、主にこの三点である。そこで本稿では、これらに焦点を絞り、春日局の「悪女」たる所以について、もしくは、世人が春日局の奈辺に「悪女」性を見出してきたのかについて考えてみたいと思う。

春日局は人殺し?

福(以下、本稿においては春日局で統一する)と稲葉正成との婚姻は、一五九五(文禄四)年頃と推定されている。二年後には正勝が生まれたが、その後、前述した如く一六〇四年には家光の乳母となった。では、春日局はいつ、なぜ正成と離縁したのか。それについては大別して二説ある。ひとつは、自分の妻が家光の乳母となったことで、妻のおかげで引き立てられることを潔しとしなかった正成のほうから離縁したという説、もうひとつは、正成の女癖の悪さに愛想を尽かした春日局が正成のもとから去り、その後家光の乳母となったとする説である。福田千鶴氏は、形式的な離縁は乳母になった後だが、実質的な離縁すなわち別居は乳母になる前のことであり、それは遅くとも一六〇一(慶長六)年までになされたとしている(福田『春日局』)。

春日局＝「妬婦」説の論拠となっているのが、一七七四(安永三)年に成立した『備前軍記』に見られる、以下の有名な逸話である。

此内匠《たくみ》(注・正成)の妻(注・春日局)勝《すぐ》れて嫉妬深し。然るに内匠、妻を京都より呼寄せて、是にも子出生す。されども之を妻には隠して別の屋敷にありと聞き、それにては外聞も宜《よろし》からず、此屋敷へ呼寄せ給へ、少しも苦しからず。又男もありと聞えし。是又此方にて養育すべしと、最も懇《ねんごろ》にいひし故、能くも申されしとて、内匠も悦び、別屋敷より呼寄せて、内匠妻に目見して、又懇に申されければ、妻も安心してありしが、一日内匠の留主なりし時、其妻を間近く呼び、刀を抜きて、衣装の内に隠し持ちて、只一打に打殺し、兼ねて用意ありて乗物に乗り、裏門より出で上方へ登り、里に帰りける。其後此妻、江戸の御内所へ出でて勉めけるが、慶長八年(注・九年の誤り)、御誕生ありし竹千代君家光公御傅になりけり。

正成が春日局に内緒で京都から妾を呼び寄せて別宅を設け、あまつさえ男子まで産ませたことにいたく立腹した春日局は、正成を言葉巧みにそそのかし、くだんの妾および子を自分と同居させることにした。ところがそれは春日局の謀略で、正成の留守を狙って妾を斬り殺したうえで里に帰ってしまった、というのである。嫉妬にかられて夫の愛妾を殺害、という相当に衝撃的な話なのだが、驚くべきことに、彼女が人を殺めたのはこのときばかりではないというのだ。一七〇七(宝永《ほうえい》四)年に没した幕臣真田増誉が著した武家の事績・逸話集『明良洪範《めいりょうこうはん》』には、正成の家に盗賊が押し入った際、春日局が盗賊のうち二人を惨殺し、残党を追い払ったという話が収載されている。これらから読み取れるのは、いざとなれば人を殺めることも厭わないほどの気性の激しさである。

これらの逸話の真偽のほどは定かではない。しかし、春日局であればさもありなんと世人に思わせるものがあったからこそ、後世にまで語り継がれたのだということは、少なくとも言えるのではないか。

かくて春日局は正成と別居し、何らかの形で取り立てられて家光の乳母となり、江戸城において家光の傅育《ふいく》にあたることになった。その経緯については、『明良洪範』が京・粟田口に立てられた乳母募集の札を見た春日局が自ら応募してきたとし、一六八六(貞享《じょうきょう》三)年に稲葉正則が作成した『春日局譜略』では江の筆頭老女である民部卿局の推挙によるとするなど諸説あるが、これまでにも数多くの評伝や小説等で取り上げられているので、ここでは繰り返さない。

世嗣決定をめぐる江との確執

幼少期の家光が秀忠・江から冷遇されていることを危惧した春日局が駿府の家康に訴え、家康の後押しによって家光を世嗣として認めさせたというのは、あまりにも有名な話である。この訴えの顛末《てんまつ》については、伊勢参宮と称して江戸城を抜け出し駿府へ赴いたとする説(『落穂集』)、江戸城を抜け出した名目を熱海湯治とする説(『備前軍記』)、家光が冷遇されていることについて春日局が書簡にしたため、天海を使者として家康のもとに遣わしたとする説(『落穂集事跡考』)、秀忠と江に疎《うと》まれていることを嘆いた家光が自殺すると言い出したのを春日局が諫め、家康の別妻の一人である英勝院に密告したところ、それが家康の耳に入ったとする説(『春日局譜略』)、直訴の仲介者を同じく家康の別妻の一人である六局《ろくのつぼね》とする説(『寛政重修諸家譜』)等々、諸説紛々としている。

ところで、江が家光を冷遇した理由について鳶魚は、「若君の御実母御台所(注・江)無類の嫉妬にて、春日局の年頃といひ容儀宜しき故、台徳公(注・秀忠)の御手つかんかとの御疑いより、諸事若君へうとく成らせられ候」との『落穂集事跡考』の記述を論拠に、春日局と秀忠との間柄を江が疑い嫉妬した結果、春日局が傅育する家光に辛く当たったのだと述べている。なお鳶魚は、「秀忠との間柄は、果たして御台所江子が睨《にら》める程度に達していたか否かは、何とも判断されないが」とするが、春日局を家光の生母とする説は古くから見られる。近年福田千鶴氏が発表した新説でも家光の生母は春日局とされ、侍妾春日局から生まれた庶出次男である家光よりも、三男とはいえ本妻江から生まれた嫡出子である忠長のほうに家督相続の優先権があったとの見解が示されている(福田『徳川秀忠』『江の生涯』『春日局』)。

では、春日局自身は江に対し、果たしてどのような感情を抱いていたのだろうか。ヒントとなるのが、春日局が一六四〇(寛永十七)年八月、日光山へ参詣した際に神前において奏上し奉納した「東照大権現祝詞」の、以下に挙げる部分である（赤堀又次郎『東照大権現祝詞略注』。読点を適宜追加した）。

そうげんいんさま《崇源院様》君をにく《憎》ませられ、あし《悪》くおぼ《思》しめ《召》すにつ《付》き、たいとくいんさま《台徳院様》もおな《同》じ御事に、二しん《親》とも《共》ににく《憎》ませられ、すで《既》にそし《庶子》そうりやう《惣領》をつ《継》がせられべきてい《体》になり申ところに、大ごんげんさま《権現様》するが《駿河》にてきこ《聞》しめ《召》しつけられ、二しんともににく《憎》みあし《悪》きやうにおぼ《思》しめ《召》し候ハヽ、君をするが《駿河》へよ《呼》び御申候て　ごんげんさま御こ《子》にあそ《遊》ばされ、三代せうぐん《将軍》にこれ《之》あ《有》るべきと上意御ざ《座》候間、…（以下略）。

江（崇源院）が家光を憎悪したため、秀忠（台徳院）までもそれに影響されて家光を憎むようになったというのであるが、こうした見方はあくまでも春日局の主観によるものである。事実かどうかの判断は慎重に下さねばならないだろう。しかし、世嗣が家光に決まったのが一六一五（元和元《げんな》）年頃のこととされるから、それから二五年もの歳月が経過しているにもかかわらず、東照大権現に奉納する祝詞において、あえてそのことを述べ立てるという行為自体に、家光を世嗣にすることへの春日局の執念、そして江に対する恨みの感情がいかに深いものであったかを思わずにはいられない。

ともあれ世嗣は家光に決定し、一六二三（元和九）年七月には征夷大将軍の宣下《せんげ》をうけるに至るのだが、その後も変わらず春日局は、家光への一途な献身を示しつづけた。これまた良く知られた話であるが、一六二九（寛永六）年に家光が疱瘡《ほうそう》を患った際、春日局は病気平癒・息災祈願として薬断ちを神仏に誓い、その後いかなる理由があろうとも決して薬を口にせず、針灸《しんきゅう》も用いなかった。その決意の強さは、晩年死の床についた際、服薬するようにと家光から懇ろに諭されても、決して受け入れなかったほどであったという(『明良洪範』『春日局譜略』ほか)。彼女のなみなみならぬ意思の強さと同時に、家光に対する愛情がいかに深いものであったか、そしてまた家光も彼女をいかに慕っていたかを髣髴《ほうふつ》とさせる、麗しいエピソードである。

だが、このように家光に向けてひたすら献身し無私の愛情を注ぐのと反比例するかのように、家光に害をなすとみなした存在に対しては、一転して冷酷非情な顔を隠さない。一六三三(寛永十)年九月に家光が風邪をひいた際、侍医《じい》の誤投薬のせいで一時危篤状態に陥った。意識が回復したのち、家光は侍医を許すつもりであった。ところが春日局が激怒し死刑にせよと強硬に主張したため、その侍医は結局、死刑こそ免れたものの改易され、追放に処されたという(『オランダ商館長日記』一六三三年十一月三〇日条)。

これはほんの一例であるが、かかる彼女の容赦ない冷酷さからは、たとえ身内であっても免れえなかった。稲葉正利《まさとし》の場合をみてみよう。

正利は稲葉正成の六男であり、母は幕府編纂の系譜集『寛政重修諸家譜《ちょうしゅうしょかふ》』には春日局と記されている(ただし福田氏は、表向きは春日局の子であったが、実は彼女の実子ではなく義理の子であったとしている〔福田『春日局』〕)。忠長に仕えていたが、忠長が一六三二(寛永九)年十月に改易されたのち、肥後《ひご》熊本藩細川家に預けられた。ところが配流先の肥後において、鷹狩や鹿狩をしたいと気ままに要求する、市中での乱暴狼藉《ろうぜき》を繰り返すなど数々の奇行が目立つようになると、細川家は正利をもてあまし、春日局に相談した。すると春日局は、なんと正利に自害を命じたのである（『細川家史料』寛永十五年二月十一日稲葉正利宛細川忠利書状）。

結局このときに正利が自害することはなかったのだが、いったいなぜ春日局は、このような非情としか思えない仕打ちができるのであろうか。それは、春日局は正利の乳を家光に与えたことになっており（実際のところは不明だが）、つまりは正利と家光とは乳兄弟の関係だったからである。正利の不行跡は、彼個人の問題にとどまらず、家光にまで迷惑が及ぶかもしれない。万が一にも家光の威光をおとしめるような事態は、何としてでも回避すべきである、そう考えたからこそ春日局は正利に自害するよう迫ったのである。これまたひとえに家光への献身のなせるわざであったといえるが、実子であったか義理の子かはさておくにしても、かりにも身内に対する態度としては、いかにも非情だと思わざるをえない。

忠長改易・自害の黒幕？

家光の弟駿河《するが》大納言忠長は、一六三一（寛永八）年五月に甲府での蟄居《ちっきょ》を命じられ、さらに翌年十月には上野国高崎で逼塞《ひっそく》を命じられた。そして一六三三（寛永十）年十二月、高崎の大信寺において自害を遂げている。

この忠長の改易と自害についても鳶魚は、「妬婦春日局は、また実に騒動女でもあった。御台所江子のない後に、惨たらしく復讐を企て、忠長を自殺させるまで、何程世間を動揺させたろう。忠長の謀叛《むほん》を虚構するために、土井大炊頭《おおいのかみ》利勝に偽廻文《にせかいぶん》を作らせて、天下の諸侯を惑乱《わくらん》せしめるなどは、申し分のない騒動女である」として、春日局こそが忠長の謀叛をでっちあげた張本人なのだと断罪している。

ここで鳶魚がいう「土井利勝の偽廻文」とは、忠長の改易に際して流れた噂をさしている。すなわち、土井利勝が諸大名の忠誠を試すためにわざと忠長を擁して反逆を企てたふりをし、同意を求める廻文を諸大名に送ったところ、ほとんどの大名は驚いて即座に幕府に報告したが、忠長と肥後熊本藩主加藤忠広だけは報告しなかったため、この両名が改易に処された、という噂である(『徳川実紀』)。この噂自体後世の偽作とされているものだが、春日局が果たして本当に裏で糸を引いていたかどうか、史料的確証を得るのはもとより困難である。

だが、かかる「春日局＝忠長改易・自害の黒幕」説は、ディティールの違いこそあれ多くの小説や評伝に書かれ、イメージとして相当程度に浸透している。たとえば杉本苑子氏は、「泣いて馬謖《ばしょく》を斬る」よう言葉巧みに家光を唆《そそのか》すさまを、臨場感たっぷりに生々しく描き出し(杉本「春日局」)、田中澄江氏は「もとより当面は家光の意をくんだ土井利勝などの力によるらしいが、男たちに忠長抹殺の実現を促進させたのはおふくの考えであったろう」と推測している(田中「春日局」)。また、小和田哲男氏は、忠長蟄居の本当の仕掛人は秀忠ではなく家光サイドの人々であったとしたうえで、「もちろん、そこには、お福の意向も入っていたであろう」と述べている(小和田『春日局　知られざる実像』)。

では、春日局自身は、忠長の改易・自害を果たしてどのように思っていたのだろうか。ふたたび「東照大権現祝詞」を見てみよう。

するが《駿河》大なごんどの《納言殿》のたまく／＼神こく《国》にうま《生》れて仏神のみやうけん《冥見》をもはきまへ《弁》たまはず、ほしい《恣》まゝに君にぎやく《逆》なるむね《旨》をもよほし《催》、そし《庶子》そうりやう《惣領》をつぎたまふべきとたくみたまふ事いか《如何》でか神りよ《慮》天とう《道》にかな《叶》はんや、ごんげんさま《権現様》ふしぎ《不思議》の御神ばつ《罰》にておの《自》づからめつ《滅》したまへり、されば大なごんどのの君にてきたい《敵対》たまふところお《を》、ごんげんさまこれをたいじ《退治》なされ候とあら《現》たにくの《久能》ゝ神ぬし《主》にむ《夢》中にたしか《慥》に御つげ《告》あり、ゆめ《夢》のごと《如》くほど《程》もなく大なごんどののほろ《亡》びたまふと、いつは《偽》りなく神ぬしたしかに申候事なり。

忠長は神国に生まれながら仏神の冥見をわきまえず、家光に逆心を抱き将軍位を簒奪《さんだつ》しようと画策した。それゆえに東照大権現、すなわち家康の神罰があたり自滅したのだ、というのである。久能山神主にあらわれた夢告に仮託してはいるが、おそらくこれが春日局の本心であろう。忠長に対する呪詛《じゅそ》の念がひしひしと伝わってくる文面である。

実際のところ、忠長改易から自害に至る一連の流れに、春日局がどのように関与したかは定かではない。しかし、これまで見てきたような春日局の気性の激烈さ、家光に害をなす者をとことん追い詰めようとする執念深さ、そして家光に対する偏愛ともとれる愛情の注ぎぶりを思い起こすと、春日局であれば忠長を追い落とすくらいのことはしてのけるかもしれない、と思わせられる。だからこそ、これまで数多くの評伝や小説でそのような春日局像が描かれてきたのであろう。「東照大権現祝詞」にあらわれた忠長への強烈な呪詛を思い起こすと、なお一層そうした思いにとらわれる。

春日局の容貌

以上、史料において春日局がどのような人物として語られてきたか、そして春日局「悪女」イメージが推測を交えつつ、いかに増幅しながら後世に伝えられてきたかを検討してきた。実のところ、彼女が真に「悪女」であったのか否かは、今となっては知る由もない。しかし、同時代史料の少なさも相俟って、虚実ない交ぜになった春日局＝「悪女」イメージが世上に流布され浸透していったことは、少なくとも指摘できるだろう。

本稿を締めくくるにあたり、春日局の容貌について鳶魚がどのように評しているのかを、最前から引用している「春日局の焼餅競争」から紹介しておきたい。

伝説では、春日局は美女でなかったという。それは彼の木像を安置してある湯島の麟祥院に伝わった説なので、木像を製作する時に、つとめて容貌を似せて拵《こしら》え、両三度も改作させたが、何分にも気に叶わぬ、そこで仏師が考え直し、極めて柔和な容貌に拵え、ただ瞳だけを写実にしたのを見せると、ようやく満足したとやら、現存する麟祥院の木像は、いかにも鋭い目付きをしている。しばらくこの伝説から逆に考えると、春日局は凄じい顔であったろう。無論悪女ではない、好んで柔和な容貌に拵えさせながら、また平凡になるのを避けて、目付きだけを鋭くさせた、そこに本人の人柄が露出している。我執の強い、意地の悪い、小才の利く、御殿女中気質の標本に適当な女であった。春日局は決して嬉しい人物ではあるまい。

鳶魚にここまで言われると、件の春日局木像を一目見たくなるのが人情というものであろう。しかし、残念ながらこの木像は一九四五(昭和二〇)年三月の東京大空襲で焼失しており、もはや我々が見ることは叶わない。春日局を「賢女」とみるか、それとも「悪女」とみるかは、ひとえに我々の想像力に委ねられている。

⊙参考文献

井澤潤「東照大権現祝詞にみる徳川家光の東照大権現崇拝心理」(『駒沢史学』七九、二〇一二年)
小和田哲男『春日局　知られざる実像』(講談社、一九八八年)
下重清『幕閣譜代藩の政治構造―相模小田原藩と老中政治―』(岩田書院、二〇〇六年)
杉本苑子「春日局」(同『春日局』、読売新聞社、一九七〇年)
竹貫元勝「春日局と麟祥院」(『花園大学歴史博物館二〇〇八年度春期企画展　春日局ゆかりの寺　麟祥院展』花園大学歴史博物館、二〇〇八年)
田中澄江「春日局」(円地文子監修『人物日本の女性史　第五巻　政権を動かした女たち』集英社、一九七七年)

長野ひろ子「明治前期におけるジェンダーの再構築と語り―江戸の女性権力者「春日局」をめぐって」（氏家幹人・桜井由幾・谷本雅之・長野ひろ子編『日本近代国家の成立とジェンダー』KASHIWA学術ライブラリー〇五、柏書房、二〇〇三年）
野村玄『徳川家光　我等は固よりの将軍に候』（ミネルヴァ日本評伝選　ミネルヴァ書房、二〇一三年）
福田千鶴『江の生涯　将軍家御台所の役割』（中央新書二〇八〇、中央公論新社、二〇一〇年）
福田千鶴『徳川秀忠　江が支えた二代目将軍』（新人物往来社、二〇一一年）
福田千鶴『春日局　今日は火宅を遁れぬるかな』（ミネルヴァ日本評伝選　ミネルヴァ書房、二〇一七年）
藤野保『徳川幕閣』（中公新書八八、中央公論社、一九六五年）
三田村鳶魚「春日局の焼餅競争」（『三田村鳶魚全集　第一巻』中央公論社、一九七六年）

◉史料

『落穂集事跡考（抄）巻一』（『鶯宿雑記』巻二六、国立国会図書館蔵）
『落穂集』（『改訂史籍集覧　第十冊』近藤活版所、一九〇一年〔復刻版　臨川書店、一九八三年〕）
『老人雑話　上』（『改定史籍集覧　第十冊』近藤活版所、一九〇一年〔復刻版　臨川書店、一九八三年〕）
『校訂翁草　第七』（五車楼書店、一九〇五年）
真田増誉著『明良洪範』（国書刊行会、一九一二年）
『東照大権現祝詞略注』（赤堀又次郎〔私家版〕、一九一五年）
『備前軍記』（黒川真道編『国史叢書　軍記類纂　全』国史研究会、一九一六年）
黒板勝美・国史大系編修会編『国史大系第三九巻　徳川実紀第二篇』（吉川弘文館、一九六四年）
『新訂寛政重修諸家譜　第十』（続群書類従完成会、一九六五年）

『春日局譜略』（国書刊行会編『史籍雑纂第三』続群書類従完成会、一九七四年〈国書刊行会一九一一―一二年刊の複製〉）
東京大学史料編纂所編『日本関係海外史料　オランダ商館長日記　訳文編之一（上）』（東京大学出版会、一九七六年）
東京大学史料編纂所編『大日本近世史料　細川家史料十五』（東京大学出版会、一九九六年）

1641–80
江戸幕府第4代将軍。在任中、慶安の変などがおき、武断政治から文治政治への転換をはかる。

大老の権勢に隠れ「左様致せ」と頷くばかりの将軍

徳川家綱

…とくがわいえつな…

佐藤麻里

父の三代将軍家光《いえみつ》の死去を受け、わずか十一歳で江戸幕府の四代将軍となった。末期養子《まつごようし》の禁止の緩和や殉死《じゅんし》の禁止などによって武断政治から文治政治への転換が図られ、政治や社会が安定し、経済が発展していった。

幼少将軍の誕生

徳川家綱は、一六四一(寛永《かんえい》十八)年八月三日、三代将軍徳川家光の長男として江戸城に生まれた。一六四四(正保《しょうほう》元)年十二月、名を「竹千代」から「家綱」に改め、翌年四月に元服した。

一六五一(慶安《けいあん》四)年四月二〇日、父家光が病により急死した。家綱は、八月十八日に江戸城で将軍宣下《せんげ》を受け、江戸幕府四代将軍の座についた。この時、わずか十一歳。幼い将軍の誕生だった。このことは、江戸幕府の将軍職が世襲されるものであり、徳川の政権が盤石なものであることを全国に示した。

一方、これを幕府転覆《てんぷく》の好機とみたのが、軍学者由井正雪《ゆいしょうせつ》だった。江戸にある由井正雪の軍学塾には、幕府に不満を持つ牢人らが多く集まっていた。由井らは、江戸城に火を放って幼少の将軍家綱を誘拐し、駿府・京都・大坂で挙兵して叛乱《はんらん》を起こし、新政権を樹立するクーデタを計画した。しかし、密告によって事前に露見《ろけん》し、追い詰められた由井らが自決するなどして計画は頓挫《とんざ》した（慶安の変）。

また翌一六五二（慶安五）年九月十三日には、牢人別木庄左衛門《べつぎしょうざえもん》らが、崇源院《すうげんいん》（二代将軍秀忠の御台所）の二七回忌が増上寺で営まれるのに便乗して放火し、老中を討ち取ろうと計画した。これも密告により事前に発覚し、別木らは処刑された（承応の変）。

武断政治から文治政治へ

家綱の治世当初に相次いだ叛乱計画の背景には、主人を離れて俸禄《ほうろく》を失った牢人の増加があった。江戸時代初期、支配を確立しようとする幕府によって、多くの大名・旗本が改易《かいえき》・減封された。その結果、牢人が大量に生み出された。島原の乱を最後に大きな戦乱がなくなり、世の中が平和になったことで、彼らが再仕官する道も閉ざされた。窮乏した牢人らは、幕府に否定的な考えを持ち、あるいは盗賊や追剝《おいはぎ》に身を落とす者も現れるなど、社会的な問題となっていた。彼らは、異様な風体で市井を横行して「かぶき者」と呼ばれる無頼《ぶらい》の徒の中心でもあった。

そこで幕府は、牢人発生の原因である大名の改易を減らすために、末期養子の禁を緩和した。末期養子とは、当主の死去時に急に願い出る養子のことをいう。当初、幕府は大名の末期養子を禁じており、嗣子《じし》がいないために取り潰《つぶ》される大名家も多かった。そこで一六五一(慶安四)年、一定の条件を満たし、かつ手続き(判元見届《はんもとみとどけ》)を踏めば末期養子を認めることにしたのである。

「大髭《おおひげ》禁止令」なる法令も出された。大髭とは、頬ならびに口の上下に長く生やした髭をいう。戦国時代には、武将らが猛々しさを示すために髭を蓄えたが、江戸時代に入ると庶民にも髭を生やすものが現れた。幕府はこれまでにも「かぶき者」や「男伊達《おとこだて》」と呼ばれるような異様な風体を禁じてきたが、一向に改善されなかった。そこで一六七〇(寛文十)年、幕府は身分を問わず大髭を生やすことを禁じたのである。

一六五七(明暦《めいれき》三)年、「明暦の大火」と呼ばれる大火災が発生し、江戸城と江戸市街の大半を焼く甚大な被害を及ぼした。そこから復興を遂げた一六六三(寛文三)年、家綱は代替わりの武家諸法度を発布し、大名の殉死を禁止し、主人が死去した時に殉死せず、新しい主人に仕えることを義務付けた。また一六六五(寛文五)年には、大名とその重臣の身内から人質をとって江戸に住まわせる大名証人制度を廃止した。この二つは、後世に「寛文の二大美事」といわれる。

こうした一連の施策によって、戦国時代の遺風が消し去られていき、従者は主人個人ではなく、主人の家に奉公するのだという主従関係が明示された。改易や減封といった武力に頼る「武断」政治から、「文治」政治への転換が図られ、平和な世が訪れたのが、家綱の治世であった。

病弱だった家綱

十一歳で将軍に就任した家綱だが、将軍就任時に危機を経験したものの、その後は大きな混乱もなく、国内が安定し、幕府の権力はより強固なものになっていった。

幼少の将軍を補佐したのは、会津藩主で叔父の保科正之《ほしなまさゆき》や、「寛永の遺老」と呼ばれる老中松平信綱《のぶつな》・阿部忠秋《ただあき》・酒井忠清《ただきよ》ら家光時代の幕閣らであった。また、彼らが表舞台を去った後、一六六六(寛文六)年には酒井忠清が大老に就任し、老中らとの合議によって幕政を取り仕切った。家綱の治世は、老中合議制を核とした機構支配が整備された時代でもあった。

しかし当の家綱自身は、初代将軍家康、三代将軍家光、五代将軍綱吉、八代将軍吉宗といった教科書に登場するような将軍、あるいは「名君」(明君)と呼ばれる藩主らのようなカリスマ性を持った人物ではなかった。

家綱は、生まれつき病弱であった。医師で作家の篠田達明氏が、『徳川実紀』などの記述に拠りながら、家綱の健康状態について述べている。

家綱は、生後二~三か月のうちに二度、原因不明の病で深刻な状態に陥った。また生後三か月の時にできた頭瘡《とうそう》はなかなか治らなかった。幼い息子が病を患うたび、父家光は諸藩から名のある医師を呼んだり、多くの小児科医を登用したりと手を尽くしたが、虚弱体質が改善することはなかった。十一歳で将軍職を継いでからも、中奥の御座所に引きこもり、表御殿や大奥に出ることはあまりなく、小姓《こしょう》に囲まれてひっそりと過ごした。

篠田氏は、家綱は周産期障害によって一種の発達障害を持ったのではないか、後遺症として軽度の知的障害があったのだろう、と推測している。

「さようせい様」

将軍家綱公は温和柔和の御生質にて在りける故、万事を雅楽頭《うたのかみ》が言上の趣に計らわせたまい、あるいは老中・若年寄または奥女中御局《おつぼね》より申し上げる事、窺いの通りと御差図もなく、唯さようせいくとのみ仰せ出されける故、万事の障りもなく、世挙《こぞ》って「さようせい様」と称しける、これにより重き御政道の趣、みなく雅楽頭が計らいなれば、威勢おのずから募り、諸大名方にても重ねり随う、

これは、江戸時代中期に執筆された実録体小説『護国女太平記』の記述である。五代将軍綱吉が、寵愛《ちょうあい》する側用人柳沢吉保《よしやす》の子吉里《よしさと》を自分の子と信じ、六代将軍につけようとするのを阻止すべく、正室鷹司信子《たかつかさのぶこ》が綱吉を殺害、信子自身も自害するという物語である。

家綱は、生まれつき温和柔和な性格であるので、万事を大老酒井忠清の言うとおりに取り計らい、あるいは老中・若年寄や大奥女中が言ったことにただ「さようせい」（そうしなさい）と言うばかりの将軍だったので、世の人はかの将軍を「さようせい様」と呼んだ、という。主体性がなく、自己決定権

を持たない「か弱き将軍」として描かれている。
ただし、『護国女太平記』は後世に創られた小説であり、その内容も綱吉や柳沢吉保らを諷刺したものであるから、江戸時代の人々、特に家綱の治世当時の人々が、彼を「さようせい様」と呼んだかどうかは疑わなければならない。

『護国女太平記』がそうであるように、家綱の「さようせい様」に代表されるイメージは、「下馬《げば》将軍」酒井忠清とセットで語られることが多い。

譜代《ふだい》大名で上野《こうずけ》前橋藩主の酒井忠清は、家光の代に奏者番《そうじゃばん》を務め、家綱が将軍の座につくと間もなく老中首座となった。一六六四(寛文四)年に一般奉書《ほうしょ》の加判を、同六六年に老中奉書への加判も免じられ、大老職に就任する。

人々が、江戸城大手門にある下馬札《げばふだ》(それより内側に乗馬のまま立ち入ることを禁止する立札)付近に屋敷を構え、名門の出であることを背景に、まるで将軍のように権勢を振るった忠清に付けた異名が「下馬将軍」である。

この異名が使われるようになったのは、忠清の没後であることがわかっている。歌学者戸田茂睡《もすい》が綱吉の治世について執筆した『御当代記』に、「厳有院様(家綱)御代の時、げには雅楽頭おごり超過仕り、諸人下馬将軍といいし程のことなり」と書かれている。おそらく、家綱の「さようせい様」という異名、あるいはそういったイメージが形成されるのも、酒井忠清の「下馬将軍」と同時期、あるいはそれ以降のことであろう。

『護国女太平記』の逸話は、一般的には自己決定力のない弱い将軍をイメージさせるが、将軍権力の弱さを示すものでは必ずしもないという評価もある。

福田千鶴氏は、次のように述べている。この逸話は、家綱の意思表示が「左様《さよう》致せ」という自己主張の弱い内容であり、忠清が実権を握っていたとしても、幕府の意思決定が将軍家綱の上聞《じょうぶん》に達する必要があり、将軍の意思である「上意」が幕藩制的政治構造のなかで最高決定権を持つという原則に、酒井忠清以下奥女中にいたるまで忠実であったことを示している、と。

また辻達也氏は、家綱が政務推進の要点に立って数多くの「面命《めんめい》」を下していることから、家綱は大きな権威として表に立っていたと指摘している。

将軍権力の確立

家綱政権期は、「武断」政治から「文治」政治への転換を遂げ、社会が戦国の世から太平の世へと大きく動いた時代であると同時に、江戸幕府将軍の権力が確立した時期でもあった。また老中を中心とする幕府の支配機構が整備された。だからこそ、当の将軍である家綱自身は幼くても、あるいは病弱で、強い意思を持っていなくてもよかった。

従来、幕府は個々の領主に対して領地判物・朱印状などを発給していたが、一六六四(寛文四)年四月五日付けで、将軍家綱は大名二四四家のうち二一九家の大名に、一斉に領知状を発給した。翌六五年には、公家・門跡《もんぜき》や由緒ある寺社に領知判物・朱印状を発給した。この「寛文印知」によって、将軍が大名領知権と全国の土地支配権を所有することが明示された。将軍—大名の関係は個別的なものから体制的なものになり、上位の権力としての将軍権力の強化・確立がもたらされたことで、家綱は「天下人」としての地位を確固たるものにしたのであった。

以後、将軍の代替わりごとに領知状・目録を一斉に公布する形式が定着する。

幕藩制国家における将軍権力を確立した四代将軍家綱だが、それをなしえたのは、彼が「弱い将軍」であったからともいえるだろう。

葬儀をめぐる愁訴

一六八〇（延宝八）年五月一日、家綱は気分不快を訴えた。六日未《ひつじ》の刻（午後二時ごろ）、病状は一進一退を繰り返したが、八日に危篤状態に陥り、懸命の治療の甲斐もなく、酉《とり》の刻（午後六時ごろ）に享年四〇で息を引き取った。篠田氏は、死因について、よくわからないとしながらも、発病して数日以内に死去していることから、心筋梗塞《こうそく》や特発性心筋症による急性心不全、急性肺炎、イレウス（腸閉塞）などの急性疾患を挙げている。家綱には後継ぎがいなかったため、徳川将軍家直系の血は途絶えることになった。

家綱の死は、翌九日に公表された。家綱の遺体は寛永寺に葬送され、葬儀が執行されることで、幕府の葬儀担当者らと寛永寺との間で話が進められた。

しかし本来、徳川家の菩提寺は増上寺《ぞうじょうじ》である。その増上寺は、家綱が亡くなり、寛永寺に埋葬されることになっていたことを、事前に知らされていなかった。以下、増上寺の記録である「厳有院殿記録」から経緯をみてみよう。

五月九日の卯《う》の中刻(午前六時ごろ)、増上寺大方丈詮応《だいほうじょうせんおう》は、綱吉が家綱の養子となったことを祝うため、老中・若年寄らのもとを訪れた。その時もまだ、家綱の死を知らされなかった。帰った後に家綱の死を聞き、寺社奉行板倉重種《しげたね》・松平重治《しげはる》に役僧を派遣し、「(家綱の)ご遺体はきっと増上寺にお入りになるだろうと思っております」と確認した。しかしその場では、寺社奉行からの返答は得られなかった。

返答があったのは翌十日で、「(家綱の遺体は)ご遺言につき、上野(寛永寺)へお入りになるので、そのように心得て、寺中の諸僧が騒動を起こさないようにせよ」というものだった。増上寺としては当然納得がいかない。方丈は次のように反論した。

三代将軍家光(大猷院《だいゆういん》)が寛永寺に葬送された時は、当時の寺社奉行安藤重長・松平勝隆が増上寺に派遣され、「徳川家の宗旨を替えるわけではなく、権現様《ごんげんさま》(家康)を慕うためである」と説明があった。これは増上寺に葬られている二代将軍秀忠(台徳院《たいとくいん》)への断わりであると思っている。家光が増上寺に葬送されなかったことにより、「台徳院様のご威光」は失われ、月命日である二四日に仏殿を参詣する者は年々月々に減少している。今回家綱も寛永寺へ葬送されれば、秀忠の廟を参詣する者は絶えるであろう。また、徳川家は代々浄土宗に帰依している。家康は浄土宗を崇敬し、死去の際は増上寺に法事の執行を命じ、仏殿を建てた。また秀忠も御台所(崇源院)も増上寺に葬送された。増上寺葬送は、徳川家先祖のため、また浄土一宗の興隆のためである。

家光は、寛永寺に遺体を安置した後に日光に葬られたのだが、秀忠の霊廟《れいびょう》を参詣する者が減少するなど、増上寺に葬送されなかったことの影響は大きかった。増上寺は、家光の寛永寺葬送を遺命による例外と見做《みな》しており、徳川家の宗旨は浄土宗であるにもかかわらず、あらかじめ断りもなく家綱が寛永寺に葬送されることに、異議を申し立てたのである。

「上意」による決着

翌十一日、寺社奉行板倉重治は、「公方様のご遺言でご尊骸《そんがい》は上野（寛永寺）にお入りになるので、ご訴訟はご無用である。これは公方様へのご奉公なので、たっておっしゃっていることはご無用である」と、増上寺の訴えに取り合わなかった。方丈がその遺言の意図を尋ねると、「上野には大猷院様（家光）・法樹院様（家綱の生母）がいらっしゃるからだ」と答えた。方丈は「ご遺言はもっともだ。しかし、公方様へのご奉公と言うが、私にとっては権現様（家康）・台徳院様（秀忠）へのご奉公である。大猷院様（家光）葬送の時にはあった上使が今回はなかったことに合点がいかない。私への上使でない、権現様・台徳院様への上使である」と反論した。

板倉は黙ってしまった。やがて口を開くと、「月番の老中である備中守（堀田正俊）のほうに行って判断を仰ぐように」と指示した。その時すでに方丈は席を立っており、背中でその言葉を聞いた。

増上寺に帰ると、方丈らは江戸三か寺や僧侶らと評定した。そして十五日の家綱葬送時に、江戸城の諸門から御輿《おこし》が出るところを押さえ、「何国に行くことになっても構わない」から引導すると、強硬手段に及ぶことを確認しあった。また翌十二日には、かつて家康が桶狭間の戦いで命を救われた時に「松平(徳川家)天下治世のうちは浄土宗門替えあるまじ」と書いた起請文を持参し、幕府を説得することを取り決めた。その晩には寺内の荷物を残らず片付けるなど、相当の覚悟を持っていたようである。

しかし十三日、事態は急展開する。辰《たつ》の中刻(午後六時ごろ)、寺社奉行板倉重種・松平重治両名が、増上寺に上使としてやってきた。そして綱吉の「上意」を伝えた。その内容は「ご遺言につき、尊骸は寛永寺に葬送されるが、浄土宗は徳川家代々のご宗旨であるので、増上寺においても位牌《いはい》を立て、法事を行うように。また浄土宗の諷経《ふぎん》も増上寺で執り行うように」というものであった。

こうして、綱吉の「上意」によって増上寺の愁訴《しゅうそ》は決着した。家綱の寛永寺葬送という基本方針は変わらなかったが、徳川家の宗旨は浄土宗であることが確認され、増上寺でも位牌を立てて法事を執行することが命じられた。

家綱は当初、十三日に寛永寺に葬送される予定だったが、延期となり、十四日に行われた。方丈は仏壇と仮の位牌を設け、礼讃・四奉請・弥陀経・念仏・廻向《えこう》を修行し、さっそく家綱の菩提を弔い始めた。

将軍家綱は、彼の「上意」ともいうべき遺言によって、本来菩提寺である増上寺に葬られるところを、寛永寺に葬送された。増上寺はそれに対して愁訴し、一時は強硬手段に及ぶ構えを見せたわけだが、それを落着させたのは、新将軍となる綱吉の「上意」であった。

病弱な将軍の時代に確立した、将軍の「上意」が最高決定権を持つという原則が、彼の安らかに眠る場所も決定したのであった。

⦿参考文献

朝尾直弘『将軍権力の創出』（岩波書店、一九九四年）
篠田達明『徳川将軍家十五代のカルテ』（「新潮新書」、新潮社、二〇〇五年）
増上寺史料編纂所編『増上寺史料集』第九巻（増上寺、一九八四年）
辻達也「『下馬将軍』政治の性格」（『横浜市立大学論叢』、一九七九年。藤野保編『論集幕藩体制史』第一期第三巻〔雄山閣出版、一九九三年〕に再録）
福田千鶴『酒井忠清』（「人物叢書新装版」、吉川弘文館、二〇〇〇年）
藤井讓治「家綱政権論」（藤井讓治編『幕藩領主の権力構造』〈岩波書店、二〇〇二年。藤野保編『論集幕藩体制史』第一期第三巻〔雄山閣出版、一九九三年〕などに再録〉）

1646–1709
上野館林藩主から江戸幕府第5代将軍となる。儒学を奨励し、仏教も重んじた。生類憐みの令が有名。

強い将軍権威を求めるあまり、厳しすぎて嫌われた

徳川綱吉

…とくがわつなよし…

福留真紀

徳川綱吉は、三代将軍徳川家光《いえみつ》の四男として生まれた。館林《たてばやし》藩主であったが、長兄である四代将軍家綱《いえつな》に男子がなく、次兄・三兄も死去していたため、一六八〇（延宝《えんぽう》八）年八月二三日に徳川幕府五代将軍となる。将軍就任後すぐの一六八一（天和《てんな》元）年に、将軍家一門である越後《えちご》国高田藩松平家の御家騒動（越後騒動）の再審を行い、御家取り潰《つぶ》し、および関係者への処分を実施した。このように諸大名に対する綱吉の政策は厳しく、諸旗本に対しても同様で、賞罰厳明策と言われた。また綱吉は、儒学に傾倒、仏教に帰依し、それらを自らの政治に反映させようとした。それが「生類憐《しょうるいあわれ》みの令《れい》」と呼ばれる一連の法令であり、護国寺や東大寺大仏殿などの寺社造営であった。財政面では、元禄の貨幣改鋳を行い、酒運上《さけうんじょう》を賦課《ふか》するなど対策を講じている。

綱吉政治批判の書『御当代記』

綱吉暗君像を作り上げるのに、大きな役割を果たしたのが『御当代記』である。著者は、戸田茂《も》睡《すい》（一六二九～一七〇六）。全六冊からなるこの書の記述は、一六八〇（延宝八）年五月から一七〇二（元禄《げんろく》

一五)年四月までで、綱吉の治世の大部分を占めるまさに同時代の記録である。茂睡の実父渡辺忠は三代将軍徳川家光の弟忠長《ただなが》の家臣であった。忠長が家光に切腹を命じられたことから、下野《しもつけ》国黒羽で蟄居《ちっきょ》となり、父の死後、伯父の戸田政次の養子となり岡崎藩本多家に仕えたものの藩政改革の際に暇《いとま》を賜った。その後は、歌人として江戸の市井に生きた。ただ、歌を通して幕臣たちとの交流を持ったばかりか、養家は大番士の家であり、母の実家は高家《こうけ》というように親族にも幕臣が多く、それらから政治向きの話も多く耳に入っていたと考えられる。武士として活躍することができなかった自らの身の上と、耳に入る市井の声や、親族からの幕府の情報などが相まって、綱吉政治への批判の書が生まれたと考えられる。後世に伝わる綱吉の「悪」の部分を構成するのに、この書は大きな影響力を持った。

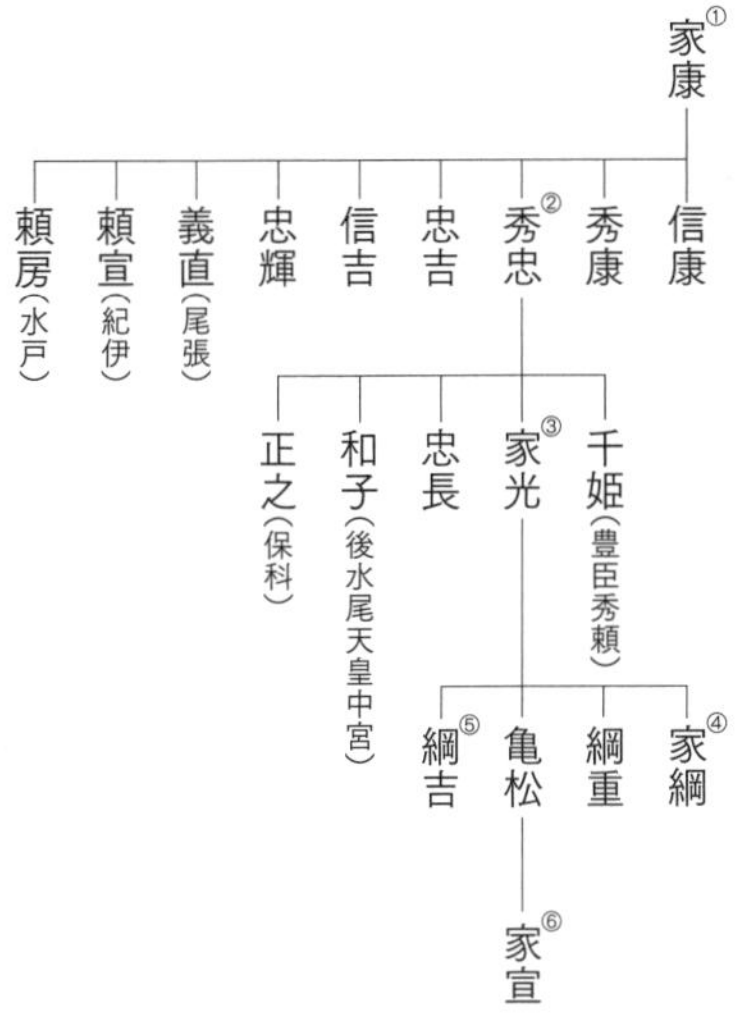

❖徳川将軍家系図（丸数字は将軍の代位）

「生まれながらの将軍」ではない四男綱吉の就任

綱吉は、長兄の四代将軍家綱に男子がなく、次兄・三兄も死去していたことから五代将軍に就任することになる。これだけ聞くと、めったにない運命ではあるものの順調に就任に至ったような印象を受けるが、決してそうではなかった。

当時の大老酒井忠清《ただきよ》が、京都から有栖川宮幸仁親王《ありすがわのみやゆきひと》を将軍に迎えようとした（宮将軍擁立説）といわれている。『御当代記』には、忠清が「天下を治めるような御器量はなく、天下のあるじになればみなが困窮し、ひどい悪事が重なり、天下の騒動となるだろう」と述べて、綱吉の将軍就任に反対したと記されている。

しかしこの説は、家綱の血縁者は弟の綱吉以外にも複数いるため、実現性も乏しいことから、現在では信憑性《しんぴょうせい》がかなり低いとされている。ただ、綱吉の将軍就任までの道のりが困難だったからこそ、このような噂が流れたということになるだろう。そして、就任する前からその手腕を疑う厳しい視線も注がれていたのである。「生まれながらの将軍」ではない綱吉は、その立場を意識するあまり、強い将軍権威を求めて個性的な政策を繰り出していった。それが「悪」のイメージを膨らませる要因にもなったといえる。それでは綱吉の「悪」を、具体的に見て行こう。

厳しすぎる将軍

綱吉が将軍就任早々、諸大名・旗本たちに強いインパクトを与えることになったのが、越後騒動再審であった。これは越後国高田藩松平家の家督相続をめぐる御家騒動で、前将軍家綱政権期に一応の決着が付いていたはずが、その後も高田藩内に不満がくすぶり続けたために、綱吉政権期になって再審が行われたのである。綱吉は、前将軍の判断を素直に受け入れなかった高田藩の態度を、将軍の権威を傷つけたと重視し、高田藩は改易《かいえき》となる。それればかりか、家綱政権期に調停に当たった当時の大老酒井忠清・老中久世広之《くぜひろゆき》の責任も問い、すでに亡くなっていた二人の代わりにそれぞれの嫡男《ちゃくなん》である酒井忠挙《ただたか》と久世重之《しげゆき》を逼塞《ひっそく》処分とした。高田藩松平家は家康の次男秀康の家である。つまり、諸大名や旗本などの幕臣たちは、綱吉が、将軍家一門でも、酒井家・久世家といった格式の高い譜代大名であろうとも、改易・失脚させることを思い知らされたわけである。

綱吉の厳しさは、その側近に対しても向けられた。一六八二(天和二)年九月六日から一六八九(元禄二)年二月二日まで綱吉の側近(いわゆる「側用人《そばようにん》」)を務めた喜多見重政《きたみしげまさ》の場合を見てみよう。喜多見は、犬についての「大支配極り《きわま》(『御当代記』)」(つまりはトップ)であり、領地である武蔵国喜多見に大規模な犬小屋を建設するなど、後に紹介する「生類憐みの令」について深く関与していた人物である。その喜多見が職を解かれるきっかけとなったのは、伯父で小普請《こぶしん》の喜多見重治《しげはる》が関わった事件である。一六八九(元禄二)年正月二三日、重治邸で、重治の妹婿で同じく小普請の朝岡直国《なおくに》が重治に斬りかかり、重治は負傷。朝岡は重治の家来香取新兵衛《かとりしんべえ》に殺害された。重治は、その後の幕府の事件調査で偽証したため斬罪になった。喜多見は伯父の不祥事を受けて遠慮していたが、結局、領地を召し上げられ、桑名《くわな》藩主松平定重《さだしげ》に御預《おあずけ》となった。この処分は、親戚の不祥事に対する連座としては厳しすぎるようにもみえる。

喜多見と同じく「側用人」を務め、陸奥国《むつ》三戸《さんのへ》・九戸《くのへ》・志和《しわ》に二万石を賜っていた南部直政《なんぶなおまさ》は、わずか二ヵ月で解任されている。『御当代記』によると、そのきっかけは、手に小さなできものができたことだった。綱吉がけがらわしく思い「養生するように。全快した際には相応な役を命じる」として退任させたという。儒学に親しみ、血の汚れを嫌った綱吉の潔癖《けっぺき》さとも解釈できるが、その後、側近職に戻さなかったことを考えると、理由はそれだけではないだろう。

綱吉に非常に近しく、権力を発揮したとされる側近の柳沢吉保《やなぎさわよしやす》の家臣が書き残した記録によると(「永慶寺殿源公御実録」)、喜多見は「目から鼻に抜けるほどの利発な方だったが、綱吉に背き」、南部直政は「非常に利発だったが、すぐに綱吉の意向に沿わなくなり」退任させられた、とある。この記録によると吉保は「利発」なタイプの者はそのように見えないようにするのが肝要で、「実(真心)」を持って務めなければ、職務を全うできないと述べている。これらのことから綱吉は、切れ者の家臣を好まず、気に入らなければすぐに首を切ったことが窺える。好き嫌いの感情をかなり人事に持ち込んでいるようだ。そのようなやり方は人々の不安や畏《おそ》れを煽《あお》ることになる。

『御当代記』では、家綱政権期ではどのような役でも御奉公をして、祖子孫の誉れにしようとしたが、現政権では役を命じられると、「一家一類まで薄氷をふむ心地」で、何事もなく職務を全うできるように神仏に祈る始末だと記されている。そのことを裏付けるような記述が、「永慶寺殿源公御実録」にもある。つまり、柳沢吉保が、綱吉の機嫌がよい時を見計らい、諸大名や御家人たちは、すべて権現様《ごんげんさま》(徳川家康)の頃より代々譲り受けてきている者なのだから、軽々しく扇子や鼻紙のように扱ってはならず、彼らがもし法を犯すことがあれば、どの程度でもその罪をただすことは言うまでもないが、慈悲をもって応じるべきだと、何度も申し上げたとのこと。これらのことから綱吉は、諸大名ばかりでなく軽輩の幕臣たちにいたるまで、厳しすぎるほどの態度で接していたことがわかる。そして、それは武士の世界に留まらなかった。

例えば町人へは、庭の植木や石を立派にしつらえると処罰の対象となるとの触れが出たため、あわてて庭木を伐り、石を埋めるなどすることになり、心が休まらなかったという。駕籠《かご》かきへの法度も、彼らの生活が成り立たなくなるほど厳しくなった。茶屋については、娘や嫁であっても、若い女性を店に置くことを禁じられ、座敷も表からよく見えるようにとの触れが出たために、災いを恐れた茶屋は店を閉めたといい、小さな茶屋などは餓死を待つばかり、というありさまだった。武士ばかりでなく、町人にとっても「気づまり　きうくつ」で、生計も奪われるかもしれない恐ろしい世の中だったのである(『御当代記』)。

美男を好んだ綱吉

先に登場した南部直政と同じく、二カ月で「側用人」を退任したのが、陸奥国中村藩主の相馬昌胤《そうままさたね》である。ただし相馬の場合は、その理由が病気ではあるものの、南部とは状況が異なる。相馬については、江戸城内で縁側から部屋に出入りする時、障子の開閉に頓着《とんちゃく》しなかったという大らかな大名ぶりが伝わっており、それを綱吉は微笑ましく見ていたという(「永慶寺殿源公御実録」)。お気に入りだったわけだ。退任の五日前には、綱吉から着用の白縮緬《しろちりめん》の綿入れ肌着と、肩衣単袴《かたぎぬひとえばかま》を拝領している。この日は肌寒く、御前にいた相馬が薄着だったため、綱吉が下着を着用するように言ったところ、相馬は持参していなかった。そこで綱吉は自ら着ていたものを脱いで与えたのである（『相馬藩世紀』）。二人の衆道《しゅうどう》関係を遠回しに示しているようにも読める。相馬が美男だったかは、良くわからないし、衆道ということだけでは、特に批判の対象となることはない。ただ、儒学者の太宰《だざい》春台《しゅんだい》が書いたとも言われる『三王外記』では、次のような軌道を外した美男好きのエピソードが書かれている。ただし、この書は、寛政期の儒学者林述斎《はやしじゅっさい》や、「柳班《りゅうはん》の三賢侯」とその学識を称えられた若桜《わかさ》藩主池田定常《さだつね》も、事実が書かれていないし、学者としての資質を疑うと、批判しているものではあるのだが……。

綱吉は少年を好み、近習《きんじゅう》は容姿により選抜されて、その数は数十人に及んだ。その内、寵愛する二〇人余りが柳沢吉保邸に集められていた。彼らの中には妻帯者もいたという。起居・飲食・学習・作事に至るまですべてに規則があり、四人の吉保の家臣の監察のもと生活していた。親兄弟であっても頻繁に面会や手紙のやり取りをすることは許されなかった。太ってしまった者についてはダイエットの命令が出たとか。

吉保邸に、綱吉好みの男たちの養成機関があったというわけである。さすがに、ここまでの話となると疑わしいが、このようなエピソードが生まれる土壌はあった。

当時、綱吉が好みの容姿の者を小姓《こしょう》・中奥番《なかおくばん》・桐間番《きりのまばん》に雇用しているとのうわさがあったのである。『御当代記』一六七九（元禄二）年六月条には、「男振りきれい」であることから、駕籠かきの六右衛門が、江戸城の湯殿頭で一〇〇俵取りになった、台所料理方魚切の勝屋庄左衛門が桐間番士で二〇〇俵取になったとか、ほかに徒目付にも容姿での採用者がいる、などと記されている。

また、奥向きに務める者が吉保邸に居住していた事実はあった。公家の高辻総長《たかつじふさなが》の弟前田賢長《まさなが》は、一七〇七（宝永《ほうえい》四）年七月二五日に小姓並に任命された。そのために京都から江戸に行くことになるが、その際、武家の知人がいないため、手配した京都所司代は、老中の命を請け、前田を吉保邸に差し向けている（「永慶寺殿源公御実録」）。吉保は奥勤務の内定者の窓口となっており、江戸ではそのまま吉保邸に居住させたのではないか。寄宿舎のような役割を果たしていたと考えられる。

このような事実の重なりを土台として、江戸の市井の人々が眉をひそめる、綱吉が美少年を好み、駕籠の鳥にして、彼らを側に侍らせるストーリーが生まれてきたのだろう。

「生類憐みの令」の〝被害〟

そして、江戸の市井の人々から武士たちに至るまで、苦しんだとされているのが、「生類憐みの令」である。まず初めに、前提として現在明らかになっている「生類憐みの令」をめぐる基本的な史実や、主な研究成果を紹介しておきたい。

まず、綱吉が「犬公方《いぬくぼう》」と称されたように、「犬」に関する法令という印象が強いが、その対象は鳥や捨牛馬から捨子までにも及ぶ。つまり、綱吉の「仁政」の一環であり、生きとし生けるものに対して慈悲を持って接することを求めた法令なのである。

また、全国法令だったのは、捨牛馬・捨子と、鉄砲に関する政策であった。例えば、儀式や行事において料理や贈答品に魚や鳥を使用する朝廷に対しては、法令を適用しなかったのである。

ただし、全体の三分の一強を占めるのが犬に関することだったため、「犬」の法令のイメージが強いのだろう。その背景としてよく言われるのが、綱吉の母桂昌院《けいしょういん》が帰依していた護持院隆光《ごじいんりゅうこう》が進言したという説である。つまり、隆光が綱吉に、嫡男の徳松の死後に男の子が誕生しないのは、前世で殺生した報いであるため、生類を大切にすることが不可欠で、戌年の綱吉は特に犬を大切にするべきだと進言した、というものである。将軍綱吉の跡継ぎ問題が、社会問題に拡大したような話であるが、この説については、①典拠とする史料が、ゴシップが多く信憑性に欠ける『三王外記』であること、②「隆光僧正日記」に、このエピソードについての記述がみられないこと、③最初の法令とされる一六八五(貞享《じょうきょう》二)年七月の「今後、将軍の御成《おなり》の道筋に犬猫が出てきてもかまわない」という法令は、隆光が大僧正になる前に出されていること、などを根拠として、現在では信憑性が薄いとされている。

また、犬小屋に野犬を収容したことは、単なる犬の愛護政策ではなく、一六九三(元禄六)年に放鷹《ほうよう》制度を廃止したこととも関連がある。鷹狩《たかがり》をやめたことにより、それまで鷹の餌《えさ》および猟犬だった犬が、野犬となって江戸の町や周辺にあふれたことへの対策でもあったのだ。

このようにマクロな観点からみると、様々な背景や根拠のある政策だが、市井の人々や幕臣たち個々人の立場から見ると、それは、不便、迷惑な法令として受け止められた。だからこそ次の家宣政権の時に、捨て子に関する法令以外は廃止されたのだといえよう。それでは、どのような事件があったのか、具体的に見ていきたい。

『御当代記』によると、犬目付なる役人がいて、人々が犬を大切にしているか目を光らせていたという。犬をたたいて牢屋に入れられる者、犬に噛《か》まれたため切り殺したところ、切腹を命じられた武士、犬を敲《たた》いたため失業した中間などがいたという。そのために犬に対して人々が「お犬様」とあたかも貴人のように扱うので、犬が日増しに増長して、人を恐れずに道中に寝そべり通行の邪魔となっていた。犬医師・犬針立などという職業もあり、病気の犬を助けるときには、犬乗物・犬駕籠に乗せたとか。市井の人々のウンザリした気分が伝わってくるようなエピソードである。

また、次のような事件もあったという。本郷に、二万両の財産持ちの谷口屋与右衛門という町人がいた。ある夜、お客を送りに出た与右衛門は、その後犬を切り殺した。そして、死体の捨て場所に困り、その町の自身番の番人に「この犬をどこかに捨ててくれれば金をやる」と言ったところ、番人は「御安い御用」と引き受けた。金一歩をもらった番人は近所の酒屋の前に犬を捨てた後、酒屋に行き、「こちらの前で犬斬りがありましたよ」と言ったのである。酒屋は驚いて使用人の詮議《せんぎ》を始めたところ、それが町奉行所の知るところとなった。検使が来て調査の結果、犯人は与右衛門であることが判明し、奉行所に呼び出された。「その方は、おそらく酒に酔って犬を斬ったのであろう」と聞かれた与右衛門は「少しも酒は飲んでおりません」と申し上げた。「ならば、うろたえたか」と言われても「少しもうろたえてはおりません。犬が食らいついてきたので斬り殺しました」と述べたために、磔《はりつけ》になった。酒に酔っていたか、うろたえたと言えば、遠島にしようと奉行は考えていたのだが、素面で、正常であることを主張したために死罪となったのだという（『元禄世間話風聞集』）。町奉行が、罪を軽くしようと誘導しているような様子である。この法令の不合理な部分を、為政者側であるはずの町奉行も察しているようだ。それに対して与右衛門は、その配慮を受け入れようとはしない。この人物については親不孝者で、三回も勘当《かんどう》されたとの説明があるので、開き直って世の中に執着のなかった与右衛門が、最後に気に入らない法令に抵抗して意地を張り、命を散らす道を選んだようにも見える。

一六九五（元禄八）年には、江戸の千住街道に犬が二匹磔にされており、立札に「これは犬公方の威を借りて、諸人を悩ますためにこの様にするのである」と書かれていた。浅草では犬の首が切り台に乗せられていたとか（『鸚鵡籠中記《おうむろうちゅうき》』）。「生類憐みの令」に対する、人々の反発がわかるエピソードだ。

このように見ていくと、四男でありながら運命のめぐり合わせで将軍職に就いた綱吉が、「生まれながらの将軍」ではないコンプレックスから、自らの権威を高めようと腐心した結果生み出した数々の個性的な政策が、人々の怖れや不安、怒りを招く要因となり、「悪」の綱吉像がつくられることになったのだといえよう。

⦿参考文献

塚本学『徳川綱吉』（吉川弘文館、一九九八年）

根崎光男『生類憐みの世界』（同成社、二〇〇六年）

福田千鶴『徳川綱吉　―犬を愛護した江戸幕府五代将軍』（山川出版社、二〇一〇年）
福留真紀『徳川将軍側近の研究』（校倉書房、二〇〇六年）
福留真紀『将軍側近　柳沢吉保　―いかにして悪名はつくられたか』（新潮社、二〇一一年）

⦿史料

「永慶寺殿源公御実録」（大和郡山市教育委員会所蔵豊田家史料）
戸田茂睡著、塚本学校注『御当代記　―将軍綱吉の時代』（「東洋文庫」六四三、平凡社、一九九八年）
長谷川強校注『元禄世間話風聞集』（岩波書店、一九九四年）
『鸚鵡籠中記』「名古屋叢書続編」（第九～十二、名古屋市教育委員会、一九六四～六九年）
『相馬藩世紀』一
『寛政重修諸家譜』
『徳川諸家系譜』一・二

1627–1705
江戸幕府第5代将軍綱吉の生母。京都の八百屋の娘から第3代将軍家光の側室となった。仏教を厚く信仰。

母子密着？ 息子を愛し、愛されすぎた母

桂昌院

…けいしょういん…

福留真紀

桂昌院は、京都堀川通西藪屋町《にしやぶやまち》の八百屋仁左衛門《にざえもん》の娘として生まれ、玉と称した。父の死後、母は玉とその姉を連れ、御出入先でもあった関白二条光平《みつひら》の家司である本庄宗利《むねとし》の家へ賄《まかな》い奉公に行き、御手《おて》が付き宗資《むねすけ》を産む。玉は、六条宰相有純《ありずみ》の息女お梅の方（お万の方ともいう）の縁で、京都から江戸へ行き、春日局《かすがのつぼね》の指導を受け三代将軍徳川家光《いえみつ》の御側へ召し出され、秋野と称した。一六四六（正保《しょうほう》三）年正月八日に、四男の徳松（のちの綱吉《つなよし》）を産む。一六五一（慶安《けいあん》四）年四月二〇日に家光が死去したため落飾《らくしょく》し、桂昌院と称す。一六八〇（延宝《えんぽう》八）年五月八日に、四代将軍徳川家綱《いえつな》が死去し、綱吉が養君となり将軍職を継ぐに伴い、江戸城に入る。三之丸に住んだことにより、「三之丸様」と称された。一六八五（貞享《じょうきょう》二）年に従三位、一七〇二（元禄《げんろく》十五）年二月十一日に従一位となり、その後は「一位様」と呼ばれた。一七〇五（宝永《ほうえい》二）年六月二二日に、七九歳で死去。法名は、桂昌院殿仁誉興国恵光大姉。増上寺《ぞうじょうじ》（現、東京都港区）に埋葬される。

『護国女太平記《ごこくおんなたいへいき》』に描かれた桂昌院

桂昌院や綱吉の「悪」のイメージをつくり上げたものに、綱吉が死去した一七〇九(宝永六)年から続々と登場した「柳沢《やなぎさわ》騒動」をテーマとした実録物の存在がある。実録物とは、実在の人を登場人物とした、フィクションも交えた読み物であり、貸本屋の主力商品となって庶民に広まっていった。ここで「柳沢騒動」の物語を、簡単に紹介しておこう。

将軍綱吉の寵臣であった柳沢吉保《よしやす》が、天下取りの野望を抱き、綱吉に女色を勧め、骨抜きにしてしまう。そして諸大名と姻戚関係を結んで権力を拡大し、嫡男《ちゃくなん》の吉里《よしさと》を綱吉の御落胤《ごらくいん》と称し、一〇〇万石の御墨付きを手に入れる。それればかりか、次代将軍となる綱豊《つなとよ》を呪い殺そうと画策し、最終的にはその様子を憂いた綱吉正室が、綱吉を殺害してしまう、といったストーリーである。

桂昌院(奈良・長谷寺蔵)

この「柳沢騒動」の集大成といわれるのが、天明期《てんめいき》(一七八一〜八九)以前に成立したとされる実録物『護国女太平記』である。その中には、もちろん桂昌院も登場する。具体的にみて行こう。

桂昌院の悩みの種は、綱吉が偏屈《へんくつ》で、堅くまじめ過ぎることだった。そこで、綱吉の側近である柳沢吉保がその意を汲み、綱吉が学問から遠ざかり、歌舞音曲や囲碁将棋に関心を持つように導いた。桂昌院は大いに喜び、吉保に感謝の品を送ったのである。しかし、吉保側には魂胆があった。桂昌院の弟である本庄宗資に取り入り、そのつてで妻のおさめを大奥に送り込もうと考えていたのだ。宗資は、吉保からの過分の賄賂《わいろ》に心を動かされ、便宜を図った。吉保は、からくり仕掛けの美しい花かごを献上品として準備し、おさめを華やかに装わせて、大奥に行かせた。おさめは、その美しい容姿や物腰に巧みな話術、琴や三味線のすばらしい演奏で桂昌院をはじめ奥女中たちの心を掴み、大奥に通うようになる。そしておさめは、吉保から言われていた通り、桂昌院の悩み事の核心に迫った。つまり、女性に興味を示さない綱吉の御世継が御心配では……と、水を向けたのである。おさめに魅了され、すっかり信頼していた桂昌院は、どうしたらよいものか相談を持ち掛けた。おさめは、これまでの綱吉は、女性を災いのもとになるもので、意気地がなく役に立たない、と思って嫌っておられたが、歌を詠むような教養と武芸のたしなみがある女性であれば心を動かされるのでは、と進言し、自ら書いた和歌や漢詩を差し出した。すると、感心した桂昌院は綱吉に見せたいと、それらを手元に置いたのである。吉保は、桂昌院を通じて綱吉におさめを会わせ、その縁で富と名誉、権力を得ようと企んでいたのである。

息子かわいさのあまり柳沢吉保の計略にはまっていく桂昌院……。おろかで、哀れな母親としての姿が描かれる。

もちろんこれは、あくまでもフィクションであり、史実と異なる点も多く、柳沢吉保の実像とも大いにかけ離れている。しかしながら、桂昌院という人物の本質をあらわしている部分もみられる。

その一つが、この物語の柱となっている、綱吉を心配し、御世継問題に悩む、桂昌院の姿である。

跡継ぎに恵まれない綱吉への心配

綱吉は、五代将軍に就任する前の一六七九(延宝七)年五月六日に、側室お伝の方(五の丸)より嫡男徳松を得ている。しかしその徳松は、一六八三(天和三)年閏《うるう》五月二八日に、わずか五歳で死去してしまう。その後、綱吉はなかなか世継に恵まれなかった。後継者が生まれないことは、将軍家にとっても、幕府においても一大事である。綱吉の母である桂昌院が必死になるのは、無理もないことであった。

桂昌院は、まず神仏にすがった。桂昌院と綱吉は、一六九二(元禄五)年以降から、伊勢神宮へ代参を送り、また禁裏《きんり》御所内の内侍所《ないしどころ》においても、世継誕生のための祈願を繰り返しているのである。

ほかにも桂昌院は、綱吉の側室候補の採用に自ら携わった。

俗説では、大奥における、桂昌院と徳松の生母であるお伝の方対、綱吉の正室鷹司《たかつかさ》信子と筆頭年寄の右衛門佐《えもんのすけ》、の権力闘争の中で、新しい側室候補を招いたように語られ、女の争いの中心である桂昌院のイメージは悪い。実際はどのようなものだったのだろうか。

桂昌院自身は京都の生まれで公家の養女だったため、京都に人脈を持っていた。側室選びは、それを生かしてのことだったようである。その一人目は、清閑寺熙房《せいかんじひろふさ》の娘で、のちに「大典侍《おおすけ》」と名乗る人物である。そもそもは桂昌院付女中の筆頭で「とめ」と名乗っており、一六九八(元禄十一)年に、桂昌院付から綱吉付になっている。もう一人は、豊岡有尚《とよおかありなお》の娘「新典侍《しんすけ》」である。こちらは、一七〇〇(元禄十三)年に、江戸に下向して桂昌院付となり「豊」と名乗った。その後、一七〇二(元禄十五)年に桂昌院の意向で綱吉付になっている。

つまり両者とも、公家の娘を江戸に招き、桂昌院付の女中として採用し、のちに将軍付としているのである。よって現在の研究では、大典侍・新典侍を迎えたことは、奥の権力闘争ではなく、桂昌院による綱吉の世継を得るための手段であったと解釈すべきとされている。

ただし、残念ながら桂昌院の思惑通りとはいかず、二人とも綱吉の世継を産むことは叶わなかったのである。

仏教への帰依

桂昌院の息子を思う気持ちは、一方通行なものではなかった。息子である将軍綱吉も負けず劣らず母親を大切にした。桂昌院の住居である三之丸を訪問し、能に興じたりするだけでなく、綱吉が家臣の屋敷や寺社を訪れる際にも頻繁に同行している。儒学に傾倒していた綱吉らしく、母への孝行につとめていた、とも言えようが、既婚中年男性が、実母の所によく出入りしている、という見方をすれば、違う意味合いを帯びてくるだろう。

さて桂昌院は、深く仏教を信仰していた。桂昌院から寺への援助を頼まれると、綱吉は、それを断ることなく実行に移していった。もちろん綱吉自身も仏教に帰依しており、東大寺大仏殿の再興などは、その代表的な政策といえるだろう。全国で一〇六例もの寺社造営がされ、これらは、綱吉政権期に赤字に転じたと言われる幕府財政の原因の一つとしても考えられる。これについては、母親の言うなりになって、湯水の如く金を使ったと見る者もいただろう。

それでは、桂昌院にゆかりのある寺を具体的に見て行こう。まず挙げられるのは、一六八一(天和元)年に創建された護国寺である。当寺は、綱吉が桂昌院のために、上野国《こうずけのくに》碓井《うすい》八幡宮別当大聖《だいしょう》護国《ごこく》寺の住持《じ》である亮賢《りょうけん》を招いて建立したものである。亮賢とは、桂昌院が綱吉を生んだ際に、安産祈願を行ったことからの縁だといわれる。桂昌院念持仏の天然琥珀《こはく》如意輪観音菩薩像を本尊とし、桂昌院の祈願所とされた。桂昌院の参詣は三〇回以上におよんだという。

寺院の復興の事例としては、三代将軍家光が帰依した沢庵《たくあん》が建立した品川の東海寺がある。一六九五(元禄八)年三月に焼失してしまうが、その再建に力を尽したのは桂昌院であった。

江戸以外の寺院では、現在、西国三三所観音霊場第二〇番札所として知られ、枝垂《しだ》れ桜でも有名な、京都の善峯寺《よしみねでら》が挙げられる。善峯寺のある大原野は、桂昌院の出身地であるため、非常に親しみを持っていたようで、次のような和歌が伝わっている。

〽たらちねの　願いをこめし　寺なれば　われも忘れじ　南無薬師仏

桂昌院は、応仁の乱以降荒れ果ててしまっていた善峯寺に、寺領として二〇〇石と山林四二万坪を寄進し、一山の七堂をすべて改築した。現在参詣の者を迎えてくれる堂々たる山門は、一六九二

（元禄五）年に桂昌院によって再建されたものである。樹齢三〇〇年といわれる枝垂れ桜も、桂昌院御手植えと言われている。このような縁から、当寺には遺髪が納められた桂昌院廟が祀られている。

ほかに同じく京都の、萬福寺《まんぷくじ》塔頭《たっちゅう》法林院も桂昌院ゆかりの寺である。法林院は、一六六九（寛文九）年に喝禅《かつぜん》が建立したものである。喝禅と桂昌院の縁は、一六七〇（寛文十）年七月七日に、桂昌院付の老女である小川と岡本が、関東初の黄檗宗《おうばくしゅう》の道場である廣済寺《こうさいじ》で、喝禅の弟子の文海に会ったことに始まる。桂昌院は、時の将軍四代家綱と喝禅の対面を斡旋し、その場に綱吉と共に同席した。その時、家綱から五〇〇両が下賜されている。その後、一六七二（寛文十二）年より、桂昌院から毎年三〇両と絹布が贈られるようになり、一七〇五（宝永二）年に亡くなった時には遺金一〇〇両が贈られたという。

幕府の多額のお金が、寺社に費やされたのである。

桂昌院一族への厚遇

綱吉は、母の親族も厚遇した。冒頭に示した『護国女太平記』にも登場していた弟の本庄宗資は、一六五六（明暦《めいれき》二）年十二月に綱吉付になったところから始まり、最終的には、常陸《ひたち》国笠間《かさま》五万石、侍従まで進んだ。その子資俊《すけとし》は、遠江《とおとうみ》国浜松七万石、資俊の次男宗長《むねなが》は、越前《えちぜん》国高森二万石にまでなっている。綱吉は、一六九二（元禄五）年から一六九八（元禄十一）年にかけて合計十一回、宗資の屋敷に「御成《おなり》」しており、資俊邸には、一七〇二（元禄十五）年に一回訪れている。綱吉と本庄家との親密な付き合いが窺える。また資俊とその息子宗弥・宗長は、一七〇五（宝永二）年三月二五日に、松平の称号が与えられている。将軍綱吉の一族として、名実ともに位置づけられたといえよう。ほかに、桂昌院の異父兄の孫である本庄道章《みちあきら》も、中奥小姓や小姓を務め、美濃《みの》国岩滝《いわたき》一万石の領主となった。親族の面々が複数、大名にまで取り立てられたのである。ここまでの出世は、他の将軍生母の場合には見られない、目覚ましいものであった。

そして、綱吉の最大の親孝行というべきものが、朝廷に働き掛け、一七〇二（元禄十五）年二月十一日に、桂昌院が従一位の叙任を受けたことであった。綱吉の意を汲み、その実現に奔走したのは、柳沢吉保であった。彼はこの功績を認められ、同年三月九日に二万石の加増を受けている。

この叙任については、同年三月に年始の勅使《ちょくし》が江戸に下向した際、宣下《せんげ》の式が行われ、諸大名からの祝儀の献上を受けるという、いわば、国を挙げての大イベントとなった。その一方で批判もあった。徳川綱豊（のちの六代将軍家宣《いえのぶ》）の岳父《がくふ》である近衛基熙《もとひろ》は、自らの日記（『基熙公記』）の中に「古今未曾有《みぞう》」（元禄十五年一月二〇日条）「頗《すこぶる》無念」（同年二月十一日条）と記している。また、江戸市中には「西陣の織屋の女《むすめ》一位織　尾張の姫がおらばなるまい」という落首が出たという（『鸚鵡籠中記《おうむろうちゅうき》』）。桂昌院には、西陣の織屋の娘だったという噂があり、「尾張の姫」とは、綱吉の姉で尾張家に嫁いだ千代姫を指している。千代姫が生きていれば、このような事態にはならなかったと言いたいのだろう。出自が卑しいのにもかかわらず、ふさわしくない地位にまで上り詰めたという、成り上がり者への嫌悪感、批判的な視線が垣間見える。

桂昌院は、一七〇五（宝永二）年六月二二日に死去するが、その際に実施された鳴物停止令は、八月二二日までと長期にわたったのに加え、将軍の死去の際と同様の形式で行われたという。それは、綱吉の権威の高さ、桂昌院の破格と言うべき地位、そして親子の密接な関係をも表している、と言えよう。

このように見て行くと、桂昌院は、跡継ぎ問題の解決に力を注ぐが成果を出せず、仏教に帰依することにより、幕府財政に打撃を与え、息子の愛により一族と共に、前代未聞の位階を手に入れた、息子を愛し、愛されすぎた厄介《やっかい》な母親、という見方もできてしまうのかもしれない。

⦿参考文献

石田俊「綱吉政権期の江戸城大奥　―公家出身女性を中心に―」（『総合女性史研究』第三〇号、二〇一三年）
久保貴子『近世の朝廷運営』（岩田書院、一九九八年）
塚本学『徳川綱吉』（吉川弘文館、一九九八年）
福田千鶴『徳川綱吉　―犬を愛護した江戸幕府五代将軍』（山川出版社、二〇一〇年）
福留真紀『徳川将軍側近の研究』（校倉書房、二〇〇六年）
福留真紀『将軍側近　柳沢吉保　―いかにして悪名はつくられたか』（新潮社、二〇一一年）
松尾美恵子「将軍御台所と生母の位置」（徳川記念財団編集・発行『幕末の江戸城大奥』二〇一三年）
『大奥女中とゆかりの寺院』（江戸東京たてもの園、二〇一三年）

『文殊堂・善峯の寺宝』（善峯寺、二〇〇〇年）

⦿史料

「基熙公記」（東京大学史料編纂所所蔵）
「柳沢騒動（『護国女太平記』）」（『近世実録全書　第八巻』（早稲田大学出版部、一九二八年）
『鸚鵡籠中記』（「名古屋叢書続編」第九～十二、名古屋市教育委員会、一九六四～六九年）
『寛政重修諸家譜』
『徳川諸家系譜』一・二

1609–82
岡山藩池田家初代。新田開発、殖産興業に努める。熊沢蕃山を登用、藩校花畑教場や郷学閑谷学校を開設。

理想を追求し続けて孤独になった
池田光政
…いけだみつまさ…

吉成香澄

池田光政は、学問に熱心な「名君」の代表と見られることが多い。熊沢蕃山《くまざわばんざん》を登用し、数々の仁政を行ったと思われている面が強いのではないだろうか。そうした伝説を取り払い、彼の事跡と言動を見直すと、理想を求めるがゆえに孤独に追い込まれる姿が浮かんでくるのである。

多発する災害

光政が家督《かとく》を相続したのは、一六一六（元和《げんな》二）年でわずか八歳であった。多くの名君に見られるように、光政には幼少時から非凡な頭脳の持ち主であったことを示す逸話《いつわ》がいくつも残っている。特徴的なのは、このころから光政が自らが領主（＝治者）の自覚をもっていた点にある。光政は、国を治めるために役に立つ学問を希求し、それを朱子学に求《もと》めたのである。

光政が三〇歳の時に寛永《かんえい》の飢饉《ききん》が発生した。一六三八（寛永十五）年から四〇（同十七）年にかけて、西日本で「牛疫病」が流行し、農村に大きな打撃を与えた。さらに四一（同十八）年は西国で旱魃《かんばつ》や大洪水が続き、東国は長雨による冷害をうけ、四二、四三（同十九年、二〇）年は全国的な飢饉になったのである。島原天草一揆から、極端な苛政《かせい》が百姓の一揆を生むことを学んだ幕府は、この飢饉においては大名や旗本に「撫民《ぶみん》」を指示した。

一六四一(寛永十八)年に江戸にいた光政は、翌年に国許入りし、この事態に親政をとって対処した。まず、光政の指示を実行するために新組織を設立した。そして、窮乏する家中藩士のために京都で借銀して家中に貸し付け、給地の百姓から過度な収奪をさせないようにした。また、年貢の滞納が続いている蔵入地《くらいりち》には組頭を派遣して、年貢取り立ての梃入《てこい》れを行わせながら、ひそかに郡代・郡奉行・代官・大庄屋の善悪を調査することも行わせた。一方で、徒党を計画したり、一揆同然の行いををしたりした百姓は磔《はりつけ》にするなど、藩に対抗しようとするものへは厳格に対処した。

心学との出会い

光政は、学問を修めることで「正路」に沿う人物になると考えていた。また、藩主と家臣が同じ学問的思想を持つことで、主従が一体になれると考えていたようである。

一六四七(正保《しょうほう》四)年、横井養元という七〇歳の医者を召し出し、三人老中の目付に任命した。三人老中とは、領内の仕置《しおき》を中心となって行う役職である。養元は「太平記よみ」であったともいわれるが、学問的なことはいまだ不明な点が多い。いずれにしても、光政が家老に説諭《せつゆ》する場に同席したことなどが確認できており、光政の考えと養元の思想はかなり近いものがあったのだろう。

一六四七(正保四)年、熊沢蕃山が三〇〇〇石取の近習として取り立てられた。蕃山は京都出身で、光政が幼い頃から憧れていた中江藤樹《とうじゅ》の陽明学《ようめいがく》を学んだ人物である。岡山藩に取り立てられたのちは、一人で「心法」の鍛錬をしていた。ごく親しい人には「聖法」について語っていたが、いつしか周囲に広まり、蕃山の学問を聞くために人が集まるようになった。それが光政の耳にも届き、蕃山が光政に学問をすることになったという。蕃山の学問は、武士に治者《ちしゃ》としての自覚を促すもので、そのためには主体形成を行うことが必要であると説くものであった。特に心の修養を重視したので、「心学」と呼ばれる。光政は家臣にもこの「心学」を学ばせるべきと判断した。そしてこの後、光政は蕃山の学問に傾倒していくのである。

⊙幕府の疑惑

光政は心学を修めることで心意を練り、「仁」の政治を実現しようとした。そのためには、子綱政《つなまさ》や重臣たちも心学を修めて、光政と志を一つにすることを期待した。

ところが、光政が熱をいれて心学を修業していることが、幕府に対する謀反《むほん》の準備であるとする風説が流れた。一六五二(承応《じょうおう》元)年五月、光政は大老酒井忠勝から忠告を受ける。岡山藩内で展開していた集団的な心学修業について、「大勢あつまり候所もよう悪候間、門しめ可有候」と、目立たないようにするよう警告した。ところが光政は、心学の有益性を知人・親類に聞かせたものが、さらに周囲に広まったもので、このように心学が広まったことは予想外であったが、(良いものなのだから)致し方ないことで、以後は自粛すると返答している。酒井はもとより学問をあまり好まないため、光政に対しても良い感情はもっていなかったとされるが、幕閣のなかでもこの風説をもとに光政の行動に警戒していた様子がうかがえる。その状況をうけてか、同年九月京都一条家で光政と対面した所司代板倉重宗《しげむね》は、心学に理解を示しつつも、光政の心学修業については穏便につとめるよう、光政の政治的立場を考慮した勧告をしている。

そのようななか、同年九月に江戸で浪人別木庄左衛門一党の陰謀《いんぼう》が発覚し、幕府による詮議《せんぎ》が行われた。逮捕された一味は、諸大名の中にも謀反心を抱く者がいるとして、紀州殿・尾州殿・越後殿・相模殿(鳥取藩主池田光仲)・筑前殿とともに光政の名前をあげ、特に光政は「おもてむきハ儒者、内々ハむほん心も候哉」と述べた。このため、光政の子綱政と弟の恒元《つねもと》が呼び出されて訓戒を受けたものの、それ以上の嫌疑をかけられることはなかった。光政の心学に対する姿勢にはそれほどの影響はみられず、家中での心学修業が下火になることはなかった。しかし、この件以降、光政の心学修業に対して幕府が目を光らせることになったのである。

この件は三人老中をはじめとする池田家臣に動揺を与えた。すでに家中には、光政の政治を批判的に「心学流」「光政流」と呼ぶ風潮があった。それに対して、光政は教令を下して、自身は独自の仁政思想を領内政治に貫徹しようとしたのだと説明し、「他国のように普通の政治をしろ」というのは、光政の存在理由を失わせるものであると述べている。

幕府の不興を買ったことや、こうした家中の反対派の動きなどから、自身の思想の限界を感じた熊沢蕃山は、たまたま負った怪我を理由に職を辞し、一六五七(明暦《めいれき》三)年に知行地の和気郡寺口村に隠居、五九(万治《まんじ》二)年ごろには京都へ移転した。光政の信頼を集めていた蕃山であるが、ここで光政から離れたのであった。

時を同じくして、岡山藩で学問を担っていた人物が相次いで病没または辞職し、光政のもとを去っていった。これにかわり、朱学者が招聘《しょうへい》され、岡山藩学は心学から朱子学へと転換した。

独断的宗教政策

寛文期の光政は、領内の宗教統制を行った。まず一六六六(寛文六)年五月に、国中在々にある「淫《いん》祠《し》」「わけもなき小社共」を五〇〇〇石を目処に一つに集め、大社や産土《うぶすな》は残し、他の祠《ほこら》は京都の吉田神社に持ち込み封じるよう命じた。光政は神社淘汰により正当な神社のみを残す考えだったのだろうが、民衆にとっては、ささやかな信仰の対象を藩権力によって踏みにじられた結果となった。

また光政は儒学を尊信するあまり、仏教を厳しく批判した。一六六六(寛文六)年八月、光政はつぎのように僧侶を非難している。

> 仏法は盛なれども、坊主たるもの多くは有欲・有我にしてけんどん邪悪なり。己が不律破戒の言わけには、各我等如きの凡夫は善行なすことならず、欲悪ながら阿弥陀を頼み極楽に生ず。題目だに唱えれば成仏すと云。是人に悪を教ゆる也。自今以後如此の邪法を説て、人心をそこない風俗を不可乱事。

同じころ、幕府は日蓮宗不受不施派を禁制していたため、光政はそれにあわせて領内の同派寺院を弾圧し、僧侶を追放した。さらにその信者まで追跡して処罰した。また光政は廃仏向儒を善行として米や銀を給付したり時服を賞与したので、領民の儒道転向が進んだとされる。

領内の宗門改《あらため》は、宗旨手形の提出は義務づけないなど、それまで比較的ゆるやかであったが、幕府の法令もあって、一六六五(寛文五)年から檀那寺《だんなでら》の請判をいれた「宗門人別改帳」を作成させるようになった。翌年には、人々がキリシタンではないことを僧侶に代わって神職が保証する神職請に切り替わった。六八(同八)年、磐梨《いわなし》郡の百姓十七名が、不受不施派であることを理由に頑なに宗門改を拒否したので、藩は彼らの首を刎《は》ねたり追放したりした。

寺院の弾圧は日蓮宗以外にも及び、大勢の僧侶が追放されたり還俗《げんぞく》させられたりした。岡山藩での寺院淘汰による騒動は、上方や江戸にも伝わっていた。一六六七(寛文七)年に江戸に向かった光政は、四月十六日に大老酒井忠清へ国許の様子を報告した。それによると、従前の寺院数は一〇四四、僧侶一九五七人、寺領二〇七八石であった。先年に追放されたものは、不受不施派が三一三寺、五八五人、天台・真言のうち立ち退き又は還俗あるいは追放となったものが二五〇寺、二六二人という(「備前国史類編」)。酒井ら幕閣は、予想していたよりも弾圧が厳しくないと思ったのか、「とかく甚なきがよく候ハん」という意向を示しただけであった。

ただし、ここにあがっている追放者は一部で、自ら国を去った者もいるが、僧侶の大半は還俗して帰農した。還俗をたしかめるために、料理に魚をだして、口にするかどうか試したという。還俗を拒否する僧侶には、むりやり魚を食べさせることもあり、自害した僧侶も出たようである。藩によって檀徒を神道に転向させられ、神職や社家に転じたものもいた。

翌日、改めて酒井へ送った書付で、光政は「国元之民共、出家共の私欲を以人をたぶらかし候を見かぎり、右之者共之申所ヲ聞馴《ききなれ》、坊主をうとミ申候、神儒を好風、所ニ多御座候」と述べ、僧侶が堕落していたため領民は寺から離れる傾向にあり、また多くの領民が儒教に転じて檀家が減少し寺院維持が困難になっていたので、藩が還俗を勧告したところ、それに応じた僧侶が大勢出ただけである、と主張している。

同年八月に幕府から三人の巡見使が岡山藩に派遣された。大半の領民は仏教にも儒道にも深い信仰心はなく、このたびの宗教政策についても、表だった批判はなかったという。ただし、弾圧が最もひどかった津高郡の百姓からは、「我代々宗門ヲ今度平儀つぶされ、曾て不存儒法ニ被仰付、同俗共ニ難儀仕」との目安文が出され、光政のやり方を批判している。

光政の理想と現実

すでに述べたように、光政は支配者側が学問を修業することで治者の自覚をもち、その観点から仁政を行うことが理想であると考えていた。そのために、家臣にも主人と同じ学問を修めるよう指導した。

光政は、民衆の多くは分別がなく、考えなしの者であるとみていた。村の中で仏教を本当に信仰しているものは一人か二人にすぎず、残りの者は、領主が好むときけば神道でも儒道にでもなるのだ、という認識だった。上の徳風に下はなびく、という光政の教化主義は、ここから生まれている。

しかし、家中には光政の学問修業を過度に奨励するやり方に反発する者があらわれ、宗教政策では領民から抗議がおこり、光政は自らを内省せざるをえなくなったであろう。理想どおりに進まぬ現実が光政を徐々に追い立てたとみられる。

先にあげた宗教政策は、幕府の明確な非難もなく、光政の政策が貫徹したかに思えた。ところが、一六六七(寛文七)年六月に岡山金山寺遍照院《へんじょういん》から本寺の上野寛永寺に訴状が提出され、輪王寺宮《りんのうじのみや》から幕府寺社奉行に伝わった。輪王寺宮は、仏法は邪法ではなく、何としても訴訟すると厳しく幕府に抗議した。光政は、領内に言い放ったような僧侶の堕落論は輪王寺宮に対しては言うことができず、幕府の裁定を受けることになった。この結果、淘汰された天台宗寺院のうち備前国の三五寺が金山寺に戻され、備中国の一九寺が鴨方明王院《かもたがみょうおういん》に渡され、僧の帰属が認められた。宮門跡の権威に、光政が屈したかたちとなったのである。

自ら尊崇する学問の思想に基づき、家中に少数の同士をつくり治者の理念を追求しながら政治にあたっていた頃の光政は、非常に充実した理想の君主像を自らに描いていたことだろう。しかし、それを家中全体、領内全域に拡大したとき、他者の心情や信仰を踏みにじる行為となることまでは考えが及ばなかったようである。

光政は一六七二(寛文十二)年六月に致仕《ちし》し、子の綱政《つなまさ》が家督を相続した。綱政の政治は、光政と対照的に諸事幕府老中に相談して進められた。また綱政は仏教を信仰していたため、光政の政策で淘汰された寺院の多くを復興させ、神職請も徐々に廃止された。

一六八二(天和二)年に光政は江戸で死去する。光政が行った宗教政策は綱政によって撤回され、家中整備も進められて家臣の官僚化が成立しつつあった。これにより、光政が逐一詳細まで手を入れて親政をとっていた体制から、用人政治へと転換した。光政が描いた理想は、現実と衝突したあげく、やっと築いたものさえ代替わりによってあっさり転換し、しかもより効率的なシステムへと替わった。それを見ていた晩年の光政の思いはいかばかりであっただろうか。

⦿参考文献

谷口澄夫『池田光政』(「人物叢書」、吉川弘文館、一九六一年)

倉地克直『池田光政　―学問者として仁政行もなく候へば―』(「ミネルヴァ日本評伝選」、ミネルヴァ書房、二〇一二年)

1628–1700
水戸藩第2代藩主。社寺改革、勧農政策、『大日本史』編纂を進める。講談などの「水戸黄門」のモデル。

仁政も史書編纂事業も後世に名を残すため

徳川光圀

…とくがわみつくに…

吉成香澄

徳川光圀といえば、勧善懲悪の時代劇における好々爺《こうこうや》のイメージや、また、実在の人物においても、『大日本史』編纂《へんさん》などの業績を思い浮かべる人が多いだろう。

しかし、実際の光圀はそうしたイメージを覆す一面を持っていたのである。

言語道断の傾き人

水戸様の御かとく《家督》とハミえず、ごんごだうだんのかぶき人に御ざ候、あのてい(た)らくにてハ、水戸様御かとくとハ申かたし、御ゆくすへ御セうし《笑止》千万にて候。

これは、十六、十七歳頃の光圀に対する旗本衆の評判として記されたものである。この頃の光圀は、「かぶきもの(傾き者)」をまねて三味線や琴を好み、木綿の小袖をいろいろ伊達《だて》に染めてビロードの襟《えり》をつけたものを着て出歩いては、「かろきものども」の長屋へ出かけたり、馬屋番や草履取《ぞうりとり》と卑俗な話をしたりしていたという。遊里へもたびたび出かけては、弟に色好みな話をして、周囲を困らせていたようである。

そもそも光圀は出生から訳ありであった。光圀とその兄頼重《よりしげ》の母は、初代水戸藩主徳川頼房《よりふさ》の側室の一人、お久である。ただし、頼重を身ごもったとき久は正式な側室ではなく、頼房の屋敷の奥向に仕える老女の娘として母の側で働いていた女中であった。しかも、頼房の第一側室お勝よりも先に子(のちの頼重)を身ごもったため、頼房はお勝が久に怒りを向けることを恐れ、ひそかに家臣の三木之次《みきゆきつぐ》・武佐《むさ》夫妻に久を預け、堕胎《だたい》させるよう申し渡した。しかし三木夫妻はこの命にそむいて、生まれた子供を水戸でひそかに育てたのである。光圀を身ごもった時は正式な側室となっていた久であるが、側室のなかでの勢力は弱く、頼重の時と同様に三木夫妻のもとで人目を忍んで出産し、子は三木夫妻のもとで育てられた。

一六三〇(寛永七)年、頼重は九歳で三木夫妻の縁故である滋野井季吉を介して京都の慈済院《じさいいん》(天竜寺の塔頭《たっちゅう》)へ入った。一方で光圀は、六歳になった三三(寛永十)年に水戸城に入り、三六(寛永十三)年に江戸小石川の藩邸で元服し、頼房の世子として将軍家光に御目見《おめみえ》を果たした。

頼重が京都から戻り、頼房と対面して父子の関係が公式に認められたのは、この翌年のことである。本当は前年に京都から戻っていたが、重い病気にかかってしまったため、頼房との対面が遅れたともいわれる。一六三八(寛永十五)年十二月二八日、頼房は光圀と頼重を連れて江戸城に登城し、家光に頼重の御目見を行った。このとき光圀十一歳、頼重十七歳であった。頼重は温厚な性格であったが、光圀は強情で気性が荒かったと伝わっている。

あるとき光圀は、柔術を得意とした頼重が「相撲は役に立たぬ」とけなしたのを聞いて、「そうとはいえぬ」と憤慨し、立ち合いを申し入れた。しかし光圀は二度も頼重に投げ飛ばされ、三度目には横ざまに投げつけられて障子を打ち抜いて隣の部屋まで転げ込んだ。侍女たちが驚いて、遊びなのだからもう少し何とかしてもよいのに、というと、頼重は、「いやいや、情の強い者はこらしめたほうがよい」と答えたという(『玄桐筆記』)。このころ、光圀は気性の荒さをたびたび父頼房にとがめられており、脇差《わきざし》を取り上げられていたという。

頼房は世子である光圀を厳しく教育し、特に武芸・武術の鍛錬にかけては人一倍であった。そのおかげで光圀は馬術と水泳が得意で、熱心に稽古に励んだという。光圀十二歳の夏、頼房は光圀の水泳の技倆を見せてみよ、と浅草川へ連れ出した。当時発生していた飢饉《ききん》のため、川面には死体がいくつも浮かんでいた。そのような中、光圀は父のあとを必死で追い、川を泳ぎきった。父は息子を賞し、帯刀の禁を解き、小鍛冶宗近《こかじむねちか》の脇差を与えた。

しかし、十三歳ころから光圀は父の期待を裏切り、次第に素行不良となり、十六・十七歳ごろには冒頭で述べたような不行跡を重ねるのである。

光圀の傅《ふ》の一人である小野言員《ときかず》は、当時の光圀に次のように訴えている。


まことにおそれおほき申上事にて御ざ候へども、世上のとりさた今ほとさかんにて御ざ候よし、人々きかセ申候。ケ様の事うけたまハり、お前様へ申上候ハねバ、御いん頃をうけ申御おんにまかりなり候しるし御ざなく、御おんをわすれ、身をおしミ申に罷成候間、おぼしめしをかへりミす申上候。あわれおなじくハたゞ今の御心を御てんじかへ、御きやうきたゞしく、御じんたうに御れいぎを御つくし、御こうぎを御たいセつにおぼしめし、御おや様へ御かう〳〵ふかく、御おしへに御したがひ、しよにんに御いんきんに御れいきたゝしく御ざ候ハヾ、さても〳〵見事に御かハりなされ候。御ぎやうぎ御さほう、人に御れいなされ候御てい、見事なる事およそあるましきと諸人こぞりてほめ申べき事まのまへにて御ざ候、天道のミやうりよにも御かなひ、ゆく〳〵御ぼしめすごとくに可罷成候。かのごとく御心をも御てんじ御かへなされ候様にと、明暮〳〵三ぼうしよてんにきセいをつかまつり候。

これは、「小野諫草《いさめぐさ》」と呼ばれる光圀の日頃の不行跡を書き連ね諫めた十六箇条の文章の一部である。頼房の駿府時代から仕えていた小野には、頼房が世子と期待した子が、いつのまにかそれに反してしまったことを心から嘆かわしく思えたことであろう。

当時の江戸には、戦国時代の名残がある雰囲気で、往来で刀を出すような武士や、喧嘩《けんか》を生き甲斐とするような荒くれ者が頻繁に出没した。また、男伊達《おとこだて》を競う傾《かぶ》き者《もの》が市中を横行していた。彼らは、もはや戦国の世が終わり、武功で身をたてる機会がない社会に対し、閉塞感を感じて刹那《せつな》的《てき》行動をとったというのが一面として解される。光圀がこうした者たちに寄せていった心情には、父や兄との関係が一因にあったのではないかと察せられる。

「小野諫草」には、礼儀・身なり・服装・脇差・腰の物の拵《こしら》えに至るまで、「万事御おや様の御意」に適《かな》い、旗本衆にも評判のよい兄頼重と、光圀を比較する箇所がある。光圀の世子の座を疑問視する声も、当然上がったことであろう。このような状況から家中に居づらさを感じた光圀は、家の外へ出たのではないだろうか。そして、生来の強情さと気性の荒さによって、時には喧嘩に加わることもあったのだろう。

このように傾いていた光圀も、十八歳で自らの境遇を受け入れる。その契機となったのが、『史記』の「伯夷伝《はくいでん》」である。この話の主人公伯夷と叔斉《しゅくさい》の兄弟は、父国王が弟を次期国王にと望んで死去したが、弟は兄に王位を譲った。しかし兄は、父の遺志に反するとして国を去り、弟も位につくことを承知せず、兄を追った。その後この兄弟は、殷《いん》の紂王《ちゅうおう》を討とうとする武王に、弑逆《しいぎゃく》であると必死に諫《いさ》めるが聞き入れられなかった。のちに殷を平定し周を興した武王に仕えることなく、山に隠遁《いんとん》し餓死《がし》する。この話の主題は後半にあり、正しい人が不幸にあい、不正なものが富を得ることについて提議するものである。光圀はこの話の前半に自らを重ね、解決の光を見たとされる。すなわち、光圀の世子に頼重の子を立てて、兄弟の順序に逆らう本分家継嗣の筋を立て直そうとしたのである。

また、この話との出会いから歴史書の偉大さを感じ、のちに史書編纂事業を発起したともいう。ここから「傾きの人」の光圀が名君への道を模索していくのである。

水戸藩主徳川光圀

光圀は、一六六一(寛文元)年八月十九日に強い儒教的道徳観を抱いて藩主に就任した。このとき、すでに財政難と藩士の生活難は表面化していた。光圀は翌年の一六六二(寛文二)年に倹約令を出して、困窮している家士へのたすけとし、京都の大名貸からの借入銀を貸与した。

一方、農村政策も光圀にとって重い課題であった。水戸藩は、もともと頼房が初代藩主として就封《しゅうふう》したときに二五万石を与えられた。のちに三万石を追加され、二八万石の表高《おもてだか》であった。しかし、寛永十八年の領内総検地では、面積を測るにあたり、一間の単位を六尺とし、六尺四方を一坪で計測した。この結果、検地前の内高が二九万二六七九石だったところを、三六万九四六〇石と算出した。農民の側からすると、この寛永検地の結果、約一割強の年貢増徴となったのである。

そこへ、一六六八(寛文八)年、七四(延宝《えんぽう》二)年、七五(同三)年、八〇(同八)年に飢饉が発生し、農村は疲弊し田畑は荒廃した。光圀は新しい作物耕作の奨励、紙の専売などの殖産興業策を打ち出したが、減少する年貢収入や増える藩の負債を補うほどの有効な手段がとれないまま財政は破綻した。

⦿藩重職の人員削減

光圀は、家老、大老、老中といった重臣をすこしずつ削減していった。水戸藩では家老が幕府対応を担っており、これに就任するのは、ほとんどが三〇〇〇石以上の大身の家臣であった。光圀が藩主に就任した一六六一年には家老職に十人が就いていたが、徐々に減少し、一六八一〜八三年の天和期以降は三〜四人になっている。吉田俊純氏は、「光圀はかならずしも処罰ではないが、家老級の大身を数多く絶家・減禄にした。家老の数を減少させたこととあわせて、そこに光圀は藩主絶対権を確立させようとした人物であったことが指摘できる」と述べている（『徳川光圀』）。

藩政に関しては、大老と老中によって運営された。大老に任命されたのは八〇〇石以上、老中は五〇〇石以上の重臣であった。一六六一年はどちらも二人が就任していたが、翌年以降老中は四～五人が任命されるようになった。一方、大老は一～三人、ときには就任者がいない空白期間もあった。

一六七一（寛文十一）年九月に岡崎昌純が大老に就任し、三年間の大老職不在は解消された。その七年後の七八（延宝六）年には三木玄重《はるしげ》と武藤隆貞が加わり、三人となった。ところが、一六八一（天《てん》和《な》元）年一月十五日、三木と武藤が致仕《ちし》し、代わりに伊藤友次と穂坂武勝が就任することになった。この交代劇の理由は定かではない。

一六八二（天和二）年十一月、光圀は水戸に就藩する。翌八三（同三）年七月二五日に、農民の負担軽減をはかって、浮役《ふえき》を廃止するという触を出している。翌八月に岡崎が蟄居《ちっきょ》となる。この理由は判明していないが、直前に帰府した光圀と、なんらかの問題が生じたものと考えられる。

同年九月九日、穂坂が自殺した。『水戸紀年』の天和三年八月二三日条にはつぎのように記載されている。

> 執政禄八百石穂坂八郎衛門、子ナキヲ患テ妻ト謀《はかり》テ民ノ赤子ヲ取テ妻ノ産タルマネス、事発覚ス、八郎衛門自尽、妻及赤子ノ父刑セラル

穂坂の妻が民の子を実子と偽装して光圀に御目見させていたことが判明したことが理由であるとしている。穂坂は自尽を命じられ、妻と子の父親も処刑された。『水府系纂』によると、穂坂家は御家断絶になったという。

同じ月、もう一人水戸藩士が自殺している。先代から水戸徳川家に仕えた和田家の二代目で大番頭から書院番組頭に就いたものの、病気により大番組にもどされた正勝である。『水府系纂』天和三年九月十一日条には次のようにある。

罪アリテ改易セラレ即日召返サレン為ニ物頭目付等ニ命セラレテ追行ク、遂ニ他領堺ニ於テ正勝ニ行合フ、時ニ正勝追手ヲ見掛テ即時ニ自殺ス

改易となった罪については、同役の藩士の養子のことに加担したとか、城代に対して無礼な発言があったとか諸説ある。また、改易から即日に召し返しとなっている点についてもはっきりしていない。しかし、追手の姿をみて即座に自殺したことは、藩へ連れ戻されれば、処刑されると正勝が予測していたためと考えられる。数日前に自尽した穂坂の件も影響していたのだろうか。

光圀藩主時代は、藩士の処分が多発した。とくに風俗紊乱《びんらん》を理由として刑罰に処せられる者が多かった。鈴木暎一氏は、「藩中の士民生活がかほどにみだれていたと受け取れる面もあるけれど、戦国時代以来の野性的な自主・自立の気性が士民の間にまだ残存していた結果と捉えるべき面もあ

る」とし、「藩主としての光圀は、そうした野性的な気風をきびしく抑えるとともに、儒教的仁政の精神をもって士民を当代の社会秩序のなかに組み込もうと意図していたのである」と述べている（『人物叢書』『徳川光圀』）。

⦿「仁政」の裏で

光圀の仁政として知られているのは、一六八九（元禄《げんろく》二）年と九〇（同三）年、農民に検見《けみ》を行わせた件である。このとき「民に凍餒《とうたい》あらば、いずくんぞ人牧《じんぼく》を用いん」と語ったと言われる。民を救うためには、役人（人牧）を用いずに自ら指揮をする、という。つまり、領民の困窮は、支配にあたっている役人たちが悪いのであって、それを排除して藩主光圀がでていけば領民を救うことができる、と言っているのである。これは藩主がその指揮下にいる役人を否定したことにほかならない。光圀は藩主として食い止めることができなかった領内荒廃の責任を現場の役人に背負わせ、農民に検見を任せるという大英断を下したことで領民に対して良い藩主であるとアピールしたのである。

なお光圀はほかにも浮役の半免《はんめん》や、困窮者への低金利貸付を行っているが、一時しのぎであり、困窮者や農村の再建には至らなかった上、藩財政への負担が増しただけであった。

吉田俊純氏によると、当時水戸藩では長期的な農政改革を行っており、勧農を行うとともに本年貢を軽減し、全国的に浸透していた農民的商品貨幣経済に乗ることができるようにし、その利益を雑年貢で回収しようとしていたという。しかし、速効性を求めた光圀は、長期的プランをとる藩政府のやり方に不満があったようである。

領民へ名君と印象づけるために、藩政閣僚を仮想敵とし、自らの道徳観に外れた行為を行ったものは、重臣といえども容赦なく処分したのである。こうした激しい気性を知っていたからこそ、和田正勝は捕えられて光圀の前に引き出される前に、自ら死を選んだのではないだろうか。家臣にとっての光圀とは、一つの過ちから死を下される可能性がある、恐ろしい主君だったのである。

殺人事件の犯人は元藩主

光圀は結局、藩財政を回復することができないまま、一六九〇(元禄三)年に六三歳で隠居《いんきょ》した。しかし、隠居となっても従来の性格はかわらず、一つの事件を起こした。それが藤井紋太夫誅殺事件である。

藤井は幕臣荒尾久成の四男であった。同族の女性で、水戸藩小石川上屋敷に藤井という名で仕えていた奥女中の養子となって、藤井を姓とした。その才気に目をかけた光圀が、小姓として召し出し、やがて水戸藩老中にまでなった人物である。

一六九四(元禄七)年十一月、光圀は小石川上屋敷に幕閣や諸大名・旗本らを招いて能楽を催した。光圀も舞台にあがり、「千手《せんじゅ》」を披露した。舞い終わり、鏡の間にもどると、休憩時間に藤井を呼びだした。鏡の間にあらわれた藤井と、ひとつふたつ問答したのち、光圀は突然藤井を取り押さえて太刀で複数回刺したのである。藤井は喉元《のどもと》を深く刺されて死亡した。

この殺害事件に対し光圀は、「不届きのことがあるので、宰相の将来を案じて、たびたび意見を申し聞かせた。しかしそれでも承知せず、家中の士をはじめ百姓にいたるまで不安な様子になったので、常々難儀《なんぎ》なことと考えていた。（略）今日能を興行いたし、楽屋で休憩していたところに紋太夫が帯刀のまま側まできたので、かねがね叱ることもあり、案外に思って差し当たり堪忍《かんにん》なりがたく成敗した」（『水戸市史』中巻一）と述べている。

光圀が目にかけて出世させたものの、藤井は次第に慢心を抱くようになり、光圀の隠居後は特にそれが増していた。その結果、光圀に呼び出された際も帯刀のまま側までいくという行動になってしまったのである。この主従の礼儀に欠けた態度に、光圀は「堪忍なりがたく成敗した」という。

長年の怒りが積み上がっていたとはいえ、幕閣を招待した場で、元藩主自らが家臣を成敗するというのは大問題である。この事件は世間の注目を浴び、芝居風の読み物などが多く出版された。だが、光圀自身はとくに処罰されることはなく、事件の十日後には水戸入りする許可を幕府から得ている。以後は、西山荘《せいざんそう》にて修史編纂事業に打ち込んだ。

光圀がライフワークとして行った修史編纂事業は、開始から四〇年を経過していた。厳しい財政状況のなか、この事業のために家臣が各地へ史料探訪に派遣された。しかし、史料収集は思うようにはかどらず、また、編纂においても担当者同士の方向性の違いが生まれ、なかなか進展しなかった。そのため経費がどんどん嵩《かさ》み、財政にかかる負担の一つとなっていた。しかしながら、前述のように藩主として領内の農村荒廃や財政難を回復させることができなかったうえに、ハレの場で家臣を手討ちにして藩に泥を塗った光圀にとっては、修史編纂を完成させることが理想の領主と称されるための最後の綱であった。

一六九五(元禄八)年、六八歳の光圀から京都遣迎院応空《けんこういんおうくう》に宛てて、応空が懇意にしている三条西家に、同家の所蔵史料の閲覧を許可してもらえるよう口添えを依頼する書簡がある。このなかに、次のような一文がある。

武家に生長仕候得共、太平の時節に候故、何にても武名を立申事無之候、然は家業にて無之候へ共、書籍編集仕候はゝ、少は下官名も後世ゑ伝り可申哉と存候て存立申事候。

この箇所以外では、史記編集によって「後世の重宝」になるようにと、事業の目的を述べている。しかし、光圀が長年行ってきた修史編纂事業をすすめた根源は、太平の時節で武名を立てることがないから、修史編纂によって後世へ名を残したいというものであったのである。

⊙参考文献

鈴木暎一『徳川光圀』(「人物叢書」、吉川弘文館、二〇〇六年)

吉田俊純『徳川光圀　悩み苦しみ、意志を貫いた人』(明石書店、二〇一五年)

1657–1725
独学で儒学を修め、第6代将軍家宣の側用人として幕政に携わり、正徳の治を進めた江戸時代唯一の経世家。

歴史を歪めて伝えた学者
新井白石
…あらいはくせき…

保垣孝幸

江戸中期に活躍した旗本で、六代将軍徳川家宣《いえのぶ》の侍講《じこう》として幕府の政治を実質的に主導した人物。様々な改革を断行し、後に「正徳《しょうとく》の治《ち》」と呼ばれる一時代を築いた。しかし、家宣死後にも仕えていた幼君七代家継《いえつぐ》が逝去すると、八代将軍吉宗《よしむね》の誕生とともに失脚し、晩年は著述活動に勤しむこととなる。学問的な関心は広く、独自の歴史観にもとづく歴史書『読史余論《とくしよろん》』『藩翰譜《はんかんふ》』『古史通《こしつう》』や、イタリア人宣教師シドッチを尋問《じんもん》して著した『西洋紀聞』『采覧《さいらん》異言《いげん》』など、彼が残した著書は膨大な数にのぼる。江戸時代を代表する学者であり政治家の一人。

「新井白石は前代の事をよく言ざる漢なり」

何か新しいことを始めようとしたとき、それまでの政治や社会を批判することで自らの正当化を図るというのはいつの時代にもよくあること。これまでが如何にひどい時代だったかを力説すればするほど、自らの主義主張は正当化されるのだ。そうやって不当に貶《おとし》められたかたちで伝わっている歴史上の人物や時代も少なくない。

肥前国平戸藩主《ひぜんひらど》であった松浦静山《まつらせいざん》が退隠後に著した『甲子夜話《かっしやわ》』には、新井白石について興味深い記述がある。話は世に流布する『護国女太平記』という書物が全くの架空物語として創作されたにもかかわらず、後年になってこれを事実だと勘違いする者が増えていることを嘆く一節であるが、そこに『折《おり》たく柴《しば》の記』にもそんなことは書いていないと説明する上で、「新井白石は前代の事をよく言ざる漢なりしが」と前置きしている。この『護国女太平記』は、元禄《げんろく》の世を批判するかたちで描かれた物語で、もしこの逸話が史実であれば、同じく前代に批判的であった白石の書に何らかの記述がある筈だ、それがないのは史実ではないからだ、と静山は考えているのである。白石の時代から一〇〇年以上が経過した世を生きた文人大名から見ても、新井白石は「前代の事をよく言ざる漢」に映ったのだ。

ここで静山が引合いに出した『折たく柴の記』について確認しておきたい。白石の自叙伝であるこの著書は、一七一六(享保《きょうほう》元)年十月の起筆とされ、幕政の一線から身を引き閑暇になったのを機会に自らの政治的生涯を回顧し、その記録を後世に残そうと書き記された作品である。このことは「前代の御事におよびし事共はいともかしこけれど、世によくしる人もなきは、をのづから伝ふる人のなからむもわびしからまし」とする序文の一節からもうかがえ、自らが仕えた六代家宣、さらには七代家継の治世を広く後世に伝えることが意図されたものであることが知られる。上・中・下の三巻からなり、元来、非公式の自叙伝であったとされるが、江戸幕府の正史『徳川実紀』の編纂にも利用され、後世へ多大なる影響を及ぼしている。

さて、白石が「いとかしこき」六代家宣の治世を際立たせるため、やり玉に挙げたのが、その前代すなわち五代将軍綱吉《つなよし》の治世であったことは言うまでもない。『折たく柴の記』では痛烈な元禄時代批判が展開されるが、実際の記述を見ていくと、単に「よく言ざる」といった程度に止まることなく、明らかに情報操作を行い「前代」を不当に貶めている節が散見される。そして、それがあたかも定説のように後世へと伝わっていくのである。

処罰されたもの数十万人!?――「生類憐みの令」の幻想――

五代将軍綱吉は、後継ぎができないのは前世に殺生を繰り返したことが原因で、これを振り払うには生き物を大切にしなさいという怪僧隆光《りゅうこう》の助言を受けて、特に「犬」を大事にする触れを出して世間を混乱させたという、いわゆる「生類憐みの令《しょうるいあわれみのれい》」。エスカレートする動物愛護政策により市井の人々は犬に接するときは貴人に対するように恐れおののき、「御犬様」と呼ぶようになったとか、命あるものはノミや虱《しらみ》、蝿《はえ》や蚊《か》までも殺さないという誓紙を書かせたとか、かなり誇張されて喧伝されたこともあり、将軍綱吉の偏執性《へんしつせい》とともに史上屈指の「悪法」として後世に伝わっている。しかし、これらの典拠となったのは当時、禄を離れて牢人であった戸田茂睡《とだもすい》が著した『御当代記』など、綱吉政治を諧謔的《かいぎゃくてき》に批判した書物によるところが大きく、近年では、これがそのまま史実ではないことが明らかとなっている。では、何故こうした虚説が後世へ、それこそ現代に至るまで流布していくのであろうか。そこには、江戸時代を代表する大学者新井白石の後押しがあった。

近年、この事（生類憐みの令）によって罪を被った者が何十万人になるか数えきれぬほどである。そのときに裁決が決まらず、獄死して死体を塩漬けにしてある者が九人。まだ、死なない者も数が多い。この禁令を無くさなければ世の中から憂いと苦しみは止むことがないのである。

これは『折たく柴の記』のうち、自らの死後、一〇〇年先までも「生類憐みの令」を遵守《じゅんしゅ》するよう命じた綱吉の意向に反し、六代家宣が廃止の英断を下した際の記述の一部である。法令違反で処罰された者は「何十万人」にもおよび、いかに市井の人々が憂い苦しんでいたかが記されている。

（先代の頃には）法を扱う人が厳格に適用させたので、一羽の鳥、一匹の獣のために死刑に処せられたり、流罪、追放となるなど、人々は安心して生活することができない。父母や兄弟、妻子などが離散してしまった者も幾十万人いるかわからない。いまここで大赦《たいしゃ》されることがなければ、どうして人民に生き返った思いをさせることができようか。

これも同じく同書に記されていた白石の意見書の一部であるが、ここにも家宣の将軍就任にともない、「幾十万人」もの処罰者を恩赦《おんしゃ》しなければ、人々の心を安んじることはできないと記している。

このように『折たく柴の記』では、「生類憐みの令」違反処罰者を「何十万人」「幾十万人」と途方もない数字を挙げているが、これほどの規模で処罰者数を記しているのは、実はこの書物だけなのである。

では、どうして白石はこのような途方もない数値を挙げたのであろうか。その理由としては、これほど市井の人々は迷惑している、だから、この法令は廃止して当然である。自らの死後もこの法令を守るよう言い残した綱吉との約束を破り、法令を撤廃した家宣の仁政をことさらクローズアップさせる、そのために白石が用いた脚色だと考えられるのである。

近年、「生類憐みの令」は、こうした脚色部分を削ぎ落とし、より史実に近いかたちでの検証が進み、結果、現代ではごく当然とも考えられる生命尊重の意識を植え付け、殺伐とした戦国の世を終焉《しゅうえん》させた人心涵養策だとの評価が与えられてきている。

不倶戴天の仇敵　荻原重秀の弾劾

白石が目の敵にした元禄時代、中でも綱吉政権以降六代家宣の代になっても依然幕府財政面での実権を握っていた荻原重秀《おぎわらしげひで》に対しては、殊更《ことさら》嫌悪感を露わにし「天下に害毒を流す奸物《かんぶつ》」として徹底的にその排除に努めた。弾劾《だんがい》は三度に及び、その中で白石は「共に天を戴《いただ》かざる仇敵《きゅうてき》」として、「人ひとりばかりさし殺しすて候はん事、さのみ力に及ぶまじき事とは存じ奉らず候」と記し、自ら刺し殺してしまっても構わないとさえ考えていたことが知られる。そんな彼を思い留まらせたのは、幼少期より学問を志してきた学者としての自負でありプライドであった。重秀をこの世から抹殺《まっさつ》することが真の「忠」ではあるが、このような「小人の輩」を相手にすることは「幼少の日より聖賢《せいけん》の学に志し候より已来《いらい》四十余年」、自らの人生を無に帰すことになると考え実行しなかったのだという。

もし白石が一介の市井人だったら、天下国家のため「姦邪《かんじゃ》の小人」重秀襲撃を行動に移したというのだろうか。自らの信念に基づき、意にそぐわない存在は力ずくでも排除する。かなり危険な思想である。

白石の重秀嫌い最大の理由は、彼の主導によって実施された貨幣改鋳にあった。白石にとって国家体系の根幹である貨幣の質を落とすことは許しがたい大罪であり、それゆえ白石は彼を徹底的に糾弾するのである。重秀嫌悪の情は彼の死後も続き、貨幣改悪の罪で処罰者を出すのであれば、先ず首謀者である重秀を断罪に処すべきだとして、彼の墓を発《あば》いて死体を晒《さら》しものにし、その上で肉を寸断するべきだとも書き記している（『折たく柴の記』）。さらに、それでも彼のような「愚鬼《ぐき》」は、たとえ意識があったとしても苦痛を感じることはないだろう、と付け加える皮肉っぷりである。

このように重秀嫌悪を露わにする白石の記述には、史実か否か検証しがたい部分も少なくない。

（重秀が）今回の金貨改鋳で得たものはどれ程であったろうか。銀貨を改鋳した際に得た分け前はおよそ金二十六万両におよび、家臣長井半六という者も金六万両を得た。そのほか（彼が得た）古画や骨董《こっとう》の類は一つ一つ書き記すことができないほどである。

これは重秀と結託した銀座商人深江庄左衛門の手による帳簿の内容として『折たく柴の記』に記されている部分であるが、現代にも続く重秀＝莫大な差益金《さえききん》を着服した悪徳政治家という説は全てこの記事に端を発している。この話も『折たく柴の記』以外からは確認できないのであるが、それにもかかわらず後世の人々はこの記述を引用し重秀を批判するのである。重秀を不倶戴天《ふぐたいてん》の仇敵とする立場の者が記した重秀批判の内容をそのまま鵜《う》呑《の》みにして、である。

では、ここまで辛辣《しんらつ》に重秀批判を展開する白石の貨幣観はどのようなものだったのか、重秀の死後、一七一三（正徳三）年に七代将軍家継に上呈した「改貨議」にその一端が示されている。これによれば、一つは「祖法《そほう》」すなわち家康以来の制度に復すること、そして、もう一つは、貨幣は「天地の骨」であり妄《みだ》りに混ぜ物などをすれば「天地神明」の怒りにより災害が打ち続く、というものである。貨幣の改鋳が「天地神明」の怒りに触れるとは荒唐《こうとう》無稽《むけい》な説にも思われるが、白石自身はそう信じていた。『折たく柴の記』に白石と重秀の貨幣改鋳論議が記されているが、一七〇三（元禄十六）年の大地震のような未曾有の災害時に改鋳「出目《でめ》」で一時的にでも財政を救難するのが当然だとする重秀に対し、白石は、そもそも改鋳などしなければ大地震は起こらなかったと主張する。そして、寛永期を経て金銀の産出量減少が非常に顕著となるなか、神祖《しんそ》家康以来の制に戻すことによって金銀の産出量も増加するかも知れないと、あくまでも「儒《じゅ》」の精神で経済政策を展開しようとするのである。財政通とされる経済官僚重秀と「儒」の精神を援用しようとする白石が相容れなかったのは当然なのかも知れない。

「曲学阿世」林大学頭鳳岡

六代将軍家宣が林大学頭鳳岡《はやしだいがくのかみほうこう》に対し悪感情を持っていたことは夙《つと》に知られているが、その契機となったのは、まだ家宣が甲府《こうふ》藩主綱豊《つなとよ》であった一六九三（元禄六）年、林家《りんけ》門人を藩に招聘《しょうへい》したいとの申し出に対し、「参らすべき弟子はいない」と鳳岡が冷たく断ったことが原因とされる。結果、新井白石が甲府藩に仕えることとなり、綱豊すなわち家宣と白石の強固な関係が築かれることとなるのであるが、綱豊が六代将軍に就任すると、林家および鳳岡への冷遇が始まることとなる。

また、そもそも家宣は鳳岡に対して「心術」正しからざる人物であると思っていたようで、側用人《そばようにん》柳沢吉保《やなぎさわよしやす》が甲斐《かい》国へ就封した際、何故、先例のない判物草案を起草したのか鳳岡へ理由を尋ねたところ、どうして絶対的な権力者である吉保殿の頼みを断れましょうかと返答したという。これを聞いて家宣は、このような人物を人を教え導く職、すなわち大学頭に置いておくわけにはいかないと考えた。が、結局は世間の風評を気にして大学頭に留まらせたとされる。

このように林鳳岡に関しても数々の逸話が伝わっているが、その多くが『折たく柴の記』によるものであることに留意したい。あくまでも、同じ朱子学者というライバル関係にあり、ことさら前代を批判することで自らの正当性を主張してきた白石である。五代将軍綱吉に重用された林鳳岡に対し、同書が正しく、そして客観的に記述しているのかは慎重に検討していく必要があろう。

このことは家宣から家継へと将軍の代替わりに際して行われた鳳岡の建議についても同様である。鳳岡は家継への代替わりにともない継嗣《けいし》の服忌《ぶっき》や「正徳」の改元について建議を行ったが、全て白石に反論されたのみならず、これらの建議は再び政治の表舞台へ復権しようという「奸計《かんけい》」によってなされたもので、「曲学阿世《きょくがくあせい》」、すなわち学問的な真理を曲げ権力者や世間に媚《こ》びへつらうものだと、この上ない過激な言辞で批判されるのである。大学頭の建議を正面から論破し屈服させた新井白石。しかし、このことを記しているのは白石自身の著書『折たく柴の記』なのである。

前代を痛烈に批判することで自らの正当性を主張した白石だが、八代将軍吉宗が就任すると公的な政治の舞台から姿を消した。白石の建議によって改定した朝鮮通信使応接《おうせつ》の簡素化や武家諸法度《ぶけしょはっと》は、吉宗の代に至り旧慣に戻されていくことになる。その意味では、白石もまた次の代に至り否定されていく存在だったのである。

新井白石が江戸時代を代表する大学者であることに間違いはない。そして、崇高な理念のもとで様々な改革を断行した有能な政治家であることもまた事実である。しかし、こうした人物の作品が全て真実を著しているかは改めて問い直す必要がある。近年、改めて元禄時代を正当に評価しようとする試みが盛んとなり、結果、新たな知見が示されている。自らの主義主張を正当化するため誤った歴史を後世へと伝えていった男・新井白石は、間違いなく江戸時代を代表する悪人の一人といえよう。

⊙参考文献

山室恭子『黄門さまと犬公方』(文芸新書、一九九八年)

村井淳志『勘定奉行荻原重秀の生涯―新井白石が嫉妬した天才経済官僚―』（集英社新書、二〇〇七年）
揖斐高『江戸幕府と儒学者　林羅山・鵞峰・鳳岡三代の闘い』（中公新書、二〇一四年）

1583–1657
江戸幕府の初代将軍家康から4代家綱まで侍講として仕えた儒官林家の祖。諸法令の整備にあたった。

おべっか使いの学者

林羅山

…はやしらざん…

浅井 雅

林羅山は、林家《りんけ》の祖で、名を信勝《のぶかつ》、法号を道春《どうしゅん》といった。藤原惺窩《ふじわらせいか》に師事し、彼の推薦で徳川家康に仕え、その後も秀忠《ひでただ》・家光《いえみつ》・家綱《いえつな》と四代の将軍の儒学者であった。一六三〇（寛永《かんえい》七）年には、上野忍ヶ岡《しのぶがおか》に家塾を開いた。と、以上のような説明が、教科書的な彼の略歴となろう。

それでは、上のような彼の真面目な学者の顔に秘められた、計算高い側面とはいかなるものであったか、以下に見ていきたい。

偏狭固陋《へんきょうころう》の性格——藤原惺窩との関係

林羅山は、「真面目な学者」という側面を確かに持ち合わせていた。「羅山先生年譜」においては、一六四〇（寛永十七）年十二月に一年間に七〇〇冊の本を読破したことが記されている。また、師の藤原惺窩（一五六一～一六一九）にも博識の面で劣らないことは、惺窩が羅山を「林秀才」と呼んだことからも、彼の認めるところであった。

しかし惺窩は、羅山の生き方そのものには感心しないところがあった。羅山が初めて惺窩と会見した際(一六〇四(慶長九)年)のやり取りを記した「惺窩問答」(『文集』巻第三二)には、惺窩が羅山に「学問を為すということはどういうことだと思うか。もし、名声や利を求めようと思うのであれば、それは自分のために学問を修めているのではない。また、もし学問で商いをしようとするのであれば、学ばないほうがかえって良いのである」と言い、羅山はそれを聞いて「心に銘じた」と書き残している。この時、惺窩四四歳、羅山二二歳である。しかし、羅山は結局その後、学問を切り売りして身を立てるのである。

また、江村専斎(一五六五～一六六四)の『老人雑話』には、惺窩と羅山のこんな逸話もある。一六〇七(慶長十二)年、惺窩が羅山に『図書編』という本が手に入ったと聞いたのだが、私はその本を見ていないので、見せてもらえないか」と書簡を送って借用を申し込んだのだが、羅山が、「そんな本はない」と言い、惺窩がそれに対して、「羅山は非道の者である。『図書編』が手に入っていることは明らかなのに、無いと嘘をつくのは非道である。あの本は貸すことはできないというのもむごい仕打ちだが、それより遥かに劣っている」と人に語っているというのである。惺窩が借用を依頼する書簡を送ったことは確かだが、その後の話の真偽のほどは判らない。しかし、同時代の人たちの間で、羅山の人格について、このような噂があったということは言えるのではないだろうか。惺窩はその後何度も、羅山の性格的欠点に対して訓戒を与えているが、この性格は老年になってもなかなか直らなかったようである。惺窩は、羅山の学才を誰よりも認め、最高の弟子と称していたが、惺窩の学術の正統は一六二一(元和七)年、松永尺五《まつながせきご》(一五九二～一六五七)に伝えられた。これは尺五が惺窩の親戚関係であることや、羅山と惺窩の学風が異なっているという理由だけでなく、羅山の性格や生き方をよく知っていた惺窩の選択であるとも考えられる。

ここで、松永尺五の父、松永貞徳《ていとく》(一五七一～一六五四)と羅山の関係も見てみよう。貞徳と羅山は少なくとも慶長年間から知り合いであり、このころ羅山は京都で新註講義を始めたが、このとき同時に遠藤宗務が『太平記』を、貞徳が『徒然草』を講義していた。一六二三(元和九)年十一月十九日には清水寺に同行し、羅山は貞徳の漢詩を酷評したという(『詩集』巻第三六「戯《たわむ》れに頌遊《せきゆう》が詩を和し清水の宗親に示す」)。貞徳は羅山より年長者であり、漢詩の専門家でもないのに、である。温厚な貞徳の反応については不明だが、この話も羅山の傲岸不遜《ごうがんふそん》ぶりをよく示している。

立身出世主義 ――徳川家康との関係

藤原惺窩は、朝鮮儒者姜沆《きょうこう》(一五六七～一六一八)との交流を経て、それまで五山僧の間での教養の一部であった儒学を体系化し、独立させた。豊臣秀吉や徳川家康にも儒学を講じており、家康には仕官することを要請されたが辞退し、羅山を推挙した。惺窩が家康に仕えなかった理由の一つは、家康周辺の俗物たちと競い合う場に身を置くのを嫌ったからだとされている。しかし、羅山であれば彼らと肩を並べ、抜きん出るだけの博識と出世欲を充分に持ち合わせていると見込んだのであろう。

徳川家康と林羅山の関係として、家康が羅山を重用し、その後幕府は朱子学を採用し、奨励したといったことがよく言われるが、これは寛政異学の禁(一七九〇年)以後に流布《るふ》した説である。家康はあくまで仏教信者であり、儒学を仏教より擁護することはなかった。家康にとっては、羅山が僧侶でも儒者でも何でもよく、ただ彼の博識を利用しようとしただけのことであった。百科事典やインターネットの代わりに傍に置いたのである。傍に置いたといっても、家康はそんなに大きな役割を羅山に与えたわけでもなかった。儒者の重宝される朝鮮通信使との漢文による筆談でさえ、一六〇七(慶長十二年)には相国寺《しょうこく》承兌《じょうたい》(一五四八〜一六〇八)におこなわせている。その後もことごとく、羅山はその他大勢の一人で、家康から特に重用されていたということはなかった。

しかし、羅山はそのような境遇にあっても、家康に取り入り、家康の命で一六〇七(慶長十二年)に二五歳で剃髪《しはつ》している。羅山は幼いころ、建仁寺で稚児《ちご》として修行し、その修行を終え、一五九七(慶長二)年に剃髪すべき年齢に達した。しかし、僧侶たちに出家を勧められても固辞し、その後無理に剃髪させられそうになり、密かに寺を出て家に戻ったという過去を持っている。それなのに、ここにきて(恨み言は言いながらも)案外あっさり剃髪してしまうのである。家康は、儒者を登用した前例もなく、室町幕府以来の伝統を踏襲して、僧侶の資格で羅山を幕府の職に就任させた。羅山自らは、先のように少年時代に寺院で学んだにもかかわらず、二〇歳で著した「蘇馬子弁」(『文集』巻第二六)において、すでに廃仏論の立場をとっており、廃仏論者であるのに、このようにして家康の命を受け剃髪し、法号を名乗った。これに対して、中江藤樹《なかえとうじゅ》(一六〇八〜四八)は、一六三一(寛永八)年に「林氏剃髪受位弁」(『藤樹先生全集』一)において、「林羅山は、頭がきれて、広い知識を持っている。しかし、儒学の道を説くのにも、言葉巧みにし、仏教徒のようにむやみ髪を剃り、仁や義を正しくおこなっていない。朱子が言う所謂《いわゆる》『よく言ふの鸚鵡《おうむ》』である。それなのに、自ら真儒《しんじゅ》といっているのである」と評している。

江戸時代の儒学者は、その多くが、僧侶の堕落《だらく》や腐敗、教義の来世的傾向を中心として、仏教を批判した。羅山も同様に廃仏を唱えており、藤原惺窩と初めて会見した際も、以前から羅山と知己であり、惺窩の又従弟である松永貞徳に紹介を頼まなかった。これは、貞徳が日蓮宗不受不施派の敬虔《けいけん》な信者であることからとされている。しかし、両親の法要は仏式でおこなっており、また、老中や大名などの依頼によって、寺院の縁起《えんぎ》や碑銘《ひめい》・鐘銘《しょうめい》なども多く書いている。そしてそれらの文は実際、『文集』に多く残されている。

さらにその後も、羅山は、出世のために家康に取り入ることを忘れなかった。一六一二(慶長十七)年六月、大坂の陣を前にして家康が湯武放伐《とうぶほうばつ》(中国史において、次の君主となるべき有徳《うとく》の諸侯などが、無道な暴君や暗君を天下のために、討伐して都から追放する行為。湯《とう》王と武王の故事に由来する)について尋ねると、羅山は家康の腹の内を察知し、湯武放伐を是認してみせた。師の藤原惺窩が同年九月に同じことを家康に聞かれ、答えをすぐに示さなかったのと相対する態度である。

一六一四(慶長十九)年の方広寺《ほうこうじ》鐘銘事件の際にも、家康が問い合わせた五山の僧の回答は、家康の諱《いみな》を犯したことについては触れているが、それ以上は大きな問題とはしなかった。しかし、羅山は、諱のほかに「僕射《ぼくや》も丞相も共に大臣の唐名であるのに、序文に『従一位右僕射源朝臣《あそん》家康公、正二位右丞相豊臣秀頼公』とあるのは、『源朝臣を射る』という下心を感じる」だとか、「三仏主を互伴させる配置なのは、天下の主も互いに代わる代わる君となり臣となるべき下心か」、「銘文中の『君臣豊《くんしんほう》楽《らん》、子孫殷昌《いんじょう》』は『豊臣を君とし、子孫の殷昌を楽しむ』と読む下心で、呪詛調伏《じゅそちょうぶく》の心を奥底には隠し持っている」と言い、さらには書式の高低にまで触れて、曲学阿世《きょくがくあせい》の限りを極めている。ここには、学者の良心を全く感じられない。学者の良心と引き換えに、家康の信頼を勝ち取ろうとしたのであろう。

一六一五(元和元)年にも羅山の根性に関して、次の記事がある。家康は五山の僧に命じて、『本《ほん》朝文粋《ちょうもんずい》』を謄写《とうしゃ》させたが、これを以心崇伝《すうでん》(一五六九～一六三三)が監督していた。しかし、甲州身延《みのぶ》山久遠寺《さんくおんじ》で所有していた『本朝文粋』は第一巻が欠けていたのを、羅山は町で見つけてきて、崇伝には直接渡さず、家康に提出したというのである。崇伝へのライバル意識から少しでも点数を稼ごうとそのような行動に出たのであろうが、崇伝は家康の政治顧問《こもん》で文事を一手に任されており、百科事典のごとく博識だけを用いられる羅山とは端《はな》から待遇の差は大きく、そんな些細《ささい》なことで待遇の差が埋まるはずもなかった。羅山は、二代将軍秀忠にもさほど重用されるということはなかった。弟の東舟《とうしゅう》(一五八五～一六三八)は秀忠の御咄衆《おとぎしゅう》に任ぜられていたが、羅山は家族のいる京都の家に帰っていることが多かった。羅山が家族を伴って、江戸に居を移すのは、家光が将軍となり、羅山が民部卿法印となった(一六二九年)のちの、一六三四(寛永十一)年十月のことである。

朝鮮通信使とキリシタンと

一六二四（寛永元）年十二月十二日、家光の将軍宣下《せんげ》を賀すため、朝鮮通信使一行三〇〇名が江戸にやってきた。十九日に登城、家光・秀忠に謁したが、朝鮮国王に対する家光の返簡は崇伝が起草し、羅山はこの時も特別の役割は与えられなかった。羅山は副使姜弘重《きょうこうちょう》（任甫）が春秋館編修官を兼ねているのを知って、『春秋』に関する質問を示したという。しかし、姜弘重は羅山の質問に答えられなかった（『年譜』および『文集』巻第十四）。きっと、朝鮮儒学の水準を試して、これなら自分の方が勝っているとでも考えたのであろう。

一六五五（明暦元）年（羅山七三歳）、朝鮮通信使は家綱の将軍襲封《しゅうほう》祝賀のために来訪したが、家綱はこの時、羅山と嗣子《しし》鵞峰《がほう》（一六一八〜八〇）に朝鮮の国書を読ませた。さらに、朝鮮国王への返簡は羅山が起草し（『文集』巻第十三「朝鮮国王に復す」）、井伊直孝《いいなおたか》・保科正之《ほしなまさゆき》・酒井忠勝《ただかつ》・酒井忠清《ただきよ》・松平信綱《のぶつな》・阿部忠秋《ただあき》から朝鮮国礼曹への書簡は、鵞峰とその弟読耕斎（一六二四〜六一）が起草した。このとき、副使の兪秋潭《ゆしゅうたん》は「日本において文章は羅山が一番である」と言ったとしているが（『行状』）、従事官南竜《なんりゅう》翼《よく》は帰国後「聞見別録」（『海行摠載』）を著し、その中で羅山の事を以下のように述べている。「羅山の作った詩文は、学識が豊かなもので、多くの古書を読んでいる。しかし、詩は全く品格がなく、文もその道に明るくない」と。羅山の詩文は、彼の性格をよく表しているということだろうか。

羅山とキリシタンの関係についても見てみたい。一六〇六（慶長十一）年、羅山は不干斎ハビアン（一五六五〜一六二一）と会見している。一六〇五（慶長十）年、ハビアンは『妙貞問答』三巻を著した。この書は、仏教・儒教・神道を破折《はせつ》した、日本人による初めてのキリシタン伝道書である。一方の羅山は、一六〇二(慶長七)年に長崎でキリシタンの実情を目にし、イタリア人イエズス会宣教師マテオ・リッチが一五九五年に著した『天主実義』二巻を一六〇四(慶長九)年に読んでいる。さて、本題に戻ろう。羅山・羅山の弟東舟・松永貞徳の三人がハビアンと会見した。この会見で、羅山は地球図や天球図を見て、ハビアンと地球方形説・球体説の議論を闘わせた。そして、ハビアンの著書『妙貞問答』三巻を読んで、「一つとして見るべきところがない」「これによって、下愚の者を惑わす罪は大きい」「この書は焼くべきだ」(『排耶蘇《はいやそ》』)とまで言っている。ここでは、羅山の度量の小ささを露呈している。一六一〇(慶長十五)年、羅山は長崎から帰ってきた東舟の話を聞いて、「愚かで怪しいものを好む者、商売をおこなう者が多くキリシタンとなっている。まことに憎むべきことである」(「長崎逸事」『文集』巻第二二)と、キリシタンの信者が社会を毒していることを憎んだが、以上のように慶長年間の時点では、キリシタンの教義が朱子学の思想に反するという思想上の論争はあったが、決して禁教すべきだとは述べていなかった。

しかし、家康がキリシタンを禁止した一六一二(慶長十七)年以降の羅山の態度はそれ以前の態度とは異なっている。一六二五(寛永二)年には、キリシタンは政令に反し、無知な民衆を惑わす邪教であるから、幕府はこれを禁じていると述べている(『文集』巻第十二「大明福建の都督に答ふ」)。また、一六四〇(寛永十七)年の「耶蘇を禁ずる状、大明の商船に諭す」(『文集』巻第五八)においては、家康が偽って長崎に来航したポルトガル船の乗員七四人中六一人を梟首し、船を焼いて沈めた話をした上で、中国船に宣教師らを潜伏させ入国させることが無いよう諭している。さらに、「耶蘇の邪徒を誅して阿媽港に諭す」（『文集』巻第五八）においては、「キリスト教を信じるものがあれば、その罪は三族に及ぶ」と述べている。このように、羅山が展開したキリシタン論は、禁教以後は思想上の問題には一切触れず、政治論として展開した。これは、幕府のキリシタン禁止政策に仏教が利用され、宗門人別帳によって民衆の仏教徒であることの証明がおこなわれたので、儒学者で廃仏論者である羅山はその思想上のことには一切触れないでやり過ごしたのであろうと考えられる。このように羅山のキリシタンに対する態度も、学者としての真理を究明する態度はまったく失われて、家康へのおべっか使いの学問になり果てている。

　このような御用学者も家庭は円満で、子や孫にも恵まれた。しかし、一六五五（明暦元）年、妻が亡くなった。羅山は悲しみ、哀詩五九首を詠じた（『詩集』巻第四二「宜人荒川氏哀詩」）。それから二年後の一六五七（明暦三）年正月十九日（羅山七五歳）、明暦の大火が起こり、城下の大半は焼けてしまった。羅山の家も例外ではなく、銅文庫も別の文庫も蔵書はみな焼けてしまった（子の読耕斎の文庫は類焼を免れた）。ちなみに、羅山は火事から逃げる際、輿中《こしちゅう》に持っていたのは、『梁書《りょうしょ》』（南朝の梁の歴史を記した歴史書、五六巻）ただ一冊だったという。銅文庫は幕府よりの賜りものであり、造りがしっかりしているから火災をまぬがれると思っていたが、焼けてしまい、長年の努力がまさに塵となってしまった。そして、終夜ため息をつき、翌日病に伏し、二三日亡くなったという（『年譜』）。羅山は、幕府から賜った銅文庫の安全性を疑うことはできなかったし、火事以前に鵞峰や読耕斎に蔵書を分け与えていたから、蔵書を失うことよりも、幕府からの信頼を損ねることの方が恐ろしかったのであろうか。果たして、火事の際にそこまで考えが及んだか。でも、もしすべてが計算づくだったとすれば、最後まで、実践を伴わない記誦詞章《きしょうししょう》の学問であったというほかあるまい。

⦿主要参考文献

堀田正敦編『寛政重修諸家譜』巻第七七〇（国立国会図書館デジタルコレクション）
堀勇雄『林羅山』（「人物叢書新装版」、吉川弘文館、二〇一二年）
原田伴彦『原田伴彦著作集 第六巻「人物史夜話」』（思文閣出版、一九八二年）
宇野茂彦『叢書・日本の思想家(二) 林羅山・（附）林鵞峰』（明徳出版社、一九九二年）
鈴木健一『林羅山年譜稿』（ぺりかん社、一九九九年）
鈴木健一『林羅山 ―書を読みて未だ倦まず―』（「ミネルヴァ日本評伝選」、ミネルヴァ書房、二〇一二年）
揖斐高『中公新書二二七三 江戸幕府と儒学者 ―林羅山・鵞峰・鳳岡三代の闘い―』（中央公論新社、二〇一四年）

1658–1734
木下順庵に師事し新井白石の推挙を得て、江戸幕府儒官となり、侍講として8代将軍吉宗に仕えた。

儒者が見た幕閣と将軍

室鳩巣

…むろきゅうそう…

浅井雅

室鳩巣は、江戸で医者の子として生まれた。十五歳で加賀藩に仕え、藩主前田綱紀《つなのり》（一六四三〜一七二四）の命で木下順庵《じゅんあん》（一六二一〜九八）に学んだ。同門の新井白石《はくせき》（一六五七〜一七二五）の推薦で一七一一（正徳《しょうとく》元）年に幕府の儒者《じゅしゃ》となり、徳川家宣《いえのぶ》・家継《いえつぐ》・吉宗《よしむね》と三代にわたり仕えた。明《みん》の教育勅諭《ちょくゆ》注釈書『六諭衍義《りくゆえんぎ》』をわかりやすくまとめた著書『六諭衍義大意』によっても知られる。

以下では、彼の「悪」の側面というより、彼が見た幕府やその周辺の人々の嫉妬など様々な負の感情をその書簡によって見てみよう。

鳩巣の書簡

ご紹介する史料は『兼山麗沢秘策《けんざんれいたくひさく》』および『鳩巣小説』である。『兼山麗沢秘策』は、室鳩巣がその弟子である加賀《かが》藩の青地《あおち》兼山（斉賢、一六七二〜一七二九）・麗沢（礼幹、一六七五〜一七四四）兄弟に送った一七一一（正徳《しょうとく》元）〜三一（享保《きょうほう》十六）年の書簡を中心として、青地兄弟がそれぞれ書き溜めたものである。彼らは他に、鳩巣から木下順庵、新井白石への書簡も譲り受け、これらも編纂している。また、鳩巣が青地兄弟以外の加賀藩士に宛てた書簡や、藩士同士のやり取りも収録されている。元々は、兄弟それぞれに『兼山秘策』『麗沢秘策』があった。しかし、「秘策」の名にふさわしく、幕府の内部事情など公開を憚《はばか》られるものも含んでいたので、兄弟で死後焼却する約束をしていた。兄の兼山が亡くなったのち、麗沢が『兼山秘策』を焼こうとしたが、兄の手跡を見て焼毀するに忍びず、代わりに『麗沢秘策』の方を焼却し、その後は『兼山秘策』に書き継いだという。全八冊が世上に流布した。ただし、鳩巣の書簡すべてを「秘策」としてまとめたのではなく、公開してもよいことや経書に関する内容は『鳩巣小説』に収録された。この『鳩巣小説』も多くの筆写本によって伝わっている。

さて、『兼山麗沢秘策』や『鳩巣小説』として伝わる鳩巣の書簡であるが、室鳩巣が幕府の儒者となったのちも、かつての職場である加賀藩の藩士に幕府の機密を含む情報を送っていたことになる。ということは、鳩巣は加賀藩のスパイなのか。答えはノーである。

この時代、どの藩も、江戸・京都・大坂などに屋敷を構え、留守居役を置いて、情報収集にあたっていた。幕藩体制下では、藩内の政治・司法などはそのほとんどが藩の自治に任されており、大名家同士のトラブルも、幕府は基本的に当事者同士で解決するようにと考えていた。それでも、解決できないことや幕法に触れる問題が起こった際には、ようやく幕府が重い腰を上げるといった風である。そして、各藩では政治や儀礼を、先例や慣行に基づいておこなっていた。したがって、藩ごとの情報収集が藩政上、大変重要な役割を持っていたのである。そのため、各藩の留守居役の間では、主人の家格に応じて留守居組合がつくられ、さらなる情報交換がおこなわれていった。もちろん、幕府も情報の調査や提出など、大いにこの留守居組合を利用した。情報が洩れることは幕府にとって、大名統制の意味でも有効であったし、よって、鳩巣の行動は「悪」とされるものではなかった（しかし、木下順庵の家が幕末まで加賀藩から扶持《ふち》をもらっていたのに対し、室鳩巣が幕府の儒者となったのちも、この情報提供活動によって、加賀藩からの扶持が続いていたか、今のところ確認できていない）。

したがって、鳩巣の書簡は、青地兄弟の個人的な学問や思想上の質問に答えたものだけではなく、加賀藩の政治に役立ちそうな当時の幕政、江戸の世評、もしくは鳩巣の交友関係など多岐にわたっている。そして、そこにはたくさんの人々の感情が渦巻いていた。以下に少し紐解いてみよう。

家宣・家継政権

鳩巣によると、将軍徳川家宣（一六六二～一七一二、在職一七〇九～一二）は、慈悲深い、賢明な主君であったという。彼は甲府藩主から五代将軍綱吉の跡継ぎとなったが、彼の側には甲府時代からの側近として いつも間部《まなべ》詮房《あきふさ》（一六六六～一七二〇、徳川家宣の側近）と新井白石の姿があった。しかし、家宣は将軍に就任したのちにたった三年で死去し、その葬儀を前に問題が起きた。家宣は遺言で芝増上寺《ぞうじょうじ》に葬られることに決まっていたが、その増上寺の大僧正祐天《ゆうてん》（一六三七～一七一八）が、駕籠《かご》で江戸城の玄関まで行く許可を求めたのだ。徳川将軍は、二代秀忠《ひでただ》は増上寺に葬られたが、三代家光《いえみつ》は上野寛永寺《かんえいじ》に運ばれ、日光に埋葬され、四代家綱《いえつな》、五代綱吉《つなよし》ともに寛永寺に葬られている。そこで家宣は、増上寺との縁を絶やさないように、増上寺へ埋葬するよう遺言したのである。増上寺は、以前は寛永寺同様、玄関まで駕籠に乗ることを許されていたが、綱吉の時からかなわなくなっていた。しかしこの度、将軍の葬儀が行われるのであれば、寺格を再上昇させる絶好の機会と捉えたのだろう。

しかし、この件について相談した間部詮房に新井白石が答えたのは、「今回、葬儀がおこなわれるので、台徳院様《だいとくいん》（秀忠）の頃のように駕籠を許しても良いように思われますが、常憲院様《じょうけんいん》（綱吉）が定められたものを老中の考えで破ってはいけません。今後（七代将軍の）家継様（一七〇九～一六、在職一七一三～一六）がご成長され（この時、四歳）、乗り物を許されるのであれば問題ないでしょう。しかし、訴え自体はもっともですので、その願書は老中でお預かりするのがよいでしょう」という内容であった。老中らも白石の意見に納得したので、そのように返答したところ、今度は増上寺の僧たちが、願いが聞き届けられないのであれば、葬儀をおこなわないと言うのである。

老中は困った挙句、再び間部に相談した。すると、間部は、「増上寺は家宣様の慈悲深いご遺言で埋葬が決まったのだから、何も言えないはずである。それなのに、葬儀をおこなわないなどと言いたい放題なら、法事は中止する」とし、寺の者の処分も決めた上で、それでも従わないなら、増上寺を踏み潰《つぶ》すと述べた。これには、さすがの増上寺も詫びを入れ、一件落着。これを白石から聞いた鳩巣は、間部の頼もしさに感動し、「間部殿が息災《そくさい》で、当上様（家継）を永くお守りになるように」と願っている。しかし、この増上寺の一件でも垣間見られるように、幼い将軍の下では前将軍の威光も長くは続かなかった。

さらに、家宣から家継の後見を頼まれた尾張《おわり》藩主徳川吉通《よしみち》（一六八九～一七一三）も、翌年の一七一三(正徳三)年七月二六日に二五歳で亡くなった。吉通の死に関しては、『兼山麗沢秘策』(早稲田大学図書館蔵)には朱書きで「小谷兄七月晦日来書」とあり、鳩巣の門人の小谷継成が兼山に伝えてきたようだ。これによると、吉通は事前に病気だという話もなく、江戸中の上下ともに驚いている様子が伝えられている。十三日から少し腰や下腹部が痛み、侍医が薬を処方したが、軽いものと判断し、一門や家老にも知らせがなかった。しかし、その後急変し、皆が行ったのは亡くなった後だった。その死に関して、鳩巣も色々な黒い噂を耳にしたようだ。

そのような中、間部詮房と新井白石は、前将軍家宣の想いを守り、幼い将軍家継をよく支えた。しかし、こう将軍が幼くては、前将軍の方針とはいえ、老中たちから見ると新興勢力である家宣の側近(間部や白石)に老中たちが長く従うわけもなかった。その老中に林鳳岡《ほうこう》(信篤《のぶあつ》、一六四五〜一七三二)が近づいてくる。そして、家継の服喪《ふくも》をめぐって、白石と対立するのである。

鳳岡は元禄期に将軍綱吉が制定した服忌令《ふくきれい》では「七歳未満の子どもは相互に喪に服さない」とあるので、家継は喪に服す必要がないことを老中たちに示し、老中たちは家継の寺社参詣について検討しているというのだ。これに白石は、「七歳未満の子に対して、親兄弟は喪に服さないということはあるが、子が親のために喪に服さないということは古来おこなわれていない」と述べた。鳳岡は、そんなことはない、しかも綱吉の作った法に背くのはもってのほかだとやり返した。しかし、白石は、風俗強化も鑑みて、家継の服喪を勧めた。老中たちはなかなか首を縦に振らなかったが、間部は天《てん》英院《えいいん》(近衛熙子《このえひろこ》、家宣の正室、一六六六〜一七四一)や月光院《げっこういん》(家継生母、一六八五〜一七五二)を丸め込み、そこから老中への申し入れがされ、結局服喪がおこなわれた。これに対して、鳳岡は怒り心頭だったという。この鳳岡の行動には、家宣の甲府時代からのブレーンとして新井白石が活躍していた前政権時、自分は隅に追いやられていたという鳳岡の嫉妬《しっと》と恨みが隠されているのだろう。だから、幼い将軍となり後ろ盾を失った白石に、無学な老中を操って、闘いを仕掛けたのである。しかし、結果は先述の通り、鳳岡の負けである。

それにしても、この老中たちの不学が、白石の妨げになっていると鳩巣も嘆いている。ある時、老中の土屋政直《つちやまさなお》(一六四一〜一七二二)が、ほかの老中より格を上げろだとか宿直勤めを免除しろと間部に言ってきたという。間部はこれに一つ一つ丁寧に答えてやり込めているが、これに対して土屋は「まず、このことをあなたに聞いてもらおうと思ったのだ」と言い、席を立ったのだという。何も言い返せなかったようだ。幼少の将軍であるから、私利私欲を露わに老中の権力を拡大しようとする、土屋の姿が浮かび上がる。この土屋が鳳岡を贔屓《ひいき》にしたのも、家宣政権からの新興勢力に対して、自分たちの勢力を巻き返そうとする二人の利害関係が一致したことが背景にあるのであろう。

そうこうしているうちに、一七一六(正徳六)年、家継がわずか八歳で亡くなってしまった。

吉宗政権

家継ののち、八代将軍には紀州《きしゅう》藩主であった吉宗(在職一七一六〜一七四五)が就いた。将軍になってからすぐ、吉宗は鷹狩《たかがり》に出かけた。その際、百姓が持つ桶《おけ》のようなものを担ぎ、寒い中着物一枚で、鷹を自ら携え、供の者を置いて、一人で歩いて行ってしまったという。鷹のエサも自らやった。獲物の鶴も自ら押さえつけ、その血を茶碗で飲み、付いた血を鷹匠の頭巾《ずきん》で拭った。鳩巣はこの出来事を当日お供した者から聞き、「非常に軽々しいことに思われる」と評している。

また、吉宗の倹約ぶりにも、白石と会った時の話として、鳩巣は以下のように述べている。「天下のために、主君自ら質素にするのはもっともなことだ。しかし、ケチな考えから、自分の都合に専心するのは、華美なことと同じである」と言っている。そして、幕臣に加増しないのは耄碌《もうろく》しているのかとまで批判をおこなっている。しかし、これらはまだ吉宗が将軍になって間もない頃であり、まだ吉宗自身、将軍として手探りの頃の評価であった。その後、吉宗に対してこのような評価をしていた鳩巣自身が次第に吉宗に重用されるにいたるのである。

実際、このたくましい将軍吉宗は、前政権で幼い将軍の元、勢力を強くしていた老中や大奥をしっかり押さえつけた。老中たちの意見だけでなく、もっと下の者からも直接意見を聞いた。そして、自分の正しいと思うことを即実行した。例えば、一七一七(享保二)年に法令が改正され、それまで御成《おなり》の日には堺町への芝居見物は一日停止であったが、商売なので興行をおこなっても良いとなった。吉宗は、御成のために商売ができないでいた者を思って法を改正したのであろう。しかし、そんな将軍に媚びへつらう者もいたようで…。六代目中村勘三郎《かんざぶろう》は前日に興業が終わっていたのにもかかわらず、町奉行坪内定鑑《つぼうちさだかね》の指示で、御成の当日も興行したというのである。なんと迷惑なことか。坪内は、上様がせっかく許可してくださったのだからと吉宗のご機嫌取りを優先したのであろう。これに対して、鳩巣は、「上様はこんなことはお嫌いなのに……」と言っている。鳩巣のため息が聞こえてきそうだ。

そんなへつらう者たちもいる中にあって、鳩巣は吉宗に対しても忌憚《きたん》なく自分の意見を述べた。それを吉宗は重宝したようだ。青地兄弟はそのことを喜んだ一方で、心配もしていた。兄の兼山が「今の色々な先生のお勤めの様子、旗本衆にとって新井(白石)氏のように思えるのではないか」と気にしている様子が、弟麗沢から鳩巣への手紙に述べられている。しかし、麗沢が御城坊主衆たちの話に耳を傾けても、特に鳩巣の悪口は聞こえてこず、安堵《あんど》したとのこと。その代わり、確固たる信念を貫き、改革を断行している吉宗への誹謗中傷《ひぼうちゅうしょう》は色々と耳に入ったようであった。

その後、一七二二(享保七)年八月一日、鳩巣(六五歳)は自らの発案で誓詞を提出した。ここには、政治向きの内密なことは一切他言しないという条が設けられた。これより少し以前の七月三日、吉宗から諸大名に向けて上米《あげまい》の制が発せられた。ただ、この文言に麗沢は「先生が手を入れたとは思えない」と違和感を示している。これに対して、鳩巣は「実は、文は少しも見せていただいていない」と答えている。そして鳩巣は、この文書について将軍が下々の者に「御恥辱《おんちじょく》を顧みず」などという言葉を使うべきではなく、「『御文盲』なので、ただ率直にお考えを文にされたのだろう」と述べている。しかし、そこは質実剛健の吉宗のこと。腹を割って幕府の財政窮乏をさらけ出し、実をとろうとしたのだろう。

このような調子で、様々な人間関係が渦巻く中、室鳩巣は理論家・道徳家として歩んだ。同門の新井白石が博学の実証主義者として歩んだのとは相対する資質であり、態度である。しかし、強いリーダーシップの将軍吉宗の下、このように道徳家として一歩引いたアドバイザーの域を出なかったからこそ、一七三四(享保十九)年八月十四日、七七歳で死ぬまで、室鳩巣は吉宗の信任厚く、幕府の中枢で活躍できたのではないだろうか。

⦿主要参考文献

堀田正敦編『寛政重修諸家譜』巻第一三四三(国立国会図書館デジタルコレクション)
『名家由緒伝』(特一六・三一一〇五一、金沢市立玉川図書館近世史料館蔵)
『兼山麗沢秘策』(国文学研究資料館電子資料館日本古典籍総合目録データベース〔盛岡中央公民館及び高知県立図書館山内文庫蔵〕)
『兼山麗沢秘策』(ヘ一〇一〇五二八六、早稲田大学図書館蔵)
滝本誠一編『日本経済大典 六』(明治文献、一九六六年)
『日本思想大系 三四 貝原益軒・室鳩巣』(岩波書店、一九七〇年)
白石良夫『説話のなかの江戸武士たち』(岩波書店、二〇〇二年)
福留真紀『将軍と側近—室鳩巣の手紙を読む』(「新潮新書」新潮社、二〇一四年)

1646–1709
元禄時代の京の歌舞伎役者。和事の創始者、傾城買いの名人。生涯の当たり役は夕霧狂言。

偽りの恋を仕掛ける

初代坂田藤十郎

…しょだいさかたとうじゅうろう…

木村 涼

初代坂田藤十郎（一六四六〔正保《しょうほう》三〕～一七〇九〔宝永《ほうえい》六〕年十一月一日、正保二年、正保四年誕生との説もある）は、京の芝居座本坂田市右衛門の子として誕生した。祖先は、越後の出身と伝えられている。能《のう》の小鼓の名手骨屋庄右衛門、花車形《かしゃがた》の名優杉九兵衛について技芸を修行した。役者評判記の初出は、一六七六（延宝四）年七月刊行の『芝居品定下　可盃《べくさかずき》』に「藤十郎か一つかみにしたる藝、兄さまめいたるおとこぶり」とある。

一六七八年二月には、大坂新町の遊女夕霧が病死した事実を仕組んだ大坂荒木与次兵衛座「夕霧《ゆうぎり》名残《なごり》の正月《しょうがつ》」にて藤屋伊左衛門を演じた。この芝居を同年中に四回上演して藤十郎の出世芸となり、和事《わごと》の名人として名声を高めた。藤十郎は、この夕霧狂言を生涯に十八回演じている。

一六九三（元禄《げんろく》六）年三月、京の都万太夫座で近松門左衛門作の「仏母摩耶山開帳《ぶつもまやさんかいちょう》」の総領かもんに扮して大当たりをとった。これが、近松門左衛門との提携のはじまりで、以後、元禄時代の近松の脚本のほとんどに主役を勤めた。

一六九五年十一月に京の都万太夫座の座本となった。一六九七年四月には、伊勢で起こった四人斬りを仕組んだ世話狂言「卯月九日其暁《うづきここのかそのあかつき》の明星《みょうじょう》が茶屋《ちゃや》」の手代九右衛門に扮して芸域を広げた。一六九九年正月「傾城仏の原《けいせいほとけのはら》」の梅永文蔵、同年十月「阿弥陀池新寺町《あみだがいけしんてらまち》」の庭造り藤助、一七〇二年正月「傾城壬生大念仏《けいせいみぶだいねんぶつ》」の高遠民弥などに、藤十郎の芸の真骨頂がうかがえる。

一七〇三（元禄十六）年頃から健康がすぐれず、一七〇七（宝永四）年正月、京の早雲座「石山寺誓湖《いしやまでらちかいのみずうみ》」で夜番久助を演じた時、若殿百太郎に扮した大和山甚左衛門に紙衣を譲って引退の決意を固めた。

武道事や所作事は得意とはしなかった藤十郎だが、弁舌に優れ、やつし事・濡れ事・傾城買いなどの演技に本領を発揮し、和事の創始者といわれ、元禄時代を代表する名優であった。

初代坂田藤十郎に関しては、歌舞伎役者の芸談・逸話集を集成した『役者論語《やくしゃばなし》』に収められている『あやめぐさ』（元禄上方歌舞伎の名女形《おやま》初代芳沢あやめの芸談を、同時代の狂言作者でもあり、歌舞伎役者でもあった福岡弥五四郎が書き留めたもの）、『耳塵集《にじんしゅう》』（元禄上方歌舞伎の名優の芸談や逸話を、同時代に狂言作者を兼ねた歌舞伎役者金子吉左衛門が書き留めたもの）、『続耳塵集《ぞくにじんしゅう》』（元禄上方歌舞伎の名優の芸談や逸話を、同時代の歌舞伎役者民谷四郎五郎が書き留めたもの）、『賢外集《けんがいしゅう》』（元禄上方歌舞伎の名優の芸談・逸話集。同時代の歌舞伎役者染川十郎兵衛が見聞した話を、狂言作者を兼ねた東三八《あずまさんぱち》が書き留めたもの）などに、藤十郎の修業時代、その人柄、芸に関する心構え、芝居に臨む姿勢、他の役者からみた藤十郎の評価などが記されているので、これらを中心に藤十郎の人物像を捉え、他人の妻女に偽りの恋を仕掛けた背景や経緯、思いなどを探っていく。

杉九兵衛の教え

藤十郎の修業時代はあまり知られていない。少年時代は小鼓の名人、骨屋庄右衛門のもとで修行したと伝えられている。藤十郎が二〇歳余りの頃から、花車形《かしゃ》（女形）の名人杉九兵衛に師事する。ここから、歌舞伎役者としての本格的な修業時代が始まった。

ある時、九兵衛が「自分は花車形であるから女子の真似をする。あなたは立役なのだから、常に男の真似をしてみなさい。今の立役を見ると、本当の男は少ない。といって、女形でもない。どっちつかずの中途半端なものになってしまっている。あなたはそのことを念頭に置き、良く考えて男の真似をするようにしなさい」と助言した。藤十郎は九兵衛の教えに感銘を受け、以後、この教えを基として工夫を凝らし芸道に精進した。藤十郎は終世、杉九兵衛のこの教訓を心に深く刻んでいた。藤十郎と同じ立役役者からの指導ではなく、花車形からの教えがやがて名人と言われる役者に成長する藤十郎の芸の基礎を築いていた。杉九兵衛から教えられた心構えが、藤十郎の持ち味となるやつし事、傾城買いなどの芸に生きてくるのである。

役者としての信念

藤十郎が歌舞伎役者の心得として常に意識しているのは、「歌舞伎役者は何役をつとめ候とも。正真をうつす心がけより外他なし」である。この信念のもと、役づくり、芝居づくりに取り組んできた。

また、「歌舞伎やくしやといへるものは。人のたいこをもつ気しやうにては。上手になりがたし」

と、歌舞伎役者は人の機嫌とりをするようでは芸の上達は難しい。自尊心を絶えずもっていなくてはならない。こうした考えを若い役者達へも毎回言い聞かせていた。

女形・若衆方・立役・道化・親仁方にいたるまで、藤十郎の相手を勤める者は、皆が上手にみえた。いずれの役者も藤十郎を敬っているので、台詞回しや息継ぎ、立ち振る舞いなど、藤十郎の教えた通りに演じた。藤十郎が相手役との調和を絶妙にとっているので、観客には相手役の演技が格別に良くうつるのである。

時には、藤十郎の役や出番が少なく、藤十郎が引き立たず見栄えのしない芝居もある。ある人が藤十郎に対して、「芝居は面白いけれども、あなたの役や見せ場が少ないようにみえる」といって不満を漏らした。それに対して藤十郎は笑って「芝居全体が良ければ、それで勘弁して下さい。藤十郎の芸の良し悪しは、もう見物の皆様がよくご存知です。藤十郎をみせる芝居ではありません、芝居全体を見て頂きたいのです」と応えた。

藤十郎は芝居において、自分だけを良くみせたり、自分の存在だけを引き立たせようとは決して思わなかった。いつも、他の役者とのバランスを考えており、たとえ端役《はやく》であっても、そのバランスがうまく保たれてこそ芝居が成り立つものと認識していた。これが、生涯を通しての藤十郎の芝居に対する考えである。また、一見すれば、何と贅沢なことをしているのであろうと思えることも、藤十郎には藤十郎なりの信念があってのことだった。

ある時、藤十郎が高給金で大坂の芝居へ出演することになった時、わざわざ京都から水を樽で運ばせた上、飯米も一粒選りに選ばせて食した。そのことを見聞きした人々が、藤十郎は一風変わった奢り者なのかと口々に言って大坂中で噂が広がった。それに対して藤十郎は、「私の気持ちを知らない人は、私のこのような行為を奢り者とするのだろう。しかし、それは全く違う。奢りではない。大坂の興行主が大金を払って自分を雇ったのだから、米に砂が混ざって歯を欠いてしまったら台詞ももれて聞き苦しくなってしまう。また、飲みつけない水を飲んで、腹を悪くすることもある。飲食物で体調を崩し、自分の芸の本領を発揮できねば、興行主に対して義理を果たすことができない。だから、このように常に養生を心掛けている。それでもなお、体調を崩すようであれば、もうそれはどうすることもできない」と述べた。舞台に臨むにあたっては、自身の本領を発揮できるよう、十分過ぎるほど自分の体を気遣っていた。

生涯の当たり役、藤屋伊左衛門

藤十郎の生涯の当たり役となった夕霧狂言のモデルとされるのは、大坂新町の扇屋の遊女、夕霧太夫である。一六七八(延宝六)年の正月、大坂新町の扇屋の夕霧太夫が、まだ二〇代という若さで病没した。大坂では、没した夕霧に対して、その死を惜しむ声がやまないので、翌二月三日より大坂荒木与次兵衛座で「夕霧名残の正月」と題した追悼《ついとう》の芝居を上演した。この芝居で藤十郎は、藤屋伊左衛門という傾城買いを演じた。この時、藤十郎三二歳。芝居は大好評で、世間から再演の所望《しょもう》があった。そこで、同年六月にこの芝居を再演した。

さらに、同年十月二日より「夕霧名残の正月」を再々演し、同月二九日まで大入りが続いた。そしてまた、同年十二月中旬頃からこの芝居を上演した。十二月の上演は、翌年正月の夕霧の一周忌を前に、観客に夕霧を思い出させようとするものであった。

このように、一年の内で同じ芝居を四回も上演するということは、はじめてのことでもあり、今後もおそらくないだろうという世間の評判であった。

藤十郎は、一六七八年から一七〇九年まで三〇余年の間に、一六七八年の「夕霧名残の正月」に始まり、翌一六七九年の一周忌に「夕霧一周忌」、一六九〇(元禄三)年に「夕霧十三年忌」を、一六九四年には「夕霧十七年忌」という題をつけた夕霧狂言を勤めた。結局、藤十郎の生涯において、夕霧狂言を繰り返し十八回勤めている。

藤十郎の役者人生において、夕霧狂言は切っても切れない存在である。伊左衛門といえば藤十郎と観客には印象づけられ、傾城買いの名人であると世間からもてはやされた。

ある年、夕霧狂言で、藤十郎はお馴染みの藤屋伊左衛門を勤めることになった。「今度の芝居には上草履《うわぞうり》が必要なので、早々に誂《あつら》えるように」と藤十郎が注文した。上草履ができあがり藤十郎が確認すると、「この草履は大きすぎるので作り直してくれ」と言った。言われた男は、「この草履はあなたの足の寸法をきちんと測っているので大きさが違うということはない」と返答した。誂え担当の者が、「どのくらい小さいものであれば良いのか」と問うと、藤十郎は「今のものよりひとまわり小さいものが良い」と応えた。そこで、すぐさま誂え直した。惣稽古の時、その草履が小さいので指がはみ出していた。初日にも同じく指がはみ出していた。ある人がこのことを不思議に思って藤十郎に尋ねた。藤十郎は、「今度の草履は揚屋《あげや》の庭で脱ぐことがある。舞台で脱ぐ時、草履が大きいと見物の皆々に、藤十郎は鍬平足《くわびらあし》であるとわかってしまい、色気も何もなくなり傾城買いの芝居にならない」と説明した。

藤十郎は舞台で使用する道具一つにも考え抜いた工夫を施すなど、強いこだわりをもって役づくりを徹底していた。微に入り細を穿《うが》って神経を使い、芝居に臨む名人藤十郎の心構えは格別であった。

村山平右衛門への教え

一七〇七(宝永四)年、歌舞伎役者の村山平右衛門が江戸から京へ上り、都万太夫座に出演した。やがて芝居が終わり、十月に江戸へ下る時、藤十郎の家に招かれ相伴《しょうばん》に預かった。その時、平右衛門が藤十郎に向かって「私がはじめて江戸へ下って出演した顔見世以来、実事、濡れ事によらず、一切全てあなたをお手本として、あなたの真似をしてきた。お陰で今は、江戸で二、三番目位の役者になることができた。これはみな、あなたのお陰である」と御礼を述べたところ、藤十郎は、頭を振って否定し、「それは悪い了簡である」と言った。「芸は自ら一流をつくり出さなければならない。私を手本にしたら、私より芸が劣るということだ。今少し工夫をした方がよい」と述べた。

村山平右衛門に対して、自分の芸を押しつけ真似させるということは決してなかった。むしろ、藤十郎という殻にはまっては、藤十郎を越すことができないと教え諭した。

役者仲間の評判

元禄の上方歌舞伎を代表する女形で、やつし事やうれい事を得意とする芳沢あやめも藤十郎と共演している時は、「ゆつたりとして大船に乗たるやうなり」と、安心して心地よく自分の芝居ができると述べている。藤十郎が共演者のやりやすいように芝居をし、その良さを引き出しているのである。

上方で藤十郎と相並ぶほどの芸の実力を持つのは山下京右衛門であると周知されていた。その京右衛門が、「坂田藤十郎は天性の名人である。京・大坂・江戸の役者の誰もが認める名人である。今、上手と言われる立役の中で藤十郎に及ぶ役者は一人もいないと思う」と最大級の讃辞を贈っている。観客に褒《ほ》められる役者は多いが、同世代の役者からもこれほどの高評価を得られる役者はそれほど多くはいない。藤十郎の芸はもちろんのことであるが、その人徳も周囲から尊敬されていた。

江戸役者中村七三郎との出会い

初代中村七三郎は器量も良く、元禄期の江戸歌舞伎を代表する役者である。その七三郎が、一六九七(元禄十)年十一月の顔見世に京へ上り、それから翌々年までおよそ二年間、京の芝居小屋に出演した。当時、やつし事の名人といえば、江戸では初代中村七三郎、上方では初代坂田藤十郎という評判であった。江戸ではやつし事の名手と讃えられていた七三郎が、京のやつし事の名手、藤十郎の目にはどのように映ったのだろうか。

一六九七年十一月、京四条の山下半左衛門座の顔見世に七三郎は出演した。最初の顔見世の芝居は、藤十郎に軍配があがった。七三郎の評判は散々であった。京の都万太夫座で藤十郎と同座していた役者連中は、七三郎に対して、藤十郎のいる京でやつし事をするのは大きな了簡違いだと侮った。藤十郎は、それを聞いて「京都の見物は大イに下手なり。七三郎は先近来の上手。此人の上に立もの当時壱人もなし」と七三郎を周囲の役者が驚くほど最大級に讃えた。藤十郎は、初めから七三郎の芸の力を見抜いていた。

翌年の正月二二日より七三郎は、京の早雲長太夫座にて「けいせい浅間嶽《あさまだけ》」の浅間巴之丞を勤めた。これが、顔見世とは打って変わって京の観客をうならせ、空前の大当たりをとり、百十余日間の興行となった。この時、藤十郎は替わり目毎に七三郎の舞台を見て「天晴の上手なり」と誉め称えた。特に、七三郎の舞台での行儀が素晴らしいと述べ、さぞかし普段の身持ちがよろしいのだろうとも言った。

しかし、藤十郎は内心、気が気ではなかった。作者の金子吉左衛門を招き、藤十郎は、七三郎を「大敵」と語り、吉左衛門に対して、「もちろん油断はないだろうが、顔見世で勝ったものだから作者の気のゆるみが出てもおかしくはないから特に言っておく。一層、芝居に工夫をしなければならない。芝居づくりには骨を折らねばならない」と伝えた。

一方、七三郎も藤十郎の芸を見て「藤十郎といへる役者は聞及びしよりも。いたつて上手なり」と感心した。二人はやがて度々顔を合わせるようになり交際を重ね親しくなっていった。

一六九九(元禄十二)年の暮れに、七三郎が江戸へ下る時、七三郎が藤十郎へ置き土産を贈った。

藤十郎は、いますぐはなむけを贈れば、しっぺい返しのようで風情がないと思い、その時は別れを告げに行っただけで、快く二人は別れた。

同年十二月二九日、突然、七三郎の江戸の宅の門口に大きな荷物が六人がかりで運び込まれた。七三郎が、添え状をみると坂田藤十郎からであった。荷物をみれば、それは大壺であった。書状には、「加茂川の水一壺しん上仕候。大ぶくに御遣ひ被下べく」とあった。これを見て、さすがの七三郎も、「藤十郎とは京都で何度も会って話をし、交誼《こうぎ》を交わした仲なので、藤十郎が何を考えているのか、大抵のことはわかっているつもりであった。しかし、今回の贈り物については、全く想像できず、藤十郎の心の底深さは測りがたい」と妻をはじめ、多くの人達に語った。

二人はすっかり意気投合した仲にみえたが、芸に関して、藤十郎はあきらかに、およそ十五歳以上も年下の七三郎に対して危機感を覚えたのである。それまで感じたことのないようなこの危機感を払拭するために何とかしなければ、藤十郎の真の芸が見せられないと思案するようになった。七三郎との出会いは、藤十郎に強烈な刺激を与えた。

役づくりのためなら人妻をも欺く

藤十郎の次に挑む芝居は、密夫《まおとこ》の役で不義をする、言わば藤十郎にとって演じたことのない新しい領域の芝居であった。藤十郎は普段から礼儀正しく身持ちも堅かった。したがって、不義などの経験がなく、どのように芝居をしたら良いのかわからず困っていた。この間、座本からは早く芝居の初日を出してくれと再三せがまれ、日夜、密夫の稽古やどのように芝居をしたらいいのか考えあぐねていた。女形の役者を相手に密夫の稽古といっても、所詮は男なので情がうつらなくて全く稽古にならなかった。

そこで、京の祇園町にある料理茶屋の妻女に恋を仕掛けた。密夫として近づいたのである。その気になった妻女を奥の小座敷へと伴い、入口の灯火を吹き消した。いざという時になって、藤十郎は逃げ帰った。翌朝、例の料理茶屋へ行き、妻女に向かって「あなたのお陰で、芝居の稽古ができた」と言った。つまり、密夫を演じるため妻女を稽古台にしたことを打ち明けた。そして、「密夫とはどのような心情になるのか、自分の納得する稽古ができた。芝居の初日は明後日出せると座本へ知らせた」と、藤十郎は妻女に礼を述べた。

それを知った一座の人々は、「さすが名人と呼ばれる人の心がけは違う。普通の人ではそのような考えが及ばない」と言った。芸のため、役の性根を掴むための稽古に、ここまでやる藤十郎を役者仲間は批判するのではなく「さすが名人」と手を打ったのである。

藤十郎の仕掛けた偽りの恋に、妻女は見事にだまされた。料理茶屋の妻女は、密夫の稽古のためとは露にも思わず、藤十郎の魅力になびいてしまった。密夫としての藤十郎の演技が真に迫ったものだったのである。まさに自分の信念である「歌舞伎役者は何役をつとめ候とも。正真をうつす心がけより外他なし」を実践したのである。

稽古台にされた妻女が、その後どのような態度に出たかは不明である。料理茶屋の妻女であるから笑って済ませたか、あるいは、もう藤十郎の顔を見るのも嫌だとなったのか、また、本当に藤十郎に恋をしてしまったのかはわからない。

役者の舞台にかける情熱は、普通のはかりでは測りきれない。役者には、役者独特の考え、強い信念があり、普通では考えられない思いつきが生まれる。密夫の情というものを知りたいがため、料理茶屋の妻女に仕掛けた恋は、役に徹しきる藤十郎ならではの偽りの恋であった。なお、この話をもとにして、菊池寛は『藤十郎の恋』を書き上げている。

⊙参考文献

東京帝国大学演劇史研究学会『演劇史研究 一 元禄劇篇』(京橋巧芸社、一九三六年)
中村扇雀『近松劇への招待 ―舞台づくりと歌舞伎考―』(學藝書林、一九八九年)
森銑三「坂田藤十郎」(『森銑三著作集 続編』第三巻、中央公論社、一九九三年)
守随憲治校訂『役者論語』(岩波書店、二〇〇三年)
田口章子編『元禄上方歌舞伎復元―初代坂田藤十郎幻の舞』(勉誠出版、二〇〇九年)
『新撰古今役者大全』(『歌舞伎叢書』(金港堂書籍株式会社、一九〇九年)
歌舞伎評判記研究会編『歌舞伎評判記集成』第一巻(岩波書店、一九七二年)
歌舞伎評判記研究会編『歌舞伎評判記集成』第二巻(岩波書店、一九七三年)
河竹登志夫監修・古井戸秀夫編『歌舞伎登場人物事典』(白水社、二〇一〇年)
富澤慶秀・藤田洋監修『最新 歌舞伎大事典』(柏書房、二〇一二年)

1684–1751
第8代将軍。有能な人材を登用し、実学を奨励、財政・司法などの改革を行った江戸幕府屈指の名将軍といわれる。

死屍累々の財政再建

徳川吉宗

…とくがわよしむね…

保垣孝幸

七代将軍の徳川家継《いえつぐ》が八歳で病死し、将軍家男系男子が途絶えると、当時、紀州《きしゅう》藩五代藩主だった徳川吉宗が御三家の中から初めて将軍家を相続し、八代将軍に就任した。吉宗は、幕府の財政再建に務めるとともに、行財政改革、司法改革など様々な政策を展開し、いわゆる「享保《きょうほう》の改革」を断行した。財政に直結する米相場を中心に政策を展開したことから「米将軍」とも呼ばれ、一連の改革で破綻《はたん》しかけていた幕府財政が一定の回復を見せたことから、幕府「中興の祖」とも評される。江戸時代を代表する名君の一人である。

作られていく「吉宗」像

時代劇の主人公としても取り上げられる八代将軍徳川吉宗のエピソードは、枚挙に暇がない。江戸幕府の正史『徳川実紀』のうち、将軍時代の治績や出来事をまとめた「有徳院殿御実紀附録」は二〇巻にものぼり、そこには頑健《がんけん》な体躯とともに強靭《きょうじん》な肉体を誇り、質実剛健で慈愛に富んだ性格、飲食の嗜好《しこう》から女性関係に至るまで、様々な逸話が収められている。

後年になって記された随筆類にもエピソードは満載だ。例えば、南町奉行所与力根岸鎮衛が書き記した随筆『耳袋《みみぶくろ》』にも「有徳院様射留御格言の事」と題した、吉宗鷹狩の際の逸話が記載されている。そこには、鉄砲を持ち徘徊《はいかい》していた御小人が間違って将軍の側に出てしまった際、吉宗は辺りを見回して監視(御小人目付)が見ていなかったことを確認すると、早くその場を立ち去るように促すとともに、特段、処罰を行わないままことを済ませたという。「御仁心の事」というサブタイトルが付けられているこの逸話も、小禄の家臣にまで気遣う吉宗の度量の広さを褒《ほ》め讃える内容となっている。その一方で、同史料を校訂した鈴木棠三は「幕臣のうちには、吉宗の時新たに御家人に取立てられた者が少なくなかった。それらの諸家にとっては吉宗はまさに救世主であったわけで、事実歴代将軍の中の名君であったことは勿論だけれど、こういう礼賛者グループによる、よき古き日への追憶も無視できない」と記す。吉宗の逸話の裏には、こうした礼賛者グループがいたというのである。

同じく吉宗の事跡について追った氏家幹人は「在りし日の彼を知る古老たちによって子や孫の世代に誇らしげに吹聴された。その結果、吉宗伝説は、吉宗の死後百年近く経っても、人々の間、わけても諸大名や旗本たちの間であざやかに生き続けていた」と指摘する。吉宗のエピソードが多い理由はこの辺りにあるのだろう。その上で氏は、こうした逸話が「できすぎている。きれいすぎると感じるのは私だけではないだろう」とも記す。そう、吉宗の逸話は、恐ろしいほどに美談で溢れているのである。少なからざる人数の吉宗礼賛者グループが彼の伝説を語り継いでいけば、それは美談で埋め尽くされる結果になろう。

かつて江戸風俗史家三田村鳶魚《えんぎょ》は「不良将軍吉宗」という論稿で彼の女性問題を取り扱った。その中で「吉宗は政治には存分な倹約を行ったが、女にはすこしも倹約の形跡がない」と指摘している。これは、人々が吉宗を「頭から賢君名君にしてしまって」いることへの鳶魚流の抵抗であった。そして「時弊を救済した効験を認め」たとしても、「惚れた弱みにゃアバタも笑窪《えくぼ》式」に「吉宗のすべてを感服している」ことを批判するのである。

このような観点で改めて吉宗の施策を見た場合、華やかな治績の陰に隠れて見えなかった部分が浮き彫りになってくるのである。

財政再建のその裏で

そもそも八代将軍吉宗は、破綻しかけていた幕府財政を建て直したことから幕府「中興の祖」と呼ばれる。しかし、財政再建を図るためには、歳出の削減とともに歳入の増加が必要であることは言うまでもない。問題は、何で歳入増加を図るかであるが、吉宗のとった政策は苛酷《かこく》なまでの年貢増徴であった。例えば、定免法《じょうめんほう》の実施もその一つ。毎年の作柄を実際に検査し年貢量を決める従来の検見取法《けみとりほう》に替え、豊凶にかかわらず定量の年貢を徴収する定免法は、百姓たちにとっても利点があるとして強行されていくが、その実、多くの場合で年貢率は引き上げられた。しかも、一度年貢額が決まれば以後は一定というものではない。定免法には年限があり、その切り替えの度毎に増米が要求され年貢率は引き上げられていくのである。一七三三（享保十八）年、信濃《しなの》国佐久郡五郎兵衛《ごろべえ》新田《しんでん》村（長野県佐久市）では定免切替えの年を迎えていた。

当村は享保十年から三年間、定免を願い出るよう申し渡され、止む無くその通りに願い出たところ、三年経つと今までより年貢量を増やして、再度願い出るように命じられた。それは無理だと願い出たが御料《ごりょう》（幕府直轄領《ちょっかつりょう》）全体で実施していることだからといって聞いてもらえず、結局、年貢量を増額して願い出るかたちになってしまった。それにもかかわらず、今回また年貢量を増額して定免を願い出るよう申し渡されても、もうこれを引き受けることはできない。

定免法は、形式的には村側から願い出るかたちで実施されるため、このような訴状が作成されることになるのだが、定免切り替えにともなう増米は全国で実施され、一七二七（享保十二）年には、御料全般にわたって五公五民、すなわち税率五〇パーセントへと引き上げられていくのである。

また、これまでの年貢率や田畑の等級等を全く無視して、実際の作物の出来具合によって年貢を賦課する有毛《ありげ》検見法も導入された。生産剰余の全てを収奪することが企図されたこの有毛検見法は、享保年中に勘定奉行神尾《かんお》若狭守《わかさのかみ》春央《はるひで》の建議によって実施されたとされる（『地方凡例録』、しかし、神尾の勘定奉行就任は一七三七〔元文《げんぶん》二〕年）。神尾は、本多利明が記した『西域物語』において「胡麻《ごま》の油と百姓は、絞れば絞るほど出るものなり」と語ったとされる人物で、財政再建を目指す幕府にとっては辣腕《らつわん》の経済官僚であるが、百姓たちにとっては「苛斂誅求《かれんちゅうきゅう》」を地で行く男であった。

＝東からかんの(雁の神尾)若狭が飛んできて　野をも山をも堀江荒しろ(荒四郎)

これは、神尾若狭守そして彼を補佐した勘定組頭堀江荒四郎芳極《ただとう》による畿内・西国の厳しい年貢増徴策を揶揄《やゆ》した落首《らくしゅ》である。神尾と堀江、そして堀江の下についた「新代官」と称される勘定所出身代官らによって、徹底した年貢増徴が図られていったのである。

彼らの年貢増徴政策は、年貢賦課地も増加させていった。利根川や荒川、玉川などの河川流域で広範に実施された流作場《りゅうさくば》の開発もこうした政策の一貫である。流作場とは、河川敷など水害の影響を受けやすい、極めて耕地としては不向きな場所で、従来は村の入会地《いりあいち》として採草目的などで利用されるなど年貢徴収の対象からは除外されていた。幕府はここを流作場として把握し、年貢を賦課していく方針を採ったのである。しかも、堀江は、河川敷に生い茂る萱《かや》の商品的価値が高いと判断して高率での年貢賦課を主張し、実際に本田畑より高い反永が徴収されていくことになるのである。

こうして吉宗政権期には、江戸時代を通じて最高の年貢徴収額を記録するのであった。

そして、一揆の時代へ

百姓一揆は、江戸時代を通じて約三〇〇〇件あったとされるが、これを年代別に並べると吉宗政権期に数量的な最初のピークがあったことが確認される。そして、これまでの一揆が、大名領国や旗本知行所で起こっていたのに対し、幕府の直轄領すなわち御料で集中的に起こっていることも特徴的である。これは吉宗政権が実施した強引なまでの年貢増徴政策の結果でもあった。

一七二九(享保十四)年には、陸奥《むつ》国信夫《しのぶ》・伊達《だて》郡の御料で年貢減免を求めた騒動、いわゆる「享保信達一揆」が起こった。累年の凶作に加え、豊作年の五ケ年を基準とした定免法に五厘増しを賦課するなど厳しい年貢を課していた代官岡田庄太夫の圧政に対し、夫食《ふじき》拝借、年貢減免を求めて代官所に出訴したのがことの始まりである。これが聞き届けられないと判断すると、大森代官所付村々の二〇〇〇人余りは隣領である福島城下へ逃散《ちょうさん》を決行し、年貢減免願いの取り成しを要求した。川俣《かわまた》代官所付の村々も四〇〇名余りが二本松城下へ押しかけた。こうした百姓等の動きに対し、筋違いの出訴であると判断した幕府は、代官岡田庄太夫へ一揆鎮圧を命じ、最後は二本松藩の援兵により首謀者は次々と捕らえられ、一揆は鎮圧された。頭取《とうどり》として立子山村小左衛門、忠治郎が獄《ごく》門《もん》、一揆への参加を勧めたとされる九名の者が遠島、このほか家財闕所《けっしょ》や所払い、戸〆、過料など九〇名余りが処罰されて決着することになる。このとき追放となった佐原村太郎右衛門は、密かに江戸で幕府への箱訴《はこそ》を継続したが捕縛され、翌十五年に獄門に処せられている。事件後、岡田は当地の代官を辞任し、信達両郡の内五万三〇〇〇石余りは二本松藩預りとなって年貢率が緩和されたが、あくまでも凶作時という一時的なものであった。なお、この太郎右衛門は、生地佐原で供養碑が建てられ、現在でも義民として地域で顕彰《けんしょう》されている。

さて、この「享保信達一揆」は、その後の幕府の対応にも大きな影響を与えた。一七三四(享保十九)年には、御料で一揆がおきた際には江戸に問い合わせることなく、代官の要請で隣接諸藩が鎮圧のため出兵することを認めた。その際の出兵数や陣容は、このときの二本松藩のものが手本となった。また、一七四二(寛保《かんぽ》二)年に制定された公事方御定書のうち、徒党《ととう》強訴《ごうそ》逃散の規定における処罰例となったのもこの一揆である。

このように、享保期には数千人から一万人を超えるような大規模な強訴も頻繁にみられるようになり、これが一般化するにつれ、江戸へ数百人が大挙して押し寄せる門訴も目立つようになった。時代はまさに一揆の時代へと突入していくのである。

幕府財政再建の裏には苛酷なまでの年貢増徴に喘ぐ百姓たちの姿があった。確かに吉宗の政策は一定の成果を上げ、吉宗自身「中興の祖」と呼ばれるようになるが、実際のところ、命を賭して村の窮状を訴え、結果、重罪人として処罰された多くの犠牲者の上に実現した財政再建なのである。名君として名高い吉宗であるが、それは太郎右衛門にとっても同様だと、誰が言い切ることができようか。

事跡の美談化

華やかな側面ばかり注目される吉宗の事跡であるが、実は、後年になって美談化されていく傾向も少なからず見受けられる。江戸庶民のために「有楽の地」を提供したとされる園地政策もその一つである。吉宗は、江戸近郊に位置する東西南北それぞれの地に桜や桃を植樹して園地とし、これを庶民に開放するいわゆる園地政策を実施した。このうち、現在でも桜の名所として名高い飛鳥山への植桜については、次のように語られる。

享保のはじめまでは、毎春花の時期には人々はみな寛永寺に集まり遊興していたが、(中略)これは江戸に遊興の地が少ないからだとして、飛鳥山に植樹し開放した。これにより、人々は飛鳥山に集うようになった。

これは「有徳院殿御実紀附録」に記されている飛鳥山植樹の記事である。これによると、吉宗は「遊興の地」が少ない江戸庶民のために飛鳥山に植樹した。そうして人々が飛鳥山に集うようになった、と記されている。こうした内容は、他の史料でも確認され、飛鳥山に関する基本史料である『飛鳥山碑始末』でも吉宗の「民と楽をともにせらるゝ盛意」のもとで実現した植樹であることを記している。しかし、吉宗が最初に植桜した場所は飛鳥山ではなく自らの「御成《おなり》」先である金輪寺向かいの土手、すなわち、植樹の目的は将軍居所となる御座所からの景観整備であったことが明らかとなっている(『北区史通史編近世』)。その意味では、自らの都合といってもよいだろう。そして、翌年から飛鳥山上にも植樹が始まり、最終的には一二七〇本の桜が植えられ、庶民に開放されていくのであるが、御成先の整備から庶民への開放という順序が逆になることは決してなかったのである。最初に江戸庶民はいないのだ。

そして、飛鳥山植樹の総仕上げともいえるものが飛鳥山碑の建立である。この碑は、一七三七(元文《げんぶん》二)年に建立されたもので、当時の金輪寺住職宥衛《ゆうえい》の建立という形式をとっているが、実際には幕府主導で建碑された官設の碑である。撰文は儒者の成島道筑《なるしまどうちく》。さらに文章を作成する上では吉宗の「お好み」も示されたというから、まさに吉宗による吉宗のための石碑である。江戸川柳でも詠まれるように難解なことで知られているが、その内容といえば、吉宗の植樹を熊野の神々の所業に見立て、その偉業を千年先までも褒《ほ》め称え続けるというもので、まさに吉宗賛美のものとなっているのである。これが出版文化の隆盛の中で広く喧伝されていく。一七五一(寛延《かんえん》四)年に出版された『再板江戸惣鹿子《そうかのこ》名所大全』には、飛鳥山に「近年桜を余多植えさせられ貴賤恩沢《おんたく》に浴し、仁徳の花の雲は国民の上に覆ひ、樽《たる》のまへに酔を進る」とあり、飛鳥山の桜を「仁徳の花」、貴賤問わず人々は吉宗の「恩沢」を享受していると記すのである。

こうした傾向は、現在でも少なからず同様であり、吉宗は、いつの間にか江戸庶民のためを思い園地を造り上げていった慈悲深い将軍、庶民の味方だという文脈で語られるのである。それは何故か。吉宗を「頭から賢君名君にしてしまって」はいないであろうか。そうした意識が潜在的に存在してはいないだろうか。

八代将軍吉宗は、正負のうち正の側面ばかりがクローズアップされるのみならず、全ての治績が好意的に評価される傾向が見受けられる。吉宗礼賛グループの呪縛を解き放ち、改めて将軍吉宗の実像に迫ったとき、彼の途轍《とてつ》もない「悪」が浮き彫りになるのかも知れない。

⊙参考文献
氏家幹人『江戸人の老い』（PHP新書、二〇〇一年）
大石学『徳川吉宗—国家再建に挑んだ将軍—』（教育出版、二〇〇一年）
太田尚宏「享保改革期における『御場掛』の活動と植樹政策」（竹内誠編『近世都市江戸の構造』三省堂、一九九七年）

1677–1751
8代将軍吉宗に用いられて、町火消しの創設や小石川養生所開設などに尽力した町奉行。大岡裁きの逸話も有名。

江戸最初の暴動を招いた町奉行
大岡忠相
…おおおかただすけ…

松本剣志郎

八代将軍徳川吉宗《よしむね》のもと享保《きょうほう》改革を推進した町奉行《まちぶぎょう》大岡忠相は、一六七七（延宝《えんぽう》五）年に旗本《はたもと》大岡忠高《ただたか》の四男として生まれた。十歳で一族の大岡忠真《ただざね》の養子となり、一七〇〇（元禄《げんろく》十三）年に二四歳で家督を継いだ（一九二〇石）。書院番、徒頭《かちがしら》、使番、目付、山田奉行、普請《ふしん》奉行を歴任したのち、一七一七（享保二）年二月、町奉行（南）に就任した。このとき通称を越前守《えちぜんのかみ》に改めた。以来、町火消の創設、小石川《こいしかわ》養生所の開設、地方《じかた》御用として武蔵野新田開発の指揮、評定所一座として各種裁許等をおこなった。一七三六（元文《げんぶん》元）年八月に大名役である寺社奉行へ転出。足高《たしだか》をうけて一万石の大名格となった。一七四八（寛延《かんえん》元）年には奏者番《そうしゃばん》兼務となり、足高分が領地となって、正式に大名となった。一七五一（宝暦《ほうれき》元）年十二月没。享年七五。

「米価安の諸色高」

一七三三（享保十八）年正月二六日夜、南町奉行大岡忠相は家臣からの急報に接した。「日本橋本船町にある米問屋高間伝兵衛《たかまでんべえ》の店が襲われている」。店に押し寄せている人数は、二〇〇〇人を下らないという。江戸最初の暴動、「高間伝兵衛打ちこわし」の発生である。こうした事態に陥る可能性を、大岡は直前まで認識できていなかった。数日前に慌《あわ》てて策を講じたが、すべては間に合わなかった。弱き庶民の味方だったはずの大岡は、暴動に及ぶしかなかった庶民の構造的困窮の原因を、まったく見抜けていなかったのだ。

打ちこわしの要因を探るため、とりあえず一七二二(享保七)年までさかのぼってみよう(以下、岩田浩太郎氏の研究による)。このころから巨大都市江戸で起こり始めていたのは「米価安の諸色高《しょしきだか》」という事態であった。米の値段が低落しているのに、その他の諸物価がそれに対応して下がらずに高値のままだったのだ。何事も米が基準となる世の中では、普通、米価が低落すれば、購買力も低下し、それに伴い諸品の売上げが落ちるから諸物価も比例して低下していくはずであった。だが、そうはならなかった。なぜなら米価が低落することで購買力が落ちるのは、米を換金して生活する者たち、すなわち武士たちであった。武士をはじめとする領主層の需要に依存する社会であれば、米価安は諸色安へとスムーズにつながっていく。だが、一〇〇万都市江戸の人口の半分は町人たちである。彼らのなかには、領主層と密接につながり、その需要を当て込んだ商売を展開するものも勿論多くいた。そうした者たちにとって、領主層の購買力低下は商売が左前になることを意味した。しかしながら、それ以上に多くの町人たち、とりわけ中下層の者たちは既に領主経済と関わらないところで商売を展開していたのである。彼らにとって米価安は生活費中における食費の割合低下を意味し、そのことは諸品に向けられる購買力の維持、いや増大を招いた。だから米価安のなかにあって、諸色高ということが現実になったのである。

だが同時代において、大岡忠相をはじめとする幕府首脳部がこうした都市経済の変容を見抜くことは容易ではなかった。ここに打ちこわしに繋がる要因がひそんでいた。以下、順を追ってみてみよう。

大岡忠相の意見書

一七二三(享保八)年、江戸・京都・大坂の町奉行らに「米価安の諸色高」への対応策が諮問《しもん》された。十月に大岡忠相と、相役の諏訪頼篤《すわよりあつ》は連名で意見書を提出している。以下、内容を箇条書きで示そう(「享保撰要類集」『東京市史稿』産業篇十一)。
①炭・薪《たきぎ》・酒・醤油・塩などの日常品は、それを扱う問屋・仲買・小売に仲間を結成させ、毎月の相場書《そうばがき》を提出させる。これが不意に、高値となれば仲間に調査させる。
②浦賀《うらが》奉行から江戸出入り廻船の荷物改《にもつあらため》の報告書を、毎月提出させる。
③大坂からの荷物は問屋から大坂町奉行へ積荷先を届けさせ、江戸宛の分は毎月江戸町奉行へ報告させる。そうすれば相場を占って途中で荷物を隠し持つことは不可能となる。
④浦賀から江戸までの間で、やはり相場を占って廻船がたむろしているので、これを代官に取り締まらせる。
⑤商人たちが自分の取り扱う品以外も、利益を見込んで買い漁《あさ》っている。そのため商品の買い手が

増え、値段が高くなっている。こうして相場が狂うので、取り扱い商人を定め、組合をつくらせて商売をさせる。

⑥問屋以外でも荷物が取り扱われていることから、思いがけず諸色値段の高騰を招いているとして、以後、問屋以外への着け送りを禁止する。

以上から、大岡らは「商売人仲ヶ間を立て、直段吟味仕り候はば、唯今のとおり買い置き等仕り候儀不自由に罷《まか》り成り候につき、諸色不時の高直段御座《ねだん》あるまじきや、左候はば後々は米直段と諸色直段自然と釣り合い候様罷り成るべきや」と述べている。大岡らの意見は、商人仲間をつくらせ、問屋を限定し、それを幕府が統制することで相場を管理しようとする方策である。そうすれば米の値段と諸色の値段とが「自然に釣り合うだろう」という。大岡らは事態を楽観視していた。

物価引き下げ策

翌一七二四(享保九)年二月、幕府は物価引き下げ令を発した。

米穀、去年より段々下直《したね》に候処、其の外諸色の直段高直に付き、諸人難儀におよび候、酒・酢・醤油・味噌類は米穀をもって造り出し候物に候へば、米直段に准ずべき儀は勿論に候、且又《かつまた》竹木・炭・薪・塩・油・織物等一切の売買物、あるいは諸色の職人に至るまで、直《じか》に米穀をもって作り出さずといえども、工手間人夫の賃銭いずれも飯米を元として積み立て候事に候えば、諸物の直段も米に准

じ、下直に売り出すべき道理に候(後略)(『御触書寛保集成』二一〇一号)

酒や酢、醤油、味噌など、米を原料として造り出される生産物は、当然、米の値段に準じて値下げすべきものであった(醤油は大豆が主原料だが)。そのほかの竹木や炭、薪、塩、油、織物など、米を原料としない品物であっても、それらの生産に従事する職人や人夫の給料は、飯米を基準に算出されているのだから、同様に値下げすべきものとされた。米を基準にすべての物の値段を考える、これこそが近世社会の「道理」であった。

触をうけて大岡らは、明確な理由なく高値で商売する者に過料《かりょう》(罰金)を課してよいかどうか、将軍吉宗側近の御側御用取次有馬氏倫《ありまうじのり》へ問い合わせ、即日許可されている。こうして強権的に諸物価を米価と引き合わせようとする方策がとられるに至った。

四月、大岡は、水油問屋および水油仕入仲間が不当に高値で灯油を販売したとして、彼らに過料を命じた。その額、一〇三五両あまり。水油問屋は、三月二五、二六日には油十樽を二二両から二五両で販売していた。しかし、三月二七日から四月八日までは二七両から三七両三分で販売したのであった。このほか同様の事例三件が「過分の利得」と見なされた(「享保撰要類集」『東京市史稿』産業篇十二)。

水油問屋たちの処罰には見せしめの意味合いがあったろう。だが、そう簡単に物価は下落しない。翌五月、米問屋をはじめとして、真綿や布、蝋燭《ろうそく》、醤油、味噌などの組合結成が命じられた。大岡らの提言に沿ったものである。六月には下値どころか、高値になっているものがあるとして、理由を町年寄へ届け出るよう触が出されている（『江戸町触集成』五九二九号）。

物価引き下げ令の効果はどれほどであったのだろうか。発令から三年近くを経た一七二六（享保十一）年十二月、呉服物や酒、紙、炭、薪などは少しずつ問屋相場値段が下がってきているが、小売の場面では以前と変わらない金額で売買されている、との指摘がある（『御触書寛保集成』二一〇五号）。消費者にとって重要なのは小売値段であって、その値下がりは容易に進まなかったとみえる。

「慮外」なる町人

引き続く「米価安の諸色高」のなかで、米を換金して生活する旗本や御家人たちは借金返済不能に陥った。貸した側の町人らも死活問題であるから、返済を求めて武士の世間体を突く戦法を繰り広げた。町奉行大岡らはこれを見逃しがたく、次の伺い書を老中へ提出した（「享保撰要類集」『東京市史稿』産業篇十二）。

借金筋にて武士方へ町人催促をなし、少々ずつも金子《きんす》相済ませ候ところ、承知これなく、後家、妻子などを遣わし、供を割り、理不尽のなる躰《てい》いたし、駕籠《かご》、馬につき、門、玄関へ相詰《つ》め慮外《りょがい》致し候もの、理非《りひ》は追って吟味《ぎんみ》これあり候共、仕方不届きにつき、右慮外致し候当人は、男女の差別なく手鎖《てぐさ》り、無宿者は吟味のうち牢舎、右の通り自今《じこん》申し付くべく候や、惣躰《そうてい》借金筋、催

促致し候者尤《もっと》もの事に候へ共、右躰の仕方の者は、書面の通り申し付け然るべく存じ奉り候間、伺い奉り候、以上、

享保九年辰九月

大岡越前守
諏訪美濃守

町人らは妻子や後家を武家屋敷に遣わし、お供行列に割って入り、駕籠や馬にすがり付かせ、門や玄関に居すわらせて返済を求めたのである。こうした行為を町奉行大岡と諏訪は「理不尽」なる仕方とし、武士への「慮外」(無礼)と問題視した。そして、以後借金返済を強引に迫った町人らは男女の差別なく手鎖とし、それが無宿者であった場合には牢舎としたい旨を老中へ上申したのである。

だが、上申をうけた老中らは大岡らの伺い書を却下した。老中らは、貸した町人側もそのような行為に訴えなければ返済が見込めないからのことであり、結局のところ「借り方(武士)の致し方悪《あ》しく候故の儀」として武士の側に非があるとしたのであった。町奉行大岡らが身分序列に基づき武士への礼儀を欠く町人を厳罰にしようとしたのに対し、老中は冷静に経済的取引関係をみている。常に町人の味方と思われた大岡が露骨な身分意識を垣間見せた一件である。

こうしたなか幕府は物価引き下げを目指すいっぽうで、米価の引き上げを図る政策も打ちはじめた。

米価引き上げ策

米の値段が低いのは、米が市場に過剰に出回っているからだ。ならば市場で流通する米を減らす策を講じればよい。幕府は、米相場会所の設置や米問屋の区分などを実行に移すとともに、積極的な米の買上をおこなった。まずは一七二九(享保十四)年四月、「近年八木《はちぼく》(米)たくさんにこれありに付て、米屋共八木買い置き候ても苦しからず候」と、幕府は商人らによる米の買い置きを認めた(『御触書寛保集成』一八九三号)。その後、十二月には、「総じて米値段下値につき、世情難儀いたし候につき、当年より段々御買米これあり候」(『江戸町触集成』六一三六号)と宣言し、翌三〇(享保十五)年正月、幕府みずからが市場に流通する米を減少させるべく米の買上に踏み切った。このときには米一万三〇〇〇石余りが買い入れられ、結果、米一石につき銀五、六匁ほど上昇したという(「月堂見聞集」『続日本随筆大成』別巻四)。

同年七月、幕府は直轄領に六〇万石の置籾《おきもみ》をすることを決定し、翌年にかけて大規模な買上を実施した。町奉行大岡は町々の名主《なぬし》を集め、「米下値につき、武士方ならびに町々米屋共多く損金これある由につき、当御年貢米をもって六十万石籾にて御料所に差し置かる」と、触を言い渡した(「撰要永久録」『東京市史稿』産業篇十三)。実際、この年には二八万石が買い上げられた。

八月には、諸藩へ囲米(米の備蓄)が指示された(『御触書寛保集成』一八九八号)。表向きは凶作に備えてのことだが、本旨は市場への米の供給量を減らすためであった。

九月になると幕府は、上方からの江戸入津米を米問屋以外の者たちも取り扱っている現状が米価に影響を与えているとみて、以後は取り扱いを幕府指定の八軒の米問屋のみとするよう命じた(『御触書寛保集成』一九〇二号)。八軒の米問屋が独占権を得たわけで、その筆頭が高間伝兵衛であった。

伝兵衛は、一七三一(享保十六)年六月、幕府の「米方役人」として大坂へ遣わされ、大坂御金蔵から六万八五〇〇両と銀三六三一貫余をもって米穀買い入れを実施した。その他の買い入れ等もあって米価は張紙値段(幕府の公定米価、蔵米取の換算基準)で、米一〇〇俵(三五石)あたり一七三一年春に十八両であったものが、夏に二〇両、冬に二八両、翌三二年春に二六両、夏に三二両と次第に上昇していった(『吹塵録』)。

こうした伝兵衛の行動は、幕府の買上米政策担当官たる大岡忠相の指示に基づいていた。評定所一座の構成員とはいえ、江戸の町奉行に過ぎない大岡が、幕府の全国政策に関わる買上米にどれほど関与していたのだろうか。

一七三一(享保十六)年四月、二〇万石以上の大名に、いずれ強制的な買米命令が出されるとの触が出された(『御触書寛保集成』一九〇四号、のちに中止となった)。その詳細の問い合わせ先は筆頭に大岡忠相を戴き、これに勘定奉行の駒木根政方《こまきねまさかた》と稲生正方《いのうまさかた》が続いた。同年暮れには、大岡ら「買米の事」に携わった者たちに時服が与えられて、将軍より褒賞《ほうしょう》されている(『徳川実紀』)。町奉行の大岡は、幕府の買上米政策に大きな権限をもって関わっていたのであった。

こうして高米価を目指す施策がつぎつぎと打たれた。実はこうした政策を理論的に支えた著作があった。太宰春台《だざいしゅんだい》の『経済録』である。

太宰春台『経済録』の思想

太宰春台、名は純。一六八〇（延宝八）年信濃飯田《しなのいいだ》に武士の子として生まれるも、ほどなく父が浪人、以後苦学の末に荻生徂徠《おぎゅうそらい》の門人となり才能が開花、一家を立てるに至った。一七四七（延享四）年江戸に没す。『経済録』はその主著で、享保十四年二月の自序をもつ。いまここに彼の米価についての論を聴いてみよう。

四民の内にて、士と農とは米を糶《う》（売）る者也。工商は米を糴《か》（買）ふ者也。さるゆえに米の価貴ければ、士と農とに利あり。工と商とに害あり。米の価賤《いや》しければ、工と商とに利ありて、士と農とに害あり。（『経済録』『日本経済大典』九巻）

議論の前提となるのは、武士と百姓とは米を売る者であり、職人と商人とは米を買う者であるということである。だから米価が高ければ武士と百姓には利益があり、職人と商人には害がある。反対に米価が安ければ職人と商人には利益があり、武士と百姓とには害があるのである。このことを踏まえて、巨大都市江戸における経済循環が論じられる。

今の世は、天下の諸侯人民まで、東都に輻輳《ふくそう》して皆旅人なれば、金銀をもって万事の用を達するゆえに、米価貴ければ士人悦び、米価賤ければ士人くるしむ。士人の方に金銀多く収まれば、武人は利に疎《うと》き者にて、金銀を蓄える心も少なきゆえに、一時の歓楽栄耀《えいよう》に、たやすく金銀を出し費やす。この時において、工人商賈の輩、その利を得て喜ぶ。価の貴き米を糴(買)へども、口に食ふはわずかにて、利を得ること多きゆえに、さのみ米価の貴きを苦しまず。米価賤しければ、士人の方に金銀乏しきゆえに、工商もかえって利を得ること少なし。ゆえに今の世には、米価はなはだ賤しければ、四民皆困窮すること古代よりも甚だし。

巨大都市江戸に全国から集まった人びと、上は大名から下は庶民まで、すべて「旅人」である。かれらはみな江戸において自給自足せず、生活のすべてを金銀をもって買うことで賄っている。ということは、年貢米を換金することで金銀を得て生活していく武士は、高米価であれば収入が増え、その生活は潤うが、低米価の時は収入が減るから生活が苦しくなることになる。武士のもとに金銀が多く集まれば、もともと武士は利益勘定に疎い存在だから、将来を見据えて金銀を蓄えることをせずに、その場限りの楽しみに多く浪費するものだ。職人や商人はそこから利益を得るのだ。だから高米価であったとしても職人や商人の飯米となる分はわずかで、利益の方が多いから、高米価を気に病む必要はない。もし低米価であれば、武士の収入が減るから、その分で武士の購買力が落ち、かえって職人や商人も利益を得ることが少なくなるだろう。米価が低ければ、士農工商すべてが困窮してしまうのだ。

武士を中心とした理論であり、職人や商人は武士の購買力のみで生かされていることを前提とした議論である。春台は「士人貧しければ、世に金銀乏しきゆえに、工商の類いも利沢少なし」とも言っている。なべて世の中はお武家様の懐《ふところ》次第なのだ。武士さえ潤えば、その効果はシモジモの者まで波及していく(武士を大企業に置き換えると、どこかで聞いた話ではある)。

だが現実の巨大都市江戸の経済はもはや武士を中心に動いているものではない。都市に集住した人びとは、その集住ということから新たに多様な需要を生みだしていた。飲食業しかり、古着屋しかり、ゴミ処理請負しかり。有名な火消も鳶《とび》の請負である。いずれも武士の需要のみに応えようとしたものではない。

くだって一八一六(文化十三)年、みずからを「武陽隠士」と称した姓名不詳の具眼の士は、享保期に起こった事態を次のように指摘する。

都会繁昌に過ぎ、奢侈《しゃし》に過ぎ、町人・遊民の人数いや増して、融通便利の道を尽す故、国々種々の産業起こりて、売買の道広大に及び、都会寸尺の地も宝となり、塵《ちり》も埃《ほこり》も利得のものとなり、世の中一面に透間《すきま》もなく、利欲を一筋にて詰まり切り、真綿にて首を締めたるとかいふ如く、利欲が人々の身に搦《から》みて、昼夜この苦痛を免さるる事を得ざるなり。(『世事見聞録』)

都市の過剰なまでの繁栄と奢侈の風潮は、ここに足場を持つ町人・遊民の数を増大させた。かれらは都市で便利に暮らすための生業を生みだし、なにごとも売買で取り引きされる世の中が到来した。塵も埃も商売のタネになる。こうして享保期から世の中は「利欲」にまみれたのだ。

江戸は武士の需要を満たすだけの城下町ではなくなった。それを十分に認識できなかったところに、大岡らの読み誤りが生じた。

「大岡くわれぬ　たった越前」

町奉行大岡忠相と米問屋高間伝兵衛の強力なタッグを中心に、一七三〇(享保十五)年から大規模な買米が進められ、一定の成果をみるなか、三二(享保十七)年秋、西日本一帯が凶作となった(享保の大飢饉《だいききん》)。この年、冷たい長梅雨の後、急速な高温化によってイナゴやウンカなどの害虫が大発生した。誇大な数字だが、『徳川実紀』はこの飢饉による餓死者を九六万九九〇〇人と記す。この結果、三二(享保十七)年冬に三一両だった張紙値段は、翌三三年春に四〇両と高騰した。三〇年夏からすれば、米の値段は倍になった。

買上米政策によって米価が上昇するなか、飢饉が追い打ちをかける格好となって米価が高騰したのである。これに武士は喜んだ。だが米価の上昇で生活が逼迫《ひっぱく》し始めていた江戸庶民の困窮は、ここにおいて一気に深まった。三二年十二月二〇日、町々は米価の値下げを町奉行所に訴えた。このときの月番町奉行は南の大岡ではなく、北の稲生正武《まさたけ》(諏訪の後任)であった。稲生は町人らに向かって「御武家方御手廻り宜しく候へば、町人共商い事もこれあるべく候。左候へば困窮にも及ぶまじ」と、『経済録』を地でいく発言をした(『江戸町触集成』六二六〇号)。「高米価で武士は潤っている。お前たちにも間もなくその恩恵は行くだろう」。町奉行稲生に庶民の困窮は理解できていなかった。大岡の認識もさして変わらなかったろう。

翌一七三三(享保十八)年正月の月番は大岡である。十七日、町々はこんどは大岡のもとへ米の値下げを求めて訴えた。翌十八日、大岡は町々の名主へ、暮れに稲生が申し渡した通り「急に下値に成し下され候御手当もこれなし」と回答した(『江戸町触集成』六二六六号)。町々は十九日に再び稲生へ訴えるも、かえって「下値になり候までは、粥糧等給(食)べ罷りあるべし」と諭された。「米が食べられないのなら、お粥を食べればいいじゃない」。

こうして町奉行に対応を求めても事態の好転が望めないことを覚った町人たちは、鬱憤《うっぷん》を晴らすべく、怒りの矛先《ほこさき》を高間伝兵衛に向けた。「高間伝兵衛が米を買い占めたから米の値段が高騰したのだ」。二〇日ころから毎日二～三万人が町奉行所に詰めかけて、高米価を生み出した元凶である伝兵衛の身柄を引き渡すよう要求したのである(「才谷屋記録」『日本都市生活史料集成』三)。

ことここに至って、ようやく大岡らは不穏を察知し、二一日には、禁止されていた白米(精米)の江戸入津を認め、二三日には御救米《おすくいまい》の支給を発表した。御救のために準備された米は五〇〇〇俵。一日あたり男は米二合、女と十五歳以下の子どもは米一合が「飢人」に限り与えられた。

槍玉に挙げられた伝兵衛も座視してはいない。深川の蔵にある二万石を、格安で売払いたい旨を慌てて大岡らへ上申し、二三日付で老中からの許可を得ている(「享保撰要類集」『東京市史稿』産業篇十三)。

だがすべては遅かった。二六日昼、町奉行所に詰めかける人々に対し大岡は伝兵衛の身柄引渡を拒絶した。こうして冒頭にあげた高間伝兵衛店の打ちこわしが、その晩に発生したのである。

江戸米屋高間伝兵衛と申す者方へ、町人千七百人参り、押し込み乱暴、家財打ち砕き、帳面引き破り捨て申し候。伝兵衛は、この節妻子同道、生国上総《かずさ》へ参り、店に居合わせ申さず、この難にあい申さず候。これは当年、米壱両につき七斗買いにて、江戸中軽きもの共難儀仕り、畢竟《ひっきょう》伝兵衛諸国の米穀買い置き〆《しめ》売り仕るとの風評につき、この意趣を存じ、乱暴いたし候由。(「枯木集」『東京市史稿』産業篇十三)

ここでは打ちこわし参加人数を一七〇〇人とするが、三〇〇〇から四〇〇〇人とする史料もある。いずれにせよ巨大都市江戸で起こった最初の食糧蜂起である。伝兵衛の家財諸道具は打ち破られ、帳面類も破られて川へ投げ込まれた。このとき当の伝兵衛は妻子とともに上総へ里帰りしており、不在であった。幕府は五月に打ちこわしの「魁首《かいしゅ》」を流罪とした(『徳川実紀』)。五月の月番町奉行は大岡であったから、処罰を言い渡したのは大岡であったろう。一名が重遠島、三名が重追放であったが、その罪状は当日隅田川へ御成《おなり》していた将軍世子徳川家重《いえしげ》の行列で狼藉《ろうぜき》を働いたためという(「月堂見聞集」)。高間伝兵衛店を打ちこわした罪ではないのである。大岡は、打ちこわしの原因が自ら陣頭指揮をとった買米にもあることを知り、米問屋の襲撃を罪とすることができなかったのであろうか。

この年、一七三三(享保十八)年の米価は、銭一〇〇文で米一升二合であった(ちなみに二〇年後の一七五二(宝暦二)年には銭一〇〇文で米三升)。庶民は一〇〇文で買った米一升二合を粥にしても、日に一膳食うのがやっとであった。

米高間　壱升弐合をかゆにたき　大岡くわれぬ　たつた越前

(「楓林腐草」『未刊随筆百種』十四巻)

大岡は落首でもって、たっぷりと皮肉られたのであった。

⦿参考文献

本庄栄治郎『米価調節史の研究』(「著作集」六、清文堂出版、一九七二年)

小野正雄「市中かるきもの」(佐々木潤之介編『日本民衆の歴史』四、三省堂、一九七四年)

岩田浩太郎『近世都市騒擾の研究』(吉川弘文館、二〇〇四年)

大石学『大岡忠相』(吉川弘文館、二〇〇六年)

1719–88
江戸時代中期に側用人・老中として幕政を主導。腐敗政治の元凶とされてきたが、その経済政策が見直されている。

本当に賄賂にまみれた「悪」の政治家か

田沼意次 …たぬまおきつぐ…

大石 学

田沼意次が政治を主導した十八世紀後半の田沼時代は、意次が評定所一座に加わった一七五八(宝暦《ほうれき》八)年から八六(天明《てんめい》六)年に老中を失脚するまでの二八年間をいう。従来、意次のイメージは、明治時代の国定教科書以来の「不正」「賄賂《わいろ》」の「悪」に染められた。たとえば、第一期国定教科書『小學日本歴史二』は、「徳川吉宗《よしむね》、幕府の政を中興して、一時、天下、大いに、治りしが、その死後、田沼意次、政治にあづかりて、不正の行多く、賄賂、盛に、行はれて、下民、大いに、苦めり。これに加ふるに、この頃、天災多く、大飢饉、あひつぎて、おこりしかば、貧民の蜂起するものありて、吉宗中興の政、やうやく、乱るるにいたれり」(海後宗臣編輯『日本教科書大系・近代編第十九巻・歴史二』講談社、一九六三年、四八二頁)とある。この意次イメージ、腐敗堕落の時代イメージが、長く社会に定着していったのである。

最近、田沼意次については、紀州《きしゅう》藩主の徳川吉宗が八代将軍に就任するさい、幕臣旗本にした紀州家臣団の一人田沼意行《おきゆき》の長男として江戸に生まれた、紀州系官僚出身という側面が注目されている。政権中枢にのぼりつめた意次は、弟や子どもたちの婚姻関係を通じて勢力を拡大、享保改革で限界を露呈した重農政策から重商政策へと舵《かじ》を切った。株仲間公認による冥加金《みょうがきん》・運上金《うんじょうきん》の徴収、幕府主導の座や専売制の導入など、営業税・流通税を通じた財源拡大など積極的な経済政策を展開した。また、新貨幣の鋳造、長崎貿易の拡大、商人資本による新田開発、中央金融機関の設立構想を発表し、尼崎《あまがさき》領の幕領化、北方蝦夷《えぞ》地開発とロシア交易計画など、大規模な経済計画を立案した。今日、これら意次の進歩的・開明的な側面が注目されているのである。同時代に平賀源内《ひらがげんない》や太田蜀山人《しょくさんじん》、杉田玄白《げんぱく》ほか「解体新書」メンバーなど、文化・教育が大きく発展したことも高く評価されている。はたして、意次と彼の政治の「悪の歴史」イメージは、どこまで払拭されたのか。

意次の賄賂と社会の頽廃

田沼時代の政治については、「一弛一張《いっしいっちょう》史観」（緊張と弛緩《しかん》が交代するという歴史観）のもと、将軍吉宗の享保改革と老中松平定信《さだのぶ》の寛政改革の二つの「緊張期」に挟まれた「弛緩期」、すなわち「退廃《たいはい》した時代」「暗黒の時代」として語られてきた。意次は「悪」の政治家、田沼時代は「悪政の時代」という評価である。

この評価は、田沼政権崩壊直後、世評を蒐集《しゅうしゅう》して編集された『よしの冊子《そうし》』（『随筆百花苑第八巻・よしの冊子上』中央公論社、一九八〇年）の一七八八（天明八）年九月の項に、「田沼時分の立身ハ賄賂を権門不残取候て、賄賂の能方へ被仰付ニ付、よほど取溜る迄ハ被仰付無之故、夫迄ハ手間が懸り申候由、当時ハ賄賂ハ一向ないが、人の善悪を御吟味で被仰付迄ハ手間がかゝる。きつひ違ひじゃと申沙汰」（二〇三頁）と、田沼時分（時代）の賄賂による人事と、松平定信の寛政改革時代の人柄の善悪による人事を対照的に記し、大きな違いと述べている。また、「田沼時分ニハ人々奢《おごり》付候て、只一日々々の事のミニ心懸《こころがけ》、始終の處へハ一向不心付候間、心あり候ものハ其一日をあぶ〳〵と計あんじくらし候由、当御時節ハ心持丈夫ニしっかりと相成候付、たとへ山が崩れ候てもあんじ不申候由」（二七七頁）と、刹那的に生きる田沼時代と、見通しを立てて計画的に生活する定信時代を対比している。

田沼時代のこうした評価について、たとえば、内藤耻叟《しそう》『徳川十五代史』（博文館、一八九三年）は、子の意知《おきとも》暗殺事件後においても意次の勢力は衰えず、「意次カ権寵《けんちょう》猶カハルコトナク、勢マスマス盛ナリシカ、常ニ奢侈《しゃし》ニ耽《ふけ》リ、驕《きょう》僭ニシテ、賄賂ヲ貪リ、私ヲ営ムコト甚シカリケレハ、小人攀援《へんえん》シテ、姦ヲ助ル者多ク、紀綱廃弛《はいし》、風俗頽靡《はいび》、且又種々ノ弊政ヲ行ナヒテ、人民ノ怨苦ヲ速《（ま）》ネクコト少ナカラズ……シカレドモ、其積悪の殃《わざわい》ニヤヨリケン、浚明公（将軍家治）ノ薨ニ臨ンテ、痛ク其姦ヲ悟ラレ、一時ニ権勢ヲ失ヒテ、貶黜《へんちゅつ》セラレ、禄地ヲ削リテ蟄居ヲ命セラレシカ」（四八～四九頁）と、意次の金権体質の政治を指摘している。

また、池田晃淵『日本近世時代史』（早稲田大学出版部、一九〇九年）は、「政局は田沼一人舞台にて、仮令《たとえ》表面にて立派なる法度制令を出すとも、内実は一時形式的にて、上下共に之を遵守せず、殊に財政は究迫し、天災等は年々なるも唯天下泰平四海安穏を以て上聴を蔽《おお》ひ、偖《さて》あらゆる弊政を案出して世上ヲ擾乱《じょうらん》せしは、彼も中々凡才には決して非ざるなり、天明夜話集と題せる当時の随筆に

『田沼主殿頭《とのものかみ》の申されしは、凡そ金銀は命にも替難き宝なり、其宝を贈りて御役勤め御奉公を頼むは、実に其志上に忠なるの致す所、但し其志の厚薄は贈り物の多少にあり、予は終日登城して国家の為め心を労すと雖も、帰宅して廊下に諸家よりの音物《いんもつ》数々並びあるを見れば、忽《たちま》ちに其苦労も忘れて聊《いささ》か慰む云々』とあり、こは元より実説として信ずべきに非ざれど、以て賄賂公行の盛んなるを思ふべし」(八一八〜八一九頁)と、意次が賄賂を公然と肯定していたエピソードを紹介している。

さらに、三上参次『江戸時代史・下』(冨山房、一九四四年、講談社学術文庫に復刊、一九九二年)は、「田沼は資性猾智《かっち》に富み、決して人と争わず、また謙遜身を卑しゅうし、下を憐み世を籠絡《ろうらく》し、己に利ある人には巧みに連絡をつけ自派とする才あり、ゆえに将軍の信用を堅うせしはもちろん、大奥向きの評判も宜しく、将軍の側室津田氏(お梶の方という)とは最も深く結託せしという」(三四五頁)と、意次の抜け目のない性格を指摘し、「田沼は啻《ただ》に所替・高位のみならず、裁断および交際上の名目の盛んになれるも、同じくこの時なりとす」(三四八頁)と、賄賂により転封や役職、さらには裁判が決められた状態を記している。

加えて、栗田元次『江戸時代史・下』(雄山閣、一九二九年)は、意次について、「幕政は全く彼の専制となり、諸役人何れも彼の鼻息を覗《うかが》ふのみならず、諸大名まで日々彼の家に伺候して一顧を得るを栄とする有様で、陪臣たる彼の公用人さへ若年寄三奉行等を頤使《いし》して居たといはれる、甲子夜話《かっしやわ》に松浦静山の記す所によれば、彼の意次に逢った大勝手は、三十余畳もしける座敷であるのに、人が多いため幾重にも重なり、主人との間二三尺しかない程で、次の間には刀が青海波の如く並んでゐたが、この外中勝手、親類勝手、表座敷等、格によって面会所を換へてゐたといふ……田沼意次には財政経済上には見るべき識見手腕もあつたが、自ら文武を顧ず、賄賂を貪り、驕奢《きょうしゃ》に耽《ふけ》ったため、社会の上下に腐敗の極を示し、紀綱は紊乱して、士風は頽廃《たいはい》し、淫靡奢侈《いんびしゃし》風をなすに至った」(一四七〜一四八頁)と、意次自身の賄賂と、社会の退廃を記している。

このように、江戸時代から第二次世界大戦中にいたるまで、意次と田沼時代は、道徳史観・倫理史観から、「悪」の側面を強調され評価されたのである。

意次の再評価

しかし、意次の「悪」評価を変える新たな視点を示したのは、大正デモクラシー期に刊行された辻善之助『田沼意次』(一九一五年、岩波文庫から再刊)であった。辻は、意次の専権、役人の不正、士風の廃頽《はいたい》、風俗の淫靡、天変地変、百姓町人の騒動、財政の窮迫と貨幣の新鋳、開発・座・運上の八節にわたって社会と政策について論じ、「これ等は総べて此の時代の暗黒面を示すものである」と、「悪」の部分を指摘した。しかし、同時に「然しながら吾人はこの暗黒の間に於いて一道の光明の閃《ひらめ》くもののあるのを認める。それは即ち、この時代に於ける新気運の潮流である」と、田沼時代に、(1)民意の伸長、(2)因習主義の破壊、(3)思想的進歩性、を見いだしたのである。加えて、辻は新田開発や鉱山開発の奨励、座・専売制度の実施などの増収政策が、すでに享保改革に見られることを指摘し、享保改革との連続面を指摘したうえで、同じ政策を実施しながら、享保改革を推進した将軍吉宗は中興の英主と称賛され、いっぽう意次は、生存中も死後も酷評されるのは理屈にあわないと、通説を批判したのである。

辻のいわば「一悪一善」の評価とは異なり、「善」の側面を強調する研究が、アメリカ人のジョン・ホイットニー・ホール（John Whitney Hall）の『Tanuma Okitsugu, 1719-1788,Forrunner of Modern Japan』（一九五五年）が、意次の先進的経済政策を分析し、「意次は近代日本の先駆者であり、徳川歴代の政治家中第一等の人物」と位置づけた。

しかしその後、辻やホールの人物と時代を直結する「田沼時代」の呼称に代わって、経済構造、社会構造、政治過程を分析する「時代史」として「宝暦〜天明期」の呼称が一般化した。たとえば、林基「宝暦―天明期の社会情勢」（『岩波講座日本歴史十一・近世四』、一九六三年）は、宝暦―天明期の階級闘争の質的変化＝変革主体の前期プロレタリアートの成立を指摘し、「革命情勢の原型の成立」と提起し、「『近代日本の先駆者』は、ホールのいうように田沼意次などにではなく、わがプロレタリアートの先祖のうちに求めねばならぬ」と主張した。また、佐々木潤之介『幕末社会論』（塙書房、一九六九年）は、寄生地主制の前段階として豪農範疇《はんちゅう》の一般的形成を指標に、「宝暦期を維新変革の起点」と位置づけた。以後、「宝暦―天明期論」は、明治維新を射程とする近世史研究の潮流を作った。

他方、大石慎三郎『田沼意次の時代』（岩波書店、一九九一年）は、ホールの位置づけを、より積極的にすすめていった。すなわち、辻善之助が「悪の部分」で依拠した史料「植崎九八郎上書」「続三王外記」「甲子夜話」「伊達家文書」「古今百代草叢書」「江都見聞集」などを検討し、これらが意次失脚後に、反意次の立場の人々によって書かれたものであると指摘し、「つまり田沼意次についてこれまで紹介されてきた『悪評』はすべて史実として利用できるものではないのである」と結論づけた。大石は、同時に意次の経済政策を高く評価し、ここにおいて、意次の「悪」のイメージは払拭される様相を示した。

庶民の評価

しかし、史料の著者が反意次であるからといって、それらの内容がすべて虚偽と考えることはできない。実際、同時期《リアルタイム》の知識人や庶民による意次と田沼時代の批評は、金権体質を批判する落書《らくしょ》や川柳《せんりゅう》として多数残されている。以下、同時期の落首や川柳から、あらためて時代イメージを追究してみたい（以下、引用で断りのないものは鈴木棠三他校訂『江戸時代落書類聚・上巻』東京堂出版、一九七四年、による）。

まず、いまだ意次が勢力を伸ばす前の側衆の時期、一七五四（宝暦四）年から八年の美濃郡上《みのぐじょう》一揆は、老中ら幕閣が多く処分され、意次が勢力を伸ばし、五〇〇〇石を加増され、計一万石の大名に昇進する契機となった。この時期、「発明の　人を田沼ぬ　智恵袋　名も徳もとる　主殿家来も」「五千石　作り出したる　田沼殿　主殿家来も　きつい豊年」（一八八頁）など、意次と家臣の賢才・辣《らつ》腕《わん》ぶりが皮肉をこめて詠われている。

続く老中就任直後の一七七二（明和《めいわ》九）年の江戸目黒行人坂《ぎょうにんざか》の大火のさいには、「とりためし　金も宝も　灰になり　主殿このうへ　なんと将監」（二〇二頁）と、当時有力老中であった松平右近将監《うこんしょうげん》武元《たけもと》とともに、意次が財産を失ったことが詠まれている。このとき、子の意知が内藤大和守の屋敷に避難すると、「御加増の　ばちで裸にあふ主殿　夜打の様に　大和こたへよ」(二一二頁)と、急激な出世が原因とされた。

一七八一(天明元)年、意次の弟能登守意致《のとかみおきむね》が、御三卿《ごさんきょう》の一橋家家老から将軍世嗣《せいし》の家基付きの小姓組頭に就任し、意次がさらに一万石を加増されると、「天明は　日本一の　ひとつばし　柱も杭(も脱カ)　田沼なりけり」(二六二頁)と、意次兄弟の権力伸長を詠んでいる。また、「百人一首」に擬して、「田沼浦に　打出見れば御用掛　不時対客の　人はふりつゝ」(二六三頁)と、意次の来客の多さを皮肉っている。

一七八四(天明四)年、意次嫡子の若年寄山城守意知《やましろのかみおきとも》が、江戸城内で旗本佐野善左衛門政言《ぜんざえもんまさこと》に刺殺された。この理由として、意知が佐野家の系図を借りたまま返さなかった、あるいは意知が佐野に御小納戸《ごしょうなんど》の職を世話するといい、たびたび金品を受け取ったにもかかわらず、約束を守らなかったためなどといわれるが、実際のところは不明である。しかし、当時この暗殺を意次政権転覆《てんぷく》のための陰謀とする説もあった。長崎に滞在していたオランダ商館長イザーク・ティティングは、「この殺人事件に伴ういろいろの事情から憶測するに、もっとも幕府の高い位にある高官数名がこの事件にあずかっており、また、この事件を使嗾《しそう》しているように思われる」(沼田次郎訳『ティチング日本風俗図誌』「新異国叢書」七、雄松堂書店、一九七〇年、一五六頁)と、反田沼派の幕府高官の企てであり、意知を殺した理由として、「父親の方はもう年もとっているので、間もなく死ぬだろうし、死ねば自然にその計画もやむであろう。しかし息子はまだ若い盛りだし、彼らがこれまで考えていたいろいろの改革を十分実行するだけの時間がある。のみならずまた、父親から、そのたった独りの息子を奪ってしまえば、それ以上に父親にとって痛烈な打撃はあり得ないはずだ、ということである」(同前、一五六～一五七頁)と、父意次は年をとっているので、時が来れば自然に亡くなるが、意知の方は、まだ若く新政策を推進する余裕があるから、と述べている。いずれにしても、後継者意知を失った意次の打撃は大きく、以後、意次政権は崩壊の道を歩み始めるのである。

この時期も、多くの落書が見られた。「親子して　己が田沼へ　水をひき　血汐ながして　佐野が邪魔城」(二七〇頁)と、田沼父子が権勢をふるったことを批判し、「田沼殿　もふよひ程に　とりたまへ　幾万両でも　子をば買はれぬ」(二七二頁)と意次の際限のない増収を批判している。また、笑い話として、佐野を抱き留めた松平対馬守が、それほど思い詰めたのならば、なぜ真っ向から竹割にしなかったのか、さぞ残念であろう、と言ったところ、佐野は、「拙者《せっしゃ》も兼て真向よりと存候が、面《つら》の皮が厚ひから左様にハ切られませぬ」(二七三頁)と、意知の厚顔を笑い、意知が傷を負い下城して屋敷に戻り駕籠から下りるさい、自ら手傷は肩と腰だが特に肩の痛みがひどいと言った。そこで家臣が、下の痛みはどうかと聞くと、「下の痛みハかまハぬ」(二七五頁)と、下々(庶民)の痛みは知ったことではないと答えたと、これも落ちにしている。

そして、一七八六(天明六)年、老中を免職されて勢力を失うと、「金とって　まつる北斗の　七ツ星(田沼家の家紋)　我身につみの　あたる剣さき」「皆人に　田沼れた　身もいまはまた　田沼にやな

らぬ　主殿家来も」「是からは　誰も願ひは田沼ねば　主殿家来も　あん神田橋」「まいないに　人の宝を　どらふ中　欲の深田の　沼となるまで」（いずれも二九五頁）と、意次の金権体質が一気に批判されたのである。意次失脚を将棋にかけて、「桂馬《けいま》から　金となる身の　嬉しさは　高上りして　歩にとられけり」「金銀を　だましてとったが　桂となり　飛香《ひきょう》ともいふ　歩角《ふかく》ともいふ」（二七一頁）と、揶揄《やゆ》された。

また、意次政権末期の天明年間（一七八一～八九）の落書では、「世に逢ふは　道楽者におごり者　ころび芸者に　山師運上」「世にあはぬ　武芸学問御番衆の　只奉公に律義なる人」（三二〇頁）と、当時は遊び人や博奕師《ばくちし》たちが出世し、まじめに働く者が認められないという世相を嘆いている。「化け物」とタイトルされる見世物口上にも、「此度遠州相良《さがら》の田沼より出し、星七ツ化物、顔ハ鳥の如し、天下に羽をのし、丸の内をふみ、手足は熊鷹の如く、鳴声金々となく」（三一七頁）と、意次の権勢と金権政治ぶりが批判されている。

さらに、意次失脚四年後の一七九〇（寛政二）年の世間の噂では、「四年以来権門音信相止、看売不申」（『随筆百花苑』第九巻「よしの冊子下」中央公論社、一九八一年、二二三頁）と、この四年間、幕府実力者への贈り物が中止となり、魚が売れなくなったとの評判を記している。

意次の金権政治の原因について、「大老ぶりせりふ」という口上には、「なり上ってこそ御座れども……系図たゞしからぬ大名で御座る」（三一三頁）と、意次は権力を手中にしたが、由緒・家柄が悪いことを記している。これが、紀州藩士から幕臣旗本、さらには大名へと成りあがった田沼家の弱点であった。意次が、佐野から系図を借りたまま返さないという逸話もこれとかかわる。

以上のように、同時期の落書をみると、やはり意次の金権主義にもとづく「悪」の政治は否定できない。しかし、田沼時代は古い身分制秩序を打破し、列島社会の経済を活性化させ、すでに見てきた落書・川柳をはじめ、黄表紙などの文芸、蘭学・国学の発展、浮世絵など、多彩な文化・学問が発達した、活気ある時代でもあった。金権政治、金権体質が、反モラル、反秩序のエネルギーになったとも考えられるのである。

◉参考文献
中井信彦『転換期幕藩制の研究』(塙書房、一九七一年)
竹内誠『大系日本の歴史十・江戸と大坂』(小学館、一九八九年)
大石学編『日本の時代史十六・享保改革と社会変容』(吉川弘文館、二〇〇三年)

1793–1855
天保改革期の町奉行。庶民目線で改革政治に反抗して左遷、のち町奉行に復帰。桜吹雪の入れ墨は本当か。

諸問屋組合再興を目指した執拗な老爺

遠山景元

…とおやまかげもと…

松本剣志郎

天保《てんぽう》改革時に町奉行を勤めた遠山景元は、一七九三（寛政《かんせい》五）年八月、旗本遠山景晋《かげみち》の長子として生まれた。通称を金四郎。一八二五（文政《ぶんせい》八）年に西丸小納戸《こなんど》役《やく》となり、二九年家督を継いだ（五〇〇石）。以後、西丸小納戸頭取格のち頭取、小普請《こぶしん》奉行、作事奉行、勘定奉行（公事方）を歴任し、一八四〇（天保十一）年に町奉行（北）に就任した。この間、一八三六（天保七）年に通称を左衛門尉《さえもんのじょう》とした。一八四一年に天保改革が始まると、これを強力に推進した老中水野忠邦《ただくに》と意見が対立し、四三年に大目付に左遷された。だが水野失脚後の一八四五（弘化《こうか》二）年に町奉行（南）復帰を果たす。一八五二（嘉永《かえい》五）年隠居し、帰雲と号した。一八五五（安政《あんせい》二）年二月死去。享年六三。

北のち南町奉行

一ツとや、ひとり政事をつかさどり〱、しん（臣）と民とがふくさなひ〱
二ツとや、ふたたび御役に出られまい〱、早く家督をゆづりませふ〱
三ツとや、水野が御役があがったら〱、よひ世の中になりませふ〱

（『藤岡屋日記』二巻）

一八四三（天保十四）年閏九月十三日、天保改革の推進者、老中首座水野忠邦はその職を追われた。江戸の庶民はさっそく手毬歌《てまりうた》（数え歌）をもじって、諷刺《ふうし》の効いた替え歌を流行らせた。水野の老中罷免《ひめん》に「ふたたび御役に出られまい」と、二度と表舞台に立つことはないとみて、「よひ世の中」の到来を期待した庶民だったが、それから九ヶ月経った翌四四年六月二一日、水野は老中首座に返り咲いた。再任の理由はよくわからない。直後、江戸では酒の値段が下がり、奢侈品《しゃしひん》の売買が控えられて不景気になった。だが水野に昔日の勢いはなく、翌四五（弘化二）年二月二一日、病気を理由に老中の職を自ら辞した。代わって頭角を現したのが、水野の罷免直前に老中へ就任した阿部正弘《まさひろ》である。水野完全失脚後の阿部による最初の大きな人事異動が、三月十五日に発令された。遠山景元の南町奉行就任である。「当人一代の内に南北両町奉行を相勤めること、これまた珍しきこと」（『藤岡屋日記』二巻）と評されたように、町奉行再任は前代未聞のことであった。庶民は早速狂歌を詠んだ。

水跡の荒地へはこぶ遠山の　土をならして伊勢音頭ぶし

（『江戸時代落書類聚』中巻）

水野の改革によって荒れ地となった江戸に、遠山を再登板させ、その上で政策を行うのが伊勢守（阿部）だということだろう。こうして遠山の町奉行第二ラウンドが始まった。

金さんイメージ

遠山景元には、良くも悪くもテレビ時代劇のイメージが染みついている。肩に桜吹雪《さくらふぶき》の入れ墨を彫り、若年の頃から吉原や賭博場《とばくじょう》に入り浸った遊び人であったがゆえに、下情に通じた名奉行になれたのだと。こうした「伝説」は、実は同時代からあって、入れ墨は桜とされたり、手紙をくわえた女の首であったりする。

青年期の放蕩無頼《ほうとうぶらい》の噂は、彼の家族関係が「伝説」の形成に一役買っている。景元の父景晋は、旗本永井家に四男として生まれ、遠山家に養子に入った。景晋の養父となった景好《かげよし》にながく実子のなかったゆえだが、皮肉にも景晋を養子と決めた直後に実子（景善《かげよし》）が誕生した（以下、遠山家の通り字「景」を諱《いみな》とする人物が続けて出てきてわかりにくいが、お付き合い願う）。だが景好は約束を違えず家督を養子の景晋に譲った。この恩義に感じたのか、景晋は実子景元が生まれていながら、後継ぎを養父景好の実子であり義弟の景善とした。さらにまたこれに恩義を感じたのか、景善は実子（景寿《かげひさ》）が生まれていながら、義兄の景晋の実子景元を養子にした。すなわち、景好―景晋―景善―景元の順で家督が相続されることとされ、いずれも養父養子関係だが、それぞれひとつとびで実の親子である。だが景善は、景晋から家督を譲られる前に死去してしまった。こうして景晋の跡は実子景元が継ぐこととなった。景元三二歳のときである。この間、二二歳で景元は結婚している。とはいえ三二歳まで、いつ家督を継ぐことができ、いつ幕府の役職に就けるか皆目知れぬ状態に置かれていたのである。ここに青年期の放蕩無頼「伝説」の成立する余地がある。

入れ墨にせよ、放蕩無頼にせよ、いまとなっては証明できるものではない。だがそうした「伝説」の似合う人物だったとは言えるだろう。それが天保改革時における遠山景元の立ち位置である。

天保改革――水野と遠山

一八四一(天保十二)年五月十五日、老中首座水野忠邦は「享保・寛政《きょうほう》」の政事への復帰を宣言し、改革をスタートさせた。分不相応なぜいたくを禁じ、風俗を矯正《きょうせい》し、幕府権威と権力を高め、一揆・打ちこわしに代表される内憂と、しばしば接近する異国船に象徴される外患とに対応しようとしたのである。ここでは藤田覚氏の研究に依拠し、江戸の町に関わる二、三の政策を取り上げて、遠山の立ち位置をみてみよう。

江戸庶民の娯楽の第一は寄席《よせ》であった。ほかに歌舞伎《かぶき》もあるが、入場料が金一両二分と高く、庶民がおいそれと観に行けるものではない。それに対して寄席は、入場料が銭十六文から二八文で、下足札や座布団、煙草盆などの借り賃を入れても銭五〇文あれば十分楽しむことができた。天保頃の寄席の数は、町奉行所支配地に二一一軒、寺社奉行支配地に二二軒であった。人気の演目は女《おんな》浄瑠璃《じょうるり》であったが、これは天保改革下の町の風俗にはよろしくない。改革方針をうけて町奉行遠山は、女浄瑠璃芸人の逮捕と、それを出した寄席の営業禁止を老中水野へ提案した。だが水野は甘くなかった。寄席そのものを禁止し、撤廃するよう命じたのである。

これに遠山は猛然と反対した。寄席を撤廃すれば、出演する多くの芸人たちが生業を失い、路頭に迷ってしまうではないか。彼らが江戸市中で不穏分子となってしまうのも得策ではない。それに寄席を訪れる観客から楽しみを奪うことになり、庶民の束の間の日常からの解放を取り上げてしまうことも問題だ。遠山はこのように訴えて、庶民の生活と娯楽を守ろうとした。だが、水野に容赦《ようしゃ》はなく、辛うじて町奉行支配地で十五軒、寺社奉行支配地で九軒のみの寄席の存続を認めたほかは、閉鎖、撤去に追い込んだ。

寄席のみならず歌舞伎も天保改革の標的にあがった。水野は、歌舞伎の江戸三座(中村座・市村座・森田座)を廃止するか、これまで町方の中心部にあったものを場末に移転させるかいずれかの策を検討していた。水野が廃止ないし移転の理由としたのは、芝居小屋がいずれも大規模建物で火災の心配のあるということ、および繁華な地にあって風俗に悪影響を与えているということであった。これに対し遠山は、火災はこれまでも何度か発生したがいずれの時も元の場所に建て直されてきたし、芝居小屋がとりわけ火災を多く出してきたわけでもない、風俗への影響は場所の遠近の問題ではない、などと反論した。そもそも天保改革が範とする「享保・寛政」においても、江戸三座は移転されていないではないか。だがこうした遠山の訴え空しく、江戸三座は場末の浅草山の宿町(のち猿若町《さるわかちょう》、およそ浅草寺《せんそうじ》の裏手)に移転となった。

総じて水野の急進的な改革路線に、遠山は庶民目線で抗っていたのである。

株仲間解散令

一八四一(天保十二)年十二月、株仲間解散令が触れられた。江戸十組問屋《とくみどいや》(大坂からの商品の荷受問屋)が不正をして物価をつり上げているとみた水野は、商売株式を廃止し、問屋仲間や組合といった商人組織をすべて解散させた。物価高の元凶とみなされた十組問屋は、一八一三(文化十)年、毎年一万二〇〇〇両の冥加金《みょうがきん》を幕府に上納することで、株仲間の公認をもらい、そのことで構成員を限定し、株仲間内での流通独占を図っていた。水野はこうした特権商人を排除することで、諸品の商売に「素人」(株仲間外の商人)の参入を促し、物価の下落をねらったのである。

株仲間解散令をめぐって遠山と水野の間でどのような議論が闘わされたかはよくわからない。そもそも政策が老中と勘定奉行らによって進められ、町奉行に有無を言わせなかった節もある。だが後の経緯をみれば、町奉行遠山が株仲間解散に大反対であったことは火を見るよりも明らかである。遠山は物価高の原因を幕府による貨幣改悪にみていた。質の悪い貨幣の発行流通は、インフレを引き起こす。物価高の責任は株仲間ではなく、幕府にあるのだ。しかしながら、この遠山の叫びは事前に封じられた。それからおよそ一年、遠山は町奉行の職を解かれた。

では株仲間解散令によって物価は下落したのだろうか。発令からひと月後、遠山配下の同心宍戸《ししど》郷蔵《ごうぞう》はその報告書において「追々値段下落致し候品もこれあるべし、又品切れ等にて値段引き上げ候類いもこれあるべく候へども、右は荷元諸国荷主の人気、御当地商人共人気、一遍(変)致し候はば、諸色《しょしき》共値段引き下げ申すべく候」と述べており、値下げした商品もあれば値上げした商品もあって、商人たちの一様でない反応をみることができる(『市中取締類集』一)。だが宍戸は、生産地と江戸の商人たちの「人気」(気風、気質)が一変すれば値下げが期待できそうだという感触は得ている。

具体的な数字について、平川新氏の集計によれば、発令後しばらくは、白米、塩、味噌、醤油、酒、水油(灯油)の諸品はいずれも値を下げている。発令から一年後で白米は十一%安、その他も七%から十九%の値下がりである。もっとも発令から二年半後に白米と酒は発令前の水準に復し、ついで醤油と水油も徐々に値を戻していった。味噌と塩は発令から八、九年の間下値であった。つまり一八四九、五〇(嘉永二、三)年ころまで株仲間解散令は、物価下落の面では一定の効果をあげていたのである。

株仲間解散令は、物価下落の効果が薄れた段階、すなわち一八五一(嘉永四)年に、諸問屋組合再興令という正反対の法令によって破棄された。この諸問屋組合の再興に異様なまでの執拗さをもって取組んだのが、他ならぬ遠山であった。それはまるで水野への恨みを晴らすかのようであった。

諸問屋組合再興への先鞭

一八四四(天保十五)年十二月、町奉行跡部良弼《あとべよしすけ》と鍋島直孝《なべしまなおたか》は、諸問屋組合再興の内慮伺を提出している(「諸色調類集」『東京市史稿』産業篇五六)。遠山景元に先立つ諸問屋組合再興の動きであり、遠山の言動に少なからず影響を与えたと思われる。まずは彼らの主張をきいてみよう。

最初に指摘されるのは、株仲間の解散が期待したほどの物価下落を実現していないという現状でである。物価下落を阻んだ要因のひとつが「素人」の商売参入である、とするのは株仲間解散令の真っ向否定である。素人が銘々の見込みをもって商品を発注するので、産地の相場が上昇しているという。他方で、「重立ち候品」を上方から江戸へ仕入れていた旧来の株仲間商人たちは、問屋仲間の名目自体は使用していないものの、「御触以前の姿にて取引」していた。何のことはない、商人たちは内々で問屋仲間を継続させ、アングラで動いていたのである。

また株仲間解散によって幕府の御用商人も打撃をうけているという。江戸城で消費される莫大な食材、例えば魚、鳥、野菜、塩、味噌、醬油などを供給する商人らは、たとえ「御用損」が出ようとも、これまでは問屋仲間で割り合って「仕埋」(補塡《ほてん》)してきた。だが問屋仲間が解散したことで、幕府御用に関する損失に対し商人たちが「自儘」(我儘《わがまま》)を申し募る始末だという。

こうして株仲間解散は、一万二〇〇〇両という「莫大の冥加金御免仰せ出され候ほどの実効御座無し」と、町奉行跡部と鍋島は酷評した。

問題はそれにとどまらない。幕府は株仲間を解散したことによって、商売の禁じられている品物や盗品売買などのチェック機能をも失ってしまった。これまで盗難が発生すれば、町触《まちぶれ》を通じて問屋仲間に盗品を周知させ、取引をチェックさせることで盗賊の捕縛《ほばく》に一役買っていた。株仲間解散は、こうした盗難事件の解決も滞らせることとなっていたのであった。

以上のような現状認識をもとに、町奉行たちは株仲間解散の意義を「文化度以来の流弊《りゅうへい》」打破に限定する。十組問屋は、一八一三(文化十)年以来「下組自法」などと言って中小問屋を従属させ、廃業した者の株を仲間内で買い取ることで商売を独占した。こうして十組問屋は「株式の権柄《けんぺい》」を握り、物価高の世の中に莫大な利益を得たのである。したがって株仲間解散はこうした体制を打破するという意義はあった。だが享保期に認められ始めた仲間組合の存在そのものは、物価高を招くものではないのだ。

こうして株仲間と物価の相関関係を否定したところに、町奉行が提示する処方箋は「享保度」への「古復」であった。株仲間による商売独占は当然排除し、かつてのように誰でも商売可能な「手広の主法」を立てようと言うのである。問屋組合の結成を認め、「一己の利欲に酖(ふけ、耽)り、不正の商い」をする者は仲間で吟味させ、幕府へ訴えさせるような仕組みを構築する。もちろん町奉行も積極的に取り締まりに乗り出す。こうして「安堵の渡世」を商人たちがおこなえれば、自然と物価の下落が期待されると結論づけるのである。

株仲間解散の悪影響を指摘し、逆に問屋仲間の力で取り締まりと物価下落を目指そうという町奉行の意見は、落ち目とはいえまだ水野忠邦が老中に留まっていたときのことである。しかも一定の物価下落の効果があったにも関わらず、期待したほどの物価下落が実現していないという。跡部良弼と鍋島直孝、遠山そこのけの肝の据わった町奉行である。このうち跡部は、肥前唐津藩《ひぜんからつ》主水野家に生まれ、旗本跡部家へ養子に入った人物である。そう何を隠そう、跡部良弼は水野忠邦の実の弟なのである。良弼は兄を見限り、兄の政策を非難することで次の阿部政権での生き残りを志向したのであろうか。だがこの三ヶ月後、跡部は小姓組番頭に左遷され、遠山が町奉行に復帰する。

遠山と筒井――町奉行経験者の意見

一八四五(弘化二)年二月水野忠邦が老中を辞職し、翌三月、遠山景元が町奉行(南)に復帰した。遠山は復帰にあたり、老中阿部正弘に数ヶ条からなる意見書を提出した(『諸問屋再興調』二)。そのうちの一つが、諸問屋組合再興であった。だが、それは却下された。「兎角《とかく》諸方折り合い兼ね、まずは差し向き諸品差支え候儀もこれ無き事ゆえ」と、諸役人間で意見がまとまらず、とりあえずは江戸に品物不足や物価高からの深刻な影響は出ていないことが理由であった。株仲間解散令の効果は出ており、それを認識している役人もいたのである。役人間では、もし品物不足が生じるようであれば、その品物に限っての問屋仲間再興はあっても、全商品の問屋再興(「古復」)はあり得ないとする意見が大勢であった。だが、かつての北町奉行遠山はその経験から、二品や三品に限っての仲間再興はかえって危険だと警鐘を鳴らす。「人気偏頗《へんぱ》を疑心いたし、種々の奸策《かんさく》を生じ、かえって吹毛の異変を起こし申すべき」と、その不公平から幕府を疑い、さまざまな悪巧みを生み、毛を吹くように人の欠点をあら探しして異変を起こすような事態に陥る可能性を指摘したのである。遠山は「追々山気の者共、其きざしを発し候事」とも記しているから、株仲間不在のなかで暗躍する山師たちを察知していた節がある。同様の諸問屋組合の再興に関して、十月にも遠山は意見を述べたようだが、やはり取り上げられていない。

ともあれ遠山は町奉行復帰直後から、諸問屋組合の再興に熱を入れていた。いや、諸問屋組合の再興を念願していたのは遠山だけではない。一八二一(文政四)年正月から一八四一(天保十二)年四月まで二〇年にわたり町奉行を勤めた筒井政憲《つついまさのり》も、この問題に非常な熱意をもっていた。筒井は町奉行辞任後、水野忠邦によって勤役中の不備を咎められて当時の西丸留守居役を追われた人物である。その頭脳はすこぶる明晰で、一八〇三(享和三)年の学問吟味で甲及第(最優秀)の成績を収め、一八五三(嘉永六)年来日したロシア使節プチャーチンとの交渉にも携わった人才である(書も巧みで、鑾溪と号した)。遠山からみれば筒井は、町奉行の先輩にあたるのみならず、お互い水野に職を追われた同士でもあった。

筒井は一八四六(弘化三)年正月の江戸大火をうけて諸問屋組合再興の意見書を老中阿部に提出したが、やはり用いられなかった。二度目の意見書提出は、この年六月の関東大洪水をうけてのことであった。その意見書において、問屋仲間の「名目、前の通り御免に相成り候へば、世上融通のため、且つ軽き小商人共のためには、如何ばかりかの御仁恵に相成り申すべし」との発言は、庶民目線に立つ遠山の考えと近しい。筒井の意見書を受領した老中阿部は、これを遠山にみせて意見を求めた。遠山の意見は既に決まっている。「今般御明決にて御免にも相成り候へば、惣じて町人共の身上に力を付け遣わし、小前のもの共渡世の便利を開き、商估《しょうこ》の道古法に復し、それぞれ安堵《あんど》の思いをなし、有難く御城下に住居相成り候へば、自然民心を治める御所置にも」なると、問屋仲間の再興が、小商人たちの商売のためになり、個々の商売の安定が江戸全体の治安に結びつくと力説した。遠山は町年寄奈良屋に、金子《きんす》融通のためには株式が必要だとする願書を書かせ、自身の意見書に添えて阿部に提出した。担保にもなった株式が廃止されたことで、市中は不景気になっていたのだ。

「老爺の一憤」

しかし、諸問屋組合再興の気運はまだ高まらない。ようやく一八四八(嘉永元)年四月に、老中阿部は遠山へ「諸問屋諸株古復の儀につき、極密見込み」を上申するよう命じた。遠山は従来の主張を繰り返し、水野の株仲間解散令を「商法破却」とまでこき下ろした。七月には、米価下落をうけて、遠山は従来の全ての問屋組合再興の主張を軟化させ、米問屋や蔵宿、船床、髪結床、八品商(質屋・古着屋など)、魚問屋、人宿について、試しに問屋組合の再興を図る案を提示した。そのときの上申書はつぎのような決意の文章で結ばれている(『諸問屋再興調』一)。

もとより不肖《ふしょう》には御座候へども、御政事の一端を相立て申したき心底ゆえ、一向に押しかかり力をつくし、商法相整え候様取り計らい申すべく間……失敬の文段にも当たり申すべくは、恐れを顧みざる儀、ただただ老爺《ろうや》の一憤《いっぷん》を起こし申し上げ候儀、幾重にも御宥免、御賢慮あらせられ候様願い奉り候。

水野によって「破却」された商法を立て直したい、その一心で老いぼれは奮い立って申し上げているのだ。遠山には、徳川の政事の一端を担っているという強い自負があった。

こうした遠山の意見に勘定奉行らは「冥加金上納中の姿に立ち戻り……後弊の程計りがたし」と、株仲間の再びの特権化を懸念し、議論は暗礁に乗り上げたかにみえた。だが、一八五〇(嘉永三)年十月、老中阿部は諸問屋組合再興の腹を決め、勘定奉行と町奉行に触の文面の調整を命じた。そして翌年三月、ついに諸問屋組合の再興が触れられた。冥加金の上納なし、仲間人数の増減も勝手次第である。遠山の悲願は達成した。だが触の文面にはいささか、いやだいぶ水野への面当てを感じさせる。

(株仲間解散令以後)商法相崩れ、諸品下直にも相成らず、かえって不融通の趣《おもむき》相聞け候につき、この度問屋組合の儀、すべて文化以前の通り再興申し渡し、いよいよもって冥加金上納のお沙汰はこれなく候間、その旨を存じ諸物価際立ち値段引き下げ、〆売《しめう》り〆買いは申すに及ばず、品劣り掛け目減らしなどの儀これなく、一切正路に売買致すべく候。

「商法相崩れ」の部分は認識の問題だから許容される。だが「諸品下直にも相成らず」は虚偽ではないか。先にみたように物価は下落したのである。遠山もそれは認識していたはずだ。ついで「文化以前の通り再興」の部分は、当初つぎのような文面であった。

御改革の初発仰せ出され候享保・寛政度の御政務に違わざる様にとの御趣意をもって、今般往古より寛政までの分、問屋組合再興当初案は「享保・寛政」の政事に復すという天保改革の主旨を受け継ぐ文章となっていたのである。だが勘定奉行と町奉行の検討過程において、それは削除された。諸問屋組合再興令は天保改革の否定の上に立つかたちをとったのである。それは水野忠邦への訣別宣言であった。当の水野は触の出されるひと月ほど前、一八五一（嘉永四）年二月、失意のうちに病死した。

諸問屋組合の再興を成し遂げた遠山は、およそ一年後、町奉行の職を辞した。遠山の町奉行第二ラウンドは、水野に「破却」された（と遠山自身が認識する）株仲間体制を取り戻すことに捧げられたと言ってよい。そのために遠山は水野の政策を悪に仕立て、ひいては水野自身を悪に見せたのである。さすがに老爺は老獪であった。

⦿参考文献

藤田覚『遠山金四郎の時代』（校倉書房、一九九二年）
藤田覚『水野忠邦』（東洋経済新報社、一九九四年）
岡崎寛徳『遠山金四郎』（講談社、二〇〇八年）
藤田覚『遠山景元』（山川出版社、二〇〇九年）
平川新「文政・天保期の幕政」（『岩波講座日本歴史』十四巻、岩波書店、二〇一五年）

1791−1859
10歳で7代目市川團十郎を襲名。時代物・世話物・舞踊の各分野で活躍、「勧進帳」を創案、「歌舞伎十八番」を制定した。

天保改革に背いた歌舞伎役者
七代目市川團十郎
…しちだいめいちかわだんじゅうろう…

木村 涼

七代目市川團十郎（一七九一〈寛政《かんせい》三〉年四月〜一八五九〈安政《あんせい》六〉年三月二三日）は、祖父五代目團十郎の次女すみと江戸三座の囃子方《はやしかた》で笛吹勝《ふえふきかつ》と称する人物との間に誕生したとされている。幼名を小玉と言い、一七九四年八月、桐座《きりざ》（市村座の控《ひか》え櫓《やぐら》）における初舞台、「神霊矢口渡《しんれいやぐちのわたし》」で新田徳寿丸《にったとくじゅまる》を勤め、初代市川新之助と名乗った。新之助は、一七九六年十一月頃には、海老蔵《えびぞう》と改名したとされている。一七九九年五月十三日、六代目團十郎が二二歳という若さで病死したので、その一年半後の一八〇〇（寛政十二）年十一月、市村座の顔見世「生茂浪溶濶《おいしげるなみのうねうね》」で般若《はんにゃ》五郎照定を勤め、七代目市川團十郎を十歳で襲名する。市川團十郎家では史上最年少での襲名となった。

一八三二（天保三）年三月、七代目は、四二歳の時、長男六代目海老蔵に自分と同じ十歳で八代目團十郎を襲名させ、自身は五代目市川海老蔵と改名した（ここでは煩雑さを避けるため、これ以後の年代であっても、七代目市川團十郎と表記する）。

八代目團十郎誕生と同時に七代目は、「江戸市川流」「壽」「歌舞妓狂言組十八番」として、初代以来一八二年に及ぶ市川家代々の当たり芸十八を選定し発表した。これが、いわゆる「歌舞伎十八番」である。十八演目とは、「暫《しばらく》」「七《なな》つ面《めん》」「象引《ぞうひき》」「蛇柳《じゃやなぎ》」「鳴神《なるかみ》」「矢《や》の根《ね》」「助六《すけろく》」「関羽《かんう》」「押戻《おしもどし》」「嫐《うわなり》」「鎌《かま》髭《ひげ》」「外郎売《ういろううり》」「不動《ふどう》」「毛抜《けぬき》」「不破《ふわ》」「解脱《げだつ》」「勧進帳《かんじんちょう》」「景清《かげきよ》」をいう。これらの内で、「勧進帳」は七代目が能の「安宅《あたか》」を原作として創作したものである。一八四〇年三月に「歌舞伎十八番の内」と銘打ち初演し、七代目は武蔵坊弁慶《むさしぼうべんけい》を演じている。以後、「勧進帳」は、歌舞伎屈指の作品といわれ、現代でも数多く上演されている。

七代目は、お家芸の荒事《あらごと》は勿論、時代物、世話物、和事《わごと》、所作事など、どんな役柄にも積極果敢に挑み卓越した演技力を発揮し、その芸域の広さは他の追随を許さなかった。まさに「随市川」と称されて歌舞伎役者の象徴ともいえる存在であった。

「勧進帳」の弁慶（3代目歌川豊国画。
「武蔵坊弁慶」〔100-2787〕
早稲田大学演劇博物館蔵）

天保改革始まる

一八四一（天保十二）年五月、老中水野忠邦《みずのただくに》は天保の改革宣言を発した。

天保改革における江戸市中の風俗取締りの過酷さは寛政改革をさらに上回り、風俗の乱れ・奢侈《しゃし》増長の元凶と捉えられていた江戸歌舞伎には一層の弾圧が加えられた。まず手始めに、中村座・市村座・河原崎座の江戸三座に対して猿若町《さるわかちょう》への移転命令が下された。

芝居小屋移転政策

一八四一年十月、堺町中村座付近の裏茶屋から出火した火事は近辺の市街に延焼し、葺屋町《ふきやちょう》市村座をも焼失させた。幕府はこれを好機として堺町・葺屋町での両座の再建を同月二〇日禁止、北町奉行遠山景元《とおやまかげもと》は直ちに三座座元、座頭役者、料理茶屋、芝居出方、操座関係者を呼びだし、芝居小屋移転を申し渡した。申し渡し文の概要は次の通りである。

近来、役者共は芝居小屋の周辺へ住居いたし、身分をわきまえず町人同様に生活するようになってきている。また特に、三座の芝居内容がみだりになっている。そうしたことが、自然と市中へ風俗の乱れとなって広まり、近頃下品なさまになってきている。言わば、時々の流行の多くは、芝居から起こっている。役者共は、町人と身分の差があるのに、いつとなくその隔たりがなくなってしまった。それは、取締りの不徹底が原因である。この度、中村座・市村座ならびに結城《ゆうき》座、薩摩《さつま》座《ざ》などの操り芝居、その他これに携わる町屋まで堺町・葺屋町から残らず引き払うこと。しかしながら、二百年来の地を離れるにあたって、諸々、難儀することもあるだろうから相応の手当を支給する。替え地に関しては、吟味し、追って沙汰をする。木挽町《こびきちょう》にある森田座控え櫓の河原崎座も類焼するか、または大破し、普請に及ぶ時は、これもまた引き払いを命じることと心掛けておくこと。もっとも、河原崎座は、初春芝居が始まれば、芝居内容ならびに役者共はみだりに市中の人々に影響が及ばないよう、取締りのことも必ず心得ておくようにすること。

この申し渡しの内容が、水野忠邦の江戸歌舞伎に対する認識である。水野は、はっきりと身分の差を明言して、役者と町人の交流の断絶を図り、芝居小屋を辺鄙《へんぴ》な土地へ隔離させるべく移転政策を打ち出した。しかしこの時点では、まだ具体的な替地について述べていない。

なお、森田座は天保改革中、経営不振のため興行しておらず、その控え櫓である河原崎座が興行している。翌一八四二年正月に、中村座座元十二代目中村勘三郎らが呼び出され、北町奉行所白州《しらす》にて堺町・葺屋町の替地は、浅草寺の東側、聖天町《しょうでんちょう》に接する山之宿町の丹波園部《たんばそのべ》藩主小出伊勢守英発《ふさおき》の下屋敷であった一万七八坪であると北町奉行の遠山景元から申し渡された。同年四月、浅草の替地は猿若町と名付けられた。中村座は猿若町一丁目に、市村座は猿若町二丁目に、後に河原崎座も猿若町三丁目に芝居小屋を建てた。もとの堺町・葺屋町は、そのままの町名を使うこととした。同年十二月には、木挽町五丁目の河原崎座とその関係者に移転が命ぜられ、翌一八四三年三月、猿若町三丁目に河原崎座が移転し、三座の芝居小屋移転は完了した。

歌舞伎十八番「景清」出演中の検挙

芝居小屋強制移転で混乱している最中に、江戸歌舞伎はまたも強烈な次の一手を受けることとなった。江戸歌舞伎の最高峰に位置し、江戸社会に最も影響を与える役者とみなされた七代目市川團十郎が、新たな弾圧政策の的となった。七代目が幕府に目をつけられたのは、幕府から発令されている奢侈禁止令を無視して、自分の住居や身なり、小間物類にまで華美を装い、豪奢な暮らしをしていたからである。人々への影響力が大きいと認められていたからこそ、余計厳しい目でみられた。

中村座と市村座が猿若町に移転させられ、木挽町五丁目に残った河原崎座で歌舞伎十八番「景清《かげきよ》」の主人公悪七兵衛景清を初演で勤めていた七代目團十郎は、一八四二（天保十三）年四月六日、南町奉行鳥居耀蔵《とりいようぞう》に検挙された。

検挙された理由は、一八四一年十月十六日発令の奢侈禁止令に背いたというものであった。この時、七代目は、南町奉行鳥居耀蔵直々の調べを受けている。その結果、罪人として扱われた七代目は手鎖《てじょう》をかけられ、身柄は家主熊蔵にお預けとなり、追って沙汰があるまでの謹慎を命ぜられた。一八四二年三月九日から始まり、二ヶ月目に入っても好評を博していた「景清」の芝居は、七代目検挙後、代役を立てての続行も許されず上演中止となった。

江戸十里四方追放を申し渡される

一八四二（天保《てんぽう》十三）年六月二二日、検挙され謹慎中であった七代目は、鳥居耀蔵から江戸十里四方追放という重罰を申し渡された。申し渡し文の概要は次の通りである。

七代目は、居宅に長押《なげし》を造り、床を塗りがまちにしていた。赤銅七々子で釘隠を打ち付け、天井は全て金泥《きんでい》の格天井《ごうてんじょう》にしていた。庭には、御影石《みかげいし》の燈籠《とうろう》や大石を数多く置き、庭の土蔵内へは不動明王像を安置していた。その像は金箔にして、須弥壇《しゅみだん》は朱塗りの彫物という華麗なものであった。小箪笥《こだんす》は、赤銅七々子という技法で金丸桐の紋を付けていた。小柄などは鉄製で、唐櫃《からびつ》や額には楷細工が施されていた。木彫りの彩色あざやかな雛《ひな》道具を次々と買い求め、その造りは、縞桐で、そこに金の砂子をかけたという豪華なものであった。瓢箪《ひょうたん》には分不相応に、菊桐五三紋の形を付けていた。また、名前も身上も不明な町人からの頂き物といって、雛壇へ猩々緋《しょうじょうひ》を敷き、それらを座敷内に飾っていた。その上、芝居に使用する道具類もありふれたもの（奢侈禁止令の許容範囲のもの）では、見物人の気に召さないと考えていた。そこで芝居においても革製や鉄製の甲冑《かっちゅう》など、作り物ではない本物を使用した。さらに、先祖代々に伝わる珊瑚樹《さんごじゅ》の根付けや高蒔《たかまき》絵《え》の印籠《いんろう》などを芝居に使用していた。前年十月に奢侈禁止令が出されたこともあって、居宅の目立つ一部を取り壊したが、七代目のそれまでの生活は、身分をも顧みず分不相応に贅沢な暮らしをしている。また、先年購入した高さ一丈七尺（約五メートル十センチ）の石灯籠一対を、深川永代寺における成田山の出開帳時に、成田山新勝寺の本尊不動明王へ奉納するといって出開帳場へ運んだ。このような高価な物を永代寺境内へ置いたことは、誠にもって不届きで、なおかつお触れに背いているため、七代目の居宅をすべて取り崩し、江戸十里四方追放を申し渡す。

七代目にとって幕府の法令を遵守するより、人々の目をひく豪華なものを身につけ、人々が驚いたり、喜んだりすることを優先させる方が、歌舞伎役者として当然であると徹底的に自分自身の考えを貫いた。しかし、幕府にたてついた七代目を待っていたのは、江戸十里四方追放という、江戸歌舞伎役者にとっては衝撃的な結果であった。

奢侈禁止令にみる追放要因

天保改革において幕府は、風俗取締りに対し厳しい態度で臨み、一八四一(天保十二)年十月十六日、奢侈禁止令を発令した。幕府は町奉行を通し、町年寄が、町名主・家主・裏店層に至るまでの江戸の全住民にこの度の奢侈禁止令を繰り返し申し聞かせるように指示した。奢侈禁止令は、全国法令であり、生活統制令ともいえるものであった。

当法令によれば、享保改革・寛政改革時にも同様の触書《ふれがき》を出したが、年月がたっているので再度申し渡すとある。内容は十条から成り、様々な規制がある。禁制の対象になったのは、贅沢な菓子・料理から、華美な能装束・金の金物や箔《はく》をつけた破魔弓《はまゆみ》・菖蒲刀《しょうぶがたな》・羽子板、八寸以上の雛人形、高価な金物など、さらに金銀使用の彫物・象嵌《ぞうがん》・蒔絵・簪《かんざし》・履物などにまで及んでいた。

七代目は、この奢侈禁止令に抵触したとして処罰を申し渡された。七代目はもともとこの法令を守らなければならないと考えて生活していたわけではなく、自分の思い通りに暮らしていた。そこで、奢侈禁止令と七代目の暮らしの実態を比較していく。

まず、雛道具については梨子地は言うまでもなく使用禁止とされており、蒔絵であろうとも、紋所以外は無用であるとされている。これに対し、七代目は、華美な雛道具を次々と買い求めたり、名前も身上も不明な町人からの貰いものといって、雛壇へ猩々緋を敷き、それらを座敷内に飾っているという奢侈の実態であった。

次に、煙管《きせる》その他の玩弄品《がんろうひん》に、金銀を使用することはもちろん、彫刻・象嵌の類・蒔絵などで華美にすることは禁止とされている。ところが、七代目は芝居で、高価な珊瑚樹の根付けや高蒔絵の印籠などを使用していた。また検挙時、上演中の「景清」の主人公悪七兵衛景清は、金銀摺箔《しょうはく》の牡丹《ぼたん》の縫い取りをした豪華などてらを着用していた。

最後に、町人全体が華美にならないように心掛け、町人男女が、分限不相応な物を着用したり、髪飾りなども華美なものを使用した場合、町役人が付き添って町奉行所にて吟味するとされている。これに対し、七代目は、「景清」では手の込んだ本物の革の籠手《こて》や脛当《すねあて》を使用し、他の武士役の時でも、芝居用の作り物ではなく、本物の革製・鉄製の甲冑などを使用した。町人の華美を誘発する七代目の芝居空間の奢侈は、明らかに法令に抵触していた。七代目追放の要因となった奢侈禁止令は、七代目の日常生活・芝居空間、両方に細かく厳しい規制が及んだ法令であった。

江戸十里四方追放という罰を七代目は受けたが、この時、南町奉行鳥居耀蔵より罰せられたのは七代目だけではなかった。家主や町名主は、町触《まちぶれ》に背いていた七代目に対し注意も指導もできなかったということで、過料三貫文を申しつけられている。また、手が込んでいる上に豪華な雛道具を七代目が質に入れた時、無判でそれを受け取ったとして、深川嶋田町の宇右衛門店の質屋は、雛道具を取り上げられた上に過料十貫文を申しつけられている。他にも、芝居で使用する本物の刀などの武器を七代目が質屋に入れた時、それを無判で受け取ったとし、神田平永町源右衛門店の古道具屋と赤坂裏伝馬町二丁目忠兵衛店の古道具屋がそれぞれ過料十貫文、五貫文を申しつけられている。

　こうして七代目の奢侈をめぐっては、七代目自身の江戸十里四方追放だけではなく、七代目に関わっている家主や質屋、芝居の演出では欠かすことのできない古道具屋までもが処断された。言うなれば、七代目が日常生活を営んだり芝居を上演する上で、密接な関係を持つ人々も七代目の巻き添えをくった。華美な衣装をまとったという理由で過料を命ぜられた歌舞伎役者もいたが、江戸十里四方追放という重罰を科せられたのは、江戸歌舞伎役者では七代目團十郎ただ一人であった。

落書にみる江戸追放

七代目江戸追放処断について、人々がどのように捉えていたかが知れるいくつかの落書がある。

①身のほどを白猿《しらざる》ゆへのおとがめを　手にしつかりと市川海老錠

②開帳の不動りきんであらはれて　鉄しばりとはあはれ成田屋

③白猿はきばをとられて青くなり

④成田屋は役者の中で大きな目

まず①は、役者という身の程を知らない白猿《はくえん》(七代目の俳名)と知らざるを掛け、七代目が手錠をかけられたことを表して海老錠としている。

②では、成田山の深川永代寺での江戸出開帳の不動明王が力んで現れたが、手錠をかけられて動けないのは哀れと市川家の屋号である成田屋を結びつけている。

③では、白猿の牙と七代目が住居している木場をかけ、木場の居宅を全て破却され顔色が青くなったと表現している。

④では、七代目は役者の中で大きな目の持ち主であることが知られている。その七代目が、幕府から江戸十里四方追放という重罰を受けて大変な目にあったことを強調している。

こうした落書が江戸を出入りする人々の目にとまり、七代目江戸追放の一件は、江戸市中や近郊はもちろん、京・大坂にまで知れ渡り、大きな話題となっていった。

成田山へ蟄居

江戸十里四方追放の処罰を受けた七代目は、ただちに市川家と縁の深い成田山に向けて出立した。七代目にとって、成田山は江戸から十六里の距離という好都合の場所であった。

成田山に到着した七代目は、名を「成田屋七左衛門」と名乗り、成田山内の延命院に蟄居《ちっきょ》することとなった。

延命院は、成田山新勝寺の末寺で日蔭山延命院と称し、本尊は智證大師《ちしょうだいし》作の地蔵尊である。もともと成田山の副住職、執事の住院であった。開創の年月は不明であるが、すでに正徳・享保には照貞師が住職となっており、次いで照海師が任じ、一七四六(延享《えんきょう》三)年の頃には照峯上人が住し、照倫師・照胤上人と相継いで住し、嘉永年間には照岳上人が住して新勝寺の寺務を執行していた。

七代目は、一八四二(天保十三)年六月晦日に成田山に到着し、すぐ翌月の七月から九月にかけて成田周辺の寺社参詣の旅に出ている。千葉北斗山(=千葉北斗山金剛授寺尊光院)、芝山《しばやま》仁王尊、滑川観音、印旛沼《いんばぬま》、香取《かとり》神宮、息栖《いきす》神社、鹿島神宮、潮来《いたこ》村などを訪れ、その折々に、自身が感じたままに歌を詠んでいる。訪れた場所は、成田村を中心に、千葉北斗山から北総地域、常陸国までと利根川に沿っている。およそ二ヶ月程ではあるが、自由に気のむくままに旅をしていたようである。

七代目は、その時の紀行文と俳句と和歌を一冊にして刊行し、友人間に配布した。それが『しもふさ身旅喰《みたびぐい》』(一八四二年九月刊)である。『しもふさ身旅喰』の奥付の署名は、「北総猿命延白猿」となっており、延命院をもじり、且つ寿命の長いことを願っている。

自由に旅をしながらも、常に芝居に対する思いが基底にあり、和歌・俳句においても、単に名所・旧跡や寺社参詣の折の風景を詠んでいるのではなく、先祖の事、追放された心情、成田村における自身の状況も合わせて創作されているのが特徴である。

成田山での七代目の暮らしは、蟄居の身にかかわらず、贔屓《ひいき》の人々と句会を開いたり、村の子供に芝居を教えたりしていたと伝わっている。

❖市川團十郎 家系図

堀越重蔵（十蔵）の子
初代 市川團十郎
屋号 成田屋
元禄十七年（一七〇四）二月十九日…没（四五歳）

子
二代目 團十郎
宝永元年（一七〇四）七月…襲名（十七歳）
宝暦八年（一七五八）九月二四日…没（七一歳）

養子（三升屋助十郎の子）
三代目 團十郎
享保二〇年（一七三五）十一月…襲名（十五歳）
寛保二年（一七四二）二月二七日…没（二二歳）

二代目の養子（庶子）
四代目 團十郎
宝暦四年（一七五四）十一月…襲名（四四歳）
安永七年（一七七八）三月一日…没（六八歳）

四代目の子
五代目 團十郎
明和七年（一七七〇）十一月…襲名（三〇歳）
文化三年（一八〇六）十月二九日…没（六六歳）

養子（庶子）
六代目 團十郎
寛政三年（一七九一）十一月…襲名（十四歳）
寛政十一年（一七九九）五月十三日…没（二二歳）

養子（五代目の孫）
七代目 團十郎
寛政十二年（一八〇〇）十一月…襲名（十歳）
安政六年（一八五九）三月二三日…没（六九歳）

長男
八代目 團十郎
天保三年（一八三二）三月…襲名（十歳）
嘉永七年（一八五四）八月六日…没（三二歳）

五男（庶子）
九代目 團十郎
明治七年（一八七四）七月…襲名（三七歳）
明治三六年（一九〇三）九月十三日…没（六六歳）

養子
十代目 團十郎（追贈）
昭和三一年（一九五六）二月一日…没（七五歳）

養子（七代目松本幸四郎長男）
十一代目 團十郎
昭和三七年（一九六二）四月…襲名（五三歳）
昭和四〇年（一九六五）十一月十日…没（五六歳）

長男
十二代目 團十郎
昭和六〇年（一九八五）四月…襲名（三八歳）
平成二五年（二〇一三）二月三日…没（六六歳）

長男
十一代目 市川海老蔵
昭和五二年（一九七七）十二月六日生

成田山延命院入口

もともと旅好きの七代目は、成田近郊だけではなく遠方まで足を延ばしている。成田山に生活して約七ヶ月後の一八四三年二月七日に、七代目は成田山から餞別《せんべつ》七両を得て、高野山参詣に出立している。高野山山中には二代目團十郎が建立した初代團十郎の供養塔がある。「大諸侯の建て置かれしと同様なる大碑石を建て」といわれる程の規模の供養塔である。それが古くなったので、七代目が文政期に修復している。

高野山参詣後、七代目は成田へ再び戻るのだが、帰る途中、一八四三年五月十四日に、伊勢古市の芝居に出演している。古市は芝居の盛んな所であり、京・大坂の歌舞伎舞台への登竜門でもあるとされている。七代目は「幡谷重蔵」という仮名で「神霊矢口渡《しんれいやぐちのわたし》」(由良兵庫・渡し守頓兵衛)、「夏祭浪花鑑《なつまつりなにわかがみ》」(團七九郎兵衛)に出演して、興行が終了すると、他へは寄らず再び成田山延命院に戻った。

高野山から成田山に戻り、そこで再び蟄居生活を送っていた七代目であったが、心の底では早期の追放赦免《しゃめん》を強く望んでいた。蟄居中に七代目の親族が江戸十里四方追放赦免の嘆願書を幕府に提出したが、この嘆願は聞き届けられなかった。

七代目は、赦免嘆願が聞き入れられなかったので、近々の赦免はないものとあきらめたのであろう。成田山にいては芝居に出演することは難しい。そこで、一八四三年八月八日から断食参籠に入り、十四日に終了して、十六日に芝居の場を求め、上方方面へ出立した。

大坂を拠点とし、積極的に芝居に出演していた七代目であったが、一八四九(嘉永二)年十二月、十一代将軍徳川家斉の七回忌の恩赦により江戸十里四方追放が赦免された。追放を申し渡されてから、実に七年以上の歳月が経っていた。上方での芝居が終了し、七代目が再び江戸の地を踏んだのは、一八五〇年二月のことであった。

⦿参考文献
伊原敏郎『近世日本演劇史』(早稲田大学出版部、一九一三年)
伊原敏郎『市川團十郎の代々』(市川宗家自家版、一九一七年)
金沢康隆『市川團十郎』(青蛙房、一九六二年)
木村涼『七代目市川團十郎の史的研究』(吉川弘文館、二〇一四年)
北島正元『水野忠邦』新装版(吉川弘文館、一九六九年)
藤田覚『天保の改革』新装版(吉川弘文館、一九九六年)
三代目中村仲蔵著・郡司正勝校訂『手前味噌』(青蛙房、一九六九年)
鈴木棠三・小池章太郎編『近世庶民生活史料　藤岡屋日記』第二巻(三一書房、一九八八年)

鈴木棠三・岡田哲校訂『江戸時代落書類聚』中巻（東京堂出版、一九八四年）
関根只誠『市川水の筋』（『演劇叢話』廣文堂書店、一九一四年）
『成田市史　中世・近世』（成田市、一九八六年）
武陽隠士著　本庄栄治郎・瀧川政次郎解説『世事見聞録』（青蛙房、二〇〇一年）

1797−1858
幕末の浮世絵師。詩情あふれる風景版画で人気を博した。

実は旅をしていなかった旅の浮世絵師

歌川広重

…うたがわひろしげ…

池田芙美

歌川広重、実名、安藤重右衛門《じゅうえもん》は、江戸城の防火にあたる定火消同心《じょうびけしどうしん》・安藤源右衛門の子として生まれた。両親を相次いで亡くし、数え十三歳で家督を相続。十五歳の時に浮世絵師・歌川豊広に入門。師の名と、実名から一字ずつ取り、「広重」と名乗る。二七歳のとき、火消同心職を安藤家直系である祖父の子に譲り、自身は画工の職に専念する。「東海道五拾三次之内」(保永堂版)や「名所江戸百景」など、諸国風景や江戸名所を描いた叙情性に富む風景画で人気を博した。

名所絵を描かせたら、右に出る者なし

突き刺すような雨、しんしんと降りつもる雪、茜色に染まる空、静寂に包まれた夜…。四季折々、様々な天候を豊かに描き出した広重の風景は、しみじみとした情緒に富み、臨場感あふれる画風で、今なお多くの人々に愛されている。とくに、広重の出世作にして最大のヒット作「東海道五拾三次之内」(保永堂版、一八三三〔天保《てんぽう》四〕年頃刊)や、最晩年の遺作「名所江戸百景」(一八五六〔安政《あんせい》三〕〜五八〔安政五〕年刊)のシリーズは完成度が高く、「名所絵の名手・広重」というイメージを決定的なものにした。

このような広重のイメージは、現代のみの評価ではなく、広重存命中にはすでに確立されていたことが分かっている。たとえば当時の浮世絵師の人気ランキングを表した『江戸寿那古細撰記《えどすなごさいせんき》』（一八五三〔嘉永《かえい》六〕年刊）には「豊国　にかほ」「国芳　むしゃ」「広重　めいしょ」とあり、三代目歌川豊国の似顔絵、歌川国芳の武者絵に続き、広重の名所絵がナンバー3にランクインしている。

では、広重の名所絵自体は、当時どのように見られていたのだろうか。その手掛かりとなるのが、狂歌師・四方瀧水《よものたきすい》による「東海道五拾三次之内」（保永堂版）の序文である。保永堂版は当初一枚ずつのバラ売りで、順次出版されていたが、大変評判となったため、シリーズ完結後、画帖に貼りつけた状態でセット販売された。瀧水の序文は、画帖の冒頭に付けられたものである。この序文には次のように記されている。

> 広重ぬし其宿々はさらなり、名高う聞えたる家ゐ、ある（い）は海山野川草木旅ゆく人のさまなど、何くれと残る隈なく写しとられたるが、まのあたりそこに行たらむこゝちせられて……

すなわち、広重作品にはそれぞれの宿場や旅人の様子が隅々まで写し取られており、見ていると実際その場にいるかのような気持ちになる、と伝えている。

右記のような広重画に対する評価は、亡くなるまで変わることがなかった。広重の訃報を伝える「死絵」（一八五八〔安政五〕年刊）では、親交のあった三代目豊国が広重の肖像を、狂歌仲間の天明老人（本名・

本田甚五郎、別号・尽語楼内匠《じんごろうたくみ》)が図上の詞書を担当しており、そこには次のようにある【図1】。

立斎広重子(広重のこと)は……常に山水のけしきを好み又安政三辰の年より江戸百景をかゝれ目の前に其けしきを見る如く……

つまり、最晩年の「名所江戸百景」についても、目の前にその景色を見ているようだ、と賞賛されている。

また、広重による絵本の代表作『絵本江戸土産』(一八五〇〔嘉永三〕~六七〔慶応《けいおう》三〕年刊)の記述も興味深い。本書は初編から七編までを初代広重、八編から十編を二代目広重が描いており、八編の序文では初代の死を悼み、「山水及び花鳥の風情、真に描くことを得しより、一時雷名を轟《とどろ》かし」と述べている。

広重の作品を手にした人々は皆、そのリアリティあふれる表現に驚き、絵の中の景色を目の当たりにしているかのような感覚を楽しんでいたのである。

【図1】《広重の死絵》(三代目歌川豊国
東京国立博物館蔵　Image:TNM Image Archives)

先輩・北斎に物申す――写生をもとに叙情を加えるべし

このような周囲の評価に対して、広重自身は自分の絵をどのように捉えていたのだろうか。

たとえば、東海道の宿場の名所や名物、その地にちなんだ古歌や故事を記した『東海道風景図会』（一八五一〔嘉永四〕年刊）では、掲載されている風景について「写真《しょううつし》の図にあらず、其趣をとり道具を用ひて、余ハ寓意《ぐうい》に出るの風景」と語っている。言い換えれば、本書の図は、景色をそのまま写したのではなく、自身の感覚によって叙情性を高めたものである、ということだ。また、広重が絵の初心者に物の形を描く方法を説いた『絵本手引草』（一八四八～五四年頃〔嘉永年間〕刊）では、「画は物のかたちを本とすれバ写真をなして是に筆意を加ふる時ハ即《すなわち》画なり」とし、まずは描く対象の形をきちんと写し、そこに自分の「筆意」を加えたものが絵である、と持論を展開している。

ただ、広重没後に遺刊された『富士見百図』（一八五九〔安政六〕年頃刊）ではやや調子が異なっている。

> 葛飾の卍翁《まんじおう》（葛飾北斎のこと）、先に富嶽百景と題して一本を顕す。こは翁が例の筆才にて、草木鳥獣器財のたぐひ、或は人物都鄙《とひ》の風俗、絵組のおもしろきを専らとし、不二は其あしらひにいたるも多し、此図は、夫《それ》と異にして、予がまのあたりに眺望せしを其儘《そのまま》にうつし置たる草稿を清書せしのみ、小冊紙中もせばければ、極密には写しがたく、略せし処も亦多けれど、図取は全く写真の風景にて、遠足障なき人たち、一時の興に備ふるのみ、筆の拙きはゆるし給へ。

三八歳年上の大先輩・葛飾北斎の作品を「絵組のおもしろきを専らとし、不二は其あしらひにいたるも多し」、すなわち、構図の面白さを優先し、主題である肝心の富士山が添え物になってしまっている、とこき下ろし、自分の作品は北斎とは違い、「予がまのあたりに眺望せしを其儘にうつし置たる草稿を清書せし」とし、実景の写生がベースにあることを強調している。

この広重自身の主張は瀧水や天明老人の説明とは多少ずれるが、実際の景色を目の前にしているかのような真に迫る描写が、広重作品の生命線であることは間違いない。

広重はパクリ名人!?

ここまで言うのならば、広重の描いた風景はすべて彼が現地に足を運び、写生をした実景なのだろう、と普通は思うだろう。もちろん、旅を好んだ広重が様々な地を訪れていたことは事実である。旅の最中に制作した写生スケッチがいくつか現存しており、そこから生まれた作品があることも確認されている。スケッチと完成作を見比べてみると、スケッチを基にしつつ、モティーフを移動・省略したり、逆に強調したりしながら、より魅力的な風景画に仕上げていることが分かる。写生に叙情を加えたものが自身の絵であるとする、前述の広重の画論が見事に実践されている。

その一方で、広重は先行する絵本や小説挿図などをこっそり借用し、自身の風景画として発展させていたことも明らかになってきている。現代で言うところの盗作、パクリである。広重はパクリ名人でもあったのだ。

たとえば、広重の代名詞とも言うべき保永堂版では、《興津《おきつ》》**[図2]**など一部の作品について、秋《あき》里籬島《さとりとう》の『東海道名所図会』（竹原春泉斎ほか画、一七九七（寛政九）年刊）という旅行ガイドブックから図様を転用していることが指摘されている**[図3]**。しかも、江戸から遠ざかり、終着地の京都に近づくにつれて、模倣・剽窃《ひょうせつ》の度合いは高くなっていく。自身の住む江戸の近くまでは足を延ばせても、さすがに遠方まで旅することは叶わなかったのであろう。元ネタとなった『東海道名所図会』は東海道の宿場の概要を説明し、宿内や次の宿までの間の名所旧跡を項目ごとに解説したもので、豊富な挿絵が評判となり、ベストセラーとなった。広重が初の東海道物を制作する上で、大いに参

[図2]「東海道五拾三次之内」《興津》
（歌川広重　東京国立博物館蔵　Image:TNM Image Archives）

[図3]『東海道名所図会』のうち《安倍川》
（秋里籬島著、竹原春泉斎ほか画　豊橋市二川宿本陣資料館蔵）

考としたことは間違いない。

実は保永堂版については、一八三二〔天保三〕年、幕府が朝廷に御馬を献上する八朔《はっさく》御馬進献の一行に広重が随行して東海道を踏破し、その時の体験を基にこのシリーズを描いたとする三代広重の話が通説として流布していたが、近年ではこの説は疑問視されている。本シリーズ最後の図である《京師《けいし》》、すなわち京都の情景において、本来は石製の橋脚であったはずの三条大橋が木製で表されていることや、前述のとおり、種本が多用されていることなどから、少なくともこの時期にはまだ京都には行っていない可能性が高い。北斎先輩の悪口を散々言っておきながら、当人の面目丸つぶれである。

しかも、広重のパクリ疑惑は保永堂版のみに留まらない。保永堂版のヒットにより、広重のもとには様々な版元から東海道物の制作依頼が舞い込み、生涯で二〇種以上の東海道シリーズを刊行しているのだが、その内の一つ、寿鶴堂〔丸屋清次郎〕から出版した「東海道」、通称「隷書《れいしょ》東海道」〔一八四八～五四年頃〔嘉永年間〕刊〕でも、前述の『東海道名所図会』の構図を借用した例が複数見られる。

そして、おそらく訪れたことのない京都の名所を取り上げた「京都名所之内」〔一八三四〔天保五〕年頃刊〕は、『東海道名所図会』と同じ秋里籬島が著した『都名所図会』〔竹原春朝斎画、一七八〇〔安永九〕年刊〕や『都林泉名勝図会』〔西村中和ほか画、一七九九〔寛政十一〕年刊〕が種本になっている。

上方に取材したシリーズでは、同時期に制作された「浪花《なにわ》名所図会」〔一八三四〔天保五〕年頃刊〕にも同じような傾向が見られる。このシリーズは秋里籬島著『摂津名所図会』〔竹原春朝斎画、一七九六〔寛政八〕

～九八〔寛政十〕年刊）をひそかに典拠としている。

　そして極めつけは晩年の「六十余州名所図会」（一八五三〔嘉永六〕～五六〔安政三〕年頃刊）である【図4】。全国各地六八ヶ国を取り上げ、一国につき一箇所の名所を描いた揃物《そろいもの》であり、とくに彫りや摺りの高い技術が見どころとなっている。縦絵の構図を採用した本シリーズは、近景を大きくクローズアップする構図など、続いて刊行された「名所江戸百景」にも繋がる意欲作であるが、数多くの地誌・絵本類が種本となっていることが本シリーズの評価を遅らせてきた。前述の『東海道名所図会』、『都名所図会』、『摂津名所図会』に加えて、とくに大きな典拠となったのが『山水奇観《さんすいきかん》』である【図5】。同書は淵上旭江《ふちがみきょっこう》が二三年の歳月をかけて実際に諸国を歩き、風景を写生したものが基になっている。さすがに広重も全国を巡るのは諦めたのであろうが、それでも『山水奇観』を重視しているあたりに、写生にこだわる広重の嗜好が感じられる。

【図4】「六十余州名所図会」
《備後　阿武門　観音堂》
（歌川広重　東京国立博物館蔵
Image:TNM Image Archives）

　もちろん、広重が遠隔地にも足を運んだ上で、実際に制作する段階になって、過去の作例を参考にした可能性もないわけではない。しかし、先行する名所図会から多数の図様を借用してい

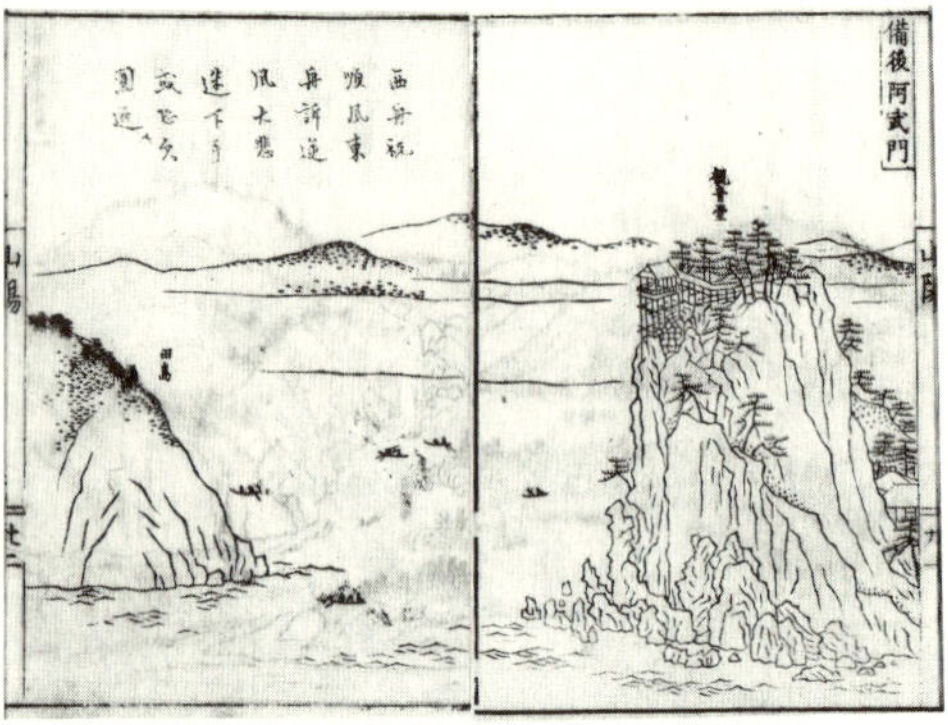

[図5]『山水奇観』のうち「備後　阿武門」
（淵上旭江　国立国会図書館蔵）

ることはやはり否定できない。広重の作品があまりにも生き生きと描写されているため、実際の風景もきっとこんな風に違いない、という幻想を、見る者は抱いてしまうのかもしれない。

実は……江戸の名所絵も パクリだった

京都や大坂を訪れるのは難しくとも、生まれ育った江戸を主題とした作品はさすがに、すべて広重自身の写生が基になっているだろう、と考えるのは自然なことである。たとえば遺作となった「名所江戸百景」を仔細に見ていくと、広重の写生の跡がたしかに感じられ、広重の面目躍如といったところである。しかし、広重の描いた江戸名所が、隅から隅まで広重の創意によるものであるかというと、そうではない。

例を挙げると、江戸の旧跡に焦点を当て、関連する故事来歴などから、その地にちなむ人物を描いた「東都《とうと》旧跡尽《きゅうせきづくし》」（一八四三〔天保十四〕～四七〔弘化《こうか》四〕年刊）のシリーズは、江戸の町について記録した一級史料とされる斎藤月岑《さいとうげっしん》の『江戸名所図会』（長谷川雪旦《せったん》画、一八三四〔天保五〕～三六〔天保七〕年刊）に多くを拠っている。比較してみると、画題の選択や、画中の説明文、画面の構図、場面選択など、「東都旧跡尽」が『江戸名所図会』の強い影響下にあることは疑いようもない。しかも、月岑の日記を見ると、一八四六(弘化三)年から一八四七(弘化四)年にかけて、広重が月岑のもとを頻繁に訪れていることが判明する。おそらくこの訪問は、『江戸名所図会』を多用した作品制作に関する許可を得るためか、あるいは同書の記載について、著者の月岑からより詳しい情報を教えてもらうためであったと推測される。

『江戸名所図会』からの借用は晩年の代表作「名所江戸百景」にも見られ、大晦日の夜、関東中の狐たちが王子稲荷神社の近くにある榎の木のもとに集まったとする伝説を描いた《王子装束ゑの木 大晦日の狐火》は、『江戸名所図会』巻五の「装束畠・衣裳榎」から着想を得たとする説がある。

江戸っ子の広重にとっても、江戸の町にまつわる月岑の豊富な知識は何にも替えがたいものであったのだろう。

元ネタはあっても、やはり広重は広重

これまで取り上げてきた広重の制作態度は、現在の我々の感覚からすると著作権侵害そのものである。しかし、江戸時代の基準に照らせば、過去の遺産を利用することは決して珍しいことではなかった。役者の顔だけを入れ替え、上演中の演目の役者絵として再利用したり、パターン化された美人画を量産したりすることは、次々と新しい情報を求める江戸の人々の趣向にも合致するもので

あった。

ただ注目すべきことは、広重の場合、種本をそのままコピーするのではなく、自身の感性を通して感じ取った叙情性を景色に投影させ、全く別の風景画へと昇華させている点である。おそらく広重は、種本となった名所図会類の絵の中へと入り込み、自由に想像を巡らせることのできる豊かな発想力を持っていたのであろう。元の図とは違う位置に視点を置いたり、天候や時間を変化させたりと、広重の手にかかれば、同じ景色が全く別の顔を見せる。そして、見たことのない景色でさえも、かつてその地に立っていたかのように説得力のある表現で描き出すことができるのは、広重の描写が、多大なる写生の経験によって支えられているからにほかならない。

広重の辞世の句は、そのような広重の生き方を端的に表している。「東路へ筆をのこして旅のそら　西のみ国の名ところを見舞」。東の都（江戸）に絵筆を置いて旅に出る、これからは西方浄土《さいほうじょうど》の名所を見て歩こうか、という意味で、人生を旅になぞらえ、死後も浄土の名所めぐりをしたいという、洒落っ気のある趣向になっている。旅を愛し、名所絵に生涯をかけた広重らしい一首といえる。

元ネタがあろうとなかろうと、広重の風景画は、紛れもなく広重自身から生まれた作品である。親しみやすく、どこか懐かしい広重の風景は、広重自身の心のあり方さえも浮き彫りにしているのである。

鈴木重三『広重』（日本経済新聞社、一九七〇年）
鈴木重三・大久保純一『広重　六十余州名所図会』（岩波書店、一九九六年）
浅野秀剛『広重名所江戸百景—秘蔵　岩崎コレクション』（小学館、二〇〇七年）
鈴木重三・木村八重子・大久保純一『保永堂版　広重　東海道五拾三次』（岩波書店、二〇〇四年）
内藤正人編『週刊アーティスト・ジャパン　第十九号　歌川広重』（デアゴスティーニ・ジャパン、二〇〇七年）
内藤正人『もっと知りたい　歌川広重　生涯と作品』（東京美術、二〇〇七年）
「殿様も犬も旅した　東海道五拾三次—保永堂版・隷書版を中心に—」展図録（サントリー美術館、二〇一一年）
『原安三郎コレクション　「広重ビビッド展」図録』（サントリー美術館ほか、二〇一六年）

生没年不詳
江戸時代後期の浮世絵師。容姿の特徴を誇張した、特異な役者絵を残した。

謎の絵師、突然消えたのは何故か

写楽
…しゃらく…

池田芙美

東洲斎《とうしゆうさい》写楽は、一七九四(寛政《かんせい》六)年五月から翌年一月にかけて、役者絵を中心に制作した浮世《うきよ》絵師《えし》。約十ヶ月の活動期間で一四〇枚を超える作品を発表したが、突然作画を停止し、「謎の絵師」と称される。作品は出版時期から四期に分けられ、黒雲母摺《くろきらず》りを背景に用いた第一期の大首絵《おおくびえ》が最も評価が高い。役者の容姿の特徴を誇張し、その芸質や役柄の本質まで捉えようとするかのような独特の表現が魅力である。同時代の人々には広くは受け入れられなかったが、一九一〇(明治四三)年、ドイツ人のユリウス・クルトによる研究書『写楽』が刊行されると海外で評価が高まり、日本国内でも注目され、研究が盛んになった。写楽の正体には、阿波《あわ》徳島藩お抱えの能役者・斎藤十郎兵衛《さいとうじゆうろうべえ》を当てる説が有力。

にらみを効かせた顔に、ぬっと突き出た両手。《三代目大谷鬼次の江戸兵衛》**【図1】**という作品名は知らなくとも、写楽の代名詞であるこの浮世絵を見たことのない人間はいないだろう。今や写楽作品は日本を代表する美術として、国内外で高い人気を誇っている。

一方、その知名度に反して、写楽について語る同時代史料は極めて少ない。裏の顔どころか、表の顔すらほとんど明らかになっていないのが現状である。しかし、何よりも残された作品自体が、彼の人となりを知る手掛かりとなるであろう。

そこで、写楽の生み出した作品と、数少ない周辺史料から、写楽の「裏の顔」に迫ってみたい。

実は不人気！「悪意ある」写楽の役者絵

写楽作品をプリントした絵ハガキが飛ぶように売れ、写楽を取り上げた研究書や小説、映画が次々と世に送り出されては話題となっている現状を、当の写楽が見たらどう思うだろうか。今や押しも押されもせぬ人気絵師となった写楽の作品は、生前は決して万人に好まれた訳ではなかった。

［図1］《三代目大谷鬼次の江戸兵衛》
（東洲斎写楽　東京国立博物館蔵
Image:TNM Image Archives）

> 是《これ》（写楽のこと）また歌舞妓役者の似顔をうつせしが、あまりに真を画《か》かんとて、あらぬさまにかきなせしかば、長く世に行われず、一両年にして止ム

つまり、写楽の役者絵はあまりにも真に迫ろうとして、普通とは違う様子に描いた

ため、世の中には受け入れられず、一、二年で終わってしまったという。引用したのは江戸中・後期を代表する文化人であり、狂歌界のリーダー的存在であった大田南畝《おおたなんぽ》によって執筆された「浮世絵考証」の写楽に関する項目である。同書は一七九八（寛政十）年頃に成立し、後に『浮世絵類考《るいこう》』としてまとめられた。写楽の作品が出版されたのは一七九四（寛政六）年五月から翌年一月の、閏月を含む約十ヶ月であり、前述の南畝の記述は、写楽の活躍時期からさほど時間が経たない頃に書かれたことになる。同時代の人々が写楽をどう見ていたかを伝えてくれる、貴重な史料といえる。要するに、写楽の作品は世間から受け入れられず、浮世絵界から去った、という訳だ。

具体的には、写楽作品のどのあたりが問題であったのだろうか。たとえば女形《おんながた》役者を描いた代表作の一つ《三代目佐野川市松の祇園町の白人おなよ》を見てみよう【図2】。三代目佐野川市松は中堅の女形として人気があった役者であるが、写楽画では、いかり肩で首が太く、えらが張った鷲鼻の顔で描かれている。無骨な「男」が身を縮め、おちょぼ口を装い、精一杯「女らしく」見せようとしている姿は滑稽《こっけい》ですらある。役者としては非常に不本意であっただろう。ファンも当然怒ったに違いない。

【図2】《三代目佐野川市松の祇園町の白人おなよ》
（東洲斎写楽　公益財団法人
平木浮世絵財団蔵）

では、江戸の人々が求めた役者絵とは、どのようなものであったのだろうか。

役者絵とは、今で言うブロマイドである。人々は、自分が贔屓《ひいき》にしている役者の姿を手元に置いて楽しむために役者絵を購入した。つまり、役者絵において最も重要なのは「誰が描いたか」ではなく、「どの役者を描いているのか」であった。そして当然のことながら、自分の応援する役者が格好良く、美しく描かれていることを望んだ。

写楽と同時代の役者絵で、一番人気であったのが歌川豊国《うたがわとよくに》の作品である。とくに、一七九四（寛政六）年の春から刊行が始まった「役者舞台之姿絵《やくしゃぶたいのすがたえ》」のシリーズは大変流行した。《役者舞台之姿絵 まさつや》**【図3】**は、冒頭で取り上げた写楽画と同じ役者の、同じ場面を取り上げたものだが、受ける印象は全く異なる。豊国画の、すらっとした立ち姿、整った顔立ち、見栄を切る堂々としたポーズ。人々が憧れ、熱狂した歌舞伎役者の舞台姿が、のびやかな線で表現されている。この豊国画こそ、ファンが求めた役者絵であった。写楽画が敬遠されたのも肯ける。

[図3]《役者舞台之姿絵 まさつや》
（歌川豊国　公益財団法人　平木浮世絵財団蔵）

写楽という衝撃

世の中には受け入れられなかったが、写

楽の作品は人々に強烈なインパクトを残したらしい。写楽が姿を消してから七年後の一八〇二（享《きょう》和《わ》二）年、式亭三馬《しきていさんば》が著した『稗史億説年代記《くさぞうしこじつけねんだいき》』に写楽の名が登場する【図4】。同書には浮世絵師の勢力関係を地図に見立てた「倭画巧名尽《やまとえしのなづくし》」なる一図があり、歌川派や鳥居派、勝川派の絵師たちがそれぞれ集まって一つの島を形成するなかで、写楽はどこにも属さない、独立した島として描かれている。浮世絵界では異色であった写楽の存在が、人々の記憶に確かに根付いていたことを表している。

加えて、当時、美人画界の寵児《ちょうじ》として持てはやされていた喜多川歌麿《きたがわうたまろ》の《お半長右衛門》という作品に、次のような記述が見られる。「予（歌麿のこと）が画くお半長右衛門ハわるくせをにせたる似つら絵にハあらず」。はっきりと特定はしていないが、「悪癖を似せた似顔絵」とは、明らかに写楽

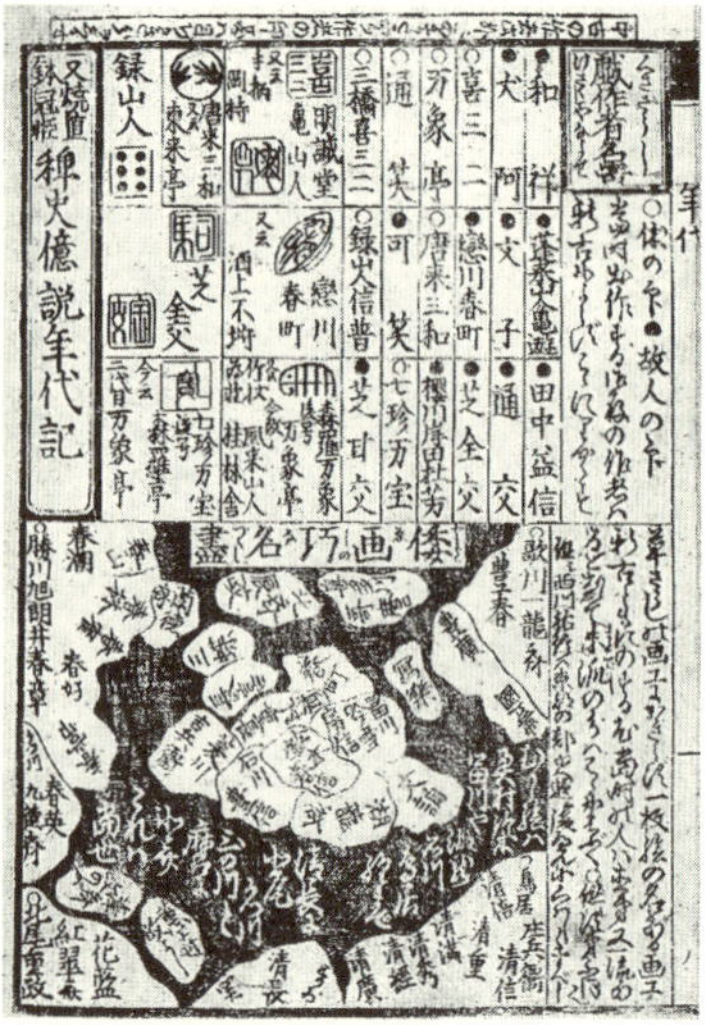

【図4】『稗史億説年代記』のうち「倭画巧名尽」（式亭三馬作／画　国立国会図書館蔵）

上記の部分拡大

を意識した悪口であろう。この歌麿画が出版されたのは一八〇三（享和三）年。写楽がいなくなって八年後に、わざわざ写楽を思わせる発言をしているあたり、よほど写楽を意識していたのだと思わざるを得ない。時代の好みには合わなかったが、写楽作品のもたらした衝撃が極めて大きかったことがうかがえる。

名プロデューサー・蔦屋重三郎

そもそも、写楽という絵師はどのようにして誕生したのだろうか。実は、写楽が最初に作品を発表した時、この浮世絵師のことなど誰一人として知らなかった。それもそのはずで、この謎の絵師は、いきなり二八枚の役者絵を同時に刊行し、鮮烈なデビューを飾ったのだ。しかも、背景に豪華な黒雲母摺りを使用するというのは、無名の新人に対しては破格の扱いであった。

このような一見無謀とも思える挑戦をし、役者絵界に殴り込みをかけたのが、歌麿とタッグを組んで次々と話題作を世に送り出していたヒットメーカー、版元の蔦屋《つたや》重三郎《じゅうさぶろう》である。版元とは出版物の企画・制作・販売のすべてを取り仕切る、いわば出版界のプロデューサー的存在のこと。なかでも蔦重こと蔦屋重三郎は、一代にして版元のトップに上りつめ、一目置かれていた人物で、当時の江戸文化の最先端を担っていた。そして、浮世絵師は自分の意志によって自由に作画をしていたのではなく、版元から依頼された題材で絵を描く、いわば職人であった。写楽のデビューは蔦重によって演出されていたのだ。

思えば前述の歌麿の発言にも、同じプロデューサーに才能を見出された者としての、嫉妬《しっと》にも似た感情が読み取れなくもない。

写楽は阿波徳島藩お抱えの能役者・斎藤十郎兵衛？

写楽の作品はすべて、蔦重のもとから出版されている。すなわち、写楽が誰なのかを知っているのは蔦重ただ一人とも言える。写楽が「謎の絵師」と呼ばれる理由の一つがここにある。

ならば、写楽の正体を知る手掛かりは全くないのだろうか。実はわずかな記録から、写楽の実像へと近づく試みがされてきた。たとえば、『稗史億説年代記』の作者である式亭三馬が一八二一（文《ぶん》政《せい》四）年、南畝の『浮世絵類考』を写し、次のように補記をしている。

三馬按《あんずるに》、写楽号東周斎、江戸八丁堀ニ住ス、半年余行ハルゝノミ

どうやら三馬は、「写楽が八丁堀に住んでいた」という新情報を持っていたらしい。

また、写された時期は不明ながら、幕末の珍書持ちとして有名であった達磨屋五一《だるまやごいち》旧蔵の別の写本に「写楽は阿州侯の士にて、俗称を斎藤十郎兵衛といふよし、栄松斎長喜《えいしょうさいちょうき》老人の話なり、周一作洲」という追記があるのも確認されている。長喜は写楽と同時代の浮世絵師であり、本当に長喜から聞いた話であれば、「写楽＝阿波侯に仕える斎藤十郎兵衛」という重要証言の信憑性《しんぴょうせい》はかなり

高い。なお、末尾の「周一作洲」が三馬の記載を見たものとは断定できないが、「東洲斎」が正しいと訂正している。

さらに、一八四四(天保《てんぽう》十五)年、斎藤月岑《さいとうげっしん》によって写本の決定版とも言うべき『増補・浮世絵類考』がまとめられ、「天明寛政年中の人　俗称斎藤十郎兵衛、居、江戸八丁堀に住す、阿波侯の能役者也——廻りに雲母を摺たるもの多し」という追補がされた。「写楽＝阿波侯に仕える能役者の斎藤十郎兵衛」で、「八丁堀に住んでいた」という、三馬と達磨屋五一旧蔵本の記述に、「能役者」という情報を加えた新説が明確に示されたのである。月岑は江戸の町について記録した『江戸名所図会』、『東都歳事記』、『武江年表』などの名著を複数残しており、いずれもその正確さから、江戸研究には欠かせない一級史料となっている。そのため、写楽に関する右記の追記も、信ずるに足る説として、ほぼ定説となっていった。

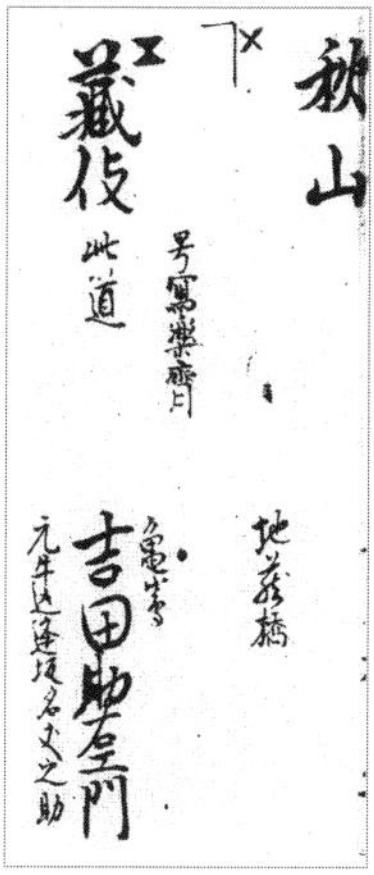
【図5】『諸家人名　江戸方角分』
(部分、三代目瀬川富三郎編　国立国会図書館蔵)

加えて、一九七五(昭和五〇)年、近世文学研究の第一人者として知られる中野三敏氏により紹介された『諸家人名　江戸方角分《えどほうがくわけ》』が、「写楽は八丁堀に住んでいた」という定説を補強することになった。一八一七(文化十四)年から一八一八(文化十五)年頃に成立したとされる同書は、歌舞伎役者の三代目瀬川富三郎が編集した人名録で、江戸の文化人たちが住所ごとに分類されている。そして、この本の八丁堀の箇所には「号　写楽斉」として、写楽に関する項目があり、地蔵橋に住んでいた旨が記されている【図5】。編者の三代目富三郎の師にあたる二代目富三郎は、写楽作品のモデルにもなった名優であり、三代目が二代目から写楽の情報を得ていたとしても不思議はない。八丁堀の地蔵橋には、確かに写楽がいたのだ。

ばれたらクビ！ 下級武士の危険なアルバイト

では、写楽の正体とされる斎藤十郎兵衛とはいかなる人物であったのだろうか。また、もし斎藤十郎兵衛が写楽だとしたら、写楽はなぜ突然消えたのだろうか。実は「写楽＝斎藤十郎兵衛」説の裏付けが飛躍的に進んだのは、比較的近年になってからである。

まず、斎藤十郎兵衛という人物は実在したのか。一九五六(昭和三一)年、阿波藍《あい》の研究家であった後藤捷一氏による地道な実態調査の中で発見されたのが、一七九二(寛政四)年に成立した阿波徳島藩の家伝文書『御両国無足以下分限帳』における次のような記述である。

＝御役者、五人扶持《ぶち》判金弐枚、斎藤十郎兵衛

この史料により、斎藤十郎兵衛という役者が実際に阿波徳島藩に雇われていたことが分かった。

次に、斎藤十郎兵衛は八丁堀に住んでいたのか。一九九七(平成九)年、「写楽の会」メンバーにより、法光寺の過去帳に斎藤十郎兵衛に関する記載があるのが確認された。すなわち「八町《ママ》堀地蔵橋　阿

州殿御内　斎藤十良《ママ》兵衛」が「辰《たつ》（文政三年）三月七日」に五八歳で亡くなったと記されていた。この記録により、斎藤十郎兵衛が写楽と同じ八丁堀の地蔵橋に住んでいたことが判明した。二人が同一人物である可能性がますます高まったのである。

しかし、一つ疑問が残されている。斎藤十郎兵衛が写楽だとしたら、なぜ約十ヶ月で活動をやめたのか。写楽作品については、よく知られた黒雲母摺りの大首絵を頂点とし、その後は質が著しく低下していくことが指摘されている。そのため、作画を止めた原因としては、創作意欲の喪失も考えられなくはない。しかし、約十ヶ月という制作期間は、一浮世絵師が筆を折るにしてはあまりにも短すぎる。ならば、他の理由があるのだろうか。

その疑問の答えとなるのが、内田千鶴子氏によって提示された次のような説である。大名に仕える能役者は、当番と非番が半年か一年交代でやってくる。つまり、写楽が作画をした約十ヶ月は、この非番の年だったのではないか、という推論である。

これまでに判明したことを総合すると、写楽がきっぱりと浮世絵から足を洗った訳もおのずと見えてくる。つまり、斎藤十郎兵衛は非番の年を利用し、かねてより興味のあった役者絵の世界へと飛び込んだ。だが、歌舞伎および歌舞伎役者に関わることは、武士にとって、公にはご法度であった。十郎兵衛は阿波徳島藩お抱えの能役者であり、身分的には下級武士にあたる。仮にも大名に仕える者が役者絵を描いたとなれば一大事であり、場合によっては藩も責任を問われることになりかねない。しかも写楽の作品は、悪評も含めて大きな反響を呼び、その正体を知りたがる人も増えてきた。そのため、実像が暴かれる前に自ら幕引きを図ったのだ、と。

役者絵制作は、大名お抱えの能役者のアルバイトとしては、あまりにも危険であったのだ。

謎ではない「謎の絵師」

写楽が人々の興味を引き付けて止まないのは、その作品の迫力もさることながら、彼の生涯について、謎の部分が多く残されているからであろう。空白を想像によって埋めることは楽しい。しかも写楽には、その想像を膨らませる余地が多分に残されていたのだ。

とはいえ近年の研究成果は、写楽の実像を浮き彫りにし、「謎の絵師」ではなくしてしまった。ならば、写楽作品の魅力は色あせてしまうのであろうか。そうではないだろう。そもそも、強烈な個性を持ち、他の役者絵とは一線を画する写楽の作品が、なぜ突然変異のようにして生まれたのか。その大きな疑問が解決できていない。仮に「私が写楽でした」と告白する斎藤十郎兵衛の日記が出てきたとしても、やはり写楽は「謎の絵師」なのだ。

⊙参考文献

浅野秀剛『週刊アーティスト・ジャパン　第十一号　東洲斎写楽』(同朋舎出版、一九九二年)
内田千鶴子『能役者・写楽』(三一書房、一九九九年)
浅野秀剛『浮世絵ギャラリー四　写楽の意気』(小学館、二〇〇六年)
浅野秀剛編『別冊太陽　写楽』(平凡社、二〇一一年五月)

『「写楽展」図録』(東京国立博物館、二〇一一年)
中野三敏『写楽――江戸人としての実像』(中央公論新社、二〇一六年)

1773–1841
江戸幕府第11代将軍。将軍職を家慶に譲り引退した後も、大御所として政治の実権をにぎり続けた。

身内や側近を優遇して混乱を招く

徳川家斉

…とくがわいえなり…

金井貴司

徳川家斉は、一七七三（安永《あんえい》二）年、御三卿《ごさんきょう》の一橋治済《ひとつばしはるさだ》の長男として生まれる。一七八一（天明《てんめい》元）年、十代将軍徳川家治《いえはる》の養子となり、八六（天明六）年に十四歳で十一代将軍となった。将軍在職は五〇年におよび、歴代将軍の中で最長である。一八三七（天保《てんぽう》八）年に将軍職を家慶《いえよし》に譲って隠居したが、その後も大御所《おおごしょ》として政治の実権を握り、四一（天保十二）年に没するまで家斉の幕政への影響力は大きかった。寛政から文化に至る期間は、老中松平定信《まつだいらさだのぶ》や松平信明《のぶあきら》らによる寛政の改革を基調とする緊縮政策であったが、一八一八（文政《ぶんせい》元）年に水野忠成《ただあきら》が老中首座に就任すると貨幣改鋳を繰り返すなどして積極政策に転じた。また、家斉治世下では江戸の町人文化が成熟し、化政文化が展開した。

生まれた子供は五五人

家斉は前薩摩《さつま》藩主島津重豪《しげひで》（一七八七（天明七）年一月に隠居）の娘茂姫《しげひめ》を正室として、一七八九（寛政《かんせい》元）年二月四日にその婚儀が執り行われた。しかし、それ以前から家斉は女性に手を出しており、当時側室のお万の方が懐妊中で、同年三月二五日に家斉の最初の子である淑姫《ひで》を出産した。老中松平定信は、家斉に対して房事《ぼうじ》を慎むように言上したこともあった。しかし、家斉は正室茂姫の他に四〇人の側室を持ち、男子二八人、女子二七人が生まれた。このうち成人したのは男子十三人、女子十二人である。子供が生まれ、成長していく過程でさまざまな儀礼が行われたため、その都度幕府は経費を捻出《ねんしゅつ》しなければならなかった。また、出産のたびに諸大名へは祝儀品の献上が命じられた。

当時の幕府の財政状況では男子全員を大名に取り立てることはできないので、他家へ養子に出さねばならず、女子も将軍家の娘としてふさわしい家へ嫁がせなければならなかった。男子は主に御三家・御三卿・越前《えちぜん》松平家などの徳川一門に養子に入り、女子は主に徳川一門と国持《くにもち》大名へ嫁入りした。一七九九(寛政十一)年十一月、家斉の第一子である淑姫は、御三家の尾張徳川斉朝《なりとも》に嫁いだが、その費用として三万四〇〇〇両が支出された。家斉の子女の最初の婚礼ということで盛大に執り行われたものであるため、他の子女の場合と単純に比較はできないだろうが、婚礼のたびに莫大な経費がかかったことは容易に想像できる。淑姫には「御合力」として金三〇〇〇両と米五〇〇俵が与えられたほか、淑姫付きの女中の支度金として七一人に合計約四二〇〇両が支払われている。また、婚礼にあたっては、出産の時と同様に諸大名へ祝儀品の献上が命じられた。家斉のもうけた多数の子女の出産・婚礼などによって、幕府だけでなく諸大名も経済的負担を負わされていた。

公平性を欠く身内への優遇

家斉の子女と縁組した「続柄《つづきがら》」大名へは優遇措置が多くみられた。臨時に資金が必要となった大名・旗本を救済する拝借金は、幕府の財政難とともに抑制されていた。一八一八(文政元)年から一八三九(天保十)年の間に五八件の拝借金が許可されているが、「続柄」を理由として認められた拝借金が約半数を占めていた。例えば、家斉の第五三子斉省《なりさだ》を養子に迎えた武蔵川越《むさしかわごえ》藩松平家は、一八三三(天保四)年に養育費として七〇〇〇両、三五年に御目見経費として五〇〇〇両、三九年に財政窮乏を理由として一万両の拝借金を許されている。当時多くの大名家の財政は困窮しており、「続柄」大名だけに財政窮乏を理由として拝借金を許可しては公平性を欠くといえるだろう。また、「続柄」大名への加増もみられた。第三八子斉民《なりたみ》を養子とした美作津山《みまさかつやま》藩松平家に五万石、第二一子浅姫と縁組した越前福井藩松平家に二万石、第五四子斉宣《なりこと》を養子とした播磨明石《はりまあかし》藩松平家に二万石を加増した。財政的援助を得ようとした水戸《みと》藩では、第四九子で清水家当主となっていた恒之丞《つねのじょう》を後継ぎに迎え入れようとしたが、一方で藩主の弟斉昭《なりあき》を擁立する動きが起こり、藩内の対立が激化した。結局斉昭が藩主となったが、この対立は幕末の水戸藩の対立抗争の先駆けとなった。

「続柄」大名は官位でも優遇された。江戸時代中期以降は、大名の叙任《じょにん》される官位の上限(極位極官《ごくいごっかん》)や昇進の速度は大名家ごとに定められていて、大名の家格は固定され、政治的秩序が安定して保たれていた。しかし、家斉は自分の一族や「続柄」大名に対して極位極官を超えて昇進させたため、家格の秩序が乱れてきた。異例の官位上昇は、一八三一(天保二)年から四〇(天保十一)年にみられた。

官位が上昇した主な大名は、家斉の子女が縁組みした家や養子に入った家、御三家などで、家斉の親族にあたる者たちであった。例えば、薩摩藩島津家は従四位下中将が極位極官となっていたが、島津重豪《しげひで》は一八三一(天保二)年に従三位へ昇進した。重豪の娘茂姫は家斉の正室であったが、近衛《このえ》家の養女となって嫁入りしている。また、重豪は将軍実父である一橋治済《はるさだ》と懇意にしており、重豪はこれらの縁を駆使して昇進を実現した。

他家に官位を追い抜かれた大名の中には、家格の釣り合いなどを理由に昇進を求め、多額の賄《わい》賂《ろ》を贈って官位を上昇させる者が現れるようになった。賄賂の贈り先は、老中だけでなく、将軍実父一橋治済や側用人《そばようにん》・御側《おそば》御用取次などの将軍側近などにも及んだ。当時、大名が家格以上の官位を得るためには、二〇〇〇両を超える賄賂を必要としたという。真偽は不明ながら、官位上昇のために老中に四〇〇〇両を贈ったという風聞が流れるような時世であった。このような家格の混乱を受けて、幕府は一八四一(天保十二)年十二月に、従来の極位極官を超えて叙任された官位は先例としないこととした。家斉の子女の取り扱いについては、幕府や諸藩の財政に大きな負担をもたらし、藩同士の関係や藩内部に対立を引き起こす一因ともなった。また恣意的《しいてき》な政策は、幕府に対する反発を生む一因となった。

実父一橋治済をめぐる処遇

家斉は実父一橋治済の江戸城への居住と大御所の称号を希望していたが、老中松平定信はこれに反対した。『続徳川実紀』によると、ある日、家斉がこの件について定信に諮《はか》ったところ、定信が反対したため家斉は怒って定信を斬ろうとまでしたが、御側平岡頼長《ひらおかよりなが》の機転によって家斉が定信に刀を下賜する体にしてその場を収めたという。実現に対する家斉の熱意のほどがうかがえる話である。

一七九九(寛政十一)年、一橋治済は以前から願っていた隠居を許され、賄領《まかないりょう》五万俵、内々に年金五〇〇〇両を与えられた。なお、前年には、家斉がたびたび一橋邸に立ち寄るため、治済への年金を八〇〇〇両に増額した。家斉の一橋邸立ち寄りの際は、毎回一〇〇〇両を持参したともいわれる(「一橋風説」)。治済は江戸城への居住を画策していたが、引き換えに従二位権大納言へ昇進させた。御三卿の極位極官は従三位権中納言だったので、異例の昇進であった。その後も家斉は、治済の江戸城居住について老中松平信明《のぶあきら》に諮ったが、権大納言への昇進は「十分の御家栄」であるとして信明は拒否した。この一件もあり、信明は一八〇三(享和三)年に実質的な老中解任に追い込まれた。

その後も家斉は治済の江戸城居住と大御所の称号の実現を諦めず、新たに老中に就任した青山忠裕《ただひろ》に実現について諮った。青山はこれを「御至孝」としながらも「国家の制儀」でないとし、紀伊家から将軍となった吉宗の例などを引きながら、定信らの言い分が「万世の公儀」であるとして諫めた。また、慣例を超えた治済への処遇に対しては、御三家や溜詰《たまりづめ》の大名からの不満も強かったようで、遂に家斉は治済の江戸城居住と大御所の称号を諦めた。しかし、治済の官位昇進は続き、一八二〇(文政三)年に従一位、二五(同八)年に准大臣(大納言の上、内大臣の下に位置する)に昇進した。いずれも将軍家斉が希望したもので、治済は御三卿としては前例のない昇進を果たした。なお、四代将軍家綱《いえつな》から十代将軍家治までの生前の位階は正二位(死後に正一位大相国を追贈)だったため、治済は四代以降の将軍の位階を超えていたのである。

側近政治の隆盛によって賄賂が横行

家斉治世下の幕政は、当初は老中松平定信の主導する寛政の改革が行われ、田沼時代の風潮を批判した定信は賄賂を禁止した。定信の老中辞任後も本多忠籌《ただかず》や松平信明らの寛政の遺老を中心にして寛政改革を基調とする政治が行われてきた。しかし、一八一七(文化十四)年松平信明の病死によって、翌年水野忠成《ただあきら》(出羽守《でわのかみ》に任官)が老中に就任すると幕政は一変した。忠成は家斉に小姓として仕えており、家斉に持病の頭痛が発症した時にこれを治せるのは忠成のみとされ、家斉の信頼は厚かった。一八〇八(文化五)年九月に林述斎《はやしじゅっさい》が信明に送った書簡では、「近来の人心風俗の変化に嘆かわしいことは少なくない。『小人の魁《さきがけ》として毒を天下に流すべきは水羽州(水野忠成)』に相違なく、奏者番松平乗寛《のりひろ》と結託して『世を一変するの含み』をもって、諸所へ賄賂を贈って工作している。後年の災いがここから起こることは必然であろう」と述べて、忠成の台頭を警戒している。当時の落首に「びやぼんを吹けば出羽どんどんと、金が物いふいまの世の中」というものがある。当時子供の玩具として流行していた「びやぼん」という鉄製の笛の音に擬して、忠成の隆盛と金権政治を風刺している。

水野忠成の権勢を最大限に利用したひとりが、薩摩藩の島津重豪である。重豪は一七八七(天明七)

年に隠居して藩主の座を退いたが、以後も藩政の実権は握り続けていた。琉球が清との貿易で入手した唐物《からもの》を販売する権利を薩摩藩は持っていたが、販売品として取り扱える品目は限定されていた。そこで、より多くの品目を取り扱えるように唐物販売の拡張を文化年間（一八〇四～一八）からたびたび幕府に請願した。重豪は将軍家斉の義父であったが、一八一八（文政元）年には水野忠成の分家に重豪の養女を嫁がせ、水野忠成とも縁戚関係を結んだ。将軍家及び老中との姻戚関係をもとに重豪は政治力を発揮し、薩摩藩による唐物販売の拡張を実現させた。重豪により抜擢されて財政再建にあたっていた調所広郷《ずしょひろさと》が、重豪死後の一八三三（天保四）年四月に大坂の商人に宛てた書簡には「是迄《これまで》屋しき（薩摩藩）より頼切りの水野公（忠成）」と忠成の後援を認め、また「三位様（重豪）御逝去」が長崎でも懸念されていると述べており、一連の唐物販売拡張に忠成及び重豪が大いに関与していたことを示している。

水野忠成のほかに家斉の側近として権勢を振るった人物を何人か紹介したい。御小納戸頭取中野清茂は、家斉の愛妾お美代の方の養父である。お美代は日蓮宗の僧日啓の娘あるいは妹といわれ、中野の養女として大奥へ奉公にあがり、家斉の寵愛を受けて三人の女子を産んだ。そのため中野の権勢はすさまじく、隠居して碩翁《せきおう》と号してからも、向島別邸の門前には常に訪問客が絶えなかった。『浮世の有様』には「この人と水野侯（忠成）さえ取り込んでしまえば、何事も自由自在にかなうという噂だ」とある。下総《しもうさ》古河《こが》藩土井家の家老鷹見泉石《たかみせんせき》の日記には、主君を幕府の役職に就けるために中野邸へ頻繁に賄賂を贈っていたことが記録されている。

また、御側御用取次水野忠篤《ただあつ》は、家斉の愛妾お梅の方を叔母に持ち、お梅の臨終時の願いによって取り立てられたといわれる。御側御用取次は、将軍と幕閣の取次、将軍の政治向きの相談役などを職務とし、未決・機密事項を扱った。場合によっては将軍に意見したり、将軍への取次を拒否することもあったといわれ、強大な発言権を持つことも可能であった。水野忠邦が一八四一(天保十二)年五月に書いたと思われる「上疏覚書」の中で、「美濃守(水野忠篤)などは専ら私意をほしいままにしてきたため、いちいち将軍の御聴に達せずに取り計らうこともあった」と大御所時代の御側御用取次を批判している。

将軍在職五〇年がもたらしたもの

家斉といえば豪奢な生活を送ったことで知られ、幕府に多大な出費を強いた。例えば、『寛政紀聞』には一七九九(寛政十一)年十一月のこととして「吹上《ふきあげ》御庭の中へ数寄を凝らして新たに御茶屋ができた。いろいろ風流《ふうりゅう》を尽くしたなかで、青すだれ揚縁などは吉原の茶屋の様子を移した」とあり、志ある人々は眉をひそめたとある。寛政改革以来の緊縮財政を継承した時代でこの有様であるから、水野忠成が老中となった文政以降は推して知るべしであろう。また、家斉は多数の側室と子女を持ったため、彼女らが住む大奥の出費も莫大なものであった。一八三八(天保九)年の数字では大御所家斉付の大奥女中の人数は六〇六人、十二代将軍家慶《いえよし》付の女中が二八〇人いたといい、人件費や生活費だけでも膨大な金額になったであろう。

官位の上昇については、これまでにない事態が発生した。将軍在職中に家斉が太政大臣に昇進したのである。前例のない将軍在職四〇年を称えて、家斉の太政大臣昇進について幕府から朝廷へ打診したことが発端であった。初代家康と二代秀忠は太政大臣に就任したが、将軍辞職後であり、在職中の将軍が太政大臣に就任する前例はなかった。しかし、朝廷との交渉の末、一八二七(文政十)年に家斉は太政大臣へ昇進した。また、家斉の世子家慶も将軍就任以前に従一位に叙されるという、これまた前例のない昇進を遂げている。家斉は自分の正室茂姫や生母お富の方も従二位に叙位させている。度重なる官位上昇の要求に対して、朝廷側も黙って従っていたわけではなく、見返りとして朝廷の儀礼の再興や経済的支援を幕府に認めさせた。官位の上昇と引き換えに、幕府は財政的な負担を負わねばならなかった。

増え続ける支出の増加によって松平信明らの推進する緊縮財政による政策が破綻をみせると、水野忠成は積極財政による政策に転換した。寛政改革以来続いた倹約・緊縮政策からの路線変更には、「四方の諸侯歓喜す」(『公徳辨』)という期待の声もあった。忠成の採った政策のひとつが貨幣改鋳で、その差益によって財政再建を図った。一八一八(文政元)年から一八四二(天保十三)年までの二六年間に、約一千万両の改鋳差益金が発生した。幕府の貯蔵金高は、一八一七(文化十四)年と一八四四(弘化元)年を比較すると約二一三万両増加している。貨幣改鋳によって大量の貨幣が市場に流入したため物価騰貴を引き起こしたが、一方で生産の増加をもたらし、その後の経済発展の一因ともなった。一般的には評判の悪い水野忠成であるが、現代の視点から見ると忠成の考え方には合理的な部分もあったようで、忠成の行った政策の評価については慎重になされるべきなのかもしれない。

三方領知替と感応寺一件

武蔵川越藩主松平斉典《なりつね》は家斉の第五三子斉省《なりさだ》を養子に迎え、将軍家との縁戚関係を利用して川越からの転封《てんぽう》を願い出た。同家は転封を繰り返してきた大名家で、播磨姫路《はりまひめじ》、上野前橋《こうずけまえばし》、武蔵川越へと移ってきた。所領の替地などもあり、同家の所領は武蔵・上野・相模《さがみ》・上総・近江《おうみ》の五か所に分かれ、各地に陣屋・藩邸が置かれたため、同家の財政は窮乏していた。そのため、生産力の低い川越を避けるだけでなく、所領の一円化を求めて、一八二八(文政十一)年には姫路へ、一八三八(天保九)年及び同十一年には前橋への転封を幕府に願い出たが認められなかった。そこで、一八四〇(天保十一)年四月十四日には養嗣子の斉省から御側御用取次水野忠篤へ、同年四月二一日には藩主斉典と斉省の連名で老中水野忠邦《ただくに》・御側御用取次水野忠篤・大奥へ願書を提出した。ただし、この時に川越藩は具体的な転封先を指定して願い出てはいない。この件について田安斉匡《なりまさ》が水野忠篤から聞いた話として「川越様(斉省)は御愛子で、長い間嘆願があったので(家斉が領知替を)仰せになった」とあり、また斉省の生母お糸の方が家斉に請願したとする記録もあり、領知替には大御所家斉の意向が大いに働いていたようである。

この領知替は、武蔵川越藩松平家・出羽庄内《でわしょうない》藩酒井家・越後長岡《えちごながおか》藩牧野家の三藩を対象とし、川越藩松平家の転封先は庄内と決定された。しかし、ときの領主酒井家に替わって財政難の松平家が入国してくることを恐れた庄内藩領の百姓は大規模な反対運動を展開した。また、家斉と縁戚関係にある大名への優遇について、外様大名などからの不満もあがった。そして、一八四一(天保十二)年正月三〇日には三方領知替発令の張本人であった大御所家斉が亡くなった。これらのことから領知替は中止され、将軍家慶は川越藩に対する補償措置の検討を老中に命じ、同年七月十二日に川越藩への二万石の加増が決定した。加増された所領はすべて武蔵国内で川越城近辺であったため、川越藩松平家としては一定の成果を得られた。一方、幕府にとっては一度発令した領知替を撤回するという幕政史上初めての事態となった。

先述した日蓮宗の僧日啓は、娘(妹とも)のお美代を家斉の側室とし、大奥女中の信仰を集めて、さらに家斉の信心も獲得した。お美代から家斉に働きかけることで、一八三六(天保七)年に江戸雑司谷《ぞうしがや》に感応寺を建立して大いに繁栄させた。大奥女中が頻繁に感応寺へ参詣するようになり、時には寺僧と大奥女中との密通が噂されるようになった。家斉の死後、一八四一(天保十二)年五月に老中水野忠邦の命を受けた寺社奉行阿部正弘《あべまさひろ》の捜査によって日啓らを捕縛し、感応寺は破却、日啓は遠島となった。実際には大奥女中の密通はなかったようだが、日啓の罪状は女犯ということで処罰された。なお、当時の老中土井利位《としつら》・真田幸貫《さなだゆきつら》・堀田正篤《ほったまさひろ》から水野忠邦宛ての書状の写しからは、三方領知替と比較して感応寺の一件などは「誠に小事」であり、後世へ文恭院様(家斉)の「御不徳」を残すよりは、この機会に感応寺などを破却することで、世間の注目を三方領知替の中止からこちらに向けさせようという意図があった可能性を読み取れる。晩年の家斉の言動は、幕府の威信を大いに傷付ける結果となったのである。

◉参考文献

青木美智男「旗本新見家に残された天保十二年『三方領知替』中止をめぐる史料」（『神奈川県史研究』第十八号、一九七二年）
大口喜六『国史上より観たる豊橋地方』（豊橋市史談刊行会、一九三七年）
大口勇次郎「寛政─文化期の幕府財政─松平信明政権の性格─」（尾藤正英先生還暦記念会編『日本近世史論叢　下巻』、吉川弘文館、一九八四年）
上白石実「三方領知替事件における川越藩─幕藩領主と「人気」─」（『地方史研究』六〇巻五号〔通巻三四七号〕、二〇一〇年）
黒田安雄「文化・文政期長崎商法拡張をめぐる薩摩藩の画策」（『史淵』第一一四号、一九七七年）
高澤憲治「老中松平信明の辞職と復職─寛政末～文化期の幕政運営─」（『南紀徳川史研究』第五号、一九九四年）
藤田覚「『新見伊賀守正路日記』と三方領知替中止前後の幕閣」（『東京大学史料編纂所報』第十一号、一九七六年）
藤田覚『近世政治史と天皇』（吉川弘文館、一九九九年）
藤田覚「天保期の朝廷と幕府─徳川家斉太政大臣昇進をめぐって─」（『日本歴史』第六一六号、一九九九年）
『日本歴史大系　三近世』（山川出版社、一九八八年）

1758–1829
徳川吉宗の孫。白河藩主として藩政に手腕を発揮、幕府の老中首座に就任し、寛政の改革を主導する。

情報操作によって「名君」像を創り上げる

松平定信

…まつだいらさだのぶ…

金井貴司

一七五八(宝暦《ほうれき》八)年十二月、御三卿《ごさんきょう》田安《たやす》宗武《むねたけ》の七男として生まれる。一七七四(安永《あんえい》三)年、白河《しらかわ》藩主松平定邦《さだくに》の養子となることを命ぜられる。一七八三(天明《てんめい》三)年十月に家督を継ぎ、越中守《えっちゅうのかみ》となる。天明の飢饉に対処するため諸政策を実施し、事態を乗り切る。白河藩政における手腕などが評価され、御三家などの支持を得て一七八七(天明七)年六月に老中首座に就任した。翌年三月に将軍補佐に任命され、寛政《かんせい》の改革を主導したが、一七九三(寛政五)年七月に老中を辞任した。多数の著作があり、和歌・書画・茶道などもよくするなど、当代一流の文化人でもあった。

白河藩松平家の家格上昇運動と賄賂

松平定信は御三卿田安宗武の七男として生まれており、八代将軍徳川吉宗《よしむね》の孫にあたる。御三卿は徳川宗家に後継ぎがいない時には将軍職を継承する家柄であり、定信も将軍になる可能性のある立場であったが、これは永遠にかなわなくなった。十代将軍徳川家治《いえはる》の命によって陸奥《むつ》白河《しらかわ》藩主松平定邦の養子となることを命ぜられたためである。この養子縁組については松平家からの強い要望があった。大名が江戸城に登城して将軍に謁見《えっけん》する際の控えの間は大名の家格に応じて定められており、白河藩松平家は譜代大名の控えの間のひとつである帝鑑間《ていかんのま》席であった。白河藩松平家では、それよりも上位の溜詰《たまりづめ》への昇格を目指していた。溜詰とは臣下に与えられた最高の席で、政治顧問としての役割もあった。溜詰には、代々必ず溜詰となる常溜《じょうだまり》と、代々のうちで溜詰となることのできる飛溜《とびだまり》とがあった。常溜には、近江彦根《おうみひこね》藩井伊家・陸奥会津《あいづ》藩松平家・讃岐高松《さぬきたかまつ》藩松平家があった。白河藩松平家と先祖を同じくする伊予松山《いよまつやま》藩松平家では、一七六八（明《めい》和《わ》五）年に田安家から六男定国を養子に迎えた後、藩主の松平定静《さだきよ》が帝鑑間席から溜詰（飛溜）へ昇格していた。そのため、松平定邦としては松山藩松平家の前例にならって溜詰へ昇格するために田安家から養子を迎えようと画策した。当時の田安家は宗武の五男治察《はるさと》が家督を継いでいたが、治察は病弱で男子がいなかったため田安家では定信の養子縁組に難色を示した。しかし、松平定邦は田沼意次《たぬまおきつぐ》の助

松平定信関係系図（↑養子）

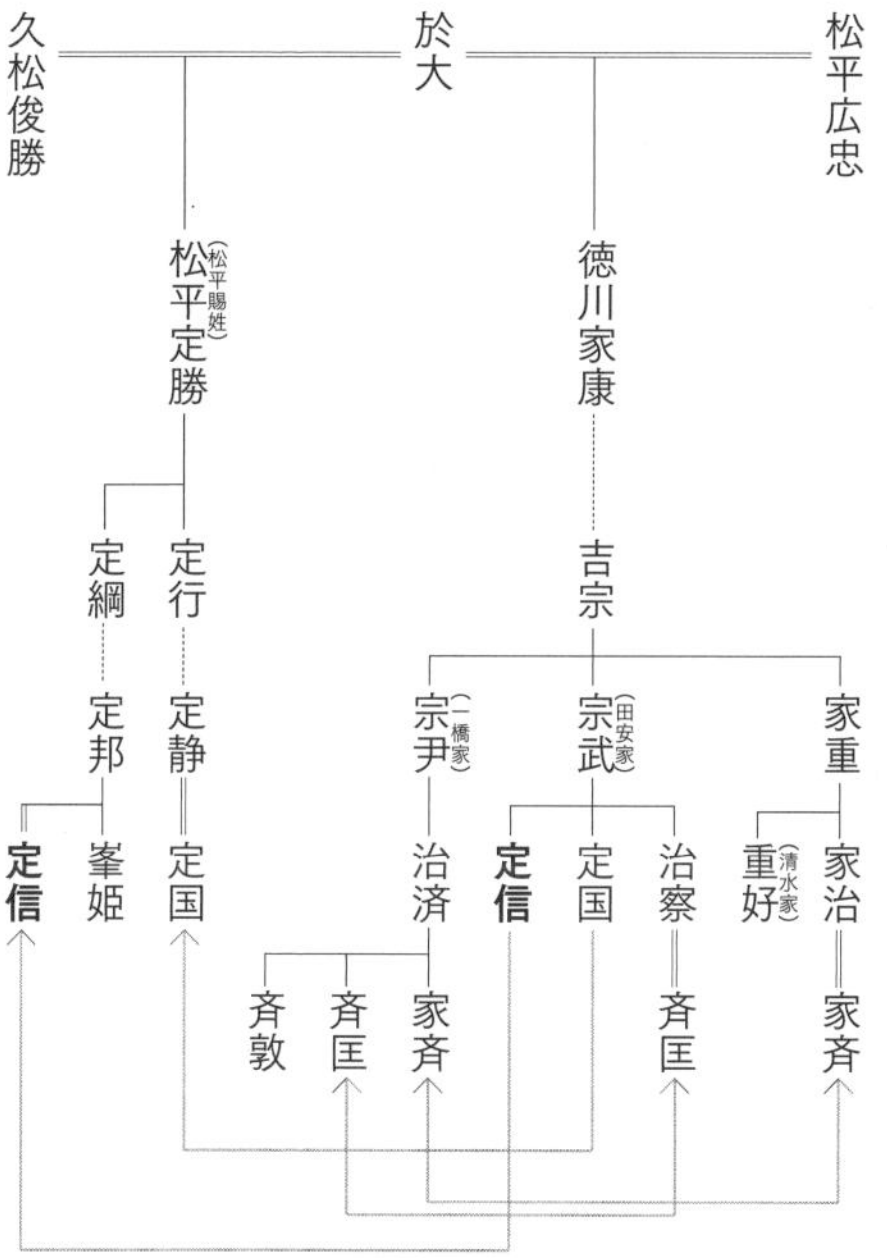

力も得て定信との養子縁組を実現させた。

白河藩主松平定邦の養子となった定信に最も期待されたことは、同家を溜詰の家格へ上昇させることであった。この目的を実現するために、定信はさまざまな手段を用いる必要があった。定信は一七八三(天明三)年十月に松平家の家督を継いだが、当時は田沼意次の権勢が盛んな時代であり、役職を得るなどの望みをかなえるための権力者への賄賂《わいろ》が横行していた。田沼時代の風潮を批判し、寛政の改革を主導した松平定信に対しては清廉な人物であるというイメージが一般的には強い。事実、定信は賄賂の風潮を批判しており、老中就任後は賄賂を禁止した。しかし、松平家の家格上昇を目指す定信にとっては、権力者へ賄賂を贈る必要があった。白河藩松平家では四〇歳を過ぎてからの四位昇進が通例であったが、家督相続した年の十二月に「格別のよし」によって定信は四位へ昇進している。表向きは定信の生家田安家からの請願によって昇進できたとしているが、定信の著した自叙伝『宇下人言《うげのひとこと》』には「この頃は専ら権力者に頼んでいるが、他人のように金など多く賄賂を贈ったのではない。同年に真田伊豆守《さなだいずのかみ》が四位になったが、この物入りは自分の五、六倍もしたという」とあり、実際は定信も賄賂を贈っていたことがうかがわれる。

一七八五(天明五)年六月には、用人に田沼意次への政治工作を命じており、そのための資金も藩の予算の中に用意されていた。定信自身も老中の屋敷に日参したり、田沼意次の実子で老中水野忠友《ただとも》の養子となっていた水野忠徳《ただのり》に田沼意次への取り持ちを求めたりした。また、大奥女中を芝居で接待して大奥からの働きかけを求めるなど、あらゆるルートから家格上昇を画策していた。これらが功を奏して、同年十二月には一代限りの溜間への伺候を許されているが、定信の養父である松平定邦の最終目標は常溜となることであったようで、定信はさらに田沼意次へ接近していった。家臣の駒井乗邨《のりむら》の書いた『鶯宿雑記《おうしゅくざっき》』によると、定信みずから銀の花入れに梅の花を活けて和歌を添えて田沼へ贈ったこともあるという。定信はこれらの賄賂についてどのように考えていたのであろうか。『鶯宿雑記』には、「権力者への賄賂は、当時の風潮なので行わないのは利口ではない。出世を願わない者はいない。賄賂を取るほうが悪い。現在は昇進が願いなので権力者に賄賂を贈っているが、これは御家(松平家)のためである」とあり、賄賂は松平家のために行っていることであると、自身の行為を正当化している。

家臣や領民の反発が強かった藩政改革

定信が松平家の家督を相続した当時、奥州は天明の飢饉によって疲弊しており、白河藩の財政も危機的状況にあった。領内では一揆・打ちこわしの発生も懸念されていた。これらの事態に対処するために、定信は自ら率先して質素倹約を実行するとともに家中に厳しい倹約令を発し、藩政改革に着手した。しかし、定信に最も期待されていたことは松平家の家格上昇であり、藩政改革に対しては必ずしも賛同を得られていたわけではなかった。例えば、財政難に対処するため家臣への俸禄支給を減額した際は、上級家臣に事前の相談なく進めたため彼らの反発を招いた。また、家中に対する度重なる倹約令に対しては、定信による物好きだと捉えられたり、質素倹約そのものに批判的な言動もみられたりした。

家臣の藩政改革への反発に対して、定信は他藩と情報交換をしながら、幕府による高評を持ち出して、その正当性を強調している。安永の末頃、定信は陸奥泉《むついずみ》藩主の本多忠籌《ただかず》との交友を得た。忠籌は定信よりも十九歳年長だが、ともに陸奥の領主であり、帝鑑間席であった。定信は忠籌から倹約や備考貯蓄などについて教示を得て藩政改革の参考にした。『宇下人言』では忠籌について「勇偉高邁にして真に英雄」「私は多くの人と交流をもったが忠籌朝臣のような人はない」と称賛している。さらに、当時「名君」として知られた肥後熊本《ひごくまもと》藩主の細川重賢《しげかた》や出羽米沢《でわよねざわ》藩主の上杉治憲《はるのり》に面会し、施政について話をしている。彼らとの交流を通じて白河藩の施策が高評されることで、定信は藩政改革の正当性を補完していた。また、一七八五(天明五)年十二月に一代限りの溜詰伺候が許されたことについては、定信の藩政に対する幕府の高評であると喧伝し、藩政改革の正当性を家中に強調している。

倹約令は領民に対しても向けられた。農村へは倹約令と勧農令を発し、農村の復興を図った。飢饉で疲弊した農村では堕胎《だたい》や間引きが行われて人口が減少していた。人口増加政策として貧民に赤子養育手当を支給したり、越後《えちご》女を奥州に連れてきて嫁入りさせたりした。また、目安箱《めやすばこ》を設置して領民からの訴えを直接聞くようにしたが、これは領民の藩に対する不満の緩和と役人の牽制《けんせい》を目的としていたようで、実際にどれだけ訴えが採用されたのかはわからない。一七九四(寛政六)年十一月から翌年閏十一月まで白河へ遊歴・滞在した木村謙次の日記『小峰城逆旅偶筆』には当時の白河藩領の様子が記されている。それによると、赤子養育手当は、越後からやってきた百姓には支給されたが、元々白河に住んでいた百姓へは貧しくとも支給されていなかったため、他国者だけが恩に感じていたこと、また、依然として間引きが行われていたことなどが記されている。他にも「城付の民家は殊の外きたなき体なり」とあり、領民は貧しい生活をしていたことがうかがえる。領民は、外見は領主に服しているように見えるが、内心では「苛酷の政」を恨んでいるという様子で、藩政改革によって善政が行われているという状況とは程遠かったようである。しかし、定信は藩政に対する悪評が外部に流出しないようにしていた。そのため、対外的には定信による藩政改革は成功しているように映っており、白河藩政について話を聞くためにさまざまな大名が定信のもとに集まるようになっていった。

自身が招いた老中解任

松平定信が白河藩松平家の家格上昇運動のために田沼意次に賄賂を贈っていたことは既に述べたが、田沼時代の風潮には批判的であり、大名との交流を通じて次第に反田沼の同士を集めていった。本多忠籌との交友以降、播磨山崎《はりまやまさき》藩主の本多忠可《ただよし》、美濃大垣《みのおおがき》藩主の戸田氏教《うじのり》、豊前中津《ぶぜんなかつ》藩主の奥平昌男《まさお》などと親交を結んでいった。彼らは譜代ではあるが幕府の役職には就いていなかった。『宇下人言』には彼らと「刎頸《ふんけい》の交をなす」とある。さらに定信の藩政改革を伝え聞いた大名たちが、その手法を尋ねるために集まるようになったため、定信の交友関係は拡大していった。そして、大名同士が集まって会合を開き、政策などを論じるようになり、次第に田沼政権の政策に批判的な勢力を形成していった。定信の交友関係は、越後長岡《えちごながおか》藩主の牧野忠精《ただきよ》や三河吉田《みかわよしだ》藩主の松平信明《のぶあきら》など幕府の役職を勤めていた大名にも広がっていった。定信は老中就任後、彼らを要職に登用して寛政の改革を推進していった。

寛政の改革は幕閣による合議制で政策が立案・実施されたといわれているが、定信が将軍補佐に任命されていたこともあり、各人が対等の立場であったわけではなかった。実際は定信の強力な指導の下、忠籌が主として政策立案を諮問し、信明がその政策を遂行するという形で、この三人を中心にして政策が進められた。しかし、政権の綻びは早い段階から見られた。一七八八（天明八）年十月頃には本多忠籌主従が賄賂を贈っているという風聞があり、定信は忠籌の動向を警戒している。また、石高三万石以上の譜代大名であることが条件とされる老中に就任するために、一万五〇〇〇石の忠籌は加増されたうえでの老中就任を願っており、改革よりも昇進を優先する姿勢として定信は捉えた。そして、政策の方針や改革に対する姿勢について、定信と忠籌との間に次第に乖離《かいり》が見られるようになった。当時、ロシア船が日本近海に出現しており、蝦夷地《えぞち》政策が喫緊の課題のひとつとして挙がっていた。定信は蝦夷地の非開発論を主張し、蝦夷地を緩衝地帯とすべきとした。一方、忠籌は蝦夷地の幕府直轄化を主張し、蝦夷地を開発してロシアへの備えとすべきとした。結局、定信の主張が通り、定信自身が蝦夷地掛を担当することとなった。また、改革を果断に進めるべきと考えていた定信に対して、忠籌は細部にわたる厳しい統制や急進的な改革路線に批判的であった。

これらの路線対立から、忠籌は政策に対して意見を述べることがなくなり、定信も次第に忠籌を政務の中心から遠ざけるようになった。

松平信明に対しては、一七八九(寛政元)年五月頃に鷹場内の鳥が住みついている場所を信明が自邸内に囲い込もうとしたことを聞き、警戒するようになった。また、信明が自ら建議を全く行わないこと、定信の政権運営に対して主君が不満を持っているという信明の家中の風聞などから、信明が改革政治に積極的でないと疑念を抱くようになっていた。事実、信明は漸進的に改革を進めるべきとする忠籌の考えに近かった。定信主導の下ではあるが、当初は定信・忠籌・信明という三本柱が機能していた政権であったが、忠籌・信明に対する定信の警戒と彼らの改革に対する態度から、政権運営は次第に定信による独裁へと変貌していき、定信は幕閣内で孤立していった。これは、後の定信の老中解任の一因となった。

一七九三(寛政五)年七月二三日、定信は老中および将軍補佐を辞職した。形式としては同年七月五日に提出された辞職願に対して、それが認められたというものであったが、実態は解任だった。定信が老中の辞職願を提出したのは、今回が初めてではない。老中就任後間もない一七八七(天明七)年秋に最初の辞職願を提出し、以後、しばしば辞職願が出された。これは、辞職願を提出するたびに慰留されることで、定信のその時々の政策に対して将軍家斉や御三家に信任を得るためであった。また、老中として政策の批判が集中することを回避したいという思惑や、将軍家斉の成長にともない将軍補佐は不要とされてきていることもあり、定信は暗に大老への就任を望んでいたようである。

定信の老中解任には、幕閣や将軍家斉・一橋治済《はるさだ》との対立が背景にあった。家斉が実父一橋治済を大御所《おおごしょ》として江戸城に迎え入れようとしたことに定信が反対した大御所問題から、家斉・治済との間に不和が生じていた。結果として、独裁化してきた定信の政権運営が将軍親政の妨げになることを理由にして、事実上の定信解任に至った。

老中解任とともに、定信は侍従から少将に昇進し、御用部屋への出入を許されたほか、白河藩松平家の家格は溜詰（飛溜）に昇格した。これらの処遇は定信の功績に対して報いたものという体裁がとられたが、これは寛政の改革を主導した定信の解任は、幕府の改革自体を否定するものではないことを強調したいためであった。今回の辞職願も慰留されると考えていた定信にとってこの解任は本意ではなく、この後も幕政への参画を試みているが、幕閣はそれを許さなかった。一方で、解任後の処遇については自身の功績が評価されたものと家中に喧伝し、政策の正当性を主張している。

当初定信の改革に期待して上書を提出していた小普請組《こぶしんぐみ》の植崎九八郎は、定信の老中辞任後に上申した『賤策雑収《せんさくざっしゅう》』の中で、定信を「各別の秀才」とは認めながらも、初めの見込みと異なり器量が小さく、隠密《おんみつ》によってくまなく詮索し、諸事に対して疑心がなくなることはないと、定信の性格を批判している。また、本多忠籌の教諭を息子の忠雄《ただお》がまとめた『忠雄聞書』は、息子への訓示の体裁をとりながら、暗に定信を批判している箇所が見られる。「貴人は下々の人情に疎《うと》いので、もっともなことであっても人は信服しない」「人のために教え諭しても、常人の人情を察せず、理のままに責めるので、小人は却って恨みに思う」などは、失脚した定信を暗示しているものであろう。『宇下人言』では、幼少時の定信は優秀ではあったが短気で、人を「叱怒」し、肩を張って理を言ったりしていたが、側近の諫めによって十八歳から改めていったと述べている。また、一七七六(安永五)年の年始慶賀の初出仕に際しては、先輩に贈り物をして指導を受ける慣習があったが、定信はこれに従わず独力で務めたため、傲慢《ごうまん》とも見られたという。このような定信の性格は、成人してからも根底には残っており、忠籌が指摘するような言動に現れていたのかもしれない。

文化人としての活動と死後の評価

老中を解任された松平定信は、白河藩主として藩政を運営した一方で、文化人としての活動も積極的に行っていた。定信が力を入れた事業のひとつに庭園の造営がある。定信は白河藩領内と江戸の屋敷に合計五つの庭園を造営した。屋敷内に庭園を作った大名は多数いるが、五つの庭園を作ったのは定信のみである。江戸の抱屋敷内に造った六園《りくえん》では、古画・古書などの収集、珍しい草木や舶来の植物の栽培を行った。定信は全国各地に所蔵されている古宝物を模写・編集させて『集古十種《しゅうこじっしゅ》』を編纂しており、この版木を六園に保管した。これらの事業にどれくらいの費用がかかったのかは不明である。白河に造営した三郭四園《さんかくしえん》では家臣とともに茶会を開催したり、武術の稽古披露を行ったほか、領内の高齢者を慰労する会を開催することもあった。また、同じく白河に造営した南湖《なんこ》は領民にも開放され、身分の差を越えて誰もが憩える(士民と共に楽しむ)園地として造られたといわれており、藩士の水練場・灌漑用水のための溜池・水害に備える調整池などに利用された。家中・

領民に厳しい倹約を命じながら、一方で五つも庭園を造ったり、盛んに古物や植物などを収集していることを、家臣・領民はどのように思っていたことであろうか。表面に出さなくとも、激しい不満を抱いていたのではなかろうか。

定信は子孫の施政の参考とすべく老中在任中の事跡などを記した自叙伝『宇下人言』を著しているが、同書の中では自身や松平家に都合の悪いことは記していない。例えば、天明の飢饉について、『宇下人言』では凶年で人々は穏やかでなかったと曖昧な表現をしているが、実際は一七八三(天明三)年八月に白河で打ちこわしが発生していた。また、「自分の領内では死んだ者はいない。しかし、餓死ではないが、食物が悪くて死んだ者はあったかもしれない」と責任を逃れるような記述も見られる。さらに、寛政の改革では江戸の物価対策に取り組んだものの結果は失敗に終わっているが、それについても記していない。

定信は多種多様の日記類を著しており、その中でも一八一二(文化九)年四月六日から一八二八(文政十一)年十二月末まで書かれた『花月日記』は質・量ともに最大のものである。『花月日記』の作成にあたっては、この日記の最初の形となった『楽亭日記』をもとにして、草稿本、浄書本、上写本の三段階にわたり文章を加筆修正しており、後世に残すものに対しては記述にかなり気を配っていたことがうかがえる。定信は一七八四(天明四)年に『大名かたぎ』という戯作を著していたが、自身の業績にふさわしくないと考えたものか、後年焼却した。しかし、家臣が写本を作っていたため、今日まで残っている。藩外で抱かれている定信の「名君」としてのイメージを後世に伝えるため、生前から家臣に定信の伝記を書かせた。そこでは、定信や松平家に都合の悪い事柄については正確に記されていない。定信の死後、家臣などによって記された伝記も同様である。一八三三(天保四)年、定信に守国霊神の神号が授けられ、三四(同五)年には守国明神に改め、一八五五(安政二)年には守国大明神と改められている。定信は「名君」から神になったのである。

近代になると、歴史学者の三上参次が一八九一(明治二四)年に『白河楽翁公と徳川時代』を刊行し、「日本人の模範」となる「偉人」として松平定信を紹介した。また、寛政の改革によって創始された七分積金による貯蓄が東京の事業に活用されたことから、実業家の渋沢栄一も定信を顕彰し、一九三八(昭和十三)年に『楽翁公伝』が刊行され、松平定信＝「名君」というイメージで一般に認識された。松平定信が創りだした「名君」像は、近代にまで影響を与えたのである。

⦿参考文献

岩崎はる子「戯作者としての松平定信」(『歴史と人物』昭和五八年十一月号、一九八三年)
岡嶌韋久子「松平定信「日記」攷―「花月日記」を中心に―」(『ビブリア』第一一〇号、一九九八年)
見城悌治「近代日本における「偉人」松平定信の表象」(『千葉大学留学生センター紀要』第三号、一九九六年)
高澤憲治『松平定信政権と寛政改革』(清文堂出版、二〇〇八年)
高澤憲治『松平定信』(吉川弘文館、二〇一二年)
竹内誠『寛政改革の研究』(吉川弘文館、二〇〇九年)
橋本正宣『近世武家官位の研究』(続群書類従完成会、一九九九年)

1800―60
水戸藩主。藩校設立や軍制の近代化など藩政改革を進め、幕政の改革も主張したが、安政の大獄で永蟄居処分を受ける。

「攘夷派」の巨魁・重鎮のリアル

徳川斉昭

…とくがわなりあき…

大石 学

幕末大河ドラマの江戸城シーンから……

二〇〇八年『篤姫《あつひめ》』(宮尾登美子原作、田淵久美子脚本、宮﨑あおい主演、江守徹徳川斉昭《なりあき》役)第十四回「父の願い」―井伊直弼《いいなおすけ》「斉昭様のお考え、納得致しかねます」。斉昭「何を申す。江戸内海にまで入り来たること言語道断。今こそ攘夷《じょうい》の大号令を発し、一隻残らず打ち払うべし！」

二〇一三年『八重の桜』(山本むつみ作、綾瀬はるか主演、伊吹吾郎斉昭役)第一回「ならぬことはならぬ」―老中首座・阿部正弘《あべまさひろ》、溜《たまり》之間詰め諸侯が並ぶ。斉昭「開港はご国法に反する。評議に及ばず。断固、夷敵《いてき》打ち払うべし！」。諸侯、斉昭の威勢に押され「……」。

いずれも、幕末期、外国船打ち払いを主張する「攘夷派」の巨魁《きょかい》・重鎮《じゅうちん》・泰斗《たいと》などと称され御三家水戸《みと》藩の九代藩主徳川斉昭が、「開国派」の大老・彦根《ひこね》藩主の井伊直弼《いいなおすけ》と真っ向から対立するシーンである。直弼を「善」とすると斉昭は「悪」、直弼を「悪」とすると斉昭は「善」という対極の二人である。しかし、斉昭自身は、決して西洋技術・文化を嫌っていなかった。むしろ、当時「蘭癖《らんぺき》」「開明派」として知られる薩摩《さつま》藩主島津斉彬《しまづなりあきら》に、自らの所蔵蘭書の目録やイギリスの地図を貸し、逆に斉彬からゲベール銃や種痘の種を贈られ（島津斉彬文書刊行会編纂『島津斉彬文書』上巻、一九五九年、中巻、一九六三年、吉川弘文館）、朝廷に地球儀を贈呈している（東久世通禧《みちとみ》『竹亭回顧録・維新前後』（『幕末維新史料叢書』三、人物往来社、一九六九年）。さらに、西洋型の巨大軍艦や反射炉を製造し、自ら蜂蜜や牛乳を飲んでもいる。斉昭のコレクションには、イギリス・オランダの望遠鏡、自作の大砲や大筒、電池の実験記録など「西洋通」であったことを示す遺品が数多くある（徳川眞木、鈴木一義対談「水戸徳川家の秘宝を拝見、殿様の科学熱」（『東京人no.三二一、二〇一三年、都市出版株式会社発行）。では、先の過激な攘夷派イメージと、この「西洋通」の顔をもつ彼の実像はいかなるものであろうか。

水戸学と幕末維新

水戸藩は、近世前期の二代藩主徳川光圀《みつくに》に始まる尊王論《そんのうろん》を基礎に、後期の斉昭の攘夷論により幕末維新の口火を切り、幕末日本に大きな影響を与えた。

すなわち、幕末期に越前福井《えちぜんふくい》藩主として幕政にかかわった松平慶永《よしなが》（春嶽《しゅんがく》）は、回顧談において、

慶応《けいおう》三年丁卯《ていぼう》の冬、徳川氏大政権を返上し、皇政維新になりたる根元は一朝一夕の事にあらず。衆多の人の考ふるところは、米国軍艦ペルリー浦賀港に来船して、外国通商の行はれしより、ついに天下紛乱して、かく大政権返上になりしといふは浅近の考なり。此根元といふは、百年以前ひらける物と考へられたり。いかんとなれば、水戸中納言源光圀卿の一人より醸成せり。其わけ

は、光圀卿は和漢の学に長じ、尊王を初て称せられ、大日本史をはじめ、多くの国史を編修せられし。光圀卿は第一尊王、第二尊幕の大志なれども、其臣下にいたりては、幕府を卑ん（と）するの心を生ぜり。ゆへに、光圀卿より此一大美事を、張本することに決せり。これゆへに水戸人の気概のありしゆへんなり（『逸事史補』幕末維新史料叢書 四、人物往来社、一九六八年、五頁。括弧内は引用者注、以下も同じ）。

と、一八六七（慶応三）年の大政奉還《たいせいほうかん》やこれに続く一連の明治維新の根元は、ペリー来航を発端とする開国・通商により国内が混乱したとする多くの人の見解は浅はかであるとし、その根元を国史『大日本史』を編纂し、初めて「尊王」を唱え、第一尊王、第二尊幕を主張して、水戸学の基礎を築いた徳川光圀にあると主張した。

また、幕臣から明治期に政治評論家となった福地源一郎は、

尊攘論は初より京都にて発したるに非ず、其実は水戸その発源にして、先づ東に起りて西に及ばし、全国に瀰漫《でいまん》したる者なれば、尊攘の本家本元は水戸なりと云ふ事を忘る可からず（『幕府衰亡論』続日本史籍協会叢書、東京大学出版会、一九七八年、一一二頁）。

と、尊攘論は京都に始まるのではなく水戸に始まるとしている。

旗本から明治期に評論家となった戸川残花《ざんか》は、「鎖国攘夷の称何時か変じて尊王攘夷（徳川斉昭弘道

館碑中の語なりとか）の口と為りし」（『幕末小史』幕末維新史料叢書 十、人物往来社、一九六八年、一九一頁）と、かつて「鎖国攘夷」といわれていた語が、いつの間にか「尊王攘夷」となるのは、斉昭が弘道館碑中で用いた語が契機と記している。斉昭の影響力の大きさが知られる。

維新の「根元」となった水戸藩であったが、尊攘志士・一橋家臣・幕臣・明治期実業家の渋沢栄一《しぶさわえいいち》編纂『徳川慶喜公伝 二』（平凡社、東洋文庫、一九六七年）には、

> 雄藩の中に於て早く朝廷・幕府に重きをなしたる水戸藩は、戸田忠太夫（忠敞《ただあか（あきら）》）、藤田誠之進（彪《たけし》）先づ逝《ゆ》き、烈公尋で薨《こう》じ給ふに及び、藩士は其中心を失ひて内訌《ないこう》絶えず、今は一藩内の統一さへ欠きたれば、其藩としては天下に衡《こう》を争ふの力なく、空しく薩長の後塵を拝せざるを得ざりしが、其藩士の中には、尚薩長の諸士と提挈《ていけつ》して奔走《ほんそう》する者少からず（三頁）。

と、水戸藩は幕末雄藩のなかで早くから政局に重きをなしたにもかかわらず、一八五五（安政《あんせい》二）年十月の安政大地震で斉昭のブレーン・官僚として活躍していた水戸藩家老の戸田忠太夫忠敞と思想家の藤田彪東湖《とうこ》が死亡すると、斉昭の政治力は低下し、一八五九（安政五年）六月、斉昭が安政の大獄で永蟄居《えいちっきょ》を命じられ、のち水戸城内で没すると、藩は求心力を低下させ、内訌が絶えず、統一を欠いたため中央政局の指導力を失い、薩摩・長州に後れをとったと述べている。

以上のように、水戸藩は、近世前期の光圀に始まる尊王論をもとに、尊王攘夷論（尊攘論）をもって

幕末維新の口火を切り、政局に大きな影響を与えたものの、指導者らの死亡や藩内抗争により、幕末舞台から去ったのである。水戸藩主斉昭は、文字通り幕末期水戸藩の盛衰を体現した人物であった。

斉昭の「攘夷論」

次に、斉昭の「攘夷論」をみてみたい。渋沢栄一によれば、一八三八(天保《てんぽう》九)年八月、斉昭は幕府宛てに建議書(戊戌《ぼじゅつ》封事《ふうじ》)を提出し、八つの海防政策を提案した。すなわち、

同九年八月の建議の如きは、縷《る》々《る》一万六千余言に及べり、其大要は、「内憂・外患・其兆既に萌《きざ》したれば、之に備へざるべからず」といふに筆を起し……又外患に対する方策は、「第一、西洋諸国は交易と耶蘇《ヤソ》教とを以て他国を侵略する手段とせり、外患を口にする者は狂人と患はるゝ今日なれども、今や全世界中、日本・支那・朝鮮・琉球の外には外人の侵略を蒙《こうむ》らざるものなし。就中《なかんずく》支那と日本とは其最も指目する所なれば、備ふる所なかるべからず、第二、露人南下の勢力侮《あなど》るべからず、第三、今日の蘭人《らんじん》は邪宗門《じゃしゅうもん》の国と合従《がっしょう》せるものなれば油断すべからず、宜く交易を禁ずべし、第四、蘭学者は徒《いたずら》に西洋を崇拝し、遂には邪宗門の媒介者たる虞《おそれ》あれば、蘭学も亦《また》禁止せざるべからず、第五、仏教の害もまた邪宗門に譲らず、宜く其宗門改《そのしゅうもんあらため》を停め、神職をして之に代らしむべし、我邦は神道を本として教化を布《し》かざるべからず、第六、大船製造の禁を解くべし、第七、外国より漂民を護送し来り、それを因に交易を請ふとも、断然拒絶して直に打払

ふべし、漂民を護送し来るを打払ふは無法なりとの議もあらんが、そは顧慮《こりょ》するに足らず、交易を因《もと》として日本を奪はんとするは更に不法なり、なまじひに夷狄《いてき》に義理立せば其術中に陥らん、されば邦人は夷狄を悪《にく》み、夷狄は邦人を悪むやう仕向くべし、これ人心を統一し士気を振起するの策なり、第八、蝦夷地《えぞち》を松前氏より収公して開拓経営すべし」といふにあり（『徳川慶喜公伝 二』東洋文庫、一九六七年、二二四～二二六頁）。

と、国内外の危機が顕在化したことを「内憂外患」と表現し、幕政改革の必要性を一万六〇〇〇余字にわたって主張したのである。このうち、「外患」（西洋諸国の脅威）に対しては、引用史料に見られるように、①西洋諸国は貿易とキリスト布教により侵略するのに、「外患」を唱える者は国内では狂人扱いされるとしつつ、世界中、東アジアでもとくに、日本と中国は目標とされており、国防・海防に備えるべきこと、②ロシアの南下政策に注意すること、③ヨーロッパ唯一の貿易国のオランダもキリスト布教を狙う国々と連合していることから、オランダとの交易も中止すべきこと、④蘭学者は西洋を崇拝し、キリストを日本に導く危険性があるので蘭学も禁止すること、⑤仏教もキリスト教同様害が大きいので、宗門改めを廃止し、神道により教化すべきこと、⑥長年幕府の政策であった大船製造禁止令を撤回すること、⑦外国が日本人の漂流民を助けて交易を要求する場合も、これを拒絶して打ち払うこと、せっかく漂流民を助けてくれたのに無法ではないかという意見もあるが気にする必要はない、交易を契機に日本を奪おうとする方が不法であり、なまじ外国に義理立てするとその術中に陥る。むしろ日本人が外国人を怨むように仕向け、外国人も日本人を怨むように仕向けるのが、人心を統一し士気を高める有効な策であること、⑧蝦夷地経営を松前藩から幕府直轄支配へと変更すること、の八点を主張したのである。

これらをふまえて、渋沢は、斉昭と井伊直弼の関係について、

原来掃部頭《かもんのかみ》と烈公《れっこう》とは意見相容れず、烈公は米艦渡来の後も、依然として攘夷論を固執したるに、掃部頭は直に開国の已むを得ざるを断言し、烈公は幕政参与の初め、江戸湾の防備を策して、品川砲台の築造を賛成せるに、掃部頭は憚《はばか》る所もなく之を無用の業と誹《そし》れり、此年掃部頭は祖先以来の旧格によりて、京都守護の任を拝す、其秋《そのあき》露艦大坂に来りて京畿動揺せしかば、幕府之を戒飭《かいしょく》せしに、掃部頭は幕府が誣言《ふげん》を信じたるを憤《いきどお》れり、これ烈公の政務に参与せる時なれば、彦根の君臣は猜疑《さいぎ》を以て烈公を怨みしならん、同年の末、幕府が烈公の発意により、梵鐘《ぼんしょう》改鋳の太政官符を請ひし時、掃部頭は幕権陵夷の端を開くものなりとて、大に之を非難せり（『徳川慶喜公伝　二』一三七頁）。

と、両者は相容れず、斉昭はペリー来航後も攘夷論を主張し、井伊は迅速な開国の必要性を訴えた。その後、一八五三（嘉永《かえい》六）年七月、斉昭が老中阿部正弘の配慮から海防参与に就任し、品川砲台築造案に賛成すると、直弼は無用のこととこれを批判した。さらに、この年（実は一八五四〔安政元〕年のこと）外国勢力と朝廷の直接交渉を警戒し、監視のために、直弼が彦根藩の由緒をもって京都守

護の職に就任した。その秋、ロシア船が大坂湾に到来し畿内が動揺したとの粉飾した話を、幕府が信じたことを井伊直弼が怒り、これが斉昭が海防参与のときのことでもあり、彦根藩は斉昭を怨んだと記されている。この結果、同年末に斉昭が寺院の梵鐘を改鋳する旨の太政官符の発布を願ったさい、直弼は幕権が外国に脅かされる端緒を開くとして、これを強く非難したとある。

さらに、福岡出身で明治政府閣僚となる末松謙澄《すえまつけんちょう》は、長州藩の幕末維新史をまとめた著書『防長回天史』(上、柏書房、一九六七年)の嘉永六年の記事で、

専ら武備を厳にし航海を奨励し江戸湾の防備を堅くし以て戦時に応ずべしと為すの説最も多きに居る、而して之れと共に松平越前守と島津氏とは徳川氏宗室の中より国家の元帥を置かんことを主張し、就中島津氏は水戸前中納言を以て海岸手当総裁に当らしめんことを希望したり、此時に方《あた》り世間見て以て時難を救ひ攘夷の国論を決行するに足るべき人物としたるは水藩徳川斉昭なり、始め斉昭時人に先ちて兵を練り武を講じ遂に幕嫌を蒙り廃錮せられたりと雖ども外事漸《ようや》く多端なるに及び宥されて諮詢《しじゅん》に与《あず》かる、既にして海岸防禦の事に関し隔日登城を命ぜられたり(九六頁)。

と、当時盛んになった海防論のもと、松平慶永と島津斉彬が、幕府に対して斉昭を海防責任者にすることを求め、当時、世の中を見渡したとき、国難を救い攘夷決行を実現できる人物は斉昭であった。斉昭は先頭に立って武力を強化したため、幕府に嫌われ謹慎させられたが、外交問題が深刻化

すると、再び幕府の諮問に答えることになり、一日おきに登城し、発言力を強めたことが記されてる。

一方、幕臣の勝海舟の評価は厳しく、

水戸の景山を烈公々々と敬っていふが、耳が遠くてなか〱の癖人物サ。西山公を学んで学び損ったんだサ。あれよりは慶喜公の方がよほど人物だよ。水戸の家来朝比奈やそのほか役人の者どもが、これではいかぬと、幕府の子孫を貰って各藩のやうに継嗣にしようと思ったを、藤田や何かが、それはならぬと一揆を起し、たうとう勝ったから正党といはれ、朝比奈やそのほかは敗けたから奸党と呼ばれるが、みな成敗によって論ずるので、何が何だかわかったものか。幕府の子孫を継嗣とするに何がわるい。みな各藩でしてるぢゃないか。まるであの時の事は今の朝鮮サ。水戸の烈公は朝鮮の大院君《だいいんくん》と少しも変りはしないノー、エ。幕末でもわしが一人で捌《さば》きを付けたから、よかったが、御覧よ、一つやりそこなへば、今の朝鮮みたやうになってしまふのサ、ノー」

（江藤淳・松浦玲編『氷川清話』、講談社学術文庫、二〇〇〇年、八一頁）。


と、斉昭は癖があり、光圀を学び損った暗君で、子の慶喜にも劣ると述べている。水戸藩諸生派（保守派）首領の家臣朝比奈泰尚らは、他藩のように幕府から養子をもらい跡継ぎにしようとしたが、藤田東湖の子小四郎ら革新派が反対して騒動となり、結局、藤田らが勝ち「正党」と呼ばれ、敗れた朝比奈らは「奸党」とよばれた。勝は、朝比奈らは悪いことをしたわけではなく、斉昭は朝鮮王朝末期の政治家で、第二子を国王にしてこれを補佐して実権を握り、朝鮮の鎖国政策を維持し仏米艦隊を撃退、日本の開国要求を拒絶したものの、最終的に失脚させられた大院君と同じと評価している。

　また、戸川残花は、

> 一橋公養君に為し参らせむと計るに当り頗《すこぶ》る困難なりしは、元来一橋公の実父水戸前中納言の人と為りが将軍を初めとして幕吏の好む所ならず、烈公は非凡の人なりと雖《いえど》も有徳にして春風の温然たる君にはあらず、寧《むしろ》秋霜烈日の国君なり、特に家風の勤王論は余りに耳立ちし事も多く、其子の一橋公をして養君となさば如何に幕府をば掻き廻はさむかとの杞憂はありしならん。戊辰の当年すらも慶喜公は江戸に於て一般の人望は薄かりしなり」（『幕末小史』二三～二四頁）。

と、一橋慶喜が将軍になる計画は、慶喜の実父斉昭の性格が、将軍家定をはじめ幕臣たちに嫌われていたことから困難と記している。その理由として、斉昭は、非凡な才能の持主であったが、徳を備えた、春風のように穏やかで温かい性格ではなく、厳しい君主であったためとする。特に水戸家家風の勤王論は、ともすると目立つことが多く、子の慶喜を将軍にして幕府を掻き廻そうとしているとの警戒が広まったとし、明治初年当時も、江戸での人々の慶喜への信頼は薄いと記している。

　以上のように、開国をめぐって、斉昭は直弼と厳しく対立し、斉昭の強い個性もあって、「攘夷派」・巨魁・重鎮のイメージが、定着していったのである。

斉昭「攘夷論」の実態

では、当時の志士に大きな影響を与え、井伊暗殺などの根拠にもなった斉昭の「攘夷論」の実態は、いかなるものであったのか。

まず、斉昭の実子徳川慶喜は回顧談において、「烈公の攘夷論は、必ずしも本意にあらず」と本心ではないとし、水戸藩藩政改革の武備充実のスローガンとして唱えたものが、のちに名目化し目的となってしまったと事情を説明し、さらに「異船を来ると見ば有無をいわせず直ちに打攘《うちはら》わんというがごとき無謀の攘夷論者にはあらず」とも述べている（渋沢栄一編・大久保利謙校訂『昔夢会筆記—徳川慶喜公回想談—』大正四年、徳川慶喜公伝編纂所刊、一九六六年、平凡社東洋文庫より復刊、四〜五頁）。

また、水戸藩士で藩校弘道館に学んだ明治期歴史家の内藤耻叟《ちそう》は、「斉昭の直弼と説を異にせし所は勅許をまつと否との一点に在り」「これもと井伊の見る処と同じきなり」「此議に於ては水戸老公も越前侯も其他の諸侯も皆必しも無謀の攘夷を好む者にはあらず」と、斉昭を含む当時の福井藩主松平慶永（春嶽）ら識者は、みな井伊と同じ開国論だったと記している（「安政紀事」『幕末維新史料叢書六・戊辰始末・安政紀事』人物往来社、一九六八年、四三五、四四九頁）。

さらに、長崎生まれの幕臣、通詞、明治期ジャーナリストの福地源一郎は、「烈公は固《もと》より無謀の鎖攘論者と云ふにはあらず」（『幕末政治家』「幕末維新史料叢書」八、人物往来社、一九六八年、三一〇頁）と、斉昭を鎖国攘夷論者ではないとし、同じく、斉昭の言い分について、「水戸老公は決して無謀の攘夷家には非ず。其実外交の真面目を会得せし豪傑なり、其の極意は閣老等が如く、初より和議々々と云ては、外国の為に如何なる要求に会て我国の不利を永遠に招かんも知れす……我れに戦ふの決心あって和するは即ち和なり、其決心なくして和するは和に非すして是れ降なりと云ひし人なり」と、無謀な攘夷論者ではなく、幕閣のように最初から和議・和親と言っていては外国からどのような不利益を被るかわからない、もし日本が外国の要求を拒絶し、攻撃を受ける事態になれば、これに応戦する決意を固めてから交渉に応ずべき、というものである。日本が戦う決意を以って結ぶ交渉は「和親」であるが、その決意なく交渉を結ぶのは「降伏」であると主張したのである。そして、「已れ内には開国の深意を懐きながら、外には鎖国の妄説を唱へて人心を鼓舞すること、政治家に在ては至難中の至難事業たり……老公は此至難事業を一身に負荷して遂に逆境に陥りたるの人に非ざるを得んや」と、心中「開国」の気持ちをもちつつも、「鎖国」という妄説を唱え、人心を鼓舞することは、政治家にとって至難のことであり、斉昭は、この至難を一身に抱え込み、ついに逆境に陥ったと記している(『幕府衰亡論』(四四頁、八三〜八四頁)。

松平慶永(春嶽)への書状

福井藩主松平慶永(春嶽)は、斉昭よりも二八歳年下であったが、十四代将軍に斉昭の実子慶喜を擁立する一橋派の大名として活躍し、斉昭が次世代リーダーとして最も期待した人物であった。慶永は回顧録(『逸事史補』)において、斉昭から受け取った書状の内容を紹介し、次のように記している。すなわち「水戸老公の私心は頗、盛んなり。此事件については、我等も老公のために売られたり。

勤王の誠意は感ずべき事ながら、一橋刑部卿を将軍となす事は、老公の私心と慾とに起れり」(十二頁)と、一橋慶喜将軍擁立事件は、斉昭の「私心と欲」から出たもので、自分たちもその「私心」に利用されたと記してる。斉昭と深くつき合った慶永ならではの冷静な斉昭評である。慶永はつづけて、

老公即斉昭公は、尊王攘夷の論を盛んにして、攘夷家の巨魁たりといふ。天下これをしらざるものなし……初て米利堅《メリケン》ペルリ渡来の頃は、世上一般に外国人をにくむこと甚し、老公はさす賀に賢明の君にして、最早外国人と交際せねばならぬといふ事は、已に着眼されたり。いかんとなれば、老公、我(慶永也)に贈る書中に云ふ。外国人交際の道、最宜敷事《よろしきこと》にてはなし、乍併、今の時勢いかんともすることあたはず、貴君(慶永をいふ)には、御少年之義にも候故、以来の御心得に可申候。とても攘夷など被行候事は難出来《なんでき》、是非交易和親の道、可相開、其時は御尽力被成候がよろしく候。斉昭老年也、攘夷の巨魁にて、是迄世を渡り候ゆへ、死ぬまで此説は不替心得なり。貴君へ此事申入るとの書状あり。これにて交易和親せねばならぬといふ事、攘夷論の不被行事をしり給ふは、さす賀なる事と於余は感賞せり(松平春嶽『逸事史補』十一〜十二頁)。

と、斉昭は「尊攘論」の巨魁として知られるが、ペリー来航のころ、世間では外国人を憎むことが広まった。一方、斉昭はさすが名君であり、外国と交際しなくてはならないことをすでに理解していた。すなわち、外国人と交流することは最善ではないが、いまの時勢ではどうしようもない。慶

永は若いので将来のために記す。攘夷は、とても実行できるものではなく、ぜひ交易和親の道を開いてほしいと思っている。そのときには、慶永にも尽力してほしい、自分はすでに老いており、「攘夷の巨魁」としてこれまで世を渡ってきたので死ぬまでこの説を変えるつもりはない。これを慶永に伝える、というものであった。慶永は、この書状を読み、斉昭が交易和親は不可避であること、攘夷実行は不可能であることを認識しているのは、さすがであったと記している。

この書状については、すでに知られていたらしく、先の福地源一郎は、斉昭が松平慶永に宛てた書状の内容として、自分は和親条約に反対しているわけではなく、「外国に威迫せられ、止《やむ》を得ずして和議を肯ずるは、和に非ずして降なり、真の和親は、議協《かな》はざる時は我に戦ふの覚悟ありて談判に及び、我主となりて議してこそ和の要を得べきなれと云ふが主論にして、実に独立国の体面とを必要とせる千古不抜の卓論なり」(『幕末政治家』幕末維新史料叢書 八、人物往来社、一九六八年、三一一頁)と、外国の武力の脅しによる和親は和平ではなく降伏であり、真の和親とは協議が決裂した場合、戦争も辞さないとの覚悟をもって協議に臨み、自らが主体となって議論することこそが独立国の真の和親と述べ、福地は、これを不変の優れた論と評価している。

開明派官僚への書状

斉昭の本心は、当時の幕閣・開明派官僚への書状からも知られる。前出の福地源一郎『幕府衰亡論』によれば、斉昭は、攘夷論の開山本山とされるが、自分が聞くところによれば、斉昭は無謀な攘夷論者ではなく、外交をよく知る豪傑である。一八五三（嘉永六）年七月十日に、斉昭が老中阿部正弘宛に提出した「海防愚存」において、自らの考えを次のように記している。

「八日にも御話し申候如く太平打続き候へば、当世の態にては戦は難く和は易く候へば、戦に御決に相成天下一統戦を覚悟いたし候上には、和に相成候へば夫程《それほど》の事はなく和を主に遊ばし、万々一戦に相成候節は当時の有様にては如何とも被遊候様無之候へば、去る八日御話し候事は海防掛ばかりへ極密に成され、公辺に於ても此度は実に御打払の思召にて号令いたされ度く、下に和の事有之候ては又自然他へ洩聞え候ゆゑ、拙策御用ひに相成候事も候はゞ、和の一字は封じ候て海防掛ばかり而已《のみ》に致し度事に候、右ゆゑ本文には和の字は一切不認候」とあるを見て知るべき也、然れ共老公の望まれたる所は、上に英主ありて賢才の政治家、これが閣老たるに非ざれば、我にも彼にも十分に戦争と思はせ置て、倏忽《しゅくこつ》の間に談判を整へ和親を結ぶと云ふ事は迚《とて》も成し得べからざる也（四五～四六頁）。

すなわち、「平和」が続いたため、最近は戦うことは難しく、講和は結びやすい。全国的に戦う意を固めたうえで和平になればいいが、もし和のもとで戦争になった場合はどうしようもない。先日私が話したことは、海防掛内の秘密とし、将軍は攘夷の方針を示してほしい。万一「和親」のことが漏れてはまずいので、本文には「和平」「和親」の「和」の文字は書かない、と記していると、福地は述べている。そして、斉昭は、指導者には優れた人物が就くべきで、今の幕閣では、戦争をすると見せつつ和親条約を結ぶなど、とうていできないと述べたとも記しているのである。

さらに福地は、「扨《さて》攘夷論の本尊は誰なるやと尋ぬるに、当時の世評は勿論今日の史家も亦皆水戸の老公を以て、其人なりと云ふに外ならざるなり、此断案に付ては余と雖とも敢て之を否と云ふには非ざれども、老公は強ちに初めよりして無謀の攘夷を主張せし過激主戦家には非ざりき」（八三頁）と、もともと過激攘夷論者でないことを明確に記している。

公家の証言

尊攘派公家で七卿《しちきょう》落《お》ちの一人東久世通禧《みちとみ》は、『竹亭回顧録・維新前後』（「幕末維新史料叢書」三、人物往来社、一九六九年、明治40〜44口述回顧）において、次のように記している。

関東の請求に対して朝廷は大かた硬論であったが、鷹司太閤《たかつかさたいこう》が意外に関東に同意の議論で一時は太閤を攻撃する論者が多かった。其頃は水戸烈公は飽迄《あくまで》攘夷論の如く皆思って、烈公の意見書と云ふものを有志の者は読んで皆慷慨《こうがい》すると言ふ様な有様であったが、後に聞ば太閤は烈公より内々文通があって「朝廷幕府の御間柄も不和になっては外国はさて置き内地の治り方如何と苦心いたし候。幕府申上候事は少々叡慮《えいりょ》をお曲げ被遊《あそばされ》候事無之ては公武の御問われ〳〵に相成り双方の御為然る可らず」と云ふ意味であったから太閤も尤《もっとも》と思ひ、九条関白にも相談して折合を付る意見らしい。他の硬論者は水戸老公の意見書と云ふ偽書を信用して居るのみならず、諸藩在京の有志が水戸老公の持論は云々なりと自分細工の攘夷論を以て遊説するから、硬論者の目では太閤、九条関白等関東の賄賂を受て堀田を助けると許《ばか》り思った。吾等とても其頃は然《そ》う思ったのである。事の真相と云ものは当時は一向に真暗なもので、彼我の事情は一向に通じない。何れもお先まっ暗で騒ぐのである（五九～六〇頁）。

と、安政五年正月、通商条約締結の許可を求める老中堀田正睦《ほったまさよし》の上京のさい、朝廷の多くは攘夷強硬論であったが、意外と太閤鷹司政通《たかつかさまさみち》（妻は水戸藩主徳川治紀《はるとし》娘、斉昭の義兄）が親幕の立場であったことから、一時は彼を批判する者が多かった。当時は、斉昭が攘夷論者であると皆思っていたが、のちに聞くと、斉昭は内々で太閤に書状を送っていた。そこには、朝廷と幕府が不和になっては、外交どころか内政が大変になる、幕府が奏上することに対して、天皇が少々考えを曲げてでも合意しなければ、公武双方のためにならない、と書いてあったので、太閤ももっともと思い、関白九条尚忠《ひさただ》と相談して折り合いをつけたという。しかし、他の攘夷強硬論者たちは、斉昭の意見書といわれる偽書を信用し、諸藩の在京有志も斉昭の意見について自分に都合のいい解釈をして遊説したため、朝廷の多くの強硬論者は、太閤や関白が関東の幕府から賄賂をもらい、堀田を助けていると思った。東久世も同様に思い、真相や将来が分らず騒ぎになったとある（廷臣八十八卿列参事件）。ここでは、朝廷は幕府の開国に合意しなければ内政が立ち行かなくなると心配する斉昭の本心とは別に、京都の攘夷論者の間には偽書にもとづく彼の思想が広く普及し、大きな影響を与えたことが記されている。京都では、斉昭の現実とは異なる、斉昭イメージが広がっていたことが知られる。

おわりに

以上、徳川斉昭は「攘夷論」の巨魁・重鎮・泰斗のイメージとは異なり、「開国」＝交易和親は不可避であり、攘夷実行は不可能であることを自覚する冷静な現実政治家《リアリスト》であったことが見えてきた。そして、自らの「攘夷論」が、不安が高まる幕末社会において、政治に影響を及ぼし、さまざまな形で利用され、最終的に自分や実子慶喜の立場を有利に導くことを、これまた冷静に考えていたとすると、彼はまた、幕末の大衆主義者《ポピュリスト》ともいえるかもしれない。

⊙参考文献
『水戸藩史料　第五巻』（吉川弘文館、一九七〇年）
『日本思想体系五八・水戸学』（岩波書店、一九七三年）
『水戸市史・中巻三～五』（水戸市役所、一九七六～八二年）

1819—57
幕末の老中。日米和親条約を締結して日本を開国に導くとともに、人材を登用して幕政改革を推進した。

大奥を政治に利用した 阿部正弘

…あべまさひろ…

安田寛子

一八一九(文政《ぶんせい》二)年十月十六日、時の老中阿部正精《まさきよ》の六男として江戸に生まれ、一八三六(天保《てんぽう》七)年十二月十六日、十八歳で従五位下に叙され伊勢守《いせのかみ》に任ぜられる。その九日後の二五日、兄正《まさ》寧《やす》の隠居にともない備後《びんご》福山藩十万石を襲封《しゅうほう》する。一八三八(天保九)年九月一日、奏者番《そうしゃばん》に任ぜられ、一八四〇(天保十一)年十一月八日に寺社奉行兼帯、一八四三(天保十四)年閏九月十一日にはわずか二五歳で老中に任ぜられる。この二日後の閏九月十三日、天保の改革を主導していた水野忠邦《ただくに》が職を解かれている。ただし、忠邦は翌年六月二一日、再び老中首座に任ぜられる。

一方、正弘は一八四三(天保十四)年十二月十五日、従四位下に叙され、翌(天保十五)年六月十三日に侍従に任ぜられると、七月二二日には勝手掛を命ぜられ、さらに新設の海防掛の一員となる。そして一八四五(弘化《こうか》二)年二月二二日、老中水野忠邦が再任後わずか八ヶ月で再び罷免《ひめん》されると、その後を受けて老中首座の地位につき、以後多難な時期の国政を主導することになる。

一八五三(嘉永《かえい》六)年三五歳の時、アメリカ合衆国使節ペリーが大統領の国書を携えて浦賀《うらが》に来航し開国を要求してくると、正弘はこの国書の訳文を諸大名や幕臣に示して広く意見を募った。ペリー来航は国家の一大事との趣意からであったが、このことは天下の大政を司るのは幕府の役目であるとする原則を大きく変え、幕府権威の失墜を広く知らしめてしまうという側面も持った。翌(嘉永七)年正月、再び来航したペリーとの間で交渉が開始され、三月三日には日米和親条約に調印することになる。

正弘は以前から国防の必要性を認識しており、一八四六(弘化三)年には軍艦製造の急務を唱えて調査を行っていたが、その後も実現しないままであった。しかし、ペリー来航後の一八五三(嘉永六)年九月十五日、ようやく大船建造の禁を解くことになる。これは正弘が水戸《みと》前藩主徳川斉昭《なりあき》と議し、薩摩《さつま》藩主島津斉彬《なりあきら》の説を採用して断行したものだという。

この他、人材登用における功績も見逃せない。筒井政憲《つついまさのり》、川路聖謨《かわじとしあきら》、岩瀬忠震《いわせただなり》、永井尚志《ながいなおゆき》、堀《ほり》利熙《としひろ》、江川英龍《えがわひでたつ》、勝麟太郎《かつりんたろう》など、多くの有能な人材が正弘の信任を得て幕政改革を推し進めていった。しかし、正弘はその改革の半ば、一八五七(安政《あんせい》四)年六月十七日、三九歳の若さで没している。

政治家阿部正弘の二面性

正弘は早くから大志を抱き、いずれは国の政治を動かす地位に就きたいと望んでいた。しかし、当時その希望を叶えるには、さまざまな縁故を求めて特別な計らいを頼み込む必要があった。そこで、正弘もその道を探ろうとしたのだが、これを聞いた老臣関平治右衛門《せきへいじえもん》が正弘に諫言したため取

❖将軍系図

十一代将軍 家斉 ― 十二代将軍 家慶 ― 十三代将軍 家定 ― 十四代将軍 家茂 ― 十五代将軍 慶喜

り止めている。このことを正弘も一度は残念に思ったのだが、その後このような請託《せいたく》なしに寺社奉行に任ぜられると、諫言してくれた関に感謝し、手ずから印籠《いんろう》を与えたという。こうした逸話からもわかるように、正弘には人格が高く、よく人情に通じ、温柔な人物との評価がある。しかも老中となった時、正弘は二五歳の若さに似合わず、広く大らかな度量に富み、政を議し事を処するにも性急に過ぎることがないので、激烈すぎた天保の改革に懲りていた十二代将軍家慶《いえよし》の信任を得たのだという。

このように人格者としての顔を持つ正弘だったが、その一方で政治家として非常に狡猾《こうかつ》な側面も持ち合わせていた。内政・外交ともに多くの問題を抱えるなかで、正弘が最も必要としたのは絶対的な力であった。そのためには最高権力者である将軍の信任を厚くし、自らの後ろ盾とする必要があった。それを正弘は、大奥を利用することで実現しようとしたのである。

もちろん、最初から大奥を利用してやろうと思っていたかどうかはわからない。しかし、正弘が将軍家慶の注意を引き信任を得る契機となったのが、まさに大奥をも巻き込む大事件であった。

日蓮宗法華経寺をめぐる女犯事件

一八四一(天保十二)年十月五日、当時寺社奉行だった正弘は自邸において下総《しもふさ》国中山村日蓮宗法華経寺をめぐる女犯事件の判決を下している。この事件は、大御所家斉《いえなり》が愛妾《あいしょう》お美代の方を通じて日蓮宗に深く帰依し、在世中その僧徒を厚く遇していたことから、西丸大奥をも巻き込む大事件となっていた。しかしこの時正弘が裁いたのは、僧侶と農家の女性だけであった。寺中智泉院持ち八幡別当守玄院日啓《しゅげんいんにっけい》(七一歳)は遠島、智泉院日尚《にっしょう》(二四歳)は三日晒《さら》しの上触頭へ引き渡し寺法による処断、二人と密通したとされる田尻村百姓後家と船橋九日市村百姓女房は押し込め、法華経寺日導《にちどう》は逼塞《ひっそく》三〇日などの処分を申し渡している。さらに智泉院持ちの八幡は取り払い、江戸雑司ヶ谷《ぞうしがや》感応寺は廃寺、堂宇《どうう》は取り壊し、領地は没収、本尊その他什物類は池上本門寺に引き渡すこととしている。

この時廃寺とされた感応寺については、随筆「寝ぬ夜のすさび」にもその興廃のことが記されている。この随筆は雑司ヶ谷鷹部屋《たかべや》の鷹匠《たかじょう》同心、片山賢が著したものである。

これによると、そもそも感応寺は谷中《やなか》にあった元日蓮宗の寺であったが、当時は天台宗に改宗させられていた。それを大御所家斉が、再び元の日蓮宗に改宗させようとしたのだが、「上野より申上らる事ありて」と、上野寛永寺から反対があり、取りやめとなってしまった。そこで、谷中の感応寺には号を天王寺と改めさせ、別途安藤対馬守《つしまのかみ》の下屋敷を上知して建立されたのが雑司ヶ谷の感応寺だったというのである。このことを片山は、家斉が「この宗旨(日蓮宗)を信じられ候あまり、いかなる事なりけん」と驚きをもって記している。また、「総門の内外には、茶売る店はもとよりにて、酒売る家、飯うる店、料理や、蕎麦やなど出来て、あらたにみな家作りせしなり」という賑わいようだったが、十月五日の夜、寺社奉行の役人たちが大勢来て、その門前の建物を二日のうちに取り払うようにと申し渡していくと、翌年の春には広々とした原野になったという。また感応寺は家斉の思し召しで建立されたというのに、その家斉が亡くなるとすぐに廃されるのはどういうことなのかとも記している。

またこの判決に先立つ八月十四日には、中山法華経寺の祈禱ならびに女中代参などを差し止めていたが、十月五日には改めて今後決して御祈禱所などと唱えないよう申し渡し、同時にこのことは大奥にも達するようにと申し渡している。前述のように、この事件は単純な女犯事件ではなかった。諸説あるものの、日啓はお美代の方の実父ともされる人物であった。そのため、日啓、日尚らは西丸の大奥にも出入りし、多くの婦女と通じ、殿中の貴重品などを取り出して奢侈にふけっていたというのである。

しかし正弘は、この事件をあくまでも民間における女犯事件として処分している。当時、大奥の内部にまで直接的な処分を下すことが難しかったとはいえ、前将軍をめぐる醜聞ともいえる部分には敢えて踏み込むことなく判決を下しているのである。正弘は、同年八月十三日の吹上《ふきあげ》仮法廷における公事裁許上覧《くじさいきょじょうらん》においても難事件を裁いて評価を得ていた。それに加えて、今回の裁定は確実に将軍家慶の注意を引き、信頼を得る契機となったと思われる。その結果が、わずか二五歳での老中抜擢《ばってき》だったのではないだろうか。

老中となった正弘がまず最初に行ったのは、大奥の歓心を買うことだった。大奥は歴代の幕閣がその干渉に煩わされ、常にその取り扱いに苦しんできたところであった。松平定信や水野忠邦も反抗しようとして失敗した強大な勢力であったが、正弘はそれを逆に利用することで将軍家の信任をさらに厚くする手段にしようとしたのである。

大奥上臈姉小路

なかでも大奥で絶大な力を持っていた上臈姉小路《じょうろうあねがこうじ》との関係は深く、一八四六(弘化三)年六月付で水戸藩士高橋多一郎が書いた書簡には、大奥の姉小路は特に正弘と同腹で、将軍から出ることは一から十までまず姉小路に伝えて正弘と謀らせ、両人は何事にも密議するらしいとか、京都の姉小路の実家に話されたことは、実家から姉小路を通じて正弘に伝えられるらしいなどと記されている。

姉小路は本名は橋本伊豫子《いよこ》、公家橋本実久《はしもとさねひさ》の妹とも姉ともいい、才能の秀でた美貌の女性だったという。家斉の時に大奥に入り、家慶の時に上臈となっている。非常に権威があり、水野忠邦でさえこれを憚《はばか》ったといい、将軍もその発言には耳を傾けたという。

ところで、後に十五代将軍となる徳川慶喜《よしのぶ》は御三卿《ごさんきょう》の一つ一橋家の出であるが、元は水戸家の出身で斉昭の子であった。この慶喜を一橋家の養嗣子とするよう斡旋《あっせん》したのは正弘だったというが、その正弘に同意して家慶を動かしたのもまた姉小路であったという。

一橋家は家慶の父であり、先の将軍である家斉を輩出した家である。御三家成立後長い年月が経ち、将軍家との縁戚関係も遠くなっている水戸家にとって、これは非常に大きな事であり、斉昭の喜びもひとしおであった。家慶に対しても、正弘に対しても深く感謝したという。正弘には、当時隠然たる勢力を有していた斉昭の歓心を買うことで味方に引き入れ、政治運営を円滑に進めたいとの思いがあった。そこで、斉昭と家慶との間を調停することに尽力したのだが、それには将軍との距離も近い姉小路の協力は不可欠だったのである。

ところが一八五三(嘉永六)年六月二二日、その家慶が亡くなってしまう。ペリーが浦賀に来航した六月三日から十九日後のことであった。これまで家慶の厚い信任を得て政治を執ってきた正弘にとって、家慶の死は何よりの大きな打撃となった。しかも、次の将軍家定《いえさだ》は身体が著しく弱く、前途は長くないと考えられていた。これを心配した越前《えちぜん》福井藩主松平慶永《よしなが》は、家慶発喪《はつも》の日(同年七月二二日)に島津斉彬《なりあきら》と会い、密かに一橋慶喜を家定の養嗣子とすることで同意し、共に尽力することを約したという。そして、八月十日には正弘邸を訪ね、正弘の考えも同じであることを確認している。しかし正弘からは、このことは極めて重大なことだから、機が来るまで軽々しく発言しないようにとも言われている。この問題は正弘の死後、慶喜と紀州の慶福《よしとみ》(十四代将軍家茂《いえもち》)との次期将軍の座をめぐる争い、いわゆる将軍継嗣《けいし》問題へと発展していくのだが、これがその端緒だったといえる。

家慶の死は、正弘と姉小路の関係にも影響を及ぼした。家慶の死後、正弘は姉小路に対する態度を一変させたようで、姉小路は正弘の態度が以前のようではないことで怨みの気持ちを抱いたという。

そもそも正弘が姉小路と結託したのは、あくまでも政治上の便宜のためであった。それゆえ、姉小路が水戸藩主徳川慶篤《よしあつ》の婚姻をめぐって正弘の意図に反する行動をした時には、これを制止している。慶篤は一八四四(天保十五)年五月六日、幕府の譴責《けんせき》を受けて謹慎を命じられた斉昭の跡を継いで藩主の地位に就いていたが、その妻に有栖川宮幟仁《ありすがわのみやたかひと》親王の娘線姫《いとひめ》を将軍家の養女にしたうえで入輿《じゅよ》させることが決まっていた。ところが、一八五〇（嘉永三）年七月、京都から江戸に下ってきた線姫を見た大奥の女性たちは、その美しさに驚き、何とかして水戸の婚約を破棄し、家慶世子右大将家（家定）の妻にと望んだのである。そこで姉小路は斉昭に対し、斉昭の方から右大将家の妻に

❖正弘年譜（関連事項は太字で表示）

1819（文政2）年	10月16日	阿部正精《まさきよ》の六男として出生
1836（天保7）年	12月16日	従五位下に叙され伊勢守に任ぜられる
	25日	備後福山藩主となる
1837（天保8）年	4月2日	**家斉が家慶に将軍職を譲る**
1838（天保9）年	9月1日	奏者番に任ぜられる
1840（天保11）年	11月8日	寺社奉行兼帯を命ぜられる
1841（天保12）年	閏正月30日	**11代将軍家斉没**
	8月13日	吹上仮法廷で公事裁許上覧
	10月5日	下総国中山村日蓮宗法華経寺事件の裁決
1843（天保14）年	閏9月11日	老中に任ぜられる
	13日	**水野忠邦罷免**
	12月15日	従四位下に叙される
1844（天保15）年	6月13日	侍従に任ぜられる
	21日	**水野忠邦再任**
	7月22日	勝手掛を命ぜられ、同月海防掛の一員となる
1845（弘化2）年	2月22日	水野忠邦が罷免され、正弘が老中首座となる
1853（嘉永6）年	6月3日	**ペリーが浦賀に来航**
	22日	**12代将軍家慶没**
	7月22日	**家慶発喪**
	9月15日	**大船建造解禁**
1854（嘉永7）年	3月3日	**日米和親条約調印**
1856（安政3）年	11月	**篤姫入輿**
1857（安政4）年	6月17日	正弘没
1858（安政5）年	7月6日	**13代将軍家定没**
	16日	**島津斉彬没**
	8月8日	**家定死去を発喪**

と発議してはどうかと密書を送ったのだが、これに斉昭が激怒した。それを聞いた正弘は、このことで斉昭の不満を招いては幕府にとってゆゆしき大事であるとして、大奥の計画を退け、無事線姫を水戸家に入輿させたという。

正弘にとって姉小路は、あくまでも自らの目的を成就させるための道具に過ぎなかった。だからこそ、家慶が亡くなったことでその利用価値がなくなると、もはや姉小路は正弘にとって必要な存在ではなくなり、態度も一変させてしまったのである。

将軍御台所篤姫

一方、幕府にとって外様大名と友好関係を保つことも重要な課題であった。そこで正弘は、外様の大藩が詰める大広間で指導的立場にあった斉彬との関係を深めることにも尽力した。

そもそも正弘と斉彬との間を取り持ったのは、正弘の二度目の妻謐子《しずこ》の養父でもあった慶永であった。慶永は正弘より九歳下であったが、正弘が最も親しく互いに往来した間柄だったという。ある時正弘は慶永に、以前水野忠邦から薩摩藩には油断せずよく用心すべきであると言われたがどう思うかと密かに尋ねた。すると慶永は、島津は決して幕府に不忠な者ではないとして、正弘と斉彬が会見できる機会を設定してくれた。この時斉彬は、「島津家には、徳川氏のために不忠なことがあってはならないと戒める家訓がある。決して二心を懐くようなことはない」と述べたという。実際、当時の薩摩藩は新造西洋形船昇平丸を幕府に献上し、正弘の依頼を受けて小銃五〇挺を鋳造している。

幕府はこれまで政策として外様大名を疎外してきたが、正弘はこれを一変して幕府の味方にすることを図ったのである。日米和親条約の調印にあたり、諸大名の異議があったにもかかわらずこれを断行できたのは、斉彬が国主大名の異議は自分が説得すると請け合ってくれたからだという。外交問題では攘夷論者である斉昭と意見を異にする正弘にとって、斉彬を味方に付けることの意義は大きかった。

そこで、幕府と薩摩藩との関係をさらに深めることが重要と考えた正弘が、次に画策したのが島津家から将軍家定の伴侶を迎えることであった。これによって家定の御台所(正妻)となったのが、斉彬の養女篤姫《あつひめ》(天璋院《てんしょういん》)である。

またこの婚姻には、次期将軍問題に関わる重要な目的も隠されていた。家定はこれまでに二人の妻を迎えていたが、すでに亡くなっており、跡継ぎとなる子もいなかった。そこで、この婚姻を利用して、慶喜を家定の養嗣子とする計画をさらに推し進めようと考えたのである。そして正弘は、この入輿の実現のためにも大奥の力を利用した。

まず正弘は、密かにこの婚姻のことを斉彬に言い含めた。一八五三(嘉永六)年九月頃のことだという。そして、斉彬の妻が一橋家の出であったことを利用して、たびたび大奥に出入りさせ、賛同者を勧誘させた。家定の生母美津《みつ》(本寿院《ほんじゅいん》)もまた、この話をしたという。

当初、正弘は家定の側室にとの内意を伝えたのだが、斉彬がこれに同意しなかったため、篤姫をいったん近衛忠熙《このえただひろ》の養女としたうえで御台所として入輿させることになった。また、正弘は斉彬と協議し、慶喜を将軍家の養嗣子とする件を篤姫から家定に説得させること、もし幸いにも篤姫に男子出生となった時には、その子を順養子としてその跡継ぎに備えるということを取り決めた。そしてこのことを、斉彬が篤姫に得心させたうえでの入輿となった。こうして、ようやく一八五六(安政三)年十一月、十三代将軍家定の御台所として、篤姫を大奥に送り込むことができたのである。

女性を政治の道具として利用するなど、今の世から見れば悪としか捉えられない。しかし、攘夷か開国かで激しく対立する困難な状況にあって、正弘は女性の持つ力と大奥という制度を最大限に生かした調整力で国事に尽力したといえよう。

残念ながら、この翌年の一八五七(安政四)年に正弘は亡くなり、さらにその翌年には家定も斉彬も薨じたことで、この政略結婚が功を奏することはなかった。そして彼らの死は、幕府と薩摩の関係も、さらには日本の国そのものも大きく変えていくことになる。

⦿**参考文献**

『阿部正弘事蹟』一・二(『続日本史籍協会叢書』、東京大学出版会、一九七八年復刻)

『天保雑記』三(『内閣文庫所蔵史籍叢刊』第三四巻、汲古書院、一九八三年)

藤岡屋由蔵「藤岡屋日記」第二巻(鈴木棠三・小池章太郎編『近世庶民生活史料』、三一書房、一九八八年)

片山賢「寝ぬ夜のすさび」(『新燕石十種』第五、国書刊行会、一九一三年)

福地源一郎『幕末政治家』(「東洋文庫」五〇一、平凡社、一九八九年)
内藤耻叟『徳川十五代史』六(新人物往来社、一九八六年)

1804–78
アメリカの商人・外交官。初代駐日総領事・公使として下田に着任、日米修好通商条約の締結に成功する。

一人のずる賢い外交官
タウンゼント・ハリス
…Townsend Harris…

ル・ルー ブレンダン

はじめに

いわゆる「安政《あんせい》五カ国条約」の最初の条約である日米修好通商条約は、一八五八年七月二九日（安政五年六月十九日）に締結された。初代アメリカ総領事タウンゼント・ハリス（Townsend Harris, 一八〇四～七八）が幕府と二年ほど絶え間なく交渉を続けて得られた成果である。それによって、ハリスは「十九世紀半ばに芽生えていた新しい国際秩序に日本を取り入れ」、「西洋外交の基礎を日本の高官に教えた」、まさに日本から真の開国を勝ち取った外交官として評価されている。

ハリスの外交戦略によって日本は「万国の家族」（"the family of nations"）の一員となったのである。日米修好通商条約は、「不平等条約」というネガティブな側面が強調されることが多いが、一方では日本に「貿易のみならず交流、つまり外交関係をもたらした」歴史産物でもある。ここでは日米修好通商条約が「不平等条約」であったかどうかというような問題に触れず、初代アメリカ総領事ハリスの外交戦略におけるずる賢い側面、二枚舌をハリスの日記等の資料に基づいて見出したい。しかし本題に入る前に、まず日本におけるハリスの行動についてまとめることとしよう。

ペリーによって締結された日米和親条約の決定事項に従ってハリスは、一八五六年八月二一日(安政三年七月二一日)に下田に到着した。駐日当初から江戸へ赴き、大君(第十三代将軍徳川家定《いえさだ》、一八二四～五八)に謁見《えっけん》し、日本の首都で通商条約の交渉を行うことを強く望んで幕吏に伝え続けた。一年も粘ったハリスに対して、老中堀田備中守正睦《ほったびっちゅうのかみまさよし》(一八一〇～六四)は、一八五七年九月十四日(安政四年七月二四日)に江戸上府を許可し、ハリスとその通訳のヒュースケン(Henry C. J. Heusken, 一八三二～六〇)は十一月三〇日(十月十四日)に江戸に到着した。十二月四日(十月十八日)にハリスは「総理大臣」("the Prime Minister")と認識していた老中堀田正睦の屋敷を正式に訪問し、同月七日(二一日)に江戸城に登城し、将軍家定に謁見してピアス大統領(Franklin Pierce, 一八〇四～六九)の親書をついに提出することができた。ハリスの外交戦略におけるずる賢い側面、二枚舌が最も露骨に現れ始めたのが、その数日後の十二月十二日(十月二六日)に再び堀田正睦の屋敷を訪問した際であった。ヒュースケンによると「この閣老会議主席との会談は、大君の謁見よりもはるかに重要」であったからこそ、ハリスにとって今後の条約交渉を左右させ得る機会をうまく利用する必要があったと推測できる。

西洋の美化

老中堀田備中守正睦の屋敷において、ハリスは西洋的な外交交渉に不慣れな日本人に対して好印象を買うために様々な戦略を利用した。まず、「西洋諸国は蒸気という手段を利用して、世界全体が一つの家族になることを望んでいる」というような美談を幕府の役人にもってきた。確かに理想的な世界に聞こえるのであろう。ところが、「いかなる国が他の国と交流することを拒否する権利はない」し、「他の国と交流することを拒否した国はその家族から排除される」ことになると、ハリスは説明している。結局、西洋諸国はただ単に強制的に交流を求めているに過ぎない、という解釈も可能ではないだろうか。

それにしても、ハリスは日本人の相手を説得するために西洋に関する美談を次々と持ってきた。西洋では、昔、つまり戦国時代にスペインとポルトガルが日本と交流し始めた時期、と違って「今は、人々は友好的な交流を育んでいる」という明らかな嘘をつくのである。アジアやアフリカにおける植民地支配に導く歴史を考えれば、ハリスのいう「友好的な交流」は非常に皮肉に聞こえてくる。そのような「友好的な交流」の支えとなるのは、言うまでもなく自由貿易であり、外交官になる前に商人であったハリスは、それを強く支持し幕府の役人にそのメリットを訴える。まず貿易の定義については、「売り物になり得る商品の交換だけでなく、有益な新しい発明の交換」もそれに含まれているると説明する。貿易によって、自国で生産されていない生産品を入手することが容易になるし、それらの生産品を改善することもできるので、お互いの利益が増える一方である。さらに、自由貿易に必要な条件が平和な状態であるので、貿易は戦争を防ぐという効果もある。貿易によって「諸国との間の友好関係が恒久化し、増す」のである。確かに理想的な世界に聞こえるであろう。ところが、その自由貿易こと資本主義の名の下で行われた奴隷制《どれいせい》の採用と維持、侵略戦争や大量虐殺などを考えると、いかに偽善的な発言であるかが分かる。ただしそのようなことをハリスは語らない。

自国の美化

そして、幕府に修好通商条約を最初にアメリカ合衆国と締結させるために、該当国の状況を有効的かつ主観的に紹介した。アメリカ合衆国大統領は、両国の相互的な好意と尊重を重視し戦争をせず日本と条約を結ぶこと、日本の幸福を推進すること、そして日米の平和的な交流を望んでいるとハリスが説明した。日本がいきなり外国との貿易を完全に開くのではなく、自らの状況に合わせて、徐々に開国を計画してくれれば十分だということはピアス大統領の立場であった。大統領はアヘンに関しても、イギリスと違って「戦争よりも危険」である、その麻薬の輸入を禁じるつもりでいるし、日本に特別なことではなく米国民が必要とする最低限の条件だけを要求したいのである。また、軍艦、蒸気船、武器、陸軍と海軍の士官、日本が必要とするいかなるものをいくらでも提供すると。さらに日本と他の国との間に紛争が起きた時に仲介人の役割を喜んで果たすことまでハリスを通じて保証する。まさにお互い隠すことのない友人のような関係を築きたいように話を運ぶのである。

その上、アメリカ合衆国が「他の国々と違って東アジアにおいて領土を所有していない」し「所有しようとも思っていない」、特別で友好的な国であるとハリスは説明する。さらに、「様々な国々と条約を結ぶとは言え、武器を使ってどの国も決して併合しないことは、アメリカ合衆国の首尾一貫した慣習である」とまで主張する。アメリカ合衆国が東海岸の小さな植民地から生まれ、先住民の領土を侵略しながらずっと西へとその領土を拡大していった歴史を考えると、いかに皮肉的な主張であるかが分かる。先住民の領土の話だけではない。ハリスが来日した十年ほど前に米墨《べいぼく》戦争

（一八四六〜四八）が勃発《ぼっぱつ》した。その主な理由は、メキシコ政府が、一八三六年のテキサス共和国の独立、そして一八四五年のアメリカ合衆国によるテキサス共和国の併合を認めなかったことにあった。その戦争はスペイン語で「米国の武力干渉」と呼ばれているように、ハリスが唱える「武器を使ってどの国も決して併合しないことは、アメリカ合衆国の首尾一貫した慣習である」ことは、明らかな外交的な嘘に過ぎないのである。

その嘘は、実はハリス自身も多少バラしている。アメリカ合衆国がフランスやイギリスをはじめとする西洋列強と違う国であることを示すもう一つの例は、清国《しんこく》（中国）に対する政策である。ハリスによるとアメリカ合衆国は清国に挑発されたにも拘《かかわ》らず、イギリスとフランスとの同盟加入（アロー戦争）を大統領が断った。確かに友好的な態度に見える。ところが、「中国人が米国軍艦ポーツマス号を砲撃した時に、中国政府より何の説明もなかったので、アームストロング東インド艦隊司令官は反撃し四つの要塞を破壊した」という。そのおかげで英仏軍が珠江《チューチアン》から広東《コワントン》を襲撃することができたことを考えると、ハリスの「同盟加入を断った」ことに対する解釈が偽善的に見えて仕方がない。

しかし、米墨戦争や清国での西洋列強の行動についてそれほど詳しい情報をもっていなかった幕府の外交首脳は、ハリスの美談や嘘をそれほど疑わなかったのかも知れない。なぜそうなったのかという問いに対して、もう一つの理由がある。ハリスが自国を美化しただけでなく、相手国を非常にネガティブに紹介したからである。

敵国の批判

東アジアにおいて最も有力な地位を獲得し、それによって当時のアメリカ合衆国の敵国となった国は、言うまでもなくイギリス（帝国）である。イギリスもアメリカ合衆国と同様に自由貿易を強く訴えていたが、「善」の代名詞である後者と違って、アヘンという「悪」な貿易にまで手を染め、他国民の「善」よりは自らの利益を選ぶ前者は、まさに日本にとって最悪の相手であると、ハリスは絶えず首脳会議で説明し証明しようとした。清国がアヘンの輸入を禁止したにも拘らず、イギリスはその利益を求めて軍艦を用いてまで清国へ密輸入を行っているが、清国にはそれを断るほどの武力がないので状況が改善されないと。さらに、アヘンは中毒性の強い麻薬でそれによって膨大な利益が期待されるので、イギリスはそれを日本まで輸出したいとハリスは主張した。

イギリスへの批判はアヘンにとどまらなかった。麻薬貿易に手を染めた「悪」の国イギリスは、自らの利益を守ったり増やしたりするために戦争という手段を躊躇《ちゅうちょ》なく利用する国でもある、とハリスは何度か幕府の役人を脅かした。幸いなことに日本はイギリスとの距離が長いということだけで未だに戦争が勃発していないと。もし日本は最初にアメリカ合衆国ではなくイギリスと修好通商条約を締結することになると、日本の開国はピアス大統領が保証しているように「徐々に」行われるのではない。イギリスは、スターリング提督（James Stirling, 一七九一〜一八六五）を代表に一八五四年十月（嘉永《かえい》七年八月）に日英和親条約を締結したが、その内容に対して不満を抱いていたので、新しい条約を結ぶ必要を感じていた。そこでハリスはこう予告した。「イギリス政府は他の国と同様な交流を日本とも持ちたいと思っており、日本と戦争する覚悟もしている」と。つまり日本政府がイギリスの要求を認めなければ、戦争がすぐ始まるというハリスによる戦略的な脅迫なのである。

その証拠として、ハリスはボウリング香港総督(John Bowring, 一七九二～一八七二)と交わした会話や書簡を挙げた。ボウリングは日本への大使として任命され、幕府との交渉を支援するために「日本人が未だ見たことのない艦隊を率い、江戸に碇泊《ていはく》し、そこで交渉を行う」予定であった。軍艦の数に関しては、ボウリングの最新の書簡には「五〇隻以上の蒸気船」という恐ろしい数字が記されているとハリスは強調した。イギリスの狙いは二つで、まずイギリスの公使または代理人が江戸に駐在できること、そして日本の幾つかの場所で自由貿易を行う権利が認められることであった。ところが「それらの二つの要求が叶わなければ直ちに宣戦布告する」と、ハリスは幕府を脅かしたのである。前述したように「善」の国として紹介されたアメリカ合衆国の「善い」条件を受け入れて修好通商条約を締結しなければ、「悪」の国イギリスの「悪い」条件を呑み込むしかない、もしくは戦争をするしかない、というふうに、ハリスは経験の浅い幕府の外交官をずる賢く操ったのである。イギリス政府は本当に「五〇隻以上の蒸気船」を江戸まで派遣し交渉を行い、条約が成立しなければ本当に戦争を始めるつもりであったのかは勿論重要なポイントであるが、ここでは最も重要なのは、そのような「情報」を使って相手国の主戦論的な態度をうまく利用したハリスの戦略なのである。

数日後の十二月二一日(十一月六日)に蕃書調所《ばんしょしらべしょ》で行われた首脳会議においても、ハリスは同じような戦略を土岐丹波守頼旨《ときたんばのかみよりむね》(一八〇五～八四、大目付兼海岸防禦御用掛)、川路聖謨《かわじとしあきら》左衛門少尉(一八〇一～

六八、海岸防禦御用掛）らの前で発揮した。その会議の趣旨は、数日前に老中堀田備中守正睦の屋敷で出てきた問題についてより詳しく聞き出すことにあった。そこで、「イギリスにとって自由貿易とは何か」という問いに対して、ハリスはこう答えた。「イギリスは貿易を求める時、軍艦に乗ってきて幾つかの港の同時開港を要求します。開港になれば、それで良しとします。逆の場合は、宣戦を直ちに布告します」。勿論、イギリスの主戦論的な態度とは真反対で、アメリカ合衆国は当然「両国の利益を考慮に入れる」ので条約を米国と締結した方が「日本の名誉を守る」結果になる、とハリスは主張したのである。

ところで、上記の質問がまだ残っている。つまり、イギリス政府は本当に「五〇隻以上の蒸気船」を江戸まで派遣し交渉を行い、条約が成立しなければ本当に戦争を始めるつもりであったのだろうか。ここで、幕末の海外情報を多く収集した佐久間象山《さくましょうざん》（一八一一〜六四）の考えを引用することにしよう。象山はハリスが江戸へ赴く前の一八五七年七月二四日（安政四年六月四日）に松代《まつしろ》藩家老望月主《もちづきもん》水《ど》に宛てた書簡において、こう記している。「愚意《ぐい》ですが、イギリスの船がたくさんやってくるということは、今回のアメリカ大使『ハリス』が申し立てたのと違って誤伝なのではないかと察します。この頃、イギリス領ベンガルでかなりの規模の戦争が起こっているようで、近いうちに日本へ軍艦が派遣されるというようなことはなさそうに思います」（「但、愚意には、英船多々可参等の事は、此度、墨使申立の書付より、誤り伝へ候ものにも可有之歟と、被相察候。此節、英領ベン（ママ）ガラにて、余程の戦争有之候様子に付、当節、本邦へ軍艦を仕向候等の事に及び難き形勢と、被存候。」）。つまり象山が最も疑念を抱いたのは、ハリスが清国でのアロー戦争について細かい情報を提供し、それをアメリカ合衆国の狙いに従ってうまく利用しようとしたにも拘らず、インドのベンガル地方で一八五七年五月から勃発したインドの大反乱については一言も言及していなかった、ということである。その前提に、松代藩にいた象山が情報を得ることができたのだから、アメリカ大使のハリスも同じような情報を入手できたに違いない、ということがあると言えよう。

とにかく、象山はハリスの真意をこう見ていたようである。「日本の最も重要なところにおいて貿易の場を開き、公使を設置し、朝廷の政権を控制《こうせい》(自由をしばる)して、最終的に[日本を]属国のようにすべきという策略である。ただ欺瞞《ぎまん》したり恐嚇《いかく》したりして主張を説き、自分の要求が叶うように巧みに動いていると察しています」。まさに二枚舌のズル賢い外交官の戦略を見抜いていたのではないだろうか。

おわりに

西洋諸国の正式かつ近代的な外交官として初めて日本でその任務を果たしたハリスは、西洋的な外交交渉に不慣れな幕府の役人を相手に様々な戦略を立て、アメリカ合衆国の利益をまず守り、そしてなるべく増やそうとした。西洋の世界は資本主義と自由貿易の発展と普及にともなって平和的な交流を目指す「一つの家族になる」というような美談を紹介することによって、日本人を魅了させようとした。また、それらの西洋諸国において自国であるアメリカ合衆国が特に素晴らしく、他の国々と違って東アジアにおいて植民地を持っておらず、領土拡大を求めておらず、武装して他国の領土を決して侵略したり併合したりしない独特の国として美化した。勿論、史実とははるかに離れた、ただ自国の利益と要求を認めてもらうための美談に過ぎなかった。さらに自国の利益と要求を幕府に通すために、当時東アジアにおいて最も有力な列強として領土等を固めつつあったイギリスを強く批判することによって、アメリカ合衆国の立場をさらに優位に立てようとした。要らない情報の隠蔽《いんぺい》、困った事実の歪曲《わいきょく》というような戦略は、結局ハリスを初めとするずる賢い外交官の貴重な武器なのではないだろうか。

⦿参考文献

江越弘人『幕末の外交官　森山栄之助』（弦書房、二〇〇八年）

STEELE, M. William, "Townsend Harris on the Art of Diplomacy: Some Documents in Translation",『アジア文化研究』（三五、二〇〇九年）

HARRIS, Townsend (Mario Emilio Cozena ed.), *The complete journal of Townsend Harris, first American consul general and minister to Japan*, Published for Japan Society, New York, by Doubleday, Doran & Co., 1930

古川学「インド大反乱と佐久間象山」（『史学』、五五(四)、一九八六年）

ル・ルー　ブレンダン「幕末期の欧米使節の見た日本の首都―米英仏使節を中心に」（大石学編『近世首都論―都市江戸の機能と性格』、岩田書院、二〇一三年）

1846–77
孝明天皇の妹。幕末の混乱のなか朝廷と江戸幕府の融和をはかるために、婚約を破棄して14代将軍徳川家茂に嫁す。

公武合体策のために徳川将軍に嫁した悲劇の皇女

和宮
…かずのみや…

椿田有希子

仁孝《にんこう》天皇の第八皇女、徳川幕府十四代将軍徳川家茂《いえもち》の正室。一八四六（弘化《こうか》三）年閏五月十日に生まれる（なお、仁孝天皇は和宮の誕生前に崩御）。母は権大納言橋本実久《さねひさ》の娘で典侍の橋本経子《つねこ》（観行院）。同月十六日、「和宮」の名を兄である孝明《こうめい》天皇から与えられた。この「和宮」の名は幼称であるが、成人した後も一般に「和宮」と称された。

一八五一（嘉永《かえい》四）年七月十二日、六歳のときに有栖川宮熾仁《ありすがわのみやたるひと》親王と婚約。ところが一八六〇（万延《まんえん》元）年になって、朝幕間の融和・公武合体を図る幕府から皇女降嫁《こうか》の奏請がなされると、家茂と年齢的に釣り合う和宮が候補として浮上した。孝明天皇は、和宮が幼少であることや「夷《い》人《じん》来集」の地関東を恐れていることなどを理由にいったんは却下したが、降嫁が攘夷《じょうい》決行に不可欠だとする幕府の度重なる要請をうけ、鎖国体制に復することを条件に和宮の降嫁を決意するに至る。和宮は降嫁を固辞したが聞き入れられず、ついには「天下泰平のため」として家茂との縁組を承諾。有栖川宮熾仁親王との縁談は解消となった。

一八六一(文久元《ぶんきゅう》)年四月十九日、降嫁にあたり内親王宣下《せんげ》を受け、親子《ちかこ》内親王となる。同年十月二〇日にお付きの女官らと共に京都を出立し、中山道を通行して江戸へ下向。翌年二月十一日、江戸城内にて家茂との婚儀が執り行われた。当初、万事京都御所風を望む和宮および御付きの女官と、大奥、とりわけ姑《しゅうとめ》にあたる十三代将軍家定《いえさだ》正室天璋院《てんしょういん》(篤姫《あつひめ》)との関係は円滑とは言い難いものであったが、時を経るに従い融和したといわれる。

だが、家茂との結婚生活は長くは続かなかった。一八六六(慶応《けいおう》二)年七月二〇日、第二次長州戦争のため出陣していた家茂が滞在中の大坂城にて病死すると、同年十二月、和宮は薙髪《ていはつ》し静寛院宮《せいかんいんのみや》と称した。やがて一八六八(慶応四)年、戊辰《ぼしん》戦争で十五代将軍徳川慶喜《よしのぶ》が朝敵《ちょうてき》になると、慶喜の助命や江戸無血開城を朝廷に嘆願するなど、婚家である徳川家存続のため天璋院とともに奔走した。明治維新《めいじいしん》後の一八六九(明治二)年正月、いったんは京都に戻るが、一八七四(明治七)年七月には再び東京に戻って麻布市兵衛町《あざぶいちべえちょう》(東京都港区)に邸宅を構え、歌道や雅楽《ががく》など文芸の道に勤しんだ。

一八七七(明治十)年九月二日、脚気《かっけ》療養のため滞在中だった箱根塔ノ沢《とうのさわ》温泉の旅館環翠楼《かんすいろう》にて、衝心《しょうしん》(脚気に伴う心筋障害)のため薨去《こうきょ》。享年三二。遺言により、葬儀は神式ではなく、徳川家の菩提所である芝増上寺《しばぞうじょうじ》にて仏式で執り行われ、家茂と同じく芝山内の徳川家廟所に葬られた。諡号《しごう》は好誉和順貞恭大姉。七回忌にあたる一八八三(明治十六)年、明治天皇より一品《いっぽん》を追贈された。

和宮の人物像をめぐって

和宮に関する著作は、戦前から現在に至るまで数多く上梓されている。武部敏夫氏(一九六五年)や辻ミチ子氏(二〇〇八年)の評伝のようにごく学術的な研究から、有吉佐和子氏の著名な小説『和宮様御留《おとめ》』の如く和宮が途中で「替え玉」にすり替えられたとするフィクションの度合いの高い小説(一九七八年)まで多種多様であるが、それらが物語る和宮の人物像は、一言すれば「激動の幕末維新という時代に翻弄《ほんろう》された悲運の皇女」かつ「運命を潔く受け入れ、貞節を貫いた意志の強い女性」である。意に沿わぬ縁談を押し付けられ、肝心の夫には早々に先立たれた挙句に、かつての婚約者である有栖川宮熾仁親王が敵方すなわち東征軍の大総督として立ち現れるという運命のいたずらも、和宮の「悲劇のヒロイン」性をいやがうえにも際立たせている。

それゆえ現代に生きる我々が和宮に向ける視線は、一部に例外―たとえば高柳金芳氏による、和宮が実のところ「冷たく気位ばかり高い女性」で、彼女が悲劇の主人公となったのは、「嫁してはその家風に従う」という「婦道」をわきまえなかったゆえの自業自得だとする評価(一九七四年)―は存在するものの、おおむね好意的もしくは同情的である。和宮の名を聞いて即座に「悪」の語を想起する人がいるとすれば、おそらくは極めて少数派であろう。かように和宮と「悪」のイメージとは一見、どうにもそぐわない。

しかし、世の常として、とある人物に対する評価は見る側の主観によって大きく左右されるものである。和宮に好意を抱いていなかった者の目に、彼女の人となりは果たしてどのように映ったのだろうか。本稿では、江戸城で和宮を迎える側であった大奥の人々の視座に立ち、「彼女らの目に映った和宮像」に焦点を絞って見ていきたいと思う。

大奥女中の反感

降嫁にあたって和宮側が幕府に提示した条件のひとつに「御本人様（注・和宮）御始め、御目通りへ出候もの、万事御所風の事」（『岩倉公実記』）が挙げられていることからも分かるように、和宮は当初、嫁ぎ先の「家風」すなわち江戸の武家風に従う必要を全く認めていなかった。江戸に到着した一八六一（文久元）年十一月十五日、天璋院の使者である大奥女中・花園から、今日からは「江戸の風義（儀）に致し候や」と尋ねられたのに対し、和宮側が「何分京都の御風」にと返答した（「静寛院宮御側日記」）時点で、大奥における和宮の生活は最初から波乱含みだったのである。

しかし実際には、「万事御所風」を貫き通すことは相当に困難だった。有名な話だが、天璋院と和宮が初めて対面した際、上段の間で茵《しとね》すなわち敷物の上に座っていた天璋院とは対照的に、下座に設けられた和宮の座には敷物が用意されておらず、「頻りに御悲歎」の和宮を母・観行院《かんぎょういん》を始め周囲の者は見るに忍びなかったという（『孝明天皇紀』）。

いっぽうで和宮側も当初、姑である天璋院よりも内親王である和宮のほうが格上だと誇示しようとした。後年の勝海舟《かつかいしゅう》の述懐によれば、「天璋院と、和宮とは、初めは仲が悪るくてね。ナニ、お附《つき》のせるだよ。初め、和宮が入らした時に、御土産の包み紙に「天璋院へ」とあッたさうナ。いくら上様でも、徳川氏に入らしては、姑だ。書ずての法は無いと云つて、お附が不平を言つたさうな。夫《それ》で、アッチですれば、コッチでもすると云ふやうに、競つて、それはひどかつたよ」という有様だったのである(『海舟余波』)。

そもそも大奥は、京都からやってくる和宮を歓迎する雰囲気では全くなかったらしい。岩倉具視《いわくらともみ》によれば、和宮降嫁に先立ち大奥から「御縁組の儀、何卒御沙汰止みに相成り候様」内願があったほどだという(『孝明天皇紀』)。また三田村鳶魚《えんぎょ》によれば、大奥女中らは和宮の江戸下向が「御心外な御入輿」であることを知っており、それゆえ「将軍家(注・家茂)を袖になされた御方、自分達の主人をお嫌いなさるとのみ思い込んだ」という(『芝のお寺』)。この内願がはたして事実か否か(岩倉も、内願は「天璋院殿御趣意とも存ぜられず、また天璋院様御里方にも不敬の心得毛頭《もうとう》承らず候」と怪しんでいる)、そして鳶魚の指摘が的を射ているかどうかはともかく、初発の段階から大奥女中らが和宮に抜きがたく反感を抱いていたこと自体は、おそらく事実なのであろう。婚礼の時ですら彼女らは、和宮が鏡を懐《ふところ》にしていたことに「懐剣《かいけん》を持ってお出になった」などと噂する始末だったという(『旧事諮問録』「大奥の話」)。この一事をもってしても、和宮に向けられた目の冷淡さを窺い知ることができるだろう。そうした大奥内の空気に加え、あくまでも姑として接しようとする天璋院と、内親王としての威厳を守り通そうとする和宮の姿勢が、それぞれの側近を巻き込みつつ問題をより一層複雑なものにしたのである。

とはいえ、和宮と天璋院自身についていえば、初めこそ険悪な関係であったものの次第にお互い歩み寄りを見せ、明治に入ってからは連れ立って勝海舟邸を訪れるほどに仲睦《なかむつ》まじい間柄に転じている(『海舟余波』)。どちらが飯を給仕するかで譲らない和宮と天璋院に、海舟が、お櫃《ひつ》を二つ用意してお互いの飯をよそいあうことを提案し、大笑いのうちに解決したというなんとも微笑ましいエピソードからは、もはやかつての「初めは仲が悪る」かったという面影は微塵も感じられない。そして「帰りには、一つ馬車で帰られたが、其の後は、大変な仲よしサ。何事でも、互ひに相談で、万事、一つだつた」という。彼女らは幕末の動乱を乗り越えたことで過去の反目を水に流し、言うなれば「同志」的な連帯感で結ばれるに至ったのである。

しかし、当事者である和宮と天璋院とがこのように関係を改善したにもかかわらず、大奥女中の心の中には、幕末維新を経てもなお和宮に対する反感が澱《おり》のように沈殿し続けた。そもそも和宮と天璋院との間に確執が生じたのは、さきの海舟の言葉を借りれば「お附のせゐだ」といい、ある大奥女中の証言によれば「口さがない部屋方などが悪口を申しましたのが響きまして、天璋院様との間がよろしくございませんで」という始末であった(『旧事諮問録』「大奥の話」)。そうした大奥内の空気がまざまざと伝わってくるのが、三田村鳶魚の『御殿女中』である。これは、中臈《ちゅうろう》として天璋院の側近く仕えた大岡(村山)ませ子の口述をもとに構成されたもので、一九三〇(昭和五)年に単行本として発表されている。以下に、大奥における和宮の暮らしぶりについてませ子が語っている箇所をいくつか抜き出してみよう(以下、頁数は『三田村鳶魚全集　第三巻』による)。

＝宮様(和宮)のお雛様《ひなさま》は表向(御対面所の分)は江戸風にお飾りになりましたが、御内証のはお上段の下へ毛氈《もうせん》を敷いて、じかに内裏様を並べてありました。これはお位があるので、見下すように飾るのだと言いました。私どもが拝見に出まして、雛段がない物ですから、何だかお座敷へお雛様が転がっているように思われました。（一〇一頁）

上々のお髪はきまっていましたが、宮様（和宮、家茂将軍御台所）は武家にはならぬとおっしゃって、おぐしも江戸風には遊ばされず、お附中臈には一度もお櫛上げをおさせになりませんでした。御目見にも御上段にお几帳《きちょう》がありまして、その中にいらっしゃるのですから、まことに薄暗う御座いました。お几帳は宮様ばかりで、ほかのお方々にはございません。そんなに威張っていらっしたのを、お付の者がいいようなことをいって、お勧め申して京都へお帰りになりましたが、お手当が違うので御発心なすって、江戸へ帰りたいとおっしゃって、お帰りにはなりましたが、もう徳川家の方へはお入りにならず、京都からお持ちになったお金で、赤坂の小さな屋敷においでになりました。（一三四～一三五頁）

和宮様は武家風にはおなりにならないので、万事が違ったことばかりでした。御台様とは申し上げずに、始終宮様と申しましたが、お袴《はかま》の色も緋でなく、カチン色というのでした。カチン色というのは、今の牡丹色の黒味のあるのです。そのお袴の下の方に穴があいていて、そこから足が出ているので、跡へお引きになった時に御足が見えました。御足がじかに畳をお踏みになるのです。宮様のお袴だけが別なので、いかにも珍しいことに拝見しておりました。（一四七頁）

このように言葉こそ丁寧であるが、雛人形の飾り方にはじまって髪型・服装等々、江戸の風儀と異なる点がいちいちあげつらわれており、ここまでくるともはや和宮の一挙手一投足が気に食わないといった風情である。几帳云々について補足しておくと、歴代将軍の御台所で几帳を用いたのは和宮以外にはなく、しかも本来は将軍のために空けておくはずの上段の間に和宮が座していることが、家茂を軽視するものとして反感を買ったのである。また、和宮は歴代将軍御台所とはただ一人異なり、御台所ではなく「和宮様」と呼ばれていた。もっとも結婚当初は「御台様」と呼ばれていたのを、一八六二(文久二)年十一月二三日以降は「和宮様」と呼称することになったのであるが(「昭徳院殿御実紀」)、そのこともまた、大奥女中の神経を逆撫でするには十分だった。要するに大奥女中らは、彼女たちにとって自明のことと思われていた武家の慣習を採用しない和宮のふるまいに、自分たちの拠って立つ価値観を否定されプライドを傷つけられたのみならず、自分たちにとって絶対的な存在である将軍ですらも蔑《ないがし》ろにされたように感じ、日々苛立《いらだ》ちと嫌悪感を募らせていったのである。

ところで、じつは和宮側はのちに態度を軟化させ、場合によっては江戸風を受け入れる姿勢に転じている。たとえば、一八六二年十月に和宮が麻疹《はしか》に罹患《りかん》した際の「笹湯の式」(麻疹の治癒後に行われる儀式で、酒を混ぜた湯に浴する)は、評議の結果江戸風で行われた。また、御所からの指示をうけ、懐妊した場合の取り計らいは御所風ではなく江戸風で行われることに決している(結局のところ、和宮が懐妊することはなかったが)。しかしながら、こうした和宮側の態度の変化は、大奥女中の頭の中からすっかり抜け落ちてしまった。そして、明治維新から六〇有余年という年月を経ることで和宮に対する嫌悪感が薄らぐどころか、和宮といえば「威張っていらっした」という記憶だけが色濃く残ったのである。

家茂との夫婦仲

では、肝心の、家茂との夫婦仲はどうだったのか。この点について鳶魚は、「宮と将軍とのお間柄は甚だおよろしくなかったとも伝える」と述べている(「芝のお寺」)。その論拠となっているのは、『御殿女中』の、ませ子の以下の証言である(「芝のお寺」にもほぼ同内容の証言が掲載されている)。

和宮様は将軍家をお慕いにならないようにお含め申してあるともいい、江戸には永くお出でなさらない思召《おぼしめし》だともいいました。上様の方から御機嫌をお取りになった御様子でした。初めての御上洛(文久三年二月)の時、宮様は御風気であったので、上様がお暇乞《いとまごい》においでになったのに、宮様はツンとしておいでになったといいます。その翌日のお立ちにも、お見送りもなさらなかったので腹を立てた者もありました。

和宮様が御帰洛の時(明治二年正月十八日御出立)にお忘れになってはならぬといって、孝明天皇様と昭徳院様のお位牌《いはい》をお文台に載せておいたのに、孝明天皇様のだけお持ちになりました。お側の者が悪いのでもありましょうが。(一一二~一一三頁)

この、家茂の上洛の際に和宮が見送りをしなかったとされる一件について、ませ子は「外間でも腹を立つものがありました」とも述懐している。それをうけて薦魚が、「この語気からも大奥の模様が考えられる」と述べるとおり（「芝のお寺」）、大奥女中らは将軍たる家茂を和宮が丁重に遇していないと感じ、怒りを覚えていたのである。しかし家茂自身は、真心を尽くして和宮を大切にし、夫婦睦まじくすることこそが、公武合体のために肝要だと考えていた（『再夢紀事』）。こうした家茂の誠意が和宮にも通じたのか、家茂・天璋院とともに浜御殿《はまごてん》へおもむいた際には、なぜか家茂の草履《ぞうり》が踏み石の下に置かれているのを目にした和宮自ら「ポンと飛んで降りて、自分のを除けて、将軍のを上げて、辞義（儀）なすッた」という（『海舟余波』）。これは一例であるが、険悪な夫婦関係ならばありえない、お互いに細やかな気遣いをみせる様子が時折垣間見られたようである。

ちなみにませ子が挙げた上洛前日のことであるが、その日家茂は這子人形や遠眼鏡、磁石、硯石、水入れなどを持参して和宮のもとを訪れ、二人は「御ゆるゆる御対面」している（「静寛院宮御側日記」文久三年二月十二日条）。のちに家茂が第二次長州戦争のため出陣する際には、出発前日に家茂が和宮のもとを訪れているのだが、「ひる後度々御迎にて御錠口（注・大奥における将軍の居所）へ成らせられ、御庭へも御一緒に成らせられ候、…（中略）直に還御なり、御同道にてまたまた御錠口へ成らせられ候、俄《にわか》に御錠口にて御夜食御一所に上らせられ候、一応還御にて又々初夜前御迎にてしばし成らせられ、還御」（「静寛院宮御側日記」慶応元年五月十五日条）という状況であった。若い二人がどうにも別れがたく、何度も名残を惜しむ様子がひしひしと伝わってくる。

武部氏は「疎遠であったというのは、果たして真実を伝えたものかどうか疑わしい」と指摘し（一九六五年）、辻氏もまた、「二人は睦まじくしているのに、大奥の女官たちは和宮に冷たかった」と述べているが（二〇〇八年）、ませ子を始めとする大奥女中の証言だけで和宮と家茂の夫婦仲が疎遠だったと結論づけるのは、やはりいささか早計であろう。

和宮像の光と陰

本稿で見てきたように和宮は、降嫁当初はともかくとして次第に天璋院との関係も改善し、短い結婚生活とはいえ家茂とはそれなりに仲睦まじい関係を築いてきたようだ。しかしながら大奥女中の目には、和宮は婚家の風儀に馴染むどころか内親王としての権威をふりかざす人物としか映らず、家茂との夫婦仲も和宮の驕慢《きょうまん》な振る舞いのせいで険悪であったと憤りの感情を抱き続けた。そして、かかる印象に基づく負の記憶は年月を経ることで薄らぐどころか却って増幅し、彼女らにとってある意味で「都合の良い」形に変化していったのである。

以上はあくまでも大奥女中が見た、彼女らの記憶のなかにある和宮像であり、客観性にはいささか欠けている。だがいずれにせよ、少なくとも大奥女中の記憶のなかで和宮は、夫たる家茂を見下し、婚家の風儀に従わず、姑たる天璋院をもないがしろにする「悪妻」であり続けたのである。

「悲運の皇女」「貞節で意志の強い女性」イメージが和宮のいわば「光」であるとするならば、「悪妻」としての和宮像はさだめし「陰」の部分であり、そうした両面性が今もなお人々を引き付けてやまない、和宮の魅力の一つといえそうである。

⦿参考文献

武部敏夫『和宮』(吉川弘文館、一九六五年)
高柳金芳『幕末の大奥』(雄山閣、一九七四年)
有吉佐和子『和宮様御留』(講談社、一九七八年)
辻ミチ子『和宮—後世まで清き名を残したく候—』(「ミネルヴァ日本評伝選」、ミネルヴァ書房、二〇〇八年)
松尾静華「降嫁後の和宮」(『五浦論叢』十六号、二〇〇九年)

⦿資料

巌本善治編『海舟余波』(女学雑誌社、一八九九年)
『岩倉公実記　上巻』(皇后宮職、一九〇六年)
中根雪江『再夢紀事』(日本史籍協会、一九二二年。復刻版は『再夢紀事・丁卯日記』東京大学出版会、一九八八年)
「静寛院宮御側日記」(正親町公和編『静寛院宮御日記　下巻』皇朝秘笈刊行会、一九二七年。復刻版は『静寛院宮御日記　二』東京大学出版会、一九七六年)
『御殿女中』(春陽堂出版、一九三〇年。『三田村鳶魚全集　第三巻』中央公論社一九七六年に再録)
東京帝国大学史談会編『旧事諮問録』(青蛙房、一九六四年)
宮内省先帝御事蹟取調掛編『孝明天皇紀　第三』(平安神宮、一九六七年)
「昭徳院殿御実紀」(『新訂増補国史大系第五十一巻　続徳川実紀　第四篇』吉川弘文館、一九六七年)
「芝のお寺」(『三田村鳶魚全集　第八巻』中央公論社、一九七五年)

1837–1913
水戸藩主斉昭の子、御三卿の一橋家を相続し、第15代将軍となる。英邁として期待を集めながらも孤独を深めた。

徳川幕府を滅ぼした将軍

徳川慶喜

…とくがわよしのぶ…

鈴木崇資

徳川慶喜は徳川幕府最後の征夷大将軍《せいいたいしょうぐん》である。今まで多くの歴史小説や歴史ドラマの中で慶喜が登場しているが、評価は二分している。幼いころから「英邁《えいまい》」と称された、優れた政治家とする評価と、徳川幕府の幕引きの元凶であり、鳥羽《とば》・伏見《ふしみ》の戦いに見られるような行動から、「臆病者《おくびょうもの》」とする評価である。

慶喜は、父水戸徳川家徳川斉昭《なりあき》と母有栖《ありす》川宮《がわのみや》織仁《たかひと》親王の娘登《と》美宮《みのみや》吉子《よしこ》の七男として小石川《こいしかわ》の江戸水戸《みと》藩邸で生まれ、幼名を七郎麿《しちろうまる》と名付けられる。斉昭は男女合わせて三七人の子供をもうけたが、多くは若くして亡くなっている。成人した者は他家に養子に出された。中でも七郎麿は特別に斉昭から可愛がられていた。なぜなら、水戸藩は徳川光圀《みつくに》から続く勤皇の家柄であり、有栖川宮家の出身である正室の吉子との間に生まれた子は長男の慶篤《よしあつ》（水戸藩主）と慶喜のみであったからだ。生後七か月で父家斉の命で水戸に送られ、十一歳まで水戸で過ごした。

慶喜は幼い頃から英邁と称されていた。「公（慶喜）は体力強健にして、武技をば喜び給へども、文学の道は懶《ものう》くおぼされて読書を好まず、近侍の諫めをも用い給はず、されども天資明敏、殊に剛健の気質に富まれしかば、自ら同胞の公達とは異なりて一際秀でさせられたり」(『徳川慶喜公伝』)とある。このように慶喜が武芸に秀でていたのは、慶喜自身の才能もあるが、斉昭の教育方針にその理由がある。慶喜に限らず、斉昭は子供達の教育に熱心で、教師の選択から教育方法に至るまで注意を払っていたという。

庶子は嫡子《ちゃくし》と異なりて、養子に望む家あらば直に遣はすべきものなれば、永く我が膝下《しっか》に教育し難し、されば文武共に怠らしむべからず。若し他家に出し遣る時、柔弱にして文武の心得なくば、我が水戸家の名を辱しむる事あるべし。水術・弓術・馬術の三科は並に修行せしむべし、中にも馬術は馬場にて乗るのみにては何の用にも立たず、山坂を乗り廻らん為に、度々好文亭の辺、仙坡のあたりを廻るべし。湊などへも、手軽に附の者どもと遠馬に出づるやう扱ふべし、但し子供始め腰弁当たるべし(『徳川慶喜公伝』)。

という自分の子供達への教育に関する記述を残している。容姿も淡麗であった。若い時から隠居した後までいくつか慶喜の写真が残っているが、なかなかの美男子である。当時から慶喜の容姿については評判であったらしい。

イギリスの外交官・アーネスト・サトウは慶喜について、「私がこれまで見た日本人の中で最も貴族的な容貌をそなえた一人で、色が白く、前額が秀で、くっきりした鼻つきの立派な紳士であった」という記録を残している(『一外交官の見た明治維新〈上〉』、岩波文庫)。

だが、大奥での評判は芳しくなかった。父斉昭が大奥の経費削減を訴えていたためである。

慶喜は一八四七(弘化《こうか》四)年九月に一橋家《ひとつばしけ》を相続、十二月に元服し、名を慶喜と改めた。

この一橋家相続には、阿部正弘《あべまさひろ》の力添えがあったという。阿部は有力大名たちから支持されていた斉昭を味方に引き入れるために、将軍職に就く可能性もある一橋家の相続を慶喜にもちかけたのである。幼少のころから水戸家出身の慶喜は、自身が望むと望まざるに拘わらず政治の舞台に押し上げられるのである。

一八五三(嘉永《かえい》六)年にペリー来航すると、翌五四(嘉永七)年に幕府はアメリカとの間に日米和親条約を結んだ。さらに、一八五六(安政《あんせい》三)年七月には、通商条約の締結を求めてアメリカから初代日本領事であるタウゼント・ハリスが下田にやってきた。ハリスは将軍徳川家定《いえさだ》との面会を希望した。翌五七(安政四)年十月二一日、ハリスの再三の要望に応える形で将軍との面会が実現した。家定には子供がおらず、病弱で時に奇行もみられたといい、そのため養子を立てる必要があった。そこで、外圧を乗り切り、国難を乗り切る次の将軍を擁立しようとする将軍継嗣《けいし》問題が持ち上がった。候補者として、和歌山藩主徳川慶福《よしとみ》と慶喜の名が挙がるようになった。

ただし、将軍職を引き受けることに対しては慶喜は消極的であった。周囲の人たちが、慶喜を次期将軍職に、と画策していた中でも慶喜自身の考えは違った。一八五四(嘉永七)年八月十二日付の

父斉昭に宛てた書簡の中では

此節世上にて、私を御養君の思召《おぼしめし》もあらせらるゝやに取沙汰する由承りぬ。天下を取る程気骨の折るゝ事はなく候。骨折る故にいやと申すには候はねども、天下を取りて仕損ぜんよりは、天下を取らざる方大に勝るべし。父君御登営の節、若し聞き及ばるゝ廉《かど》あらば、必ず制止し給はるべし（『徳川慶喜公伝』）。

と述べている。また、一橋家を継いだことを例に出し、

一橋家にてさへ、吾が器量には過ぎたり、まして己れ天下を取らば、これ天下滅亡の基なり（同前）。

と述べることもあったという。だが、周囲の慶喜への期待は増すばかりだった。周囲の期待の声と比例して、慶喜の将軍職を辞退する気持ちも大きくなっていった。

我等を西城へなどゝ申す沙汰もありとか、我等不肖にして大任に堪ふべからず、若しさあらんには、唯我が命期を短くするのみにて、天下の為め寸毫《すんごう》の益あるべくもあらず。我等既に撥乱反《はつらんはん》正《せい》の才なし、いかで老中以下の諸有司を駕馭《がぎょ》して、斯く傾廃せる徳川の天下を恢復《かいふく》するを得べき。

＝徒《いたず》に分に過ぎたる任を負ひて、心を苦しめ思を焦さば、死するの外なかるべし（同前）。

と固辞すると同時に、慶喜を次期将軍職に、とする周囲を牽制している。井伊直弼《いいなおすけ》を中心とする南紀派は徳川慶福を次期将軍に、と考えていたが、それは慶喜が次期将軍に不適格である、というよりも、慶喜の父が斉昭であるということが原因となっていた。慶喜は生まれたころより、斉昭の子であることで一部の者たちより支持や期待も受けていたが、同時に多くの敵もつくっていたのである。

一八五八（安政五）年、老中堀田正睦《ほったまさよし》が上京して条約調印の勅許《ちょっきょ》を得ようとしたが、結果的に勅許は得られなかった。慶喜の父斉昭が、姉婿である前関白鷹司政通《たかつかさまさみち》に書簡を送り、ペリーの一件やハリスとの交渉についての情報を知らせており、孝明天皇をはじめとする朝廷側の反対を招いたのである。四月に大老となった彦根《ひこね》藩主井伊直弼は、条約調印を行ったが、朝廷への報告は宿次奉《しゅくつぎほう》書《しょ》で行い、簡易的なものであった。

同年六月二三日、慶喜は、田安慶頼《たやすよしより》と共に登城し大老井伊直弼と初めて面会している。徳川慶福を次期将軍に、と考えていた南紀派の井伊直弼に将軍継嗣の問題について問うと、井伊は、慶福に決まったと話した。これに対して慶喜は「御血筋」からいっても、慶福の「御様子」からも、それが適当だと「御一笑」して同意したという。ただし、このとき慶喜は天皇の勅許を待たずに条約に調印したことを井伊直弼に問い詰めている。井伊が「誠に已むを得ざる事情にて、斯《か》かる仕儀となりしは恐れ入りたる次第なり」と答えたのに対し、慶喜は「いやゝ余が思ふ所は、条約調印の事、強《あながち》に許すべからずとにはあらず、已むを得ざる事情ありてとならば、せんすべなけれど、さらば何故に即日にも御使を上京せしめざるぞ、たゞ一片の宿次奉書にて、届け放しの有様なるは何たる不敬ぞや、天朝を軽蔑し奉ること其罪重大なり」と叱責している。これに対して井伊直弼は「ひたすら恐懼《きょうく》の外な」かったという。条約調印そのものに対して反対しているのではなく、朝廷の勅許を正しい形式で受けなかったことに対する批判をしているのである。

同年七月に家定は没し、慶福が将軍となり、名を家茂《いえもち》と改めた。慶喜は隠居謹慎《いんきょきんしん》が言い渡された。この慶喜の隠居謹慎は、父斉昭と同様に不時登城であるという見方もあるが、「凡そ此度の事は御身に覚えなき科《とが》なる上に部屋住の者に隠居の命あるは、其意を得ずと思召されたれども、重き公命ならばとて、殊更厳重なる御謹なりき」とあるように、慶喜自身には隠居謹慎を命じられる理由が思い当たらなかったが、この処分を受け入れている。謹慎中の慶喜は、「常に居室の雨戸を閉ぢ、唯所々二寸ばかりに開かせられて、僅に日光を通《かよ》はし給ふのみなれば、室暗くして、読書も縁側《えんがわ》に近づかざれば明を取ることを得ず。常に麻裃を召されて端坐し、夏の暑さにも沐浴し給ふことなく、髪延びて逆上の気あるも、伺の上ならでは月代《さかやき》をも剃り給はず」といった様子であったという。

井伊直弼に勅許を得ずに調印したことを詰め寄った慶喜と、罪状不明のまま隠居謹慎を受け入れる慶喜は全く異なる人物のようであるが、朝廷を重んじ、政局に抗わない姿勢は晩年まで変わっていない。
一八六〇(万延元《まんえん》)年三月三日に桜田門外で大老井伊直弼が殺害され、八月に父斉昭が没すると、慶喜の謹慎は解かれた。さらに、薩摩《さつま》藩の島津《しまづ》久光《ひさみつ》が兵を伴って上京し、幕政改革を建言すると、朝廷は勅使として大原重徳《おおはらしげとみ》を島津久光と共に江戸に向かわせた。江戸にやってきた島津久光は武力を背景に幕府に改革を迫った。さらに、慶喜と松平慶永《よしなが》の登用を幕府に求めたのである。

慶喜は一八六二(文久二《ぶんきゅう》)年四月に接客文通が解かれることになり、同年七月一橋家を再相続し、さらには将軍後見職に就いた。同年十二月には将軍上洛に先駆けて上京し、翌六三年三月に孝明《こうめい》天皇に会い、三月には賀茂社《かもしゃ》行幸、四月は石清水社《いわしみずしゃ》行幸に同行した。同月十二日に攘夷実行を幕府首脳に督促するために一度江戸に帰った。ところが、幕府首脳はそれを拒絶するばかりではなく、攘夷期限を勝手に朝廷に上奏した慶喜を批判した。そのため、慶喜は将軍後見職の辞表を提出した。同年八月十八日に薩摩・会津《あいづ》両藩による文久の政変(八月十八日の政変)が起こると、朝廷内の尊攘派が京都から追放される。すると、鎖港交渉の経緯を知りたい、と朝廷から慶喜の上京が求められる。再び上洛した慶喜は、松平容保《かたもり》、松平慶永、伊達宗城、山内豊信らとともに朝廷から朝議参与を命じられたが、鎖港問題での対立が原因で、翌一八六四(元治元《げんじ》)年に参与を辞めている。以後、六年間慶喜は京阪に滞在し続けることになる。

一八六四年三月二五日には禁裏《きんり》御守衛総督・摂海防禦《せっかいぼうぎょ》指揮を命じられた。御所の警備を慶喜が担当することで、諸大名の滞京を排除し、幕府の影響力を強めようとした。しかし、四月二〇日には慶喜は幕府と朝廷を取り持ち、融和を図ろうとしていた。七月十九日の禁門の変では御所防衛軍を指揮して活躍し、長州兵を退けた。この禁門の変により、慶喜は孝明天皇の信頼を会津藩とともに得るようになる。

同年三月下旬に水戸藩士藤田小四郎らが筑波山《つくばさん》で挙兵し、勅許を得て攘夷を実行しようとした(水戸天狗党《てんぐとう》の乱)。彼らは幕府の命を受けた関八州の諸藩との戦闘に入り、西上して京都の慶喜を頼ろうとした。ところが、彼らとの関係を疑われることを恐れた慶喜は自らの出陣を朝廷に願い出る。十二月に出陣すると、水戸藩士たちは投降した。水戸藩出身である慶喜は、幕府内部での自らの立場の保身のために、彼らに厳しい態度をとって見せたのである。

一八六六(慶応《けいおう》二)年六月に将軍家茂に代わって第二次征長の勅許を得たが、七月二〇日に将軍家茂が病死する。次期将軍候補としては、慶喜の他に、田安亀之助、尾張《おわり》藩主徳川義宜《よしのぶ》、紀州藩主松平茂承《もちつぐ》、前津山《つやま》藩主松平斉民《なりたみ》などがいた。他の候補者と比べると、慶喜が最有力とみられていたが、実家である水戸藩の者たちが他の候補者を推したり、家茂が江戸を出立する際に田安亀之助を推したりするなど、幕府内部にも慶喜に対する強い抵抗があった。こうした背景を受けて、慶喜は二条関白に

> 御相続の義、しいて御断り仰せ立てられ候得共、御断りあい立ちがたきに付、徳川家相続だけは畏まり奉り候え共、将軍職は長州(征討)成功のうえにて御朝議御座有りたく、右職掌の義は、徳

川に限り候事これ無く、薩州にても加州《かしゅう》・尾張それぞれ大藩(に)御座候事故、その職に当る人を御選挙然るべきと存じ奉り候(同前)。

と話している。徳川家や譜代大名ではなく、外様大名にまで次期将軍の候補を広げようとする真意は定かではないが、慶喜の徳川家の相続は仕方がないが、将軍職だけは固辞する姿勢がみてとれる。だが、他に適任がいなかったことから八月徳川宗家を相続するが、将軍職の就任は最後まで拒否していた。慶喜は前将軍家茂の代わりに長州へ自ら出陣することを一度は決意するが、幕府軍の敗走の知らせを受け、中止する。この出陣中止は朝廷や松平容保の反発を生み、慶喜は窮地に立たされることになる。将軍職を受けるまでの間、以前から関係の深かったフランスにさらに接近し、慶応の改革を進めていった。軍制改革に重きがおかれ、徳川宗家に権力を集約させようとした。ここまで水戸家や幕府内部、朝廷からも批判の矛先となっていった慶喜らしい政権のあり方ともいえる。十二月五日、孝明天皇の強い意志により、慶喜は征夷大将軍に任じられた。

同月二五日に孝明天皇が崩御すると、翌一八六七(慶応三)年に国喪で征長軍を解いている。慶喜の重要課題は長州征討ではなく、開国にあったとされる。二月に島津久光ら計九名に兵庫開港奏請に対する意見を三月二〇日を期日として求めるが、その意見を待たずして三月五日兵庫開港を奏請し、五月に勅許を得る。この独断が薩摩などの有力諸藩の慶喜に対する不信感を生んだ。幕府と薩摩の対立が深まるなか、十月三日土佐《とさ》藩参政の後藤象二郎《しょうじろう》は、坂本龍馬《りょうま》が示した「船中八策」を前土佐藩主山内容堂《ようどう》の名で慶喜に提出した。これが大政奉還となる。

一八六七(慶応三)年十月十四日に幕府は大政を奉還した。慶喜には、政権を朝廷に返上しても、朝廷には政治を進めていく力はないため、実権は徳川家が引き続き握り続けていくだろう、という算段があったと考えられている。慶喜・徳川家を中心とした連合政府の構想を抱いていたともいう。また、朝廷が薩長に討幕の密勅を下そうとしている情報を得ており、武力行使の名目を失わせる目的があった。

しかし、十二月九日に「王政復古」の大号令が発布され、一八六八(明治元)年正月三日の鳥羽《とば》・伏見《ふしみ》の戦いによって事態は一変し、一月六日大坂城を密かに抜け出し、幕府の軍艦開陽《かいよう》で江戸へ逃げ帰った。将兵たちに大坂城の死守を命じた直後の逃走劇であった。この逃走が慶喜の後世の評価を著しく下げたといっても過言ではないだろう。

江戸では慶喜が逃げ帰ってきたことで、混乱が起きる。江戸ではなく京都に長く滞在し、政治を行っていた慶喜に、江戸の人々は容赦《ようしゃ》のない罵声《ばせい》を浴びせた。

慶喜は江戸に帰った後、薩長と一戦交えるべし、との幕閣の多くの声を退け、恭順《きょうじゅん》専一の態度をとり、様々な手段を使って、徳川宗家と自身の保身に努め、朝廷に救済を乞う。二月十二日には江戸城から上野寛永寺大慈院《かんえいじだいじいん》に移り閉居謹慎した。

水戸徳川家の出身であることから天皇に弓を引くことがためらわれた、とも考えられるが、大坂での逃走劇からここまでの慶喜を見る限り、我が身可愛さの行動と捉えられても仕方がないのではないだろうか。

一八六八（慶応四）年二月、明治新政府は、有栖川宮熾仁《ありすがわのみやたるひと》親王を東征大総督、西郷隆盛《さいごうたかもり》を大総督府参謀とし、江戸に向かって進軍する。街道の諸藩が新政府軍に従属し、三月には江戸に入った。江戸総攻撃の三月十五日の前日、大総督府参謀である西郷隆盛と勝海舟《かつかいしゅう》が会談し、江戸総攻撃の中止、江戸城の明け渡しが決まった。その後、四月四日に慶喜は死一等を減ぜられ、水戸での謹慎が命じられた。

一八六八（明治元）年閏四月、慶喜は田安亀之助（後の徳川家達《いえさと》）に徳川宗家の家督を譲った。亀之助は家茂が死去したとき、まだ三歳であったため、慶喜が徳川将軍家を継ぎ、明治になってから亀之助が徳川宗家を継いだ。

後年、慶喜は家達をはじめとする徳川宗家に遠慮をし、家達もまた慶喜を見下すところがあった。慶喜の孫の大河内富士子は、母から聞いた話として、「（慶喜が）大名家の例会に出られた時、祖父（慶喜）が早く来過ぎて、正面床之間前の御正座について、皆様とお話しなさっていると、家達伯父さまが入ってらして、『おや、わたしの坐る処がない』っておっしゃった途端、祖父が自分で隣の御座布団へ移られた」というエピソードを残している。また、富士子の母国子（慶喜の八女）は、「宗家の徳川家達公爵《こうしゃく》には従順であるよう、（慶喜から）厳しく申し渡されていました。…（家達に）『慶喜さんは徳川を滅ぼしたお方。私は徳川家を再興した人間』っておっしゃられてましたでしょ」と話している。

一八六八（明治元）年七月、慶喜は水戸から駿府《すんぷ》に移り、一八九七（明治三〇）年に東京に移るまで、カメラでの撮影や狩猟、当時はまだ珍しかった自転車など、多彩な趣味をして過ごした。九八(明治三一)年にはじめて東京皇居に参内し、一九〇二(明治三五)年六月に公爵を授けられた。それまでは従一位の官位があるだけで、爵位もなかった。一九一三(大正二)年十一月二二日病没。七七歳であった。

水戸徳川家の出身でありながら、徳川幕府最後の将軍となった徳川慶喜。彼の人生は時代に翻弄《ほんろう》されたとみる見方もあるが、彼自身の行動や判断が招いた災いによって自身や幕府そのものを窮地に立たせることも多かった。そのため、水戸藩、幕臣、朝廷、有力諸藩からも批判を受けることになった。そうしたことからも、後年徳川家達のいう「徳川を滅ぼした」のは、慶喜自身だったのかもしれない。

⦿参考文献
家近良樹『幕末維新の個性 徳川慶喜』(吉川弘文館、二〇〇四年)
松浦玲『徳川慶喜—将軍家の明治維新』(「中公新書」、中央公論社、一九九七年)
渋沢栄一編『徳川慶喜公伝一~四』(「東洋文庫」、平凡社、一九六七年)
遠藤幸威『女聞き書き 徳川慶喜残照』(「朝日文庫」、朝日新聞社、一九八五年)

1835–93
幕末の会津藩主。京都守護職として京都の治安確保に努め、公武合体に尽力して孝明天皇の絶大な信頼を得る。

家臣を過酷な状況に追いやる

松平容保

…まつだいらかたもり…

安田寛子

一八三五(天保《てんぽう》六)年十二月二九日、美濃《みの》国高須《たかす》藩主松平義建《よしたつ》の六男として江戸四谷に生まれるが、一八四六(弘化《こうか》三)年四月二七日、会津《あいづ》藩主松平容敬《かたたか》の養子となる。同年十二月十六日、従四位下侍従に叙任、若狭守《わかさのかみ》を兼ねる。一八五二(嘉永《かえい》五)年閏二月二五日、義父容敬の死により会津藩二三万石を襲封《しゅうほう》、肥後守《ひごのかみ》に任ぜられる。一八五三(嘉永六)年六月、アメリカ合衆国使節ペリーが浦賀に来航した際、幕府から意見を求められると、井伊《いい》掃部頭《かもんのかみ》直弼《なおすけ》らとともに天下の情勢を論じて開国すべしと建言している。同年十一月十四日、一八四八(嘉永元)年五月十二日以来勤めてきた安房《あわ》・上総《かずさ》の警衛を免ぜられ、品川第二砲台の警衛を命ぜられるが、一八五九(安政《あんせい》六)年九月二七日にはこれも免ぜられる。そして新たに蝦夷地《えぞち》(網走《あばしり》地方を除き、東は西別《にしべつ》より西は沢喜《さわき》に至る海岸およそ九〇里)を分与され、その警備・開拓を命ぜられる。これにより、家臣を移して開拓と漁業の監督をさせている。

一八六〇(安政七)年三月三日、桜田門外で大老井伊直弼が殺害される(桜田門外の変)と、幕命で急ぎ出府し、そののち幕府と水戸《みと》藩との調停に尽力した。このことにより、十四代将軍家茂《いえもち》の信任を蒙《こうむ》り、一八六二(文久《ぶんきゅう》二)年五月三日、幕政参与に任ぜられる。閏八月一日には京都守護職を命ぜられるとともに正四位下に任ぜられ、職俸《しょくほう》五万石を賜る。翌年正月二日、初めて参《さん》内《だい》、そののち公武一和のために尽力したことで孝明《こうめい》天皇の絶大な信任を蒙り、宸翰《しんかん》と御製を賜る。一八六四(文久四)年二月十日、五万石を加増、翌十一日、京都守護職は免ぜられ、陸軍総裁職(のちに軍事総裁職と改称)に任ぜられるが、同(元治《げんじ》元)年四月七日にはこれを免ぜられ、再び京都守護職に任ぜられる。

一八六六(慶応《けいおう》二)年十二月一日、当時十二歳の余九麿《よくまろ》(喜徳《のぶのり》)を養嗣子とする。余九麿は故水戸中納言徳川斉昭《なりあき》の第十九子で、同月五日、征夷大将軍《せいいたいしょうぐん》に任ぜられる徳川慶喜《よしのぶ》の弟であった。同月二五日、孝明天皇が崩御すると日夜参内して宮中を守護し、葬送の供奉も勤めている。

一八六七(慶応三)年十二月九日、王政復古で京都守護職は廃され、容保も職を解かれる。その後会津藩は、激しい戦闘の末に若松城での約一ヶ月の籠城《ろうじょう》を余儀なくされるが、九月十六日ようやく降伏を受け入れ、容保は鳥取藩、喜徳は久留米藩に永預《ながあず》けとなる。

一八六九(明治二)年十二月七日、容保は和歌山に預け替えとなり、一八七一(明治四)年三月十四日、預けを解かれ謹慎となるが、それも翌年正月六日に解かれる。一八八〇(明治十三)年二月二日、日光東照宮宮司となり、一八九三(明治二六)年十二月五日、五九歳で没している。

鳥羽《とば》・伏見《ふしみ》の開戦以降、会津藩士とその家族たちは苦難の道を歩むことになる。激しい戦闘と約一ヶ月もの籠城、さらには先祖代々の土地を離れて見知らぬ土地に移住し、厳しい生活を送ることになるのである。彼らはなぜ、そのような過酷な運命を辿ることになってしまったのか。そこには、容保の京都守護職就任という一つの決断があった。

京都守護職設置と受諾の決意

桜田門外の変に続いて、一八六二(文久二)年正月十五日には老中安藤対馬守《つしまのかみ》信正《のぶまさ》が坂下《さかした》門外で襲撃され傷を負う(坂下門外の変)。以来、幕府の権威は急激に衰え、人々は軽侮の念さえ抱くようになったという。特に京都では脱藩浪士や草莽《そうもう》の徒が自ら有志者と名乗って盛んに攘夷《じょうい》を主張するなど、著しく治安が悪化していた。当時、京都の守衛は彦根《ひこね》藩兵があたっていたが、攘夷派勢力の勢いに手の下しようもない状況だった。そのようななか、薩摩藩主島津茂久《もちひさ》の父久光《ひさみつ》が四月十六日に兵を率いて入京すると、京都はさらに騒擾《そうじょう》を極め、同月二三日深夜には寺田屋事件を引き起こすことになる。これにより久光の名声は高まり、公卿《くぎょう》たちは久光が尊攘激派の鎮撫《ちんぶ》に果たした役割を高く評価し、京都の守護を任せようとする。

しかし、長州《ちょうしゅう》と土佐《とさ》の二藩がこれを喜ばないため、その命は発せられずにいた。それを聞いた幕府は、外様《とざま》大名に京都の守護を任せるのは得策ではないばかりか、政令が分岐する害をきたし、人心を迷わせかねない、早急に親藩《しんぱん》の中から守護職を選ばなければならないと考えるのだが、親藩の中で名声があり兵力も充実しているのは容保と越前福井《えちぜんふくい》前藩主松平慶永《よしなが》(春嶽《しゅんがく》)しかいなかった。

しかし慶永は七月九日、すでに政事総裁職に任ぜられていた。そこで幕府は、新たに京都守護職を設け、それに容保を任じて京都の守護にあたらせようとする。その内意は会津藩江戸家老横山常徳《つねのり》(主税《ちから》)に伝えられたが、容保は当時病の床にあったため藩の重臣を遣わして固辞した。しかし、慶永が駕籠《かご》で駆けつけて強く就任を勧めてきたため、容保は病をおして対応し、かたく断り続けたという。それでも慶永は聞かず、書状やあるいは藩の重臣を招くなどして頻繁に日夜絶えず勧めてきたため、容保はついに命を受ける決心をするのである。

家老たちの反対と京都守護職就任

会津から家老の西郷近悳《さいごうちかのり》(頼母《たのも》)と田中玄清《はるきよ》(土佐)が急ぎ到着したのは、そのようなときだった。彼らは当時の情勢から見て幕府の形勢が不利であること、今この至難の勤めを果たすというのは、薪を抱いて火を消そうと火元に近づくようなもので、おそらく労多くしてその効はないだろうなどと、適切誠実に容保を諌めた。

しかし、容保はその席にいた横山常徳、留守居《るすい》堀長守《ほりながもり》(七太夫)らに、もはや辞する言葉がないとして次のように語った。

余が再三固辞するのを、一身の安全を計るものとするものがあると密かに聞く。そもそも、我が家には宗家《そうけ》と盛衰存亡をともにすべしとの藩祖公の遺訓がある。そのうえ数代にわたって大きな恩恵を蒙っている。余は不肖といえども、功を立ててその御恩に報いることをどうして一日も忘れることができようか。ただ、不才のため万一の過失から宗家に累を及ぼしはしないかと恐れるだけである。他の批判で進退を決するようなことはないが、いやしくも「安を貪る」とあっては決心するしかない。しかし、このような重任を拝するとなれば、君臣の心が一致していなければ功を立てて御恩に報いることはできない。審議を尽くして余の進退のことを決してほしい。

これを聞いた常徳をはじめいずれもが感激し、このうえは義の重きにつくばかりで他日のことなど論ずべきではない、君臣ただ京の地を死に場所としようと決意したという。

そして一八六二(文久二)年閏八月一日、容保は京都守護職に就任し、以後京都の治安を守るために激化する尊攘運動に対処した。さらに幕府は、一八六三(文久三)年三月十日、新選組《しんせんぐみ》を編成し、これを容保の配下とした。このことで会津藩はいっそう尊攘派から敵視される存在となってしまう。

ここで容保が語った藩祖公の遺訓とは、藩祖保科正之《ほしなまさゆき》(三代将軍徳川家光《いえみつ》の異母弟)が一六六八(寛文《かんぶん》八)年四月十一日に示した「家訓十五か条」のことである。会津藩はこれをずっと藩是《はんぜ》としてきたが、その第一条目には「大君の義一心大切に存じ忠勤すべし、列国の例をもって自ら処るべからず、もし二心《ふたごころ》を懐かば、すなわち我が子孫にあらず、面々決して従うべからず」とある。他藩がどうあれ、将軍を一心大切に思って忠勤すること。もし二心を懐くようなことがあれば我が子孫ではないという文言は、養子として会津藩主となった容保だからこそ、いっそう重く心に響いたのではないだろうか。だからこその決断だったともいえよう。しかし、この決断は果たして家臣やその家族のことまで考えた良い決断だったといえるだろうか。しかもその決断が、一身の安全を計って固辞していると言われたことへの反発からなされたとあっては、それは心の弱さであり、藩主として最悪の決断だったと言わざるを得ない。少なくとも、この決断が会津藩の命運を左右することになったことは間違いないのである。

こののち会津藩は、一八六三(文久三)年八月十八日の政変で長州藩から敵視され、さらに長州征討のための軍事総裁職まで引き受けてしまう。そして再び京都守護職に任ぜられるが、このときも容保は病の床にあったため、重臣ともども書面を呈上して辞退を願ったが聞き入れられなかったという。しかし、このとき何としてでも断っていれば、あるいは違う結果になったかもしれない。その決断ができなかった容保の責任は、大きいと言わざるを得ない。

会津戦争

一八六八(慶応四)年正月三日、鳥羽・伏見の戦いから始まった戊辰《ぼしん》戦争であったが、六日には慶喜が大坂城を脱出し、容保もそれに従って海路江戸に向かった。十日、容保は新政府によって官位を奪われ、朝敵とされると、十七日には会津藩征討の命も下されてしまう。会津藩は冤罪《えんざい》であると弁明するも聞き入れられず、その後東北・越後諸藩によって結成された奥羽越列藩同盟《おううえつれっぱんどうめい》も脱落や敗退が相次ぎ、戦況はますます悪化、八月二一日早朝には、会津を囲む入口二一道のうち最も重要な母《ぼ》成峠《なりとうげ》(福島県耶麻《やま》郡猪苗代《いなわしろ》町)に新政府軍二〇〇〇人余りが進軍してきた。二二日には、十六橋から滝《たき》沢峠《さわとうげ》(福島県会津若松市一箕町《いっきまち》)へも押し寄せたため容保も出陣するが、二三日、新政府軍が若松城下にまで攻め込んで来たため、容保は城に入った。

籠城はその夜、兼ねてから達しのあった合図の火事鐘が突かれ、家に残っていた者たちが一斉に城に入ったことで始まった。連日の雨で道が悪く、しかも皆が一斉に往来に出たうえ、町家の人間が皆荷物を背負って通行するという状況で、城に入るのも容易な事ではなかった。当初、城には女性や子供、老人しかいなかったが、女性は負傷者の看護や食事の用意をし、子供は城に打ち込まれた弾丸を拾い集めて味方の鉄砲に合うよう鋳直すなど、誰もが出来る事をするという状況だった。やがて各方面の戦闘に出ていた男たちも戻ってくるが、城内には兵およそ八〇〇〇人余り、兵糧弾薬を取り扱う女兵一〇〇〇人余りが籠城したとする史料もあり、女性も戦力と認識されていたことがわかる。また、城内では死者が出ても埋めることができないため、何かに包んで空井戸に投げ込むなど、その状況は筆舌に尽くしがたいものだった。

前述の西郷頼母も八月二三日の籠城時、息子の吉十郎とともに入城しているが、頼母は前述の京都守護職をめぐる諫言《かんげん》が原因で容保の不興を蒙り、謹慎させられていたなかでの入城だった。しかし、妻と残りの子供たちは家に残り、そろって自刃している。他にも、自刃した婦女子は数え切れず、妻子を殺して自刃した者たちもいた。また、病院となっていた藩校日新館《にっしんかん》では、歩ける者は城に入ったが、歩けない者は首を切って火を放ったという。城に入ることのできなかった、あるいは入ることを選択しなかった者たちも、多くが壮絶な最期を遂げていたのである。

また、戦後処理として首謀者三名を差し出すように命じられた会津藩は、家老の萱野《かやの》権兵衛《ごんのひょうえ》と、八月二三日に城下での戦いに敗れて切腹した田中土佐、新保《じんぼ》内蔵助《くらのすけ》の三名を首謀者として届けている。萱野は一身ですべての責任を負ったのである。そのおかげで、容保をはじめ他の藩士たちは謹慎処分を受けただけで済んだのだという。萱野への切腹の達しは、執行日当日の朝にあった。萱野は急いで髪を結い直し、風呂に入ったりして身を清めたのち、切腹に臨んだという。

❖容保年譜

1835(天保6)年	12月29日	高須藩主松平義建《よしたつ》の六男として江戸四谷に生まれる
1846(弘化3)年	4月27日	会津藩主松平容敬《たかかた》の養子となる
	12月16日	従四位下侍従、若狭守に任ぜられる
1848(嘉永元)年	5月12日	安房・上総の警衛を命ぜられる
1852(嘉永5)年	閏2月25日	会津藩を襲封、肥後守に任ぜられる
1853(嘉永6)年	11月14日	安房・上総の警衛から品川第2砲台の警衛に転ずる
1859(安政6)年	9月27日	台場警衛を免ぜられ、蝦夷地の警備・開拓を命ぜられる
1860(安政7)年	3月3日	**桜田門外の変**
1862(文久2)年	正月15日	**坂下門外の変**
	4月16日	**島津久光入京**
	23日	**寺田屋事件**
	5月3日	幕政参与に任ぜられる
	閏8月1日	京都守護職就任、正四位下に任ぜられる
1863(文久3)年	正月2日	初めて参内
	3月10日	新選組結成、容保の配下となる
	8月18日	**8月18日の政変**
1864(文久4)年	2月10日	5万石を加増
	11日	京都守護職から陸軍総裁職に転ずる
(元治元)年	4月7日	軍事総裁職(陸軍総裁職から改称)を免ぜられ、京都守護職に再任
1866(慶応2)年	12月1日	余九麿(喜徳)を養嗣子とする
	5日	**慶喜の将軍就任**
	25日	**孝明天皇崩御**

1867(慶応3)年	12月9日	京都守護職廃止
1868(慶応4)年	正月3日	鳥羽・伏見で戦闘開始
	6日	大坂城脱出
	8月21日	会津への入口、母成峠へ新政府軍2千人余りが進軍
	22日	十六橋から滝沢峠へも迫られ、容保も出陣
	23日	籠城開始
(明治元)年	9月16日	降伏
1869(明治2)年	6月3日	実子容大《かたはる》が生まれる
	9月28日	容大に家名再興許可
	11月3日	陸奥国3万石を与えられ斗南藩成立
	12月7日	鳥取藩から和歌山に預け替え
1870(明治3)年	4月18日	斗南藩領地引き渡し
	5月15日	容大斗南藩知事就任
1871(明治4)年	3月14日	預けを解かれ謹慎となる
1872(明治5)年	正月6日	謹慎を解かれる
1880(明治13)年	2月2日	日光東照宮宮司となる
1893(明治26)年	12月5日	59歳で没する

このように、会津戦争は多くの悲劇を生んだのである。しかし、生き残った人々の運命もまた過酷なものであった。

斗南藩の成立と生活

鳥取藩に預けの身であった容保には、一八六九(明治二)年六月三日、実子容大《かたはる》が生まれている。その容大に同年九月二八日家名再興が許され、十一月三日陸奥《むつ》国三万石を与えられる。生後わずか五ヶ月の幼児を藩主とする斗南《となみ》藩が成立するのだが、旧会津藩士は兵部省の管轄下で謹慎の身であったため、移住には時間がかかり、斗南藩が領地の引き渡しを受けたのは翌(明治三)年四月十八日、容大が斗南藩知事に任ぜられたのは五月十五日のことであった。

斗南藩は表高こそ三万石であったが、与えられた二戸《にのへ》・三戸《さんのへ》・北郡の実高は七〇〇〇石ほどにすぎなかった。しかも、藩士たちは着の身着のままで移住してきており、農具も持っておらず、購入できる資金もなかった。そのため、弘前《ひろさき》藩に農具購入資金の必要を訴えて一〇〇〇両の援助を受けている。しかし、大半の者たちに一家に一丁の鍬を配布できたのは、一八七一(明治四)年の夏の初めのことだったという。

また、仮住まいした場所によって幸不幸ができてしまうのも避けられなかった。その土地の人々が親切に畑地や種物、あるいは機織具《はたおりぐ》などを貸してくれて作業を導いてくれるような場所に移れた藩士たちは幸いであったが、仮住まいの傍ら余裕のない者、志があってもいかんともしがたいという状況の者たちもあった。塩や味噌を買う財力のある者は一〇のうち一・二もなく、草根・木葉・野草・海藻といった食べられるものを採取しない者はなかったという。元二八万石の人々を実高七〇〇〇石ほどで養おうというのだから、その厳しさは想像以上のものがあったといえよう。

若松城写真天守東南面之図
(戊辰戦争で受けた砲弾の跡が残ったままの若松城)
簿冊標題:公文附属の図・15号 若松城写真
(国立公文書館所蔵)

容保は自分の決断が、家臣たちをこのような過酷な状況に追いやることになろうとは、もちろん想像だにしなかったろうし、そこに意図的な悪意などあるはずはなかった。むしろその決断は、藩祖保科正之の遺した「家訓」を藩是としてきた会津藩の藩主として、譲れない選択だったろうし、一人の人間として、また武士として、誇れる決断だったと見ることもできるだろう。

しかし前述のように、容保の決断が自身への非難を受け流すこともできないような心の弱さからもたらされたものだったとするなら、それは多くの家臣とその家族たちの命運を握っている藩主としては許容しがたい悪である。家臣とその家族たちが辿ることになった過酷な状況を思うと、容保の決断は最悪のものだったと言わざるを得ない。

◉参考文献

山川浩『京都守護職始末』(郷土研究社、一九三〇年)

弘前市史編纂委員会編『新編弘前市史通史編三・近世二』(弘前市企画部企画課、二〇〇三年)

虎尾俊哉編『日本歴史地名大系青森県』(平凡社、一九八二年)

青森県史編さん近世部会編『青森県史資料編近世 六 幕末・維新期の北奥』(青森県、二〇一五年)

史談会編「大正十四年十月十一日の例会に於ける海老名南梠氏の会津籠城に関する談話」(『史談会速記録』〔全四六巻合本四二〕原書房、一九七五年復刻)

新人物往来社編「島田魁日記」「中島登覚え書」(『新選組史料集』、新人物往来社、一九九三年)

大島圭介・今井信郎『「南柯紀行」・北国戦争概略・衝鉾隊之記』(新人物往来社、一九九八年)

佐治梅坡「盤錯録」(『会津藩庁記録』三、日本史籍協会、一九一九年)
『維新史料綱要』(維新史料綱要データベース、東京大学史料編纂所)
安田寛子「会津戦争」(大石学編『新選組情報館』第二章第五節、二〇〇四年)

1834–68
幕末に幕府の治安維持機構の一翼を担い、多くの勤皇の志士を捕縛し殺害した集団、新選組の局長。

時代が生んだ殺戮集団「新選組」局長

近藤勇
…こんどういさみ…

太田和子

生い立ち

近藤勇は、一八三四(天保五)年に武蔵《むさし》国多摩《たま》郡上石原村(現東京都調布市内)の宮川久次郎の三男として生まれた。幼名勝五郎、後に勝太、勇。宮川家は村内で中の上に位置する農家であった。長兄は幼名久五郎(後に音次郎、音五郎と改名、源治郎を襲名《しゅうめい》)、次兄は粂蔵《くめぞう》(後に粂次郎、惣兵衛《そうべえ》と改名)。剣術流派天然理心流《てんねんりしんりゅう》に一八四八(嘉永元)年十一月十一日兄二人と同時に入門、翌年六月に「目録」を取得、十月十九日に天然理心流の宗家《そうけ》近藤周助《しゅうすけ》の養子となる。養子に選ばれたのは、宮川家に盗賊が押入った際に勇が冷静沈着に行動したため、師周助が惚れ込んだからと言われている。

近藤周助は、当時江戸牛込《うしごめ》甲良屋敷地面内(現新宿区市ヶ谷甲良町《いちがやこうらちょう》内)に道場を構えていた。周助は、武蔵国多摩郡小山村(現東京都町田市内)名主《なぬし》島崎休右衛門の五男、幼名関五郎、後に周平、周助、周《しゅう》斎《さい》と名乗った(以後、周助と表記)。一八一一(文化八)年、天然理心流二代目近藤三助に入門。一八三〇(天保元)年に三代目を襲名、三九(同十)年牛込に道場を開いた。

天然理心流は、遠江《とおとうみ》国(現静岡県内)出身の近藤内蔵之助長裕《くらのすけながみち》が創設した流派で、一七八九～

一八〇〇年に江戸薬研堀（現中央区内に）道場を開き、その後多摩地域に八王子千人同心《せんにんどうしん》を中心として多くの門弟がいた。

勇が養子になった九年後の一八五八（安政五）年周助は、日野宿《ひのしゅく》（現東京都日野市内）の牛頭天王社《ごずてんのうしゃ》（現八坂神社）に剣術上達祈願の額を奉じた。額には、沖田惣次郎《そうじろう》（沖田総司）と島崎勇（近藤勇）と日野宿の門人十七名と発起人八名の名前がある。

このころ、外国との国交開始に反対する尊王攘夷《そんのうじょうい》運動が盛んになり、一八六〇（万延元《まんえん》）年三月三日には、大老井伊直弼《いいなおすけ》が桜田門外で水戸藩浪人らに襲われ命を落とす「桜田門外の変」が起きている。

翌年八月二七日、近藤勇は天然理心流四代目を継ぎ、その披露の野試合が六所宮で行われた。

上洛

尊王攘夷運動が過激になり、イギリス公使館が襲われるなど事件が頻発する情勢に、講武所《こうぶしょ》剣術教授方の松平主税助忠敏《ちからのすけただとし》は、一八六二年十月十八日に「草莽《そうもう》有志の者は、素より義をもって党を結んでいる者たちなので、その中から数人を選び幕府に従わせれば、その他の者共が集まり、来春の将軍の上洛に御供《おとも》する者の下に就ければ京都、大坂の人心も改まり、浪士共は京師から立退くであろう」という「浪士隊取立建言」（維新史料要綱）を幕府へ提出した。

この建白書に沿って浪士の取立が行われ、近藤勇の道場「試衛場《しえいじょう》」の人々の耳にも、時期は不明であるが届き、土方歳三《ひじかたとしぞう》が兄弟子であり支援者である武蔵国多摩郡小野路《おのじ》村（現東京都町田市内）名主小島鹿之助宛の一八六三（文久三）年の年賀状に「日野井上源三郎《げんざぶろう》へ（将軍家茂《いえもち》の）御上洛の御供として三〇俵二人扶持《ふち》を下される」という話があると書いている。正月十八日付の佐藤彦五郎宛近藤勇の書状には「十九日に山岡鉄太郎から呼び出しを受けており、二〇日までには（浪士組参加の）有無を申上げる」と記している

二月八日に江戸から近藤勇・沖田総司・山南敬助《やまなみけいすけ》・永倉新八《ながくらしんぱち》・藤堂平助《とうどうへいすけ》・原田左之助《はらださのすけ》・斎藤一《さいとうはじめ》・沖田林太郎《りんたろう》（沖田総司の義兄）・本多新八郎《しんぱちろう》、日野宿から井上源三郎・中村太吉・馬場平助《ばばへいすけ》、石田村から土方歳三、青柳村《あおやぎむら》から佐藤房次郎《ふさじろう》が参加し、京へ向かって江戸を出発した。

京に着くと「浪士隊結成」の黒幕清河八郎《きよかわはちろう》が思いもよらず、浪士組は江戸へ戻り攘夷を行うと言いだし、浪士組は帰府派と残留派に分かれ、近藤一派も、帰府派と残留派に分かれることになった。この時の決定が、近藤が行った政治活動のはじめである。

近藤は、京に到着すると「志大略相認書」という横帳仕立てで日付を遡っている書状を門弟たちに送った。

時候の挨拶のあと三月二三日付で「去ル十三日浪士一同京地発足相成り候、少子は同意の者十七人と願い残り」と京に残留することを報告した。次に「十六日に会津藩主《あいづ》松平容保《かたもり》に直接面会し、赤心報国に感心され、『これからは会津の者と力を合わせ助力を頼みたい』といわれた」。「二二日、老中板倉伊賀守の宿舎を訪ね、将軍家茂が二三日に江戸へ戻ったあとの攘夷や公武合体、海岸防禦などの政策について議論した。その際提出した書付は別紙にした」。「三月十日には「『天皇を守護し、

将軍を警備し、神州(日本)の穢れを清めるために上京した。将軍が京へ上洛する前に(浪士組へ)江戸帰還が命じられたが、将軍の江戸帰還迄警備を務めたい。許されなければ身を隠し、浪々となっても天皇と将軍を守り攘夷を行いたい』という嘆願書を近藤勇・土方歳三・沖田総司・井上源三郎・山南敬助・永倉新八・藤堂平助・原田左之助・斎藤一・芹沢鴨《せりざわかも》・新見錦《にいみにしき》・粕谷新五郎《かやしんごろう》・平山五郎・野口健司・平《ひら》間十輔《まじゅうすけ》・佐伯又三郎《さえきまたさぶろう》・阿比留鋭三郎《あびるえいさぶろう》の十七名で会津藩へ提出した」こと。「十七日の孝明天皇の叡慮《えいりょ》の写し」。「二二日に板倉伊賀守へ提出した書付の写し」と続き、最後に「諸藩に交り種々周旋していて忙しく書状を書く暇がなく心底を察して欲しい」と記し、「事あらば　われも都の　村人と　なりてやすめむ　皇《すめら》御心」の和歌で締めくくっている。

八・一八の政変

一八六二(文久二)年ごろから朝廷内部は尊王攘夷派の公家の影響力が強くなり、六三年三月十一日に孝明《こうめい》天皇は下鴨《しもがも》・上賀茂《かみがも》両社へ攘夷祈願の行幸《ぎょうこう》を行い、さらに四月十一日石清水八幡宮《いわしみずはちまんぐう》へも行幸を行った。こうした事態に公武合体派が巻返しをはかり、八月十八日の未明に京都守護職と京都所司代の兵が御所の門を封鎖し、公武合体派の中川宮尊融親王(のち朝彦《あさひこ》親王)や公家の近衛忠煕《このえただひろ》らを参内させ、尊王攘夷派の公家を御所から排除した。排除された公家は官位をはく奪され京都から長州へ落ち延びていった。

この日、近藤が率いる浪士組は、建礼門を守備し、その功績により「新選組」という隊名を武家伝《ぶけてん》奏《そう》(朝幕間の交渉を担う職、朝廷・幕府各二名が任じられる)から下された。

九月初旬から、上京以来粗暴な行動で、浪士組の評判を落としていた芹沢鴨の一派が次々と粛清され、十八日には芹沢鴨本人を暗殺し、新選組の中核は近藤一派のみとなった。

池田屋事件

八・一八の政変で都から排除された尊攘派は、密かに洛中や周辺地域に身を隠し、新選組は潜伏している勤皇浪士の取り締まりを任務として成果を挙げ、近藤自身も十月十日の公武合体派の各藩の国政周旋掛の集会「国家之議論集会」へ出席を要請されるなど、政治の場において評価されるようになった。

一八六四(元治《げんじ》元)年五月には、攘夷に関して何の進展もなく、将軍家茂が江戸へ戻ることになった。

同年六月五日の早朝、四条小橋近くの商家の主人が不審であるということで、新選組が捕縛《ほばく》し尋問すると、潜伏中の浪士が洛中各所に放火し騒ぎに乗じて御所に押し入り孝明天皇の身柄を確保し、長州山口へ連れて行くという陰謀があることが判明した。新選組は、同日、浪士の潜伏先を捜索し、三条小橋の北側の池田屋に潜伏していることが分かった。そこに近藤勇・沖田総司・永倉新八・藤堂平八郎の四名で切り込み、肥後(現熊本県)の宮部鼎蔵《みやべていぞう》ら七名を斬殺、二三名を捕縛した。「池田屋騒動」である。この事件について近藤は郷里へ書状を送り、切り込んだ四名の中で自分の佩刀《はいとう》「虎徹《こてつ》」だけが折れたり曲がったりしなかったと自慢している。

八月四日に会津藩主松平容保から報奨金が下された。この池田屋事件は浪士が一方的に壊滅した事件であるが、むしろ明治維新を十年早めたとも言われる。それは多くの同志を失い、残された者たちが団結するきっかけになったからだとされている。

禁門の変

一八六四年六月には前年の八・一八の政変で処分された長州藩が復権を求めて挙兵上京し、七月十九日に御所周辺で会津・薩摩両藩兵と戦闘が始まった。新選組は九条河原に出陣していたが、御所方面が戦場となったと分かると、御所へ駆け付け堺町御門の辺りで戦った。この時長州の久坂玄瑞《くさかげんずい》・来島又兵衛《くるしままたべえ》・寺島忠三郎・入江九一《いりえくいち》、久留米藩の真木和泉《まきいずみ》らが戦死した。

この後、朝廷は幕府へ長州追討の勅命《ちょくめい》を下し、将軍家茂《いえもち》は長州藩征討を各藩へ命じたが、長州藩が幕府に対し恭順《きょうじゅん》謝罪したため、幕府は撤兵令を出して第一次長州征討は終結した。九月五日近藤勇・永倉新八・武田観柳斎《たけだかんりゅうさい》・尾形俊太郎《おがたしゅんたろう》が京を出発、江戸で老中格松前崇広《まつまえたかひろ》の屋敷を訪れ、将軍上洛の建白書を提出。隊士募集などを行い新規に伊東甲子太郎《かしたろう》、鈴木三樹三郎《みきさぶろう》、篠原《しのはら》泰之進《たいのしん》ら十二名とほかに十二名の合計二四名が入隊した。

翌一八六五(慶応《けいおう》元)年三月に西本願寺へ屯所《とんしょ》を移転した。

第一回・第二回広島行き

長州が恭順したことを受けて幕府は長州へ監察使を派遣、近藤は付添として同行することとなり一八六五(慶応元)年十一月七日に京を出発した。同月四日付の佐藤・小嶋・糟谷あての書状では「馬上から手紙を差出す」という挨拶文から始まっている。これは郷里の人々へ、自分は騎馬する身分となったことを暗に知らせる意味がある。近世の武士社会では、騎乗できる身分が厳格に決められており、近藤は自分がその身分となったことを知らせたわけである。「大小監察付添で芸州《げいしゅう》(安芸《あき》国=現広島県)広嶋まで出張し、さらに長州萩《はぎ》までいくつもりである。(略)天下高名世戴(公明正大)に誠をもって議論をしたい」と意気込みを書いている。

しかしこの萩行きは、長州藩の拒絶にあい、長州支藩岩国《いわくに》藩の重役との面会を望んだがこれも拒絶され、十二月二二日京へ帰着した。

恭順を示した長州であるが幕府との交渉に応ぜず、処分を決めた幕府は老中小笠原長行《おがさわらながみち》を派遣した。これに同行し六六年正月二七日近藤は再び広島へ出張したが、この時も長州藩や岩国藩との面会はできずに三月十二日帰京した。

同年六月八日に新選組は幕臣となった。組内には反対の意見もあったがそれを押し切るかたちでの受諾である。近藤は御目見《おめみえ》以上となり旗本となった。同時期に屯所を西本願寺からすぐ南の不動堂村(現京都市下京区南不動堂町付近)へ移している。

その後交渉に応じない長州に業を煮やした幕府が、六月十四日に第二次長州征討を開戦。しかし直後の七月二〇日将軍家茂が大坂城内で死去し、八月二一日停戦命令が出された。

十二月二五日に孝明天皇が崩御し、翌六七(慶応三)年三月十日、伊東甲子太郎と篠原泰之進は新選組からの分離を前年の九月に申し入れ認められなかったが、伊東らは孝明天皇の御陵衛士《ごりょうえじ》を命じられて十三日分離が決定し、六月には屯所を高台寺月真院に置いたため一派は「高台寺党」と呼ばれた。

幕臣となった新選組は市中取締り以外にも幕府の要人警護などの職務も担うようになる。近藤自身も親藩の集会に出席するなど政治活動を今まで以上に行っている。

大政奉還

一八六七(慶応三)年十月十四日、将軍慶喜《よしのぶ》は大政を朝廷へ返上することを表明した。

十一月十八日、近藤らは分離した伊東甲子太郎を呼出し、その帰路七条油小路(京都市下京区米屋町)で暗殺、駆け付けた高台寺党と切合いになり、草創期からのメンバーである藤堂平助ほか二名が死亡し、六名は薩摩藩邸へ逃げ込んだ。

十二月九日、朝廷は、将軍職辞任の承諾、幕府の廃止などを含む王政復古の号令を発し、約三〇〇年続いた徳川幕府は幕を閉じた。王政復古を受けて旧幕府勢は十二日市中から撤退することになり、慶喜は大坂へ、新選組は伏見《ふしみ》奉行所(京都市伏見区西奉行町)へ移った。近藤は二条城の守護を老中から命じられたが、将軍から直に守護を命じられたと主張する水戸藩と衝突し、この件から引き下がった。しかし、十八日残留している幕府要人との面談のため伏見から二条城へ出向き、その帰路、高台寺党の残党に狙撃され一命を取り留めたが、治療のため新選組と離れ大坂へ移送された。

翌六八(慶応四)年一月三日、慶喜は「討薩表(建白書)」を朝廷へ上申する使者に会津・桑名《くわな》藩兵一万五〇〇〇を付けて上京させたが、鳥羽《とば》街道で薩摩軍から砲撃を受け混乱に陥り、四日、五日と旧幕府軍は大坂へ後退しながら戦ったが、五日の午後に錦旗が掲げられ、翌日全面的な敗走となった。慶喜はその日の夜、会津藩主、桑名藩主、老中を引き連れて大坂城を脱出、江戸へ向かった。

近藤以下新選組は、十日に軍艦富士山丸で大坂を出発し、十四日横浜で近藤以下負傷者を降ろし、十五日品川に上陸した。

江戸帰還

江戸に戻った慶喜は、正月七日に追討令が出されると、二月十二日恭順の意を表し江戸城を出て寛永寺《かんえいじ》の塔頭《たっちゅう》大慈院《だいじいん》へ入って謹慎した。新選組は同月十五日から幕府遊撃隊と交互に慶喜の警護にあたっていたが、二五日解任された。

幕府は六六(慶応二)年、江戸防備の要である甲府(現山梨県甲府市内)の勤番制を廃し、八月五日高崎藩主松平右京亮輝照《てるあき》を甲府城代に任じたが、輝照は翌年九月六日奏者番へ転じ、その後甲府城代に任じられた大名は任命しても辞任または辞退という状態が続き、東征軍が江戸へ向かって進軍して来るなかで、近藤勇に二月二八日甲府守備の命が下り、近藤は鎮撫隊を結成し三月一日江戸を出発した。この時近藤は大久保剛、土方歳三は内藤隼人と改名している。

鎮撫隊は、甲州道中を西へ向かったが、三月四日に東征軍が甲府城に入城したという知らせが届き、駒飼宿《こまかいしゅく》(現山梨県甲州市内)に泊まった。翌日鎮撫隊は勝沼宿《かつぬましゅく》に入り、周辺に二カ所の関門を設けるなど防御の準備をして勝沼の東方にある柏尾山《かしおさん》に布陣した。この日土方歳三は隊を離れ江戸方面へ引き返した。六日昼ごろに鎮撫隊と東征軍が関門の一つで衝突し、さらに柏尾山の陣は後方に回り込んだ東征軍の奇襲に遭い、鎮撫隊は総崩れとなり敗走した。

近藤らは甲州道中を急ぎ江戸へ向かい、江戸へ帰還した近藤と土方は江戸城内でさらに官軍への抵抗を呼びかけたという。

終焉

三月十三日、脱走した旧幕臣らが武蔵国足立《あだち》郡五兵衛新田(現足立区綾瀬《あやせ》)の金子家を拠点とし結集、十四日には大久保剛から大和と改名した近藤が、翌十五日には内藤隼人と名乗っている土方が現れた。隊士の数が膨れ上がり収容しきれなくなり、四月一日江戸川を越えた下総《しもふさ》国葛飾《かつしか》郡流山《ながれやま》(現千葉県流山市内)へ移転したが、四月三日新政府軍が本陣を包囲した。隊長と名乗った大久保大和は結集の理由を江戸城脱走兵の乱暴狼藉を取り締まるためであり、新政府軍に反逆するものではないと弁明し、武装解除の申し入れに従い、さらに総督府へ事情説明をすべきという言葉によって新政府軍へ出頭した。一旦越谷宿《こしがやしゅく》へ行き、四日に板橋宿《いたばししゅく》の東山道総督府本陣へ護送され尋問を受けることになった。三日の時点で大久保大和が近藤勇であることが明らかとなっており、厳しい処遇と取り調べを主張する土佐藩側と、緩やかな対応を主張する薩摩藩側の対立などのため処分決定が遅れたが、同月二五日板橋宿で斬首となり、首は京へ送られ、三条河原に晒《さら》された。

近藤の遺体はのちに娘婿となる甥の宮川勇五郎が密かに掘り出して菩提寺の龍源寺《りゅうげんじ》（現三鷹《みたか》市内）の宮川家墓地に埋葬したと言われている。三条河原に晒された首も何者かに奪われ所在不明となった。

流山で近藤と別れた土方は翌四日に勝海舟《かつかいしゅう》を訪れた。勝の日記「慶応四戊辰年」（『勝海舟全集十九』勁草書房・一九七三年）には「土方歳三来る。流山転末を云う」とだけ記載され、さらに同月十四日「大久保大和〔近藤勇の変名〕門人福田平馬来る。大和の事、頼み置く由」という記述もみられる。

近藤・土方と勝との関係は、勝の甥佐久間恪次郎《さくまかくじろう》（佐久間象山《しょうざん》遺児）が親の仇を討つために新選組へ入隊したことから始まった。そのことを知らせた書状を一八六四（元治元）年九月十六日付で土方が勝へ出している。勝が記録した「戊辰以来　会計荒増」（『勝海舟全集 二一』勁草書房、一九七三年）に「同十年三月廿三日　五十円　佐久間恪二郎〔象山遺児〕病死ニ付」とその消息が記されている。

また勝の「解難録」（『勝海舟全集 十一』勁草書房、一九七五年）の「四九　近藤・土方再戦　明治元年戊辰」には「京都の治安維持のために素性の賤しい暴力的な者を集め、近藤と土方はその頭である」。さらに「伏見の戦いに負け江戸に戻ると再度戦うことを願い、官軍と交渉に行くとだまして甲府へ出掛けたが、敗れて江戸に帰って来てさらに交戦を主張した。私（勝）が『官軍が話を聞かないのであれば戻って報告すべきであるのに勝手に戦いを始め、その上負けて帰ってくるなど私闘に過ぎない』と言うと、『官吏はみな弱腰であるから、志士を集めて戦う、もし負けたら死ぬのみである』といったが誰も賛同しなかったために、去って行き流山に潜伏して官軍に捕縛され板橋で切られた。歳三は函館に行き、また弾に当たり死んだ」と記している。

近藤を流山で捕縛した新政府軍では、当初近藤を京へ移送し尋問をするという薩摩藩の方針が通っていたと言われているが、急転直下近藤斬首となったのは、東山道総督岩倉具定《いわくらともさだ》・具経《ともつね》が太政官へ送った直書に影響されたと言われている。その直書の写しが『香川敬三私記 乾』（維新史料要綱）に記録されている。「近藤勇の在京中の所行は今更言うまでもないが、江戸に戻ってからは私に兵を集め甲州へ行き官軍と戦争をし、流山に銃器を備えて屯集するなどしたので捕えて尋問すると大久保一翁に命じられたというので、徳川の目付へ問い合わせたところ、『大久保大和は家臣ではない。近藤勇は脱走して所在不明になり徳川とは何の関係も無い。彼の者の罪については良く知られていることで、新政府軍と戦ったことは徳川慶喜の意に反する行為であり、大罪である。処罰されてもかまわない』という返事が返ってきた。近藤に対し寛大な処置をすれば新政府軍内部からも不満が出るであろう」というものであった。近藤勇は、幕末の尊王攘夷運動に対し、新選組の局長として治安維持機構の一翼を担い、一旦はその功を認められたが、幕府の崩壊により徳川家の安泰と慶喜の助命のために、徳川家から見捨てられ悪人として処刑された。

⊙参考文献

松浦玲『新選組』（岩波新書、岩波書店、二〇〇三年）

大石学編『新選組情報館』（教育出版、二〇〇四年）

大石学『新選組』（中公新書、中央公論新社、二〇〇四年）

1836–1908
オランダ留学から帰国後、幕府海軍副総裁、五稜郭で新政府軍に抗戦。維新後、新政府に仕え、要職を歴任した。

戊辰戦争を長期化させた幕臣

榎本武揚

…えのもとたけあき…

神谷大介

箱館五稜郭の戦い

榎本武揚。幼名を釜次郎《かまじろう》、号を梁川《りょうせん》といった。一八三六（天保《てんぽう》七）年八月二五日、徒目付《かちめつけ》榎本円兵衛の次男として江戸下谷《したや》御徒町《おかちまち》に生まれ、昌平坂《しょうへいざか》学問所で学び、一八五六（安政《あんせい》三）年、数え二一歳になると長崎海軍伝習への参加を認められ、オランダ人教官から洋式海軍に関する知識・技術を学んだ。一八五八（安政五）年、幕府の海軍教育施設である築地軍艦操練所《つきじぐんかんそうれんじょ》の教授方となり、幕府の蒸気船朝陽《ちょうよう》の修復などに携わった。一八六二（文久《ぶんきゅう》二）年にはオランダに留学して洋式海軍のみならず広く西洋の学術を修得し、一八六七（慶応《けいおう》三）年、幕府がオランダに発注していた蒸気船開陽《かいよう》を率いて帰国した。帰国後は開陽の船将となり、軍艦頭並・軍艦頭・海軍副総裁を務め、戊辰《ぼしん》戦争を最後まで戦い抜いた。

戊辰戦争が始まってから一五〇年が経とうとしている。近世から近代へ。時代の移行期に起こったこの内戦は、一八六八（慶応四）年正月の鳥羽・伏見の戦いで開戦し、関東・東北・北越、果ては蝦夷《えぞ》地《ち》へと戦場を広げ、翌一八六九(明治二)年五月に至り、ようやく終結した。

戊辰戦争では洋式銃砲・蒸気軍艦といった新しい兵器が大量に投入され、戦場の様相は一変した。一説によると、戊辰戦争による死者は一万三〇〇〇人を越えているという(奈倉哲三「招魂—戊辰戦争から靖国を考える—」『現代思想』三三—九、二〇〇五年)。

戊辰戦争の最終局面となったのが箱館《はこだて》戦争である。榎本武揚は関東・東北を中心に抵抗を続けていた旧幕府勢力を軍艦に収容し、箱館五稜郭《ごりょうかく》を拠点として新政府軍に徹底抗戦した。その間、武装解除して新政府に恭順《きょうじゅん》・降伏する機会は何度かあったが、榎本はその選択をとらなかった。榎本が旧幕府海軍を率いたことで、結果的に戦場は北限の地、蝦夷地まで拡大し、多くの旧幕臣たちが戦死することになった。なぜ榎本は徹底抗戦を決断するに至ったのだろうか。榎本の徹底抗戦をあえて「悪」と捉えることで論点を鮮明にし、榎本の決断の背景を探っていきたい。

旧幕府海軍を率いて品川沖を脱出

榎本が新政府に恭順・降伏するターニングポイントはいくつかあった。その一つ目は一八六八(慶応四)年四月十一日、江戸開城に際してである。新政府が求める江戸開城の条件には、徳川慶喜《よしのぶ》の蟄《ちっ》居《きょ》のほか、武器・軍艦の引き渡しが挙げられていた。旧幕府海軍を統轄《とうかつ》していたのは海軍総裁の立場にあった矢田堀景蔵《やたぼりけいぞう》だが、現場において実質的に軍艦を率いていたのは海軍副総裁の榎本であった。榎本は旧幕府保有の軍艦七艘を率いて品川沖を脱出し、安房《あわ》国館山《たてやま》方面へと舵を切った。江戸開城に際し、かりに旧幕府が保有していた軍艦を榎本がすべて引き渡していたならば、戊辰戦争の終局は早まり、戦線も蝦夷地まで拡大しなかったとも考えられる。

榎本はなぜ軍艦の引き渡しに応じなかったのだろうか。その理由の一つは、徳川家の家名・領地の存続を新政府に認めさせることにあった。江戸開城の直前、四月八日の段階で榎本は母・姉・妻に宛て「徳川家の家名と領地の存続が決定するまでは、決して上陸しない」(榎本隆充編『榎本武揚未公開書簡集』新人物往来社、二〇〇三年)とその胸中を述べている。また、四月十日付の勝海舟《かつかいしゅう》宛書簡には、「何分軽率に軍艦をすべて引き渡すことはできない。ついては先日、海軍と陸軍の両軍で願い出た二か条をぜひとも実現したい。たとえ千万人が途中で背いたとしても、私たち数名は「社稷《しゃしょく》」(国家)のため、軍艦引き渡しは承知できない」(勝部真長・松本三之介・大口勇次郎編『勝海舟全集』別巻I、勁草書房、一九八二年)と述べている。

ここで言う二か条とは、四月八日付で新政府に願い出た、①徳川家の相続者が決定するまで江戸城を田安亀之助《たやすかめのすけ》に預けること、②軍艦・銃砲は徳川家の家名の存続と高《たか》・領地が決定した上で相当数を残し、それ以外を新政府に引き渡すというものである。

榎本にとって軍艦の引き渡しは、徳川家の家名と領地の存続を新政府に認めさせる交渉の切り札であった。とはいえ、もし旧幕臣が徹底抗戦の構えを露骨に示すならば、その実現は難しいものになってしまう。ここに榎本が軍艦の引き渡しに応じなかったもう一つの理由があった。

品川沖を脱した榎本は四月十二日付で新政府の海軍先鋒宛に次のような歎願書《たんがんしょ》を提出した。

今般、私たちが品川沖を退去したのは、理由のないことではない。先日、海軍・陸軍からの二か条にわたる嘆願書を大久保一翁《おおくぼいちおう》(忠寛《ただひろ》)・勝海舟が新政府に提出した。そうしたところ、軍艦の一事について、私たちの願いを許可するか否か、いまだに返答がない。よって、海軍一同は奮身して督命《とくめい》を待っている。この鎮撫方《ちんぶかた》などについて、万々一不行届きのことがあれば、もとより主人慶喜の平素の志に適《かな》わないだけではなく、天朝に対して恐れ多いことなので、ひとまず鎮撫のため品川沖を退去し、安房・相模《さがみ》付近にて謹んで督命を待つこととする。その理由は次の通りである。慶喜始め重役の者たちよりの沙汰《さた》を待たず、軍艦をことごとく新政府に引き渡すよう日々督責されている。その度ごとに海軍一同は動揺し、不安に思っているので、品川沖を退去したのである。もとより「咽喉《いんこう》の地」である江戸近海に潜伏し、ひそかに野心を抱くようなことはない。品川沖を退去したことは主人慶喜の意向ではないが、家臣の心のうちを人情をもって推察し、このこと(軍艦の一事)を周旋《しゅうせん》していただき、願いが許可されるように取り持っていただければありがたい。これにより有罪を顧みず、伏して嘆願する。以上。

四月十二日　　　　　　　　　　　　　　　　　　　榎本武揚　花押

この歎願書からは、旧幕府海軍の憤りと不安が感じられる。軍艦の処遇に関して新政府の方針が不明確であることは、旧幕府海軍を激しく動揺させていた。榎本は旧幕府海軍の動揺を鎮めるため、まずは江戸近海で情勢の推移を見守ることにしたのである。旧幕府海軍は軍艦の質・量ともに新政府のそれを大きく上回っていたため、海軍の中に抗戦派が存在していたことは十分想定できる。動揺から旧幕府海軍が暴発して新政府軍と抗戦状態となり、徳川家の存続が危うくなる。榎本はそうした可能性を排除することに腐心していたと考えられよう。

榎本は徳川家の家名・領地の存続を実現するため、武装解除という交渉の切り札を残しておきたかった。そのためには、旧幕府海軍の暴発を防がなければならなかった。ゆえに榎本は軍艦を率いて品川沖を脱したと考えられる。しかし、その行動は結果的に戊辰戦争の戦局を拡大し、戦争を長期化させることにつながった。

四月二八日、勝の説得もあり、榎本は観光・朝陽・翔鶴《しょうかく》・富士の四艘を新政府に引き渡しているが、その後、横須賀製鉄所に停泊していた神速を艦隊に加えており、榎本艦隊の海軍力が大きく低下したわけではなかった。榎本艦隊は、表向きでは新政府・旧幕府のどちらにも与《くみ》しない体をとったが、実態としては遊撃隊などの旧幕府勢を支援し、海軍に精通した浦賀奉行所役人、上野戦争で敗れた彰義隊士《しょうぎたいし》らを収容して勢力を増していった。

降伏勧告を拒絶

徳川家の処分が確定した後も、榎本は新政府に軍艦を引き渡さなかった。徳川家は田安亀之助(徳川家達《いえさと》)が継ぐことになり、静岡七〇万石を得た。亀之助の静岡入部後、奥羽越列藩同盟《おううえつれっぱんどうめい》との連携、蝦夷地開拓を視野に入れ、榎本は軍艦を率いて品川沖を発ち、東北方面に去っていった。さらに奥羽越列藩同盟の諸藩が新政府に恭順・降伏していくなか、榎本たちは新政府の反対勢力を吸収して蝦夷地に渡り、新政府に抵抗していった。

一八六九(明治二)年五月になると新政府軍による箱館攻撃が本格化していく。旧幕府軍の総裁となった榎本武揚は五稜郭・弁天《べんてん》砲台・千代ヶ岡砲台を拠点として新政府軍を迎え撃ったが、劣勢は明らかであった。榎本の軍勢が降伏し、箱館戦争、ひいては戊辰戦争を終結させる最初の機会は、箱館で負傷兵・病人の看護をしていた医師の高松凌雲《たかまつりょううん》・小野権之丞《おのごんのじょう》が新政府の要請を受け、連名で降伏を勧告してきた五月十三日のことである(「蝦夷錦」函館市中央図書館所蔵)。これが榎本の恭順・降伏の二つ目のターニングポイントとなる。

榎本武揚・松平太郎(副総裁)宛に降伏を勧告する高松・小野連名の書翰《しょかん》は、大略以下の通りである。

(前略)昨今の形勢において海軍は敗れたが、五稜郭・弁天砲台においては実に奮戦している者たちがいる。士道においては感服《かんぷく》の至りであるが、万民が塗炭《とたん》の苦しみを受け、天朝に抵抗しては皆残らず殺戮《さつりく》されるという話もあり、必死の覚悟でいることだろうが、天朝は決してそのように考えてはいない。あくまで寛大の思召《おぼしめし》にて平穏を旨《むね》としているので、このことを五稜郭・弁天砲台にしっかり伝えるようにと新政府では熟談している。現在は誠に大切な情勢であり、よく考えた上で、平穏の道を選択するべきである。(「蝦夷錦」)

これを受けた榎本と松平は諸将を集めて評議の上、五月十四日に次のような返翰を送っている。

我ら一同が遠方の蝦夷地に来たのは先般再三再四朝廷に嘆願してきた通り、蝦夷地の一部を拝《はい》領《りょう》し、旧幕臣の生計を立て、北方の守衛を志願してのことである。仕方なく抗戦に及んでいるが、今日に至り過ちを悔いて兵を休め、朝命に従うようにという寛大の処置については知るところではない。私たちの願いが少しも貫徹しないのだから致し方ない。もし願いが許され、蝦夷地の一部を拝領したならば、朝廷に従い、北方を守衛し、死力を尽くして天恩に少しでも報いるように一同へ申し諭す。その上であれば、私たちは、戦争の罪がいかに厳しいものであっても、朝廷の裁定に従うつもりである。もし願いが許されないのであれば、五稜郭・弁天砲台の者たちは潔く討ち死にするつもりである。（『蝦夷錦』）

この返翰から榎本たちが降伏勧告に応じなかった理由が窺い知れる。榎本たちは蝦夷地を拝領することで旧幕臣たちの生活基盤を確保することに最後まで固執していたのである。

榎本は箱館戦争を生き残るが、それは保身に走ったからではない。榎本も決死の覚悟で戦っていたことは、高松・小野への返翰とともに「皇国無二の書」である『海律全書』を新政府参謀に贈っていることから窺い知れる。『海律全書』は一八四四年に刊行された二冊からなるフランス軍人オルトランの海上国際法に関する著作である。ハーグ大学教授のフレデリックスがオランダ語に訳した写本を留学中だった榎本に贈った。榎本は自身の命が尽きると共に、将来の海軍の運用にとって不可欠になるであろう『海律全書』が灰燼《かいじん》に帰すのは惜しいとの思いから、この座右の書を贈ったのであった。

これに対し、五月十六日、新政府の海軍参謀から『海律全書』の返礼として酒五樽が贈られ、兵糧・弾薬が足りなければ送ること、防御策が十分に練れていないならば攻撃を猶予することが伝えられた。敗色濃厚の中にあっても徳川家への義を果たそうとする旧幕府軍への配慮であったが、榎本は「弾薬・兵糧は当分欠乏しない。もっとも一統必死の覚悟を決めているので、攻撃の日にちを事前に決めるには及ばない。いつでも攻撃してきてかまわない」(『蝦夷錦』)とこの申し出を断り、酒だけを受け取っている。

このように強い覚悟をもって抗戦を決断した榎本であったが、十八日には五稜郭を新政府に明け渡し、一年半におよぶ戊辰戦争にみずから幕を下ろしている。榎本はなぜ翻意《ほんい》して降伏に踏み切ったのだろうか。

降伏前日の十七日、榎本は五稜郭の一室に入り、彰義隊改役の大塚鶴之丞《おおつかかくのじょう》を呼んで首を切れと伝えて切腹しようと試みているが、大塚らに「敵はすでに切迫している。これから弾薬を撃ち尽くし、その後に敵中へ切り込んで死ぬことを我々は望んでいる。総督(榎本)、急ぐことなかれ」(同)と諫められている。そうしたところ、新政府の参謀が面会を求めて五稜郭を訪ね、榎本に「この場に臨んで多くの命を失うことは無益なことである。我々はこのたびの軍功に代えて天朝に奏上し、全軍を助けることを願っている。速やかに城を開いて降伏し、寛典の処置を待つように」(同)と伝えてきた。

これを受けて榎本は諸将を集め、衆議の結果、降伏することに決定したのであった。

榎本の姿勢は、十六日の段階までは抗戦であったが、十七日の段階で新政府参謀の説得を受けて降伏に切り替わったことになる。抗戦・降伏の判断はいずれも諸将を交えた話し合いのうえでなされているので、榎本の独断ではなかったが、総裁の立場にあった榎本の判断の揺れが犠牲を生み出してしまったことは否定できない。

榎本の抗戦の判断のもと、十六日は激戦となり、多くの者が命を落とすことになったが、その中に中島三郎助とその息子たちがいた。中島三郎助は、ペリー来航に際して初めてアメリカ側との交渉にあたった浦賀《うらが》奉行所の与力《よりき》で、榎本とは長崎海軍伝習所でともに洋式海軍の知識・技術を修得した旧知の間柄である。榎本に従い、箱館まで転戦を続け、五稜郭防衛の要地、千代ヶ岡砲台の守衛を担当していた。江差《えさし》奉行並を務めていた旧幕府軍の小杉雅之進《こすぎまさのしん》の記録「麦叢録」(国立公文書館所蔵)には「性剛直にして頑固たる老人なるが故に死をもって守りしにより、今敵兵の襲撃するを見るといえども更に動《どう》ぜず、盛んに発砲、敵中に霰弾を討ち込む」と三郎助の奮戦ぶりが記されている。しかし、ついに三郎助は銃撃を受けて絶命し、二人の息子、恒太郎・英次郎も敵中に切り込み、若い命を絶つのであった。

その後の榎本武揚

降伏後、東京に護送、収監された榎本は獄中生活を送るが、一八七二(明治五)年に特赦《とくしゃ》となり、北海道開拓使を務めることになった。一八七四(明治七)年には海軍中将・特命全権公使としてロシア公使館に勤務し、樺太《からふと》・千島《ちしま》交換条約に調印した。以後、清国駐在公使を務め、外務大輔《がいむだゆう》・海軍卿《きょう》・逓信《ていしん》大臣・文部大臣・外務大臣・農商務大臣・枢密顧問官《すうみつこもんかん》などを歴任し、一九〇八(明治四一)年十月二六日に没した。

江戸開城後、新政府に恭順することなく、蝦夷地まで戦線を拡大させ、戊辰戦争長期化の要因をつくったともいえる榎本は、意に反して明治の世を生きることになったのである。

一八九一(明治二四)年、外務大臣海軍中将従二位勲一等子爵《ししゃく》の地位にあった榎本は、中島三郎助が生涯の長い時間を過ごした浦賀での顕彰碑《けんしょうひ》建立に関わっている。長崎海軍伝習所でともに学んだ盟友中島の死は、榎本にとって痛惜の念に堪えない出来事であったことだろう。その心の内を榎本本人が語ることは、ついになかった。

⦿**参考文献**

加茂儀一『榎本武揚』(中央公論社、一九六〇年)

佐々木克「榎本武揚―幕臣の戊辰戦争―」(佐々木克編『それぞれの明治維新』、吉川弘文館、二〇〇〇年)

奈倉哲三「招魂―戊辰戦争から靖国を考える―」(『現代思想』三三―九、二〇〇五年)

保谷 徹『戦争の日本史一八 戊辰戦争』(吉川弘文館、二〇〇七年)

1827–77
幕末の薩長同盟や江戸無血開城などで活躍、征韓論で下野し、郷里鹿児島で西南戦争を起こす。維新三傑の一人。

わがままで好き嫌いの激しい維新期の英雄

西郷隆盛

…さいごうたかもり…

吉峯真太郎

西郷隆盛は、東京台東区の上野恩賜《おんし》公園と鹿児島市の市立美術館近くに大きな像もある、歴史上大変人気のある人物である。一八二七(文政《ぶんせい》十)年、今の鹿児島市加治屋町《かじやちょう》に薩摩藩《さつまはん》の下級藩士・御小姓組《おこしょうぐみ》の子として生まれた。貧乏な生活をしていたが、藩の下級役人として農民に寄り添う仕事ぶりだった。藩主島津斉彬《しまづなりあきら》の目に留まり、一八五四(安政《あんせい》元)年に側近に取り立てられた。以後、紆余曲折《うよきょくせつ》を経ながらも、蛤御門《はまぐりごもん》の変、薩長同盟《さっちょうどうめい》、江戸の無血開城などの幕末・明治維新期における彼の活躍ぶりには目を見張るものがある。明治新政府の重要人物として廃藩置県《はいはんちけん》などに尽力したが、一八七三(明治六)年、征韓論《せいかんろん》を主張して敗れ下野する。下野後は、故郷鹿児島に帰り、一八七七(明治十)年、旧薩摩藩の士族を率いて国内最後の大規模な内戦・西南戦争を起こすが、鹿児島城山《しろやま》にて自刃、五一歳であった。

英雄視された西郷隆盛

西郷隆盛の人気は、その人物像によるところが大きいだろう。「敬天愛人」や「児孫のために美田を買わず」といった言葉により、西郷は人格者としてのイメージが強い。民のために働き、江戸の町を戦火から守り、明治維新後も他の政府要人とは異なり質素な生活をする。薩摩藩士の信頼を集め、一つにまとめて維新を達成し、その下級武士たちの思いを背負って西南戦争を起こし、郷土鹿児島で生涯を終える。一生を通して、亡き藩主斉彬公に心から仕え、わが国の将来を考え続けた人物、いかにも日本人が好みそうなストーリーである。

しかし、そのような「西郷隆盛」のイメージすべてが本当の西郷隆盛であろうか。本項ではそんな「西郷隆盛」に対する先入観の裏に隠されている人物像に目を向けていく。もちろん、西郷隆盛の功績やこれまでの人物像すべてを否定するわけではない。あえて穿《うが》った見方をすることで、西郷隆盛の新たな魅力を発見していきたい。

西郷隆盛に対する評価

西郷について、あの坂本龍馬《りょうま》が語ったとされる言葉が、勝海舟《かつかいしゅう》によって残されている。

坂本龍馬が、かつておれに、先生しばしば西郷の人物を賞せられるから、拙者《せっしゃ》も行って会って来るにより添書《そえがき》をくれと言ったから、早速書いてやったが、その後坂本が薩摩から帰ってきて言うには、成程《なるほど》西郷という奴はわからぬ奴だ。少し叩《たた》けば少し響き、大きく叩けば大きく響く。もし馬鹿なら大きな馬鹿で、利口なら大きな利口だろうといったが、坂本もなかなか鑑識のある奴だよ。西郷

に及ぶことの出来ないのは、その大胆識《だいたんしき》と大誠意とにあるのだ。(『氷川清話』〔「講談社学術文庫」〕、二〇〇〇年)

坂本龍馬は薩摩で西郷と会って、分からぬ奴と評価している。もし馬鹿なら大きな馬鹿で、利口なら大きな利口と、つかみどころのない人物と感じたというところであろうか。勝も見識と勇気、誠意では西郷に及ぶことができないと述べている。度量が大きく、徳の人物としての西郷のイメージがここで見えてくる。さらに一八六五(慶応《けいおう》元)年、土佐藩の中岡慎太郎《なかおかしんたろう》は

当時洛西《らくさい》の人物を論じ候へば、薩摩には西郷吉之助《きちのすけ》あり。人として肥大にして後免(村)の要石(力士の名)にも劣らず。古《いにしえ》の安倍貞任《あべのさだとう》などは斯《か》くの如き者かと思はれ候。此《こ》の人学識あり胆略あり、常に寡言《かげん》にして最も思慮深く雄断に長じ、たまたま一言を出せば確然人の肺腑《はいふ》を貫く。且《か》つ徳高くして人を服し、しばしば艱難《かんなん》をへて事に老練す。其の誠実武市《たけち》(武市瑞山《ずいざん》)に似て学識これ有る者、実に知行合一の人物なり。これ即ち洛西第一の英雄にござ候。(「時勢論」〔『中岡慎太郎全集』〕、勁草書房、一九九一年)

と述べている。西郷は学識があり、大胆で知略がある。いつもは寡黙だが、思慮深く、決断力があり、一言話せば人の肺腑を貫く。このようにとても評価が高い。これは今も流布している西郷のイメージと近いのではないだろうか。

しかし、西郷を別の見方をしている人々もいる。西郷を絶賛していた徳富蘇峰《とくとみそほう》は

南州翁《なんしゅうおう》は情の人であり徳の人であるが、度量はあなた方が思うほど大きな度量ではない。清濁《せいだく》併《あわ》せ呑む人じゃない。（徳富蘇峰『西郷南洲先生』、民友社）

と残している。西郷（南州）は、大きな度量ではなく、清、濁、誰とでもうまく交友できるような人物ではないというのである。自分の価値観で行動し、自分と合わない人物とはとことんやりあうような性格であったようだ。同じ薩摩藩出身で、『大日本編年史』の編纂にも携わった重野安繹《しげのやすつぐ》は西郷と交流が深かった。その重野も西郷について以下のように回顧している。

西郷は兎角《とかく》相手を取る性質がある。これは西郷の悪いところである。自分にもそれは悪いということを云って居た。そうしてその相手をばひどく憎む塩梅《あんばい》がある。西郷という人は一体大度量のある人物ではない。人は豪傑肌であるけれども、度量が大きいとは云えない。いわば度量が偏《へん》狭《きょう》であるから、西南の役などが起きるのである。世間の人は大変度量の広い人のように思って居るが、それは皮相の見で、矢張《やは》り敵を持つ性質である。とうとう敵を持って、それがために自分も倒れるに至った（中略）いったん自分の敵と見た者は、どこまでも憎む。古の英雄豪傑も皆そういうものだろう。（「西郷南洲逸話」〈『重野博士史学論文集下巻』〉、雄山閣、一九二九年）

西郷は相手を選り好みする性質がある。それは西郷自身も悪いところだと自覚していた。そして合わない相手を憎む傾向があった。西郷は豪傑肌ではあるけれど、度量のある人物ではない。むしろ度量が狭いから西南戦争などが起きるのである。世間はそうは思っていないが、やはり敵を作ってしまう性質であると、直接西郷と交流があった者が述べているのである。こうなると、「敬天愛人」西郷の人物像は、多少揺らいでくるのではないだろうか。

さらに大隈重信《おおくましげのぶ》は、

> 世人の多くは西郷を目して英雄と称し、豪雄と称すれども、余は不幸にして未だその英雄と称する所以《ゆえん》を知るに及ばず。（日本史籍協会編『大隈伯昔日譚 二』、東京大学出版会、一九八一年）

と西郷のことを認めていない。大久保利通《おおくぼとしみち》は西郷の性格を「激情家」と評し、西郷の幼なじみ海江田信義《かいえだのぶよし》も、驕《おご》り高ぶっているわけではないが、簡単に人には屈しない性格と伝えている。

つまり、西郷は、大度量で、誰からも好かれる、いわゆる「西郷どん」ではない部分も併せもっていたのである。そのような性格は彼の一生の中で様々な「悪」の形で現れる。

島津久光との関係

西郷との関係が悪かった人物として最も有名なのが島津久光《ひさみつ》であろう。その関係を紐解くと、藩主島津斉興《なりおき》のころまでさかのぼる。お由羅《ゆら》騒動である。斉興の跡継ぎは斉彬と定められていたが、側室由羅の子久光を跡継ぎに推す動きが活発になる。これに対する斉彬派の過激な動きから斉彬派は大量に処罰されることになった。切腹を命じられた中には隆盛の父吉兵衛が仕えていた赤山靭負《あかやまゆきえ》がおり、赤山は自刃に際して二四歳の西郷を呼び忠義の道を説き、切腹の際着用していた血に染まった肌着を与えたと云われる。このことは西郷を親斉彬派へと傾倒させ、その反動が久光への反発へとつながったと推察されるのである。

その後、西郷は斉彬に抜擢《ばってき》され、藩政の中枢に関わるようになるが、斉彬の急死を受けて殉死《じゅんし》も考える。その時は思いとどまるが、安政の大獄の余波を受け、奄美大島《あまみおおしま》で三年を過ごすこととなった。井伊直弼《いいなおすけ》暗殺の後、一八六二(文久《ぶんきゅう》二)年帰藩したが、久光への悪態、悪関係が明確に始まった。それはとても「人格者西郷」の言動ではない。ここにも、嫌いと決めたらとことん嫌う西郷の一面が見られる。

一八六二年、久光は京都から江戸へ向かい幕政改革を推進したが、その出発に際し、復帰した西郷は久光にはじめて謁見《えっけん》し、久光の上洛、江戸出府に反対した。重野安繹はその時に西郷が、

> 諸浪士輩が促《うなが》し奉って御上京遊ばすは、一応は御尤《ごもっとも》でござるが、併しながら幕府衰えたりといえどもなお諸大名を左右するの権力あり、粗忽《そこつ》に御上京あって大事を敗るの恐れあり、拙者に於ては宜しくない、まだ時節が早いと存ずる。(「西郷南洲逸話」〔『同前書』〕)

と話したと証言している。表向きには、「幕府が衰えたといってもなお諸大名の命運を左右できる権力を持っていて、今安易に上京しても敗れる恐れがあるためよくない、まだ時期が早い」と言ったらしい。しかし、重野は西郷の本心として次のように記している。

西郷の意中は、三郎様(久光)は前薩摩守斉彬公の御実弟には相違ないけれども、いったん公族の家へ養子に行かれた人で、その養子先は大隅国重富《おおすみのくにしげとみ》と云う二万石ばかりの土地を領して居る公族で、幕府・朝廷に対しては陪臣《ばいしん》である。島津三郎と云う陪臣の身でありながら、朝廷・幕府の間に周旋すると云うことは不似合である。その時分までは門閥を尊ぶことの盛んな時で、それに薩摩の陪臣の島津三郎が出て来たと云っては、朝廷や幕府の聞こえも宜くない。それが西郷が三郎様の西上を拒むの第一義で、公の御前では口に出されぬが、意中にこれを含んで居った。また第二には、斉彬公は名声の聞え高く、天下の諸藩主草莽《そうもう》有志輩まで挙《こぞ》って仰望して居ったに、今の三郎様は薩摩の僻地《へきち》にて成長されて、その名望がないから、先公の真似は迚《とて》も出来ないと、心の中に十分思って居るが、口には出されぬ。(「西郷南洲逸話」(『同前書』))

西郷から見れば、久光は確かに前藩主斉彬公の実弟だが、養子に出ており、陪臣である。そんな身でありながら京や江戸に出ていっては朝廷や幕府の評判もよくない。それが西郷が久光を拒む第一の理由で、第二には、斉彬公と比べて名望がないため、斉彬公の真似などとても出来ない、と口には出さないが思っていた、と重野はいう。ところが実際に口に出してしまった史料も残っている。

御前には恐れながら地ゴロなれば、充分諸事に御注意の上御踏出にあらざれば、事状に御暗く、かつ外方への御気合もこれ有り、公武の間御趣意を貫きの事、出来難かるべしとの意味をもって種々様々の議論あり。（『鹿児島県史料 玉里島津家史料』鹿児島県、二〇〇一年）

西郷は、久光のことを「地ゴロ」と呼んでいる。これは薩摩では田舎者を指す蔑称《べっしょう》である。このような言葉を初対面のしかも主君筋にあたる人物に言ったのである。それだけではなく、久光の側近の上洛計画を論破し、側近からも嫌われるような態度であった。後に西郷はこのときのことを後悔しているが、まさにわがままで、好き嫌いが激しく、敵をつくりやすい人物としてのエピソードである。西郷の見立ては外れ、久光は勅使《ちょくし》派遣を朝廷に認めさせることに成功する。そして西郷は結果的に久光の命令に反する行動を取ったことで、流刑となったのである。

その後、維新の際には久光の意志に背き、薩摩藩兵を手兵のように動かして倒幕を実現する。廃藩置県も久光に事前の相談なく専断した。久光からすれば、まぎれもなく主君の命令に背いた裏切り行為である。そのため、西郷と久光の関係は一生を通じて良くはならなかった。お互いに多少は気を遣い、大事のために目をつぶるようなことはあっても、幾度となく衝突した。その過程では薩摩藩士とも反目し合うような事態を度々むかえている。その原因には西郷の他の意見を受け入れない頑固さ、わがままがあった。いつも「人格者西郷」ではないのである。幕末・明治期の薩摩藩は西郷隆盛を中心にまとまり、倒幕や新政府樹立へ突き進んだ観がある。しかし西郷の性格故に藩内にも多くの敵がいた。みんなから尊敬され、誰からも好かれる人物ではないのである。

終わりに

西郷の行った偉大な功績の一つに江戸の無血開城が挙げられるだろう。一滴の血も流さずに江戸城明け渡しに成功したことは、西郷の人格者観を強めることになっている。だが、西郷は徳川慶喜《よしのぶ》の処分に対して強硬だったことを忘れてはならない。西郷は慶喜を信用していなかった。そのため鳥羽《とば》・伏見《ふしみ》の戦いの後、慶喜に切腹の沙汰が下ることを求めていた。江戸への総攻撃を中止したことで「いい人西郷」だと見られるが、実際にはその後立場が逆転することを恐れて、確実に慶喜を殺しておこうと考えていたのである。加えて、勝海舟との交渉で総攻撃を中止したのは、西郷の独断であった。突然の中止は新政府軍に混乱を招き、納得できなかった一部は怒りを爆発させたという。わがままで、自分勝手な西郷の一面がここでも垣間見えるのである。

以上見てきたように、西郷隆盛の功績とされる事柄でも、その相手の立場からすれば大いなる迷惑であり、味方さえも敵に回すような言動を含んだものであった。自分の思ったように行動し、嫌いな者をとことん嫌い、そして嫌われ、しかし、部下にはとことん好かれた。このような人物だったからこそ、西郷は、明治維新の中心人物となれたのだろう。現在の「西郷隆盛」観は西南戦争以後につくられた英雄伝だと捉える人もいる。いずれにせよ、長所短所含めてつかみどころがなく、後世の人々にあこがれられる、これからもそんな「西郷隆盛」であり続けてほしいと考えてしまうのである。

⦿参考文献

五代夏夫編『西郷隆盛のすべて』（新人物往来社、一九八五年）
猪飼隆明著『西郷隆盛―西南戦争への道―』（岩波書店、一九九二年）
安藤優一郎『西郷隆盛伝説の虚実』（日本経済新聞出版社、二〇一四年）
青屋昌興著『薩摩史談―西郷隆盛と明治維新―』（南方新社、二〇一二年）

1830−78
薩摩藩下級藩士の生まれ。倒幕運動に活躍、王政復古、征韓論、西南戦争に関与。新政府を主導する。維新の三傑の一人。

故郷《ふるさと》を捨て、友とも決別した 大久保利通

…おおくぼとしみち…

落合 功

悪の巨魁

書名の言う『悪の歴史』の趣旨から「大久保利通は悪人か善人か」と問われれば「悪人」と答える人が多いだろう。

大久保利通は、一八三〇(天保元《てんぽう》)年八月十日、薩摩《さつま》藩小姓組《こしょうぐみ》大久保次右衛門利世《つぎうえもんとしよ》の長男として生まれた。幼名は正助《しょうすけ》、後に一蔵《いちぞう》(市蔵)、利通と改められた。号名は甲東と呼ぶ。ただ、本文では大久保として一括して表記する。大久保は明治維新の功労者として知られ、西郷隆盛《さいごうたかもり》や木《き》戸《ど》孝允《たかよし》と共に維新の三傑《さんけつ》として知られる。教科書にも必掲の人物だが、評判はすこぶるよくない。

その根拠はいろいろある。その大きな一つが、現在に至るまで色々と問題が指摘される官僚制である。この官僚制といわれる巨大組織を作り上げたのが大久保である。とくに大久保が肝入《きもい》りで作り上げ、自ら初代内務卿《ないむきょう》として着任した内務省は、地方行財政部門や警察部門、土木・衛生・神道などを含めた巨大組織であった。第二次世界大戦後に連合国軍総司令部(GHQ)によって解体を指令された。

大久保の幼年時代は悪童だった。子供のころ、家族で入来《いりき》温泉に行ったとき、岩間から噴き出る熱湯を止めて冷水を注いだり、逆に熱湯を注いだりしている。木の葉や石などを集めて湯治場に投げ入れたりしていた。桜島の噴火口に石を落すと山霊の祟りがあるといわれるが、平気で石を投げ込んでいたという。

権力者にすり寄る優柔不断な人物であった。大久保は西郷隆盛とともに血気盛んな若者を集め、病死した藩主島津斉彬《しまづなりあきら》の遺志を継ぐことを志にする精忠組《せいちゅうぐみ》を組織していた。精忠組の関連史料にはしばしば「順聖公御趣意を奉継(故斉彬の遺志を継ぐ)」という文言が使われているのもその表れと言えるだろう。十四代徳川将軍の座をめぐり、藩主斉彬は雄藩連合を構想した一橋慶喜《ひとつばしよしのぶ》を推していた。それに対し、大老井伊直弼《いいなおすけ》により門閥譜代《もんばつふだい》を重んじた家茂《いえもち》(慶福《よしとみ》)が将軍に就任し、その後、安政の大獄により一橋派の発言が封じ込まれった。そんな折、斉彬も病死する。この斉彬の無念を精忠組は引き継いだ。

このため精忠組は水戸《みと》藩浪士と連携しながら井伊の暗殺(=史料では「突出」)を計画する。そんなとき、大久保は薩摩藩の実権を握っていた島津久光《ひさみつ》に書状などを送り、結局、「突出」を思いとどめている。大久保にとって、生涯唯一の趣味が囲碁とされるが、この囲碁を吉祥院《きっしょういん》のもとで学んで久光に近づいたと言われている。

大久保の父利世は、藩主斉興《なりおき》と側室お由良《ゆら》の方が久光(お由良の方の子)を次期藩主に就かせようとした動きがあったとき、反対運動に加担し遠島に処せられている(御由良騒動)。その意味では、大久保にとって久光はカタキであった。精忠組の中心人物でありながら、そんな久光に密かに近づいていたのである。

次に性格は冷徹かつ非情であった。一八六二(文久二)年、久光が上洛したときのことである。大坂の薩摩藩邸では、好機到来と久留米《くるめ》藩の真木和泉《まきいずみ》など藩外の尊王攘夷派の志士らと図り、京都所司代を襲撃して義挙の先駆けにしようとした。このとき活動していた薩摩藩士の中には有馬新七《ありましんしち》など精忠組の仲間もいた。ところが、大久保利通は大坂に赴き、説得を試みるものの難しいと判断すると、これを断念する。京都伏見の薩摩藩の船宿・寺田屋に集結した同志たちは久光によって上意討ちとして殺害されている(寺田屋騒動)。ちなみに、このとき西郷隆盛は、久光の上洛を下関で待ち合わせる約束であったが、この京都での異変を聞き、上洛して説得にあたっている。しかし、この勝手な行為は久光の不興をかって西郷は鹿児島に護送された後、徳之島《とくのしま》と沖永良部島《おきのえらぶじま》への遠島に処せられている。このように組織から逸脱した行動に対し、自分の危険をおかしてまで同志に寄り添う西郷の行動と、冷徹に切り捨てる大久保の行動は対称的であった。

大久保は、戊辰戦争では薩摩藩のもとには参画せず京都に滞在し、明治維新以降、政府の参議となり活躍する。この参議は明治政府において最高位ではないが、以後、大久保を中心とした一部の有力者だけで政治を推進することで、有司専制と批判を浴びることになる。また、大久保の晩年における明治政府のあり方について、大久保政権・大久保独裁などと評価する歴史家も多い。

そして大久保の性格をもっともよく示すものとして、士族の反乱に対する彼の対応がある。

一八七一(明治四)年十一月から一年十ヶ月に及んだ岩倉遣外使節団では、その副使として米国、英国、仏国、独国などを回ったが、征韓論《せいかんろん》で国内情勢が不安定になると、彼は使節団一行と別れて一足先に帰国し、留守政府の主要メンバーで征韓を主張した西郷隆盛や江藤新平《えとうしんぺい》らを辞任に追い込んだ(明治六年政変)。

大久保は、その後の士族の反乱でも厳しい処罰を行っている。佐賀の乱の首謀者《しゅぼうしゃ》である江藤新平に対する度重なる裁判を大久保は傍聴し、処刑の様子さえ見学した。その感想は「江藤醜態笑止《しゅうたいしょうし》なり」というものであった。さらに、旧友である西郷隆盛が決起した西南戦争でも、「必勝の神算を計画し、その順序の手配、追討の発令、陸海軍出征配賦《はいふ》(割り当て)預しめ……」と、準備を万全にしてのぞんでいる。決して手加減をしていない。

他にも、こんな話が残されている。大久保は岩倉遣外使節団の副使として渡航する時、二人の息子も同行させた。二人の息子を呼び寄せるために家族に宛てた手紙を見ると、「(鹿児島で成長しても)百姓か物売になり候外無之」と述べている。地元で頑張っている人々をしり目に中央に出ることを推奨している。大久保は故郷・薩摩に対して冷淡であったのだ。

精忠組の首領として

果たして本当に大久保利通は自己の出世を目的に精忠組を利用したのだろうか。

先に大久保は時の権力者である久光に「すり寄った」という印象で書いたが、このことを精忠組を利用した「交渉」として考えたらどうであろう。実は、大久保の行動は一貫している。それは、急死した藩主斉彬の遺志を実現することであった。それは精忠組の意志・理念とも合致していた。

大久保にとって、斉彬の遺志を継ぐということは、斉彬の恨みを晴らす＝井伊の暗殺を実行することではなかった。ましてや薩摩藩で久光の対抗勢力になることでもなかった。「斉彬の遺志」とは、雄藩が幕閣に加わることを目指したものである。大老井伊直弼を暗殺したり、寺田屋事件の原因となった他藩の志士たちとともに暴発することは、斉彬の遺志を実現するため一つの手段ではあったが、それが目的ではなかった。井伊直弼暗殺計画の過程で久光との「交渉」が実現し、藩全体として斉彬の遺志を継ぐことが確認できた。交渉のなかで、精忠組は「藩の柱石」と評価された。これは大久保にとって望外な「成果」であった。

井伊の暗殺計画が具体化されると、大久保は、精忠組として上洛するように運動するが、時期尚早と認められなかった。薩摩藩全体として行動する以上、慎重な行動が求められたのである。このため大久保は、江戸にいる精忠組の同志に井伊暗殺への参加を思いとどまらせようと、出府を願い出ている。しかし、これもともに行動される恐れがあると、認められていない。

一八六〇(万延元)年三月三日、桜田門外の変で実際に井伊が暗殺された。その報告に鹿児島まで来た有村雄助に対し、薩摩藩は「容易ならざる国難をもたらした」として介錯《かいしゃく》の無い切腹に処している。このことは、大久保にとって心外のことであり、『日記』にも「一同愁傷憤激不可言《しょうしゅうふんげきいうべからず》(一同、嘆き悲しみ、激しい憤りは言うまでもない)」と書いている。その意味で、寺田屋騒動のように勝手に秩序を乱す人々を上意討ちしたものとは全く別の次元の認識であった。

それでは、大久保は「斉彬の遺志」を実現できたのであろうか。それは、一八六二(文久二)年の島津久光の上洛および勅使大原重徳《しげとみ》との江戸下向によって実現する。大久保の『日記』には、江戸に下向し、幕閣の構想が固まりつつあるなか「皇国の大慶無此上《このうえなし》、昔年之鬱《うれい》を散候心持也」と、喜びを記している。松平春嶽《しゅんがく》は政事総裁職に任じられ、さらに、一橋慶喜が将軍後見職への就任が決まった七月六日には「数十年苦心焦思せし事、今更夢之様心持」と、喜びを綴っている。大久保は、一四代の将軍継嗣問題で斉彬たちが強く推挙していた一橋慶喜が将軍後見職に就任することを斉彬の遺志に報いることとして心から喜んだのである。

鳥羽・伏見の戦いの中で

「(大久保は)明治維新以降、国政ばかりに目が向き、地元薩摩に対し見向きもしなかった」という評価がある。こうしたことが、非情、冷淡という評価にもつながる点であった。明治六年政変で薩摩に戻り、そこで不平士族とともに挙兵した西郷との大きな違いとして指摘できる点である。それでは果たして大久保は元々中央志向であったのであろうか。

鳥羽・伏見の戦いの真っ最中のことである。戦闘の四日間、大久保は、殆《ほとん》ど座ることなく不眠不休で朝廷の動揺を抑えるために奔走した。戦いの終盤となった一月六日、大久保は京都東寺に赴き軍事参謀に任じられている。大久保は、東征の一翼を担うことになっていたが、それは薩摩藩の一員として当然のことと考えていたに違いない。準備も進めていた。ところが、その二日後の一月八日の夜、大久保のもとに岩倉具視がやってきた。そして、「相共に謀り死生を共に致度思召候。今朝朝廷如此御大事之砌《みぎり》跡を如何致し候や、一応不伺御受之義、甚御不満之由にて御落涙にて……」と、岩倉は大久保に対し軍事参謀を辞退し、京都にとどまるように涙ながらに説得したのである。

官軍の一員として東征に参加すべきか、京都に残るべきか。この時の決断が、その後の大久保の人生を決めたといってもよいだろう。岩倉から涙ながらの説得が無ければ、薩摩藩の一員として行動していたに違いない。大久保は京都にとどまることを決意した。これまでの岩倉との友誼《ゆうぎ》を重んじ、明治政府の一員として近代国家の樹立に尽力することを誓ったのである。

明治維新の功労者は西郷隆盛、木戸孝允をはじめとして多くいる。その多くは政治に不満があると、辞表を提出して下野している。一八六九(明治二)年七月の官制改革の際、大久保は木戸とともに待詔院学士という閑職に任じられたことがあった。この時、木戸は「私いかに鉄面皮《てつめんぴ》にても、対天下学士之名目を以、安じ居候事不相叶《あいかなわず》」と、この役職に強い不満を漏らし、長州に帰ってしまう。しかし大久保はこれを快諾し残った。大久保は如何なる立場になろうとも中央政界から逃げだすことはなかった。明治政府の揺籃期《ようらんき》において、近代国家の礎を築くため、たとえ危険を感じていたとしても死ぬまで(斬殺されるまで)、その立場(責任)から逃れようとしなかったのである。

士族叛乱鎮圧の一方で

大久保は強い近代国家を築くためにも、海外の見聞を広めるべきであるとし、岩倉遣外使節団に副使として参加した。大久保は各国をめぐり多くのことを学び、その後の行動指針にしている。英国を見聞したときは、産業革命で活況を呈する社会に圧倒されながらも、「英国は君臣一致」であることを見習うべきだと指摘している。英国の場合、君は君主で、臣は臣民＝国民であり、君主と国民が一致して国家を盛り立てていく姿が重要だと述べている。この視点は、維新での版籍奉還や廃藩置県のときに特定の藩や士族のみを優先すべきではないとした彼の立場と通じるものであった。

一八六九(明治二)年二月、島津久光と西郷の上京を促すために薩摩藩に戻った際、大久保は薩摩藩の仲間と人材登用をめぐり口論になっている。このときの『日記』に「着眼之相違に依て雲泥之如く変じ、失望至極《しごく》」と書かれてあるように、大久保は薩摩藩士との立場による意見のすれ違い、そして理解が得られないことに失望している。さらに、説得にあたった島津久光からも新政府への不満をぶつけられ、最後に「不可言《いうべからず》(もういうな)」と言われて、その場を退いている。この時、大久保はショックを隠し切れず、落胆し、『日記』には「及酩酊候《めいていにおよびそうろう》」と、深酒を飲んだことが記されている。

大久保は、幅広い人々と交流を持ち、派閥を作ろうとしなかった。親しい仲間には松方正義《まつかたまさよし》や西郷従道《つぐみち》など薩摩藩閥の人物もいたが、内務省官僚の多くは前島密《まえじまひそか》(幕臣)や楠本正隆《くすもとまさたか》(肥前大村藩)など、薩摩藩閥にこだわらない多くの人物を登用していた。

大久保は、士族の反乱の原因について、一定の資産を有し、安定した職業に就いている華族や士族は一〇〇〇人の中で二・三人程度であることによると考えていた。このため、武士の退職金にあたる秩禄処分《ちつろくしょぶん》や士族授産《しぞくじゅさん》に熱心であった。授産局を内務省内に設置したのも事業に着実に就くように考えてのことである。暗殺される直前に山吉盛典《やまよしもりすけ》から「華族・士族は手厚い対応がなされており公平ではない。一般の人民と同一にすべきである」と意見されたときにも、大久保は「然り」と認めたうえで「時勢でやむを得ない部分がある。憐れむべきは華族・士族である」とし、「一概に物事を考えるべきではない」と答えている。困窮する士族に対し、全く無関心ではなかったのである。

おわりに

冒頭で大久保利通の「悪」という側面を強調してきたが、実は大久保は必ずしもそうとはいえなかったといえるだろう。特に表面的に明らかにされる政治的行動とは別の『日記』や「会話」を検討することで、大久保の実直な性格が浮き彫りにされたのではなかろうか。

西郷との関係について述べておこう。西郷は明治六年政変で薩摩に下野すると、薩摩から離れることはなかった。その意味で、明治六年政変は、大久保との決別を意味している。しかし、大久保は西郷のことを信じていた。西南戦争が勃発するきっかけとなった、鹿児島の私学校生徒が陸軍省の弾薬を強奪した際も、西郷は関与していないはずと述べている。

一八七四(明治七)年の台湾出兵をめぐり、清国が強く反発したときのことである。大久保は全権弁理大臣として北京に赴き交渉にあたった。このときの大久保の権限は絶大で、交渉如何で、和平だけでなく開戦の可能性もあった。大久保は出発する前に清国に宣戦発布することも想定して準備を整えている。そして、臨戦態勢に及んだ場合、早急に西郷隆盛、木戸孝允、そして板垣退助を政府に招聘《しょうへい》すべきだと記している。つまり、西郷や木戸や板垣はたとえ明治政府から離れていたとしても、国家大事の時には招聘に応じるはずだと確信していたのである。

最後に、悪人か善人かといった評価とは別に、もう一つ大久保についてよく言われる、大変思慮深く才知に富んだ孤独の宰相、というイメージについても筆者の見解を述べておこう。大久保は、岩倉遣外使節団で渡航する前と後で人格が変わったと言われている。どう変わったかの分析はここでは述べないが、渡航中、大久保は久米邦武《くめくにたけ》に対し、「私のような年取ったものは、これから先のことはとても駄目じゃ、もう時勢に応じられんから引く方じゃ……」と、述べている。つまり、欧米で見聞した成果を吸収するとして、大久保は自分自身でそれらの制度や文化、文明を日本の伝統文化のなかへ吸収し、実行するだけの能力を持ち合わせていないことを覚っていた。むしろ、そう理解するよりも、官僚たちを育成し、近代国家の頭脳になることを期待していたのである。そして、大久保は彼らの意見に耳を傾け、実現に尽力するのが自身の役割だと理解していたのである。

⦿参考文献

落合功『評伝　大久保利通』（日本経済評論社、二〇〇八年）

1841−1909
長州藩の下級武士出身。明治維新後、政府の中心となって立憲政体を導入し、内閣制度を創設、初代総理大臣となる。

伊藤博文
テロリストとしての顔ももった明示の元勲

…いとうひろぶみ…

桐生海正

伊藤博文といえば、いうまでもなく初代内閣総理大臣を務めた誰もが知る歴史上の人物である。彼は、歴代最年少の四四歳でその職に就任し、初代・五代・七代・十代と四度も総理大臣を経験している。この他にも彼の有名な業績といえば、初代枢密院《すうみついん》議長・初代貴族院《きぞくいん》議長・初代政友会総裁・初代韓国統監《とうかん》の歴任、大日本帝国憲法制定の中心人物としての活躍、華族令《かぞくれい》・内閣制度の創設など、枚挙にいとまがない。そうした華々しい勲功から「明治中興の柱石《ちゅうせき》」、「日本憲《にっぽん》政の恩人」、「東洋の英傑《えいけつ》」、「世界の偉人」とさえ言われた。

しかし、一方でこうした晩年の輝かしい業績にも関わらず、若い頃の伊藤博文といえば、放火や暗殺といった「テロリスト」としての一面をもっていたことを見逃してはならない。

品川御殿山に公使館を建設

品川御殿山《ごてんやま》は、江戸時代は飛鳥山（現在、東京都北区）、隅田川堤と並ぶ桜の名所として名を馳せ、風光明媚《ふうこうめいび》な土地でありながら、江戸湾や東海道を見下ろすこともできる立地にあったことから、軍事上も重要な場所であった。一八六一（文久《ぶんきゅう》元）年二月、こうした重要な土地に幕府は、各国公使と公使館の建設をすることで同意した。従来の公使館は、寺院を間借りするなどして急拵《きゅうごしら》えで整えられていたのに対し、新しく建築する公使館は、周囲には深い壕《ほり》と内側の縁《へり》に高い木柵を巡らせた堅固な洋風建築で建てられる予定で、攘夷派《じょういは》の襲撃にも耐えられるような造りを目指した。

建設途中の公使館を見た英国外交官のアーネスト・サトウは次のように記している。

建造中のイギリス公使館は、一棟の大きな二階建ての洋館で、海に面した高台に立ち、遠方からはそれが二棟のように見えた。大変見事な材木が工事に使用され、部屋はいずれも宮殿に見るような広さをもっていた。床は漆塗りで、壁面には風雅な図案を施した日本紙が貼られていた。その建物のうしろの下手に日本係書記官《ジャパニーズ・セクレタリ》の住む平家が建ち、もうひとつの敷地に補助官や通訳生の家を建てることになっていた。構内の南側に四十頭の馬を入れる厩《うまや》と、牛舎が幾棟も立ちならび、その二階にはヨーロッパ人衛兵の屯所があった。

（アーネスト・サトウ／坂田精一訳『一外交官の見た明治維新』上、岩波書店）

一英国人から見ても、公使館が広大で豪華な造りであったことが一目で窺えたのだろう。一方で、アーネストは、この場所に公使館を建設することに、次のように一種の危機感も抱いている。

フランスやオランダの公使館の建築も、ある程度工事が進捗《しんちょく》していた。しかし、こうした場所に外国人が居住するのを日本人が嫌っていることは、われわれにもわかっていた。役人や武士の階級は台場の後方を見渡せる、こんなにも見晴らしのよくきく場所に外国人を住まわせることに反対していたし、一般庶民も、以前自分たちの遊楽地であったこの場所が『外夷《がいい》』の居住地に変わるのを憤慨していた。したがって、この建物を逸早《いち》く完成して、早急に引き移ってしまうことが、政策上必要と考えられた。（同前書）

もちろん、こうした軍事上の要衝地《ようしょうち》に外国の公使館が次々に建てられる現実を、攘夷派の志士たちが見逃すはずはなかった。アーネストが懸念した通り、事件は起こった。

伊藤博文、御殿山英国公使館を焼き打ち

一八六二（文久二）年十二月、公使館の建設が始まって丸二年が経とうとしていたころ、世情は開国か攘夷かで揺れていた。こうしたなか、朝廷内でも攘夷派が三条実美《さんじょうさねとみ》らの攘夷派公家を担ぎ勢力を徐々に増していった。伊藤博文が属していた長州藩は次第に攘夷派勢力が力をもち、藩論は攘夷へと傾いていった。攘夷派の志士は、攘夷の現実的な試みとして、外国人を襲撃したり、彼らの住む居館への焼き打ちを企てたりした。品川御殿山でもそれは起こった。

同年十二月十二日、夜半、十二名の長州藩士が品川宿にある旅籠屋《はたごや》土蔵相模（相模屋）に続々と集

結した。中心人物の高杉晋作《たかすぎしんさく》をはじめ、久坂玄瑞《くさかげんずい》や井上馨《いのうえかおる》（志道聞多《しじぶんた》）、山尾庸三《やまおようぞう》ら、以後の維新の動乱で名を馳せた人物が集まった。この中に伊藤博文（当時、俊輔《しゅんすけ》）もいた。以下、やや長くなるが、伊藤が後世に語った『直話』（伊藤博文述・小松緑編『伊藤公直話』、千倉書房）からその内容を見てみよう（難解な言い回しや表現はわかりやすい文言に直し、意味が通じるように一部内容を改変して訳した部分がある）。

> （前略）私（以下、すべて伊藤博文の意味）は、外国公使館焼き打ちに際し、これを焼き払ったら、さぞかし外国人は憤激するだろう。幕府は面目を失い、外交は必ず困難を極めると予想していた。攘夷派の志士は奮起するに違いない。どんなに頑冥《がんめい》な幕府でも、ついに攘夷の断行をするという覚悟を決めるだろうということで、総勢十二名で御殿山の公使館を焼き払った。今でこそいたずらなどと笑うが、その時は命がけの大仕事であった。まず、計画は内密に行われなければならない案件で、潜伏先は土蔵相模と決めた。そこには井上の馴染みの女がいた。名をお里と言い、当時は源氏名は用いずに実名で通ったものである。このお里の部屋を潜伏先とした。
>
> 　いよいよ焼き打ちを実行しようという夜になった。寒い時節だったのでみんな羽織を着ていた。もし敵に遭った時に同士討ち（味方同士で、誤って攻撃を仕掛け、手傷を負うこと）になってはいけないから、暗闇でもよくわかる目標《めじるし》をつけなければならない。かといって、誰にでも同志だということがわかってはいけない。そこで、羽織の裏に白木綿の幅二寸（約六ｃｍ）ほどの布《きれ》を両袖に達する長さほど縫い付けた。いざという時は、すぐに羽織を裏返しに着直して、この白い筋を目標《めじるし》にする

という趣向を凝らした。なんとも用意周到なものであった。また、焼き打ちには焔硝《えんしょう》(煙の出る火薬、硝酸カリウムのこと)が必要である。事もあろうにこれをそそっかしい井上が引き受けることになった。私は「初めからうまくやればよいが…」と心配した。いよいよ計画決行の夜となって、私が「井上、(焔硝は)出来たか」というと、井上は「(準備に)抜け目があるか」と答えて、手ぬぐいの両端に包んだ丸いものを、両方の袖から出した。焔硝の炭団《たどん》(炭の粉末につなぎとなる材料を混ぜ合わせて団子状に丸めた物)である。それは上出来だったが、出発するにはまだ早かったので、身体に身につけていては危険だと注意すると、それも承知だと言って、この二個の炭団をそっとお里の部屋の額の裏へ隠した。これで大丈夫と言うので、それから景気づけようと、お里の部屋に陣取って、一同で飲み始めた。

高杉・久坂・井上らが時間をつぶすために飲んだり、歌ったりしている間に、私は一人考えた。公使館のことであるから、周囲の防禦《ぼうぎょ》が厳重であろう。これを破る用意が肝腎《かんじん》であると思った。そこで、みんなの飲んでいる間に、ちょっと品川宿の夜見世《よみせ》をひやかしながら、何かないかと物色していると、幸い手ごろな一丁の鋸《のこぎり》があった。値段は二朱だというので、それを買って帰って来た。土蔵相模の入口に天水桶《てんすいおけ》(雨水を溜める容器)があったので、そっとこの鋸をその中に隠して、その後、何くわぬ顔をしてみんなと一緒に飲んだ。

さて、夜が更け、人の寝静まる九つ半、今の一時頃、時は来たということで、一同揃って土蔵相模を出た。この時、私は人知れず、さっき隠した鋸を天水桶から取り出して、腰に差した。途中は運良く偵察の者にも見つからなかった。もっとも、夜半とはいいながら遊郭《ゆうかく》から帰るのだから、大抵《たいてい》の者は怪しむはずがない。いよいよ御殿山の公使館に近寄ると、その周囲に大きな丸太の柵が立て連ねてある。下からもぐり込むこともできない。上から飛び越すことはなお難しい。いずれも顔を見合わせて当惑した。誰一人、この関門を破ることに気づかなかったのは残念だ、と久坂が言う。そこで、私は「拙者、かくあらんと考えたから、この利器を用意してきた」と腰から鋭利な鋸を抜き出した。この時、一同の歓びは譬《たと》えようもなかった。丸太の根元を挽《ひ》き始め、ものの半時はかかっただろうか、二本ばかり丸太をはずすと、一人ずつ入れるようになった。本館へ近づくと、番人がいた。「何者だ」と、とがめる。「われわれは天下の志士だ。御国のため妖気《ようき》を払わんがために来た」というと、「何をするぞ」と問う。「焼打ちするのだ」と答えると、「それはならぬ、許さぬ」という。なかなか責任を重んじる番人である。高杉はやむを得ず、大刀《だいとう》を抜いて峰《みね》打《う》ちを喰《く》わした。これに辟易《へきえき》したと見え、さすが豪気の番人も逃げ出してしまった。

建設中の公使館の中へ入ると、なかなか大きなものである。戸障子をはずしてこれを二箇所に積み上げ、井上に「焰硝の炭団を出せ」というと、井上は「しまった。お里の部屋の額の裏へかくしたっきり、出して来るのを忘れた」という。果たして私の心配が実現した。だが、今さら仕方がないから、さらにこの二箇所の戸障子を四方に分けて火を点《つ》けた。木が新しいから燃えつきようがわるい。しかし公使館の中から火をつけたのだから、確かに大火になった。さあ逃げろ、というのであるが、駆け出してはまずい。わざと悠々として引き上げた。もっとも井上は逃げる時に、濠の中へ転げ込んで、泥だらけになった。あわてたのであろう。

さきほど開けた穴のあたりまで来ると、火の手はますます熾《さか》んになり、燄々《えんえん》として天に漲《みなぎ》る。もう消防夫《しょうぼうふ》がどしどしと繰り出す。一同これをながめて思わず快哉《かいさい》を叫んだのである。同志は離れ離れになり、酒楼《しゅろう》で飲んだものもある。私は別れて帰った。

さて、お里の部屋へ遺した焔硝の炭団がどうなったか心配でたまらない。翌晩、井上を連れて土蔵相模へ出かけた。あんなものが幕吏の手にでも渡ったら、必ず絶好の証拠となるから、早く隠さねばならぬ。お里の留守を窺って、そっと額の裏をさぐると、たしかにあるべきはずの炭団がない。さあ大変、一大事だ。もう手配がまわったのか。平生大胆な井上の顔も青くなった。そのうちにお里がやって来た。井上はわざと落ちつき払って、「お里、実は昨夜いたずらに炭団を額の裏にかくしたが、誰かめっけたろうか」と尋ねると、「あなた方は実に乱暴ないたずらをなさること。今取り出して、この炭函《すみばこ》の中へ入れたところです。一つ火鉢につぎましょう」と、火箸にはさんで火の中へ入れようとする。井上も私も驚いた。その一つを火に入れたが最後、一室の人命は悉《ことごと》く粉砕されねばならなかったからである。井上はあわててお里の手を抑えて、思わず、「何を—馬鹿する」と叫んだ。お里は平気なもので、「(お里)炭団を火鉢に入れるに、何が馬鹿です」「(井上)それはただの炭団じゃない」「(お里)それでは、昨夜《ゆうべ》の焼打ちはあなたがなさったのでしょう」「(井上)とんでもないこと」「(お里)いいえ、それに違いありますまい」と、お里は井上に畳みかける。ここにおいて性急な井上は思わず刀に手をかけた。お里はやり遂げたといわぬばかりに容《かたち》を改めて、いうには、「あなたも天下の志士だなどと威張りながら、あまりといえばお気が小さい。女《おなご》でこそあれ、私どもも同じ御国《おくに》の人で御座《ござ》います。一夜添うても他人とは思いませんのに、何であなた方のためにならぬことをいったり、したりいたしましょう。様子は大抵わかっております。とうから額の裏のはただの炭団ではあるまいと思えばこそ、お調べの証拠にならぬようにと、夜明けを待たず裏の海へ沈めました。ここにあるのは真実正銘のただの炭団です。今頃真物《ほんもの》の火薬炭団を家の中へ置くほど私は愚か者ではありませぬ。命懸けの大事をなさるのに、肝腎の道具をお忘れなさるようでは、行く末が案じられてなりませぬ。これは余計な悪《にく》まれ口。お気になさらず、聞き流して下さりませ。」。井上はこの苦言を聞いて羞《はず》かしいやら辱《かたじけな》いやら、男勝りのお里の機智と豪胆に、ひどく感服したようであった。(後略)

これが、晩年伊藤が語った御殿山英国公使館焼き打ち事件のあらましである。当時事件に参加したものならではの、秘話や臨場感が伝わってくる。

さて、当時伊藤がこの事件に関わったという事実はどの程度の範囲まで共有されている事柄だったのだろうか。一例を挙げてみると、当時日本に滞在していた英国の一外交官であるA・B・ミットフォードの晩年の回想録によれば、「(御殿山英国公使館焼き打ち事件について)巷間《こうかん》伝えるところによれば、伊藤公爵《こうしゃく》がまだ駆け出しの若者であった頃、この浪人の一味であったということだ。我々は彼が偉大な人物になる以前の昔の頃に、そのことで何度か彼をからかったことがある。その頃、彼は我々の仲の良い友人だったが、あえてそれを否定せず、ただ笑うだけであった」とある。この回顧をしたA・B・ミットフォードが日本を離れるのは一八六九(明治二)十一月十九日であるから、それ以前にはすでに噂は巷《ちまた》に広まり、襲撃を受けた英国の外交官の耳にも届いていたことが窺えよう。また、彼らはそれを「からかいのネタ」にしていた点も面白い。

実際この後幕吏が伊藤ら一味の犯行ではないかと捜査を行ったが、証拠が不十分であるため、深い追及は免れた。そのため、この事件のために処罰を受けたものは誰一人としていなかった。

伊藤博文、塙忠宝(次郎)を暗殺

こうした伊藤の烈々たる攘夷思想は、御殿山英国公使館焼き打ち事件のみにとどまるものではなかった。伊藤は放火・襲撃以外にも、殺人にまで手を染めていた。

それが起こったのは、御殿山の英国公使館を焼き打ち事件から間もない一八六二(文久二)年十二月二一日の夜のことであった。先の事件からまだ九日しか経っていなかった。その日、伊藤は先のメンバーでもある山尾庸三《やまおようぞう》と二人で、国学者の塙忠宝《はなわただとみ》(盲目の国学者、塙保己一《ほきいち》の息子)を暗殺したのである。塙が幕府から廃帝の先例について調査を命じられているという巷の噂を聞き及んでの事であった。伊藤は事前に塙忠宝の容姿を目に焼き付け、後日、彼が帰るのを待ち伏せし、暗闇に紛れて塙とその仕えの者に斬りかかった。塙忠宝は翌日死去した。伊藤は後年欧州への憲法調査の際に、オランダ商館医師フランツ・フォン・シーボルトの息子であるアレクサンダー・フォン・シーボルトに対し、この件に関しての心情を吐露《とろ》したことがあった。その戦慄《せんりつ》の告白に接したアレクサンダーは、その時の日記に「美しき魂の告白」と記している。
この後、伊藤博文は井上馨らとともに、英国に密航し、攘夷思想を大きく転換させ、欧米文化の摂取へとその考えを改め、倒幕へと歩んでいく。しかし、こうした若い頃の過激で荒々しい経験があったからこそ、その反省を踏まえ、慎重かつ抜かりない後年の伊藤博文が生まれていったと推察される。放火に関しては、晩年よく自慢話をしていたようだが、暗殺に関しては、国内ではその多くを語らなかったし、語りたくない過去であったのだろう。明治国家を支えた不退転の宰相としての基盤は、こうした若い頃の過剰なまでの攘夷思想と渡欧して以降のその反動の両面から培われたものだと考えられる。今一度、若かりし頃の伊藤の思想とその行動が、その後の近代化を推し進めていく姿勢へどのように結実していったのかについて見直していく必要があるだろう。

⊙参考文献

アーネスト・サトウ／坂田精一訳『一外交官の見た明治維新』上（岩波書店、一九六〇年）
伊藤博文述・小松緑編『伊藤公直話』（千倉書房、一九三六年）
小松緑編『伊藤公全集』全三巻（伊藤公全集刊行会、一九二七年）
A．B．ミットフォード／長岡祥三訳『英国外交官の見た幕末維新』（講談社学術文庫、一九九八年）
春畝公追頌会編『伊藤博文伝』上・中・下巻（統正社、一九四〇年）
瀧井一博『文明史のなかの明治憲法』（講談社選書メチエ、二〇〇三年）

1840–1900
開拓使長官として北海道開発にあたる。西郷隆盛・大久保利通亡き後は薩摩閥の領袖となり、第2代首相を務めた。

亡国への道を開いた強情
黒田清隆
…くろだきよたか…

門松秀樹

黒田清隆は、薩摩《さつま》藩の下級藩士の出身であったが抜擢《ばってき》され、戊辰《ぼしん》戦争では政府軍参謀として北越戦争や箱館《はこだて》戦争を指導し、政府軍を勝利に導いた。戦後、榎本武揚《えのもとたけあき》をはじめとする箱館戦争における旧幕府軍幹部の助命嘆願に奔走《ほんそう》した挿話は有名である。その後は開拓使長官となり北海道の開拓に当たっていたが、西郷隆盛《さいごうたかもり》・大久保利通《おおくぼとしみち》の没後には薩摩閥の領袖《りょうしゅう》として大きな存在感を示した。第二代内閣総理大臣として大日本帝国憲法発布《はっぷ》記念式典に臨み、その翌日に行った「超然《ちょうぜん》演説」は広く知られている。黒田は首相を辞して後、伊藤博文《いとうひろぶみ》とともに「元勲《げんくん》優遇」の詔勅《しょうちょく》を受けて元老《げんろう》として遇された。その後は第二次伊藤内閣の逓信《ていしん》大臣や枢密院《すうみついん》議長などを務め、一九〇〇（明治三三）年八月二三日、六一歳で没した。

「超然主義」演説は「悪」なのか？

学校の歴史や日本史で学ぶ黒田清隆のイメージは、やはり、「超然演説」を行った首相であろうか。

「超然演説」とは、一八八九（明治二二）年二月十二日、大日本帝国憲法発布記念式典の翌日に、首相であった黒田が鹿鳴館《ろくめいかん》で開かれた午餐会《ごさんかい》(昼食会)の席上で地方官(府県知事)を前に行った演説である。黒田の演説のうち、「政党ナル者ノ社会ニ存立スルハ情勢ノ免レサル所ト雖《いえども》政府ハ常ニ一定ノ政策ヲ取リ超然政党ノ外ニ立チ至正至中ノ道ニ居ラサル可ラス」という部分が問題となるところであろう。政府は政党の影響力を排除して仕事をしていく、と言っているからである。当時は「藩閥《はんばつ》政府」であり、国民の政治参加を求める自由民権運動を抑圧していた、と授業では教わるので、「超然演説」の「悪」が一層際立つ。

ただ黒田は、問題の箇所に続けて「各員宜《よろし》ク意ヲ此ニ留メ常ニ不偏不党ノ心ヲ以テ人民ニ臨ミ其間ニ固執スル所ナク以テ広ク衆思ヲ集メテ国家郅隆《しつりゆう》ノ治ヲ助ケンコトヲ勉ムヘキナリ」と述べている。つまり、「(政府の役人は)特定の立場にこだわるのではなく、民意を広く集めて立派な国造りをするように努力しなければならない」というのが、「超然演説」で問題とされている部分の黒田の意図なのである。政治的中立性を堅く守って公共の福祉の実現に努めるのが行政を担当する政府及び公務員の仕事だ、といったところであろうか。

確かに政府と対立していた政党を排除したいという意図はあったに違いないから、純粋に行政の政治的中立性を述べたとは言いがたいが、「悪」と断ずるのは言葉が過ぎるようにも思われる。

「開拓使官有物払い下げ事件」の「悪」

「超然演説」のほかに教科書に出てくる有名な黒田の話といえば、「開拓使官有物払い下げ事件」であろう。

「開拓使官有物払い下げ事件」とは、一八八一(明治十四)年、翌年に廃止を控えた開拓使が所管する鉱山や工場などを、黒田が主導して薩摩出身の政商五代友厚《ごだいともあつ》に破格の安値で払い下げようとして世論の激しい非難を浴び、払い下げが中止となった事件として知られている。政府が一四〇〇万円の費用を投じた事業を僅か三八万円あまりで払い下げるとしたのだから、不正が疑われたのも当然である。

ただ、黒田の側からこの「事件」を見てみると、少し様子が異なってくる。開拓使は、富岡《とみおか》製糸場などに代表される官営模範工場と同様に、欧米の先進技術の導入・定着のために北海道で様々な事業を展開していた。ただし、一八七二(明治五)年から十年間という期限付きである。

開拓使の事業の定着を未だ不十分と見た黒田は、数年の期間延長を望んだが、西南戦争以降の財政難に悩む政府にその余力はなかった。このため、開拓使の幹部官僚が開拓使を退職して「北海社」という会社を設立し、開拓使の事業の払い下げを受けて民間の立場で事業を継続することを計画した。元々が国費の大量投下を前提とした技術導入目的の実験的事業の域を出ていないことから、民間の経営で開拓使の事業を破綻《はたん》させないためには、とにかく初期費用を抑えるしかない。その結果が黒田による三八万円の払い下げ要求であった。五代は、元官僚が幹部となる「北海社」のいわば経営アドバイザーであって、彼の関西貿易商会は払い下げを受ける主体ではなかった。

もっとも、そのような開拓使の事情は公にされているわけではない。政府と対立していた自由民権運動系の新聞各紙は、黒田と五代の癒着《ゆちゃく》として大々的に報道し、政府批判の論陣を張った。黒田は日に日に高まっていく世論の批判をものともせず、払い下げを強行しようとした。大隈重信《おおくましげのぶ》と親しい土佐《とさ》出身の実業家の小野義真《おのよしざね》は、明治天皇の東北巡幸《じゅんこう》に供奉していた大隈に宛てた手紙に「開拓使一条も色々内閣評議中之所終に長官強迫之形成ニ而例之腕力論より…」と記しており、黒田が太政大臣の三条実美《さんじょうさねとみ》などに圧力をかけ、払い下げを強引に認めさせたことが窺える。大隈は、政府の財政を預かる立場から開拓使だけを特別扱いにはしないと、払い下げに断固反対していた。結局、政府内外の強い反発もあり、開拓使官有物の払い下げは明治天皇の決断によって中止となる。

「開拓使官有物払い下げ事件」は、黒田と五代という薩摩閥による官民癒着の汚職事件とされているが、実際は、財政難による事業整理に直面した開拓使の官僚が事業継続のために採ろうとした策が、見通しの甘い拙劣《せつれつ》なものであったために失敗したといったところであろう。国有財産を私物化して私腹を肥やそうとしたわけではないのだが、政府が一四〇〇万円を投じた開拓使事業を三八万円で払い下げようとするのは、「赤字覚悟の大安売り」どころか国庫に甚大な損失を強要することになるわけであり、やはり黒田の行動は「悪」の誹りを免れないだろう。

酒乱と妻殺し

歴史に詳しい人であれば、黒田に酒乱の気があったことを聞いたことがあるだろう。黒田の最初の妻の清は、酒に酔った黒田によって斬り殺されたという話を知っている人もいるのではないだろうか。

酒に酔った挙句《あげく》、妻を斬り殺した。これが事実であれば、黒田は紛う方なき悪人である。果たして黒田は妻を殺したのか。

当時、開拓使の官僚で後に内閣書記官長などを務めた小牧昌業《こまきまさなり》によれば、黒田の妻は一八七七(明治十)年九月頃から結核を患っていたという。小牧が公用で黒田邸を訪ねると、いつも黒田の妻がお茶などを出してくれていたが、亡くなる数日前から姿が見えなくなった。黒田の妻の主治医は将軍侍医として徳川慶喜《とくがわよしのぶ》に仕え、明治政府では海軍軍医総監となった戸塚文海《とづかぶんかい》であった。実は、黒田の妻は病床にあったのだが、容体が急変したようで、「こう急とは思わなかった」と弔問に向かった小牧に戸塚は語ったという。一八七八(明治十一)年三月二八日の朝方のことである。

「開拓使官有物払い下げ事件」でもそうなるのだが、西郷隆盛・大久保利通に次ぐ薩摩閥の大物で、いささか本人の脇が甘い黒田は、政府と対立する自由民権運動系の新聞の格好の標的であった。このときも、数日前まで姿を見せていた夫人が急に亡くなったのは、酒乱の黒田が妻を手にかけたに違いないという風聞があり、それに尾鰭《おひれ》がついて特大のスキャンダルとなったようである。結局、大久保が大警視(後の警視総監に相当)の川路利良《かわじとしよし》に命じて黒田夫人の墓を検めた上で、病死であるという検死報告を行わせて風聞を鎮静化させている。

ただし、黒田が酒乱であった、あるいは、少なくとも、たびたび酒に酔って大立ち回りを演じたというのは事実のようである。

開拓使廃止後、内閣顧問《こもん》の閑職に退いていた黒田に花を持たせるために、伊藤博文は三条を説いて、一八八五(明治十八)年十一月、岩倉具視《いわくらともみ》没後に空席となっていた右大臣に黒田を推した。このとき、参議・工部卿であった土佐出身の佐々木高行《ささきたかゆき》は「黒田酒癖《しゅへき》有之バ天下皆忌嫌《いみきら》ヒ候人ナレバ今日右大臣ニハ不可然」と、黒田の「酒癖」が「天下皆」に忌み嫌われているとして、右大臣就任に反対している。佐々木は侍補として明治天皇の側近にあった人物であり、こうした佐々木の影響もあってか、明治天皇も伊藤・三条が黒田を右大臣に推薦したことに、「黒田に於て適任といひ難く」と、難色を示したのである。このときは、黒田が自ら身を引いて右大臣の就任辞退を告げたことで幕が引かれた。

また、右大臣をめぐる問題が一段落した十二月七日、かねてからの伊藤の提案に基づき、内閣制度創設の内命が伊藤に下された。初代の総理大臣を伊藤とすることで閣議の大勢は決していたが、薩長両藩閥の均衡《きんこう》を考慮して黒田を推す声もあった。ところが、この調整が上手くゆかず、井《い》上馨《のうえかおる》が黒田を難詰《なんきつ》した。三宅雪嶺《みやけせつれい》の『同時代史』では、黒田の酒癖《さけぐせ》が悪いことを非難して、井上が「禁酒しろ」と迫ったという。これに腹を立てた黒田は閣議の途中で帰宅してしまうが、その後、酒を飲んだ上で三条邸と井上邸に乗り込んで大暴れをしたらしい。というのも、黒田を心配していた同郷の後輩である松方正義《まつかたまさよし》に宛てて、翌日に黒田が詫状《わびじょう》を書いているのである。そこには、「例之酔癖所詮《しょせん》医師療治スヘキ治術方万々六ケ敷《むつかしき》…(略)…条公(三条)邸並ニ井上卿ヘモ今夕御詫ニ参上仕候」と記され、酔いが醒《さ》めた翌日に三条と井上を訪ねて謝罪していることが分かる。

酒を過ごして失敗した経験のある人は多かろうが、国政を左右する立場にありながら、しばしば酒が元で失態を演じ、天皇からも釘を刺されるようでは、黒田の酒癖の悪さは笑い話では済まされない、立派な「悪」といえよう。

条約改正交渉と黒田清隆

ところで、幕末に締結された、いわゆる「安政《あんせい》の五カ国条約」が、領事《りょうじ》裁判権（治外法権）を認めたことや、日本に関税自主権がなかったこと、日本のみが最恵国待遇《さいけいこくたいぐう》を相手国に認めていたことなどの不平等条約であったことはよく知られている。明治政府にとっては、この不平等条約をいかに改正するかという「条約改正問題」が、日本の近代化と並んで重要な国家目標であった。

この条約改正交渉の中で、大隈が外務大臣として進めた交渉について、高校の日本史などで勉強した覚えのある方も多かろう。大隈は、大審院《だいしんいん》（現在の最高裁判所に相当）の判事に外国人を任用することと引き換えに、治外法権の撤廃を試みたのである。ただ、大隈の交渉内容が外国紙によってスクープされたことで、世論は沸騰《ふっとう》した。日本の司法のトップを外国人に委ねるという交渉案に対して、政府内外で大隈に対する批判が強まった。大隈は、一八八九（明治二二）年十月十八日、外務省からの帰途に国粋主義《こくすいしゅぎ》団体である玄洋社《げんようしゃ》社員の来島恒喜《くるしまつねき》による爆弾テロで右脚切断の重傷を負い、外相を辞任するに至ったというのも有名な話である。

条約改正交渉については、担当した外務卿・外務大臣の名前は覚えさせられるが、その時の首相が誰であったかまではなかなか目が行き届かない。実は、大隈の条約改正交渉をバックアップした首相は黒田だったのである。黒田は、大隈に対する批判が高まっていくなか、一歩も引かずに大隈を支持し続けた。黒田内閣で大隈の条約改正交渉を支持したのは、黒田と大隈の他には、文部大臣を務めていた榎本武揚《えのもとたけあき》のみであった。

榎本は箱館戦争において政府軍の指揮官であった黒田とは敵味方の関係であったが、榎本の人物に惚れ込んだ黒田が、剃髪《ていはつ》して榎本の助命に奔走し、榎本の赦免後《しゃめんご》には他の旧幕府軍幹部とともに開拓使の幹部として迎え入れている。さらに、日露両国で樺太《からふと》をめぐる交渉が始まると、大久保を通じて榎本を全権大使に推薦し、榎本が明治政府で活躍するための舞台を整えたため、榎本も黒田を大いに徳として、開拓使以来、黒田を支え続けた。

しかし、黒田が万難を排して大隈を支え、条約改正交渉を成功させようとしたことが、日本にとって大きな災厄《さいやく》をもたらすことになっていく。

募る大隈案への反対

大隈の条約改正案は、政府に批判的な各政党や保守的な団体などから広く批判を浴びたのはもとより、政府内からも反対の声が相次いだ。例えば、陸奥宗光《むつむねみつ》駐米公使は、外国人を大審院判事に任用することは官吏を日本人に限るとする規定に反し、すなわち憲法違反であると指摘した。続いて、内閣法制局長官と枢密院《すうみついん》書記官を兼任していた井上毅《こわし》も、外国人判事の任用が違憲に当たるとし、帰化法の制定などで対応すべきことを司法大臣の山田顕義《あきよし》に述べた。内務大臣の山県有朋《やまがたありとも》は条約改正をめぐる紛糾に巻き込まれることを避けるかのようにヨーロッパへ外遊に出かけてしまった。結局、閣議においても大隈案の違憲性と、帰化法の制定による対応をめぐって意見の対立は続き、内閣の意見でさえも一致を見ることがなく、法制局長官の井上毅は辞意を漏らすほどであった。事態を重く見た明治天皇は、枢密院議長であった伊藤と、大隈の前任の外務大臣で農商務大臣に移っていた井上馨に事態の収拾を命じた。伊藤と井上馨も、大隈案の違憲性を認めた上で帰化法の制定により対応するという黒田・大隈の方針で対処しようとしたが、政府内外の混乱と対立を解決することはできなかった。このため、伊藤は小田原の別荘に、井上馨は地元の山口にそれぞれ引きこもってしまう。

伊藤と井上も逃げ出してしまった後、黒田は閣議を開いて反対する閣僚を強引に押し切って改正断行を決定したが、閣内不一致は明白であり、正式決定は山県の帰国後の閣議で行うことで妥結した。

黒田の悲劇は、本来なら黒田を支援するはずの薩摩閥の後輩たちにも見放されてしまったところにある。黒田内閣では、陸軍大臣の大山巌《おおやまいわお》、海軍大臣の西郷従道、大蔵大臣の松方正義と、薩摩閥の後輩たちが大臣を務めていた。にもかかわらず、大山・西郷・松方は、大隈案による交渉を阻止すべく動いた。外遊から帰国した山県を説得しようと新橋駅で待ち構えていた黒田と大隈の足止めを大山が行い、その間に横浜で西郷と松方が山県の説得を済ませ、山県を反対派に取り込んでしまったのである。

黒田内閣では、大隈案に賛成しているのは首相の黒田と外相の大隈、そして文相の榎本であった。一方、大隈案に反対しているのは、班列大臣(大臣待遇)の伊藤、農商務相の井上馨、法相の山田、逓相の後藤象二郎、内相の山県、そして、賛意を示さないことで消極的に反対する陸相の大山、海相の西郷、蔵相の松方となっていた。黒田は、山県の帰国後に明治天皇の臨席を得て開かれた閣議において、大勢はすでに大隈案反対であることを見せつけられることになったのだが、改正断行は規定の方針であると強弁し、もはや誰の説得にも耳を貸さない状態になっていた。「断ジテ行ヘバ鬼神避之他ニ手段無之」との決意を榎本に宛てた手紙に認めるなど、黒田の暴走は止まりそうになかった。

事態を打開したのは大隈の遭難であった。大隈遭難の翌日、十月十九日、黒田は山県とともに参内して改正交渉の中止を上奏した。そして同月二二日に黒田は天皇に辞表を奉呈し、後継の首相に山県を推薦して鼎位《ていい》を辞した。

黒田が開いた「亡国への道」

一八八九(明治二二)年十二月二四日、第一次山県内閣によって「内閣官制」が制定された。政党の介入を警戒した伊藤が、大日本帝国憲法には内閣の規定を置かなかったことは有名であるが、内閣や首相の権能と職責を規定した勅令が「内閣官制」である。実は、内閣制度創設の際に、伊藤博文は「内閣官制」の前身に当たる「内閣職権」という規定を太政大臣三条実美の達によって定めている。

「内閣職権」は全七条から成り、「内閣官制」は全十条から成るが、「内閣職権」では首相に強いリーダーシップが認められていたのに対し、「内閣官制」では首相のリーダーシップは大幅に縮小されている。ゆえに、「内閣職権」を「大宰相主義《だいさいしょう》」、「内閣官制」を「小宰相主義」としてそれぞれの特徴が説明される。

具体的には、「内閣職権」の第一条(「内閣総理大臣ハ各大臣ノ首班トシテ機務ヲ奏宣シ旨ヲ承テ大政ノ方向ヲ指示シ行政各部ヲ総督ス」)・第二条(「内閣総理大臣ハ行政各部ノ成績ヲ考ヘ其説明ヲ求メ及ヒ之ヲ検明スルコトヲ得」)・第四条(「内閣総理大臣ハ各科法律起案委員ヲ監督ス」)・第五条(「凡ソ法律命令ニハ内閣総理大臣之ニ副署シ其各省主任ノ事務ニ属スルモノハ内閣総理大臣及主任大臣之ニ副署スヘシ」)に相当する規定が、「内閣官制」では削除あるいは、より限定的な内容に置き換えられているのである。「内閣職権」で伊藤が示した首相は、国政全般を指導し、行政各部に対する指揮・監督権を持った上で、行政各部に対する政策評価も行うという極めて強力なリーダーであった。

なぜ「内閣職権」から「内閣官制」への改正が行われたのかについては、一般的には大日本帝国憲法第五五条が定める「国務大臣単独輔弼《ほひつ》責任制」に「内閣職権」の「大宰相主義」が抵触すると考えられたことが理由とされている。つまり、各大臣は自らの職責の範囲で個別に天皇を補佐し、その責任を負うことを憲法が定めているのに、首相が強力な指揮・監督・指導権を有することは、憲法の定める各大臣の職責を侵すことになるので、首相のリーダーシップを縮小し、憲法に反しない範囲に留めた、ということである。

だが、「内閣職権」を定めた伊藤は、憲法の中心的な起草者の一人でもある。「内閣職権」が違憲であるなら、憲法の制定作業中にそのことに気付かないはずはない。伊藤自身による憲法解説書である『憲法義解』でも、第五五条の解説では「内閣職権」の違憲性については全く触れていないところを見ると、「内閣官制」への改正意図は別のところにあったと考えるべきであろう。

例えば、大隈案をめぐる黒田の行動が、伊藤や山県、大山、西郷などのいわゆる薩長両藩閥の「元老」たちの心胆を寒からしめたのではないだろうか。「内閣職権」で認められた首相の強力なリーダーシップを盾に、黒田は大隈案による条約改正を強行しようとし、他の大臣たちの説得に耳も貸さなかった。黒田は実行しなかったが、「内閣職権」第五条に定めた、法令に首相の副署を必要とするという規定を悪用すれば、自分に反対する大臣の所管するすべての法令への副署を拒否することで、その大臣を無力化することさえ可能であった。黒田のような「暴走」をする首相が再び現れれば、薩長両藩閥の提携がもたらす微妙なバランスで維持されている明治政府は瓦解しかねない。ゆえに、山県は黒田の後を受けて首相になると、「大宰相主義」の「内閣職権」を危険と考え、首相が「暴走」できない「小宰相主義」の「内閣官制」に改めたのではないか。

ただし、首相のリーダーシップが大幅に制限され、「同輩中の首席」として、単に内閣の取りまとめ役に抑え込まれてしまったことは、後の日本に大きな災いをもたらした。政府や軍部が「元老」という「明治維新の同志たち」を通じて個人的なつながりを持っていた明治時代は、首相のリーダーシップによらずとも、「元老」たちの協議によって政治・外交・軍事にわたる問題を解決することができた。しかし、「元老」も人間である以上、いつかはこの世を去る。「元老」が退場した後、「暴走」する者を止めることができるのは、制度上は天皇しか存在しなくなった。しかし、憲法上は主権者であるはずの天皇は、自らの決断を示すことは求められず、政府・軍部の決定を追認することが望まれたため、天皇が政府や軍部の決定を覆してまで意思決定を行うことは極めて稀であった。その結果、昭和初期の軍部の暴走、あるいは迷走を止めることができるリーダーを日本は失った。

一見すると、昭和の戦争の責任を黒田に問うのは飛躍しすぎているようであるが、「内閣職権」から「内閣官制」へ、「大宰相」を「小宰相」に押し込めてしまったことが昭和の戦争と破滅につながっていくことを考えれば、これこそが黒田の最大の「悪」であるといえよう。

⦿参考文献・史料一覧

国立国会図書館憲政資料室所蔵『大隈重信関係文書』
国立国会図書館憲政資料室所蔵『憲政史編纂会収集文書』
国立国会図書館憲政資料室所蔵『牧野伸顕関係文書』
『黒田清隆関係文書』(マイクロフィルム版、北泉社、一九九三年)
東京大学史料編纂所編『保古飛呂比　佐々木高行日記』(東京大学出版会、一九七〇―七九年)
宮内庁編『明治天皇紀』(吉川弘文館、一九六八―七七年)
井黒弥太郎『黒田清隆』(みやま書房、一九六五年)
井黒弥太郎『黒田清隆』(「新装版人物叢書」、吉川弘文館、一九八七年)

清水唯一朗『政党と官僚の近代　日本における立憲統治構造の相克』（藤原書店、二〇〇七年）
松原致遠編『大久保利通』（新潮社、一九一二年。マツノ書店より二〇〇三年復刊）
三宅雪嶺『同時代史』（岩波書店、一九六七年）

1838−1922
伊藤博文と並ぶ長州閥の巨頭。首相、陸軍参謀総長、枢密院議長を歴任。山県閥という巨大な派閥を率いた。

超然主義に重きをおいた策謀家

山県有朋

…やまがたありとも…

門松秀樹

山県有朋は長州《ちょうしゅう》藩の下級藩士の出身であるが、奇兵隊《きへいたい》の軍監《ぐんかん》として頭角を現し、戊辰《ぼしん》戦争では政府軍参謀《さんぼう》として北越戦争などを指揮して政府軍を勝利に導いた。また、大村益次郎《おおむらますじろう》の後を受けて徴兵制《ちょうへいせい》に基づく近代陸軍の建設の中核を担った。その後、陸軍卿《きょう》や内務卿をはじめ、内閣総理大臣、陸軍参謀総長、枢密院《すうみついん》議長などの数々の要職を歴任するかたわら、陸軍・貴族院《きぞくいん》・枢密院・各省官僚に「山県閥《ばつ》」と呼ばれる巨大な派閥を形成した。「元勲《げんくん》」となった山県は、藩閥勢力を代表する有力者として最晩年に至るまで「山県閥」によって絶大な権力を維持した。一九二二（大正十一）年二月一日、八五歳で没した。

日本近代史における屈指の「不人気」人物

日本近代史を彩る様々な人物の中で、山県有朋のことを好きだという人はあまり多くないだろう。藩閥勢力を代表して絶大な権力を掌中《しょうちゅう》に収め、政党や国民の前に立ちはだかった「悪役」という印象が強いのではなかろうか。

しかし、山県の経歴を振り返ってみると、「不人気」どころか、もっと人気を得ても不思議はないように思える。

長州藩の下級藩士（蔵元付仲間組《くらもとづき》）の出身で、松下村塾《しょうかそんじゅく》に学び、高杉晋作《たかすぎしんさく》に見いだされて奇兵隊の軍監として、高杉に次ぐ副司令官級の地位を得た。その後、幕府との戦いや藩内の内戦を戦い抜き、戊辰戦争に際しては政府軍参謀として北越戦争などを指揮して政府軍を勝利に導いていく。一八六九（明治二）年に暗殺された大村益次郎の遺志を継いで徴兵制に基づく近代陸軍を確立し、西南戦争などの士族反乱も鎮定《ちんてい》して明治政府を守り抜き、さらには政治家としての成熟を見せ、二度にわたって首相を務め、その後も枢密院議長など、元老《げんろう》として重きを為す。軍人としては元帥《げんすい》に列せられ、功一級金鵄勲章《きんしくんしょう》を受け、また、政治家としても公爵《こうしゃく》に叙せられ、大勲位菊花章頸飾《だいくんいきくかしょうけいしょく》を受けるなど、最高位の栄典を一身に受けた、いわば立志伝中の人なのである。さらに、本人は生涯、「一介《いっかい》の武弁《ぶべん》」と称しているが、和歌に造詣《ぞうけい》が深く、能や狂言なども嗜《たしな》み、築庭にも非凡な才能を発揮する教養人でもある。松永久秀《まつながひさひで》のように、主殺しをしたとか、将軍を弑逆《しいぎゃく》したとか、東大寺の大仏を焼き払ったとか、誰もが納得するような「悪事」を行ったわけでもないのに、山県は非常な「不人気」である。なぜだろうか。

やはり、山県の存命中から形成されてきた「陰険《いんけん》」「策謀家《さくぼうか》」といったイメージが非常に強いことがその原因であろう。ただ、山県に対するこうしたイメージは全くの誤解かというと、そうともいいきれない。壮年期以降、政府内における地位を確立していくとともに、山県は派閥を作り自らの権力を維持しようと努める傾向が顕著《けんちょ》になっていく。これが、「策謀家」山県有朋のイメージにつながっているといえよう。

「山城屋和助事件」

そもそも山県が権力志向に目覚めたのはいつ頃のことかといえば、初めて政治的生命の危機にさらされた「山城屋和助《やましろやわすけ》事件」が転機であったように思われる。

事の発端は一八七二(明治五)年、外務大輔《がいむだゆう》(今日の次官に相当)で駐英大弁務使《だいべんむし》(今日の駐英大使に相当)の寺島宗則《てらしまむねのり》が外務卿(今日の大臣に相当)の副島種臣《そえじまたねおみ》に、「日本の紳士にして野村三千三《のむらみちぞう》なるもの、多く世人の知らざる所なるに、当地に於ける豪遊は目覚《めざ》ましきものなり。有名なる巴里《パリ》の旅館に宿泊し、屡《しばし》ば劇場に遊んで一流の女優に戯れ、又競馬に万金を一擲《いってき》して敗れ、近日は巴里一富豪の金髪美人と婚約を結ぶとの噂あり。彼が巴里に来着してより、費消したる金額既に数十万に達せるは事実なり」という報告を送ったことであった。パリで豪遊する日本人の存在は極めて珍しく、隣国のイギリスでも評判になっていた。無論《むろん》、駐仏中弁務使(今日の駐仏大使に相当)の鮫島尚信《さめしまなおのぶ》も同様の報告を送っている。なぜそのような大金を野村が持っているのか。山城屋和助こと野村が陸軍省の御用商人であったことから、陸軍少丞《しょうじょう》(今日の課長級に相当)の種田政明が内偵を進め、六五万円に及ぶ陸軍省の公金が無担保で野村に貸し付けられた事実を掴《つか》む。

問題は、野村が元は奇兵隊の隊長を務めた長州藩士であり、山県と旧知の仲であることにあった。

当時の陸軍省の責任者は、卿が不在であったため、陸軍大輔の山県であった。実際に山県と野村の間にどのようなやり取りがあったのかは不明だが、傍から見れば、山県が野村に便宜を図ったとしか見えない。

山県といえば、陸軍に絶大な影響力をもって君臨したように思われているが、晩年はいざ知らず、この当時は、その影響力はまだ微弱であった。例えば、陸軍には桐野利秋《きりのとしあき》（幕末に「人斬り半次郎《はんじろう》」として知られた中村半次郎）などの薩摩《さつま》出身の有力軍人がいて、士族を保護する立場から、徴兵制を進めようとする山県とは対立していた。さらには、山田顕義《あきよし》（日本大学の創始者）や前原一誠《まえはらいっせい》（「萩《はぎ》の乱」の首謀者として刑死）など、戊辰戦争頃までは山県と同格か山県よりも格上であり、それゆえに山県に反発している長州出身の有力軍人もおり、陸軍における山県の立場は、かなり不安定なものであった。

さらに野村に関する不正会計を掴んだ種田は薩摩出身で、桐野らに疑惑の存在をあらかじめ伝えていたため、陸軍省内でも山県に対する批判が強まっていった。野村の一件が発覚する直前には、山県が陸軍中将と近衛都督《このえととく》（近衛兵の司令官）にも併せて任ぜられるなど、山県が陸軍における地位を固めようとしていたこともあって、反山県派にとっては、「山城屋和助事件」は山県を追い落とす千《せん》載一遇《ざいいちぐう》の機会であった。

窮地に立たされた山県は野村に帰国を命ずるとともに、貸し付けた公金の即時返済を求めた。陸軍省内の騒動を察知した司法卿の江藤新平《えとうしんぺい》は、陸軍省に対して捜査を開始する。野村に六五万円返済を約束する手形を発行させ、公金の返済に問題なしとして事件を糊塗《こと》しようとした山県であったが、野村の経済状況からこれが空手形による方便と見抜いた司法省は、本格的な捜査に踏み切った。事ここに至って万策尽きた野村は、関係書類の一切を焼却して陸軍省に出頭し、省内の一室で割腹自殺を遂げた。一八七二(明治五)年十一月二九日のことである。

野村の自殺によって司法省の追及は山県に及ぶことなくその幕を閉じた。陸軍省では会計の担当者であった陸軍大丞(今日の局長級に相当)の船越衛《ふなこしまもる》とその補佐役である木梨精一郎《きなしせいいちろう》・種田が責任を問われることになった。野村が陸軍省との契約の物品を納入する前に金銭を渡し、「莫大《ばくだい》ノ御損毛《ごそんもう》」となってしまったのは、「全ク私儀疎漏不明《そろうふめい》ノ処置《しょち》」が原因であるとして、船越ら三名は進退伺《しんたいうかがい》を提出した。つまり、全責任を船越らが負うというのである。結局、一八七六(明治九)年九月に、船越を謹《きん》慎《しん》九八日、木梨と種田を謹慎四九日とする処分が下されることになる。

なお、「山城屋和助事件」の発覚後にも、ほぼ同様の陸軍省の公金不正貸付事件である「三谷三九《みたにさんく》郎《ろう》事件」が相次いで起こるなど、山県が直接に関与したかどうかはさておき、陸軍省の責任者として公金の管理が杜撰《ずさん》であり、莫大な損失を国庫に対して与えている点などを考えれば、山県自身も処罰されるべきであったといえよう。

もっとも、山県に対する陸軍省内の批判は止まず、一八七二(明治五)年七月に山県は近衛都督を辞職し、さらに翌年四月には陸軍大輔の辞職に追い込まれる。

窮地にあった山県に救いの手を差し伸べたのは西郷隆盛《さいごうたかもり》であった。西郷は山県の軍政家としての能力を評価し、近代陸軍建設に山県はなくてはならないと考えていた。このため、西郷は自ら陸軍元帥に就任した上で近衛都督を引き受け、陸軍内部の批判を抑えようとしたのである。西郷が山県を擁護したことで山県は何とか政治的生命をつなぎ止め、一八七三(明治六)年六月、陸軍卿に返り咲いた。

「征韓論政変」の「失敗」

一八七三(明治六)年、明治政府を激震が襲う。李朝朝鮮との交渉をめぐって、政府首脳の対立が激化し、西郷をはじめとする五人の参議《さんぎ》が政府を去った。いざとなれば軍事力に訴えてでも交渉を行うべきとしたいわゆる「征韓派《せいかんは》」と、国内の基盤整備を優先すべきとした「内治派」が対立した「征韓論政変」である。「明治六年の政変」とも呼ばれる。大久保利通《おおくぼとしみち》や岩倉具視《いわくらともみ》、木戸孝允《きどたかよし》らの「内治派」が勝利を収めたが、薩摩閥の領袖《りょうしゅう》で士族に大きな影響力を持つ西郷が政府を去ったのは、政府にとって大きな痛手であった。

山県は、「征韓論」をめぐる論争から逃げた。一八七三(明治六)年八月二一日、対立が深まっていくなか、山県は大阪・熊本・名古屋・広島の鎮台《ちんだい》(各地を防衛する陸軍部隊)視察のために東京を離れた。東京への帰途で病に倒れるなどしたため、山県が東京に戻ってきたのは十月二六日のことである。山県の失敗は、帰京と同時に木戸の許に馳せ参じ、木戸ら「内治派」支持の姿勢を明確に示さなかったことにある。すでに二四日に西郷が、二五日には板垣退助《いたがきたいすけ》や江藤、副島、後藤象二郎《ごとうしょうじろう》らが参議の辞職を認められており、政変の決着はほぼついていた。とはいえ、二八日まで姿を見せなかった山県に対する木戸の失望と不満は募っていたようだ。伊藤博文《いとうひろぶみ》や井上馨《いのうえかおる》、三浦梧楼《みうらごろう》や鳥尾小弥太《とりおこやた》、山田など文武官を問わず長州閥の関係者が、「征韓論」をめぐる対立が深まった十月半ば以降、連日木戸の許に詰めて情報収集や対応に当たっていたのとは対照的である。

同郷の先輩で長州閥の領袖でもあり陸軍省を任せてくれた木戸と、「山城屋和助事件」で窮地に陥った際に救いの手を差し伸べてくれた西郷という二人の大恩人に挟まれた山県は、「内治派」、すなわち木戸支持の立場を鮮明にすることができなかった。

木戸孝允の怒りを買った山県

そもそも、木戸の山県に対する不満は、陸軍における人事の在り方に関する意見の相違も関係している。山県は、軍部は政治的影響力を排除して独立すべきだという考えがあった。このため、陸軍省における卿以下の役人も軍人を中心に配置したいと考えていた。一方、木戸は、軍部といえども、陸軍省・海軍省における役人は文官であるという考えから、文武官の分担を明確にし、軍人の兼任はすべきではないと考えていた。木戸が岩倉使節団の副使として日本を留守にしている間に、山県は軍制改革を進め、その一環として自ら陸軍大輔と近衛都督、そして陸軍中将を兼任した。文官である大輔と武官である陸軍中将・近衛都督の兼任である。

その後、「山城屋和助事件」に際して山県は近衛都督を辞職するが、山県を救うために西郷が陸軍元帥と近衛都督に就いたことはすでに述べた。ところが、木戸は、元帥とは最高位の軍人であるため、天皇自身か親王などの有力皇族が就くべきであると考えていた。長州閥で陸軍少将であった三浦は、外遊中の木戸に西郷の元帥就任を伝え、「山県等も大迷惑」と、皆で薩摩閥の影響力拡大を懸念していると述べた。軍部における文官職を武官の兼任としたことに対する山県への木戸の不満は、幕末から木戸が抱いていた西郷への、あるいは薩摩閥への不信によって一時的には抑え込まれた。

しかし、「征韓論政変」への対応をめぐって木戸の山県に対する怒りが再燃した。政変の結果、西郷ら五名の参議が辞職したことで、政府は参議の半数を失った。このため、参議を補充し、政府を強化することは急務であった。一八七三(明治六)年十月二五日、海軍大輔の勝海舟《かつかいしゅう》、外務大輔の寺島、工部大輔の伊藤がそれぞれ参議兼海軍卿、参議兼外務卿、参議兼工部卿に任ぜられた。

便宜上、卿を今日の大臣相当と説明してきたが、厳密には、国政を担当する大臣に相当するのは参議・右大臣・左大臣・太政大臣であり、卿とは官僚としてのトップに当たり、国政を議する閣議には出席できない。ただし、行政の実務に当たる官僚が政治家である大臣たちのコントロールを離れて独断専行することを抑えるために、一八七三(明治六)年五月に江藤によって参議が省卿を兼任して直接官僚をコントロールする体制に改革された。後の内閣制度においてもこの考え方は踏襲されているので、現在でも官僚のトップは「次官」であり、「長官」は大臣がその地位を兼ねているのである。

さて、「征韓論政変」後の参議の人事に山県は漏れてしまった。すでに陸軍卿の地位にあり、伊藤や勝、寺島の大輔よりも高い地位にあったにもかかわらず、山県だけが参議と卿の兼任が認められなかったのである。

その理由は、木戸の反対にあった。大久保や岩倉は、当然、山県も参議に昇格させようとした。しかし、木戸は、大久保からの山県昇格の要請に対して、「兵隊内情有之頓《とみ》に被仰付候而ハ不可然」と、陸軍省内の事情を理由に拒絶した。大久保は、「陸軍省中ニ而不折合なとゝ申事決《けっして》而無之」と、木戸のいう「事情」が存在しないことを指摘し、岩倉からも木戸を説得するように依頼している。

木戸の指摘する「兵隊内情」とは、同じ長州閥の山田や三浦と山県の間の対立を指しているが、実は、「征韓論政変」の際の山県の態度に対する木戸の怒りが解けていないことがその要因ではないかと伊藤之雄《ゆきお》氏は指摘する。木戸が頑《かたく》なに山県の参議昇格を拒否したため、一八七四(明治七)年二月八日、遂に山県は陸軍卿を辞任して近衛都督に移った。山県の辞意を耳にしていた木戸は、「山県辞職一條別に愚按無之尤当節柄之事に御座候間後職西郷に而も屹度《きっと》受合候上ならでは又々不都合出来可仕」と伊藤に書き送っている。つまり、山県の後任は西郷従道が受けてくれなければ不都合が生ずるかもしれない、としており、山県を慰留する意思は全く見られない。

その後、山県は二月二二日に新設された参謀局長(後の参謀総長に相当)を兼任して、陸軍内部で一定の地位を保つことはできたが、参議への道はまだ遠かった。六月三〇日に大久保の支持を受けて陸軍卿に復帰し、念願の参議兼陸軍卿となったのは八月二日のことであった。なお、木戸は台湾出兵を強く非難して五月十三日に参議を辞職しており、山県と薩摩閥の黒田清隆《くろだきよたか》が木戸の穴を埋める形で参議に昇格したのである。

「策謀家」山県有朋の誕生

「山城屋和助事件」によって陸軍省内で孤立した山県は西郷の擁護によりその危地を脱したかに見えたが、「征韓論政変」の対応を誤り、木戸の怒りを買って再び政治的生命の危機に見舞われた。山県が参議に昇格できたのは、大久保や岩倉、伊藤などが山県を支援して木戸の説得を続けた結果、木戸の怒りが解けたことと、木戸自身が台湾出兵に抗議して参議を辞職し山口に引きこもるなど、木戸自身の政府における影響力が減じたことによる。

一八七二(明治五)年以降、約二年間にわたって続いた災厄《さいやく》を切り抜けた山県は、自らが政治力を持つことの必要性を痛感したといえよう。こうして、慎重に周囲の動向を判断しつつも、自らに同意する人々を増やしていき、万全の体制で政治的決断を行うという、慎重で重厚な政治家としての山県が育まれていった。ただし、これは派閥を作って多数派工作を行い、目的を果たすためであれば裏工作も厭《いと》わない「策謀家」山県有朋の誕生でもあった。

以後、山県は政治家としての実力と評価を高め、一八八三(明治十六)年に内務卿となったのをはじめ、一八八五(明治十八)年の内閣制度創設以降は、内務大臣や司法大臣のほか二度にわたって首相を、また三度にわたって枢密院議長を務めるなど、政界においても伊藤と並ぶ重鎮《じゅうちん》として重きを為していく。山県は内務省や宮内省・枢密院・貴族院・陸軍にわたって「山県閥」と呼ばれる巨大な派閥を形成し、特に藩閥勢力の代表者として政党と対峙することになる。「山県閥」からは、桂太《かつらた》郎《ろう》や清浦奎吾《きょうらけいご》、寺内正毅《てらうちまさたけ》などの首相を輩出したほか、軍人としては児玉源太郎《こだまげんたろう》、官僚としては大浦《おおうら》兼武《かねたけ》・田健治郎《でんけんじろう》・平田東助《ひらたとうすけ》など、大臣級の有力者も多い。

山県が嫌われるのは、伊藤が政党に対する理解を示すようになり、一九〇〇(明治三三)年には自ら自由党系を中心とする立憲政友会の総裁まで務めたのに対し、選挙で選出された国民の代表である衆議院の議決を、自らの影響力と派閥により貴族院や枢密院を駆使してしばしば無効化するなど、最晩年に至るまで政党に対して敵対的であったことに起因すると考えられる。いわば、「国民の敵」というイメージであったのであろう。事実、一九二二(大正十一)年に山県が没した際、山県の国葬に対する二人の衆議院議員の反対演説にそれは表れている。その一人、南鼎三《みなみていぞう》は、「山県公は、この民衆政治・政党の発達を阻害したることで世すでに定評がある。…(中略)…山県公をして国葬の礼儀をもって最後を飾らしめるということは、政府を中心とした官僚・軍閥のこれを行うべきことで、国民全体とはほとんど没交渉である」と論じ、もう一人の森下亀太郎《もりしたかめたろう》は、「七千万の国民中には公《こう》をもって憲法政治の破壊者であるとまでの極論をしないにしても、憲法政治の進歩発達を阻害したる政治的罪悪の中枢《ちゅうすう》、憲法の賊《ぞく》だと考える国民もない訳ではない…」と論ずるなど、厳しく山県を批判している。山県は、存命中から「憲法の賊」と見なされる「悪」であった。

政党は「善」か?

山県が政治家としてのほぼ全生涯にわたって敵対した政党は、「憲法の賊」という「悪」と闘った相手であるから「善」なる存在であったのだろうか。

山県の後半生における「好敵手」ともいうべき存在は、政友会《せいゆうかい》を代表する政党政治家であり、本格的政党内閣を率いた原敬《はらたかし》であろう。原は、爵位《しゃくい》を持たない初の首相であり、「平民宰相《へいみんさいしょう》」として親しまれ、現在でも人気のある人物の一人である。確かに、原は首相在任中に選挙権の要件を直接国税十円以上の納税者から三円以上の納税者に引き下げるなど、参政権を拡大し、国民の味方であるように見える。

これに対して山県は、大隈重信《おおくましげのぶ》が首相を板垣が内相を務めた初の政党内閣である第一次大隈内閣、通称「隈板《わいはん》内閣」が倒れた後に二度目の首相を務め、政府の官僚組織から政党の影響力を排除するために、文官任用令の改正や文官分限令《ぶんげんれい》・軍部大臣現役武官制の制定を進めるなど、正に「政党の敵」ともいうべき決断を下している。

ただし、「隈板内閣」においては、次官・局長級であるところの勅任官《ちょくにんかん》ポストに対する大隈・板垣の率いる憲政党員《けんせいとういん》の猟官《りょうかん》運動が激しく、政府の行政活動が停滞し、危機に瀕したということも考慮すべきであろう。また、原が行った衆議院議員選挙法の改正は、参政権に関する納税要件の引き下げとともに、大選挙区制から小選挙区制への選挙制度の変更も行った。これは、政友会支持層である自作農への選挙権の拡大と、政友会に有利な選挙区割りを進めるなど、実は政友会の党勢拡大を第一に考えた制度改正であったことも見逃してはならない。そして、原は、鉄道を用いた政友会代議士の地元への利益誘導を盛んに行ったため、しばしば「我田引鉄《がでんいんてつ》」と批判されていた。「平民宰相」の別の顔は、「党利党略」に走る「利権政治家」でもあった。

政党や政治家は選挙で当選しなければすべてを失う。このため、当選するためなら国家や国民よりも自らの利益を優先する者が増えていく。山県は、こうした政党政治の持つ側面を極度に警戒したため、八〇歳を超える最晩年まで政党に日本の舵取《かじと》りを委ねることはできないと考えていたのである。無論、山県もいずれは国民の選挙によって選ばれた議会が中心となって国政を運営することを理想としていたが、山県から見れば、明治・大正期の政党政治は日本を担っていくには時期尚早であった。政治的中立性と高度な専門性の下で行政を中心に粛々《しゅくしゅく》と国家の運営を行う、いわば「超然主義」が山県にとって理想的な議会政治に次ぐ次善の策であったといえよう。

勿論、山県には山県なりの責任感と正義感があって「超然主義」を選択したのだとしても、派閥の影響力を用いた圧力など、いわば裏工作が目立つ政党への対応は、決して褒《ほ》められたことではない。最晩年の「宮中某重大事件」に際して、腹心中の腹心であったはずの清浦が山県から離反して枢密院での裏工作をサボタージュしたために山県が敗れてその影響力が失われたことや、前述の山県の国葬をめぐる南と森下の反対演説が、山県流の正義の理解者は山県を除いて他にはおらず、いわば独善であり、国民の多数にとっては「悪」であったことを象徴していたのかもしれない。

⊙参考文献・史料一覧
国立公文書館所蔵『太政類典』
大山梓編『山県有朋意見書』(原書房、一九六六年)

木戸公伝記編纂所編『木戸孝允文書』（日本史籍協会、一九二九―三一年。東京大学出版会より一九八五―八六年に復刊）
妻木忠太編『木戸孝允日記』（日本史籍協会、一九三二―三三年。東京大学出版会より一九六七年・二〇一四年に、マツノ書店より一九九六年にそれぞれ復刊）
日本史籍協会編『大久保利通文書』（日本史籍協会、一九二七―二九年。東京大学出版会より一九六七―六八年、マツノ書店より二〇〇五年にそれぞれ復刊）
山県有朋『山県公遺稿・こしのやまかぜ』（「続日本史籍協会叢書」、東京大学出版会、一九七九年。マツノ書店より二〇一二年、東京大学出版会より二〇一六年にそれぞれ復刊）
伊藤之雄『山県有朋』（「文春新書」、文藝春秋社、二〇〇九年）
入江貫一『山県公のおもかげ』（博文館、一九二三年・マツノ書店より二〇〇九年に復刊）
岡義武『山県有朋』（「岩波新書」岩波書店、一九五八年）
鈴木鶴子『江藤新平と明治維新』（朝日新聞社、一九八九年）
徳富蘇峰編述『侯爵山県有朋伝』（山県有朋公記念事業会、一九三三年。原書房より一九六九年、マツノ書店より二〇一六年にそれぞれ復刊）
藤村道生『山県有朋』（「人物叢書」、吉川弘文館、一九六一年）

1852−1906
維新後、陸軍の近代化を進め、台湾総督、陸軍大臣を経て、日露戦争では満州軍総参謀長として作戦を指導。

果断すぎた明治の勇将

児玉源太郎

…こだまげんたろう…

花岡敬太郎

児玉源太郎は一八五二年(嘉永《かえい》五)年に長州《ちょうしゅう》支藩徳山《とくやま》藩の中級武士の長男として生まれる。六八(明治元)年初陣。下士官として箱館《はこだて》戦争に参加後、陸軍入隊。以降、佐賀の乱、神風連《じんぷうれん》の乱、西南戦争にも従軍している。

一八九八(明治三一)年から台湾《タイワン》総督《そうとく》となり、総督府民生局長の後藤新平《ごとうしんぺい》と連携して統治政策を進めた。一九〇〇(明治三三)年、台湾総督在任中のまま第四次伊藤博文《いとうひろぶみ》内閣で陸軍大臣に就任。続く第一次桂太郎《かつらたろう》内閣にも台湾総督との兼務で内務大臣として入閣した。日露戦争開戦に向けた一九〇三(明治三六)年、内務大臣を辞職。参謀総長《さんぼうそうちょう》・大山巌《おおやまいわお》の要請で台湾総督兼任のまま参謀本部次長に就任。翌年には、新設された満州軍《まんしゅうぐん》総参謀長を兼任、渡満する。以降、遼《りょう》陽《よう》、沙河《しゃが》、黒溝台《こっこうだい》、奉天《ほうてん》などで総司令の大山巌元帥を補佐。旅順要塞《りょじゅんようさい》陥落の直前には要塞を攻める第三軍を訪れている。日露戦後、陸軍参謀総長に就任。南満州鉄道創立委員長も兼務する。委員長就任からわずか十日後に脳溢血《のういっけつ》で急逝《きゅうせい》。享年五五。神奈川県藤沢市江ノ島および山口県周南《しゅうなん》市にある児玉神社に祭神として祀られている。

名将・児玉源太郎像の形成

一八七六(明治九)年、秩禄《ちつろく》処分や廃刀令に反発する旧肥後《ひご》藩士らによって結成された敬神党《けいしんとう》が熊本鎮台指令《ちんだいしれい》宅や熊本県令宅を急襲、鎮台司令官・種田政明《たねだまさあき》や県令・安岡良亮《やすおかりょうすけ》らが殺害される神風連の乱が起こった。電信が遮断《しゃだん》され、情報が錯綜《さくそう》したことを重く受け止めた中央政府は事態収拾のため、陸軍少将・三浦吾楼《みうらごろう》の派遣を決定する。

この騒動をわずか数日(実質一日)で鎮めたのが児玉源太郎であった。児玉は、鎮台の指揮系統を即日敬神党から奪い返し乱を鎮圧する。鎮台司令官が殺害されるという緊急事態が、九州全体の半政府不穏分子に飛び火し連携しあう危険性を十分に認識していた児玉は、神風連の騒動を即日鎮圧した後、鎮台の兵力を割き久留米に派遣。当地の動揺を鎮静化した。神風連の乱に呼応して、秋月《あきづき》の乱、萩《はぎ》での前原一誠《まえばらいっせい》の蜂起など騒動は連鎖したにもかかわらず、それぞれが緊密な連携を取れず個別に鎮圧されたのは、児玉の果断《かだん》な差配《さはい》によるところが大きい。事態鎮静化の後、児玉の行動は巷間高く評価され、一躍、一気果断な勇将として認知されるようになる。

一方、この時、小倉《こくら》の歩兵第十四連隊隊長として一連の騒動に関わっていたのが、乃木希典《のぎまれすけ》である。小倉は萩・秋月・熊本の中間地点にあり、非常に緊迫した状況下にあった。そのため、乃木は迂《う》闊《かつ》に特定の地域に兵を動かせず、静観を保たざるを得なかったのだが、この態度が市井《しせい》の人々には児玉の采配とコントラストに映ってしまった。のちの日露戦争で鮮明になる「果断な勇将・児玉源太郎」と「愚直《ぐちょく》な凡将《ぼんしょう》・乃木希典」という対照図はこのころすでにつくられ始めていたのである。

児玉賛美・乃木非難の構図は、何も市井の評価だけによるものではなかった。

> 最も依頼する所の将校許《ばかり》多亡失すと雖《いえど》も、更らに屈撓《くっとう》せず、少佐が残兵を集合し、直ちに筑後等の処へ賊徒追討の為め援兵を乞《こ》はず、少兵を顧みず、之れを分遣し、速かに追討の功を奏し、実に其職掌を尽せしは、論を俟《ま》たざる而已《のみ》ならず、兵備、駈引《かけひき》等の宜《よろしき》を得たるは、古へ名将にも恥ざる可しと謂《いう》も過誉に非るなり。

この一節は当時の陸軍大佐・福原和勝《ふくはらかずかつ》が一連の騒動で対処に手間取る乃木希典に送り付けたもので、児玉の果断さを引き合いに出すことで乃木の行動の遅さを糾弾した。乃木に対する非難が陸軍内には一定数あり、彼を糾弾するために児玉の即断がいっそう強調されてしまったとも言える。

果断な勇将としての名声を得た児玉は、その後、参謀本部第一局長、陸軍大学校幹事(後に校長)、陸軍次官(軍務局長兼任)などを務め、順調にキャリアを重ねていく。また、陸軍大学校時代にはメッケルを招聘《しょうへい》し、従来までのフランス型兵制からドイツ型兵制の導入に関わるなど、陸軍内で重要な地位を占めていくようになった。そして一八九八(明治三一)年、台湾総督に就任。一九〇〇(明治三三)年には台湾総督兼務のまま第四次伊藤博文内閣で陸軍大臣に就任する。台湾総督としては、総督府民政局長・後藤新平との連携で抵抗者への徹底した弾圧と恭順した者への穏健な対応という両面からの統治が奏功し、それまで難航していた台湾統治をほぼ軌道に乗せたと言える。この台湾統治の成功は、「果断な勇将」児玉源太郎に「良識的（開明的）な政治家」としての評価を新たにもたらした。続く、第一次桂太郎内閣でも、児玉は台湾総督を兼任したまま内務大臣として入閣する。が、日露戦争の足音が近づいてくるなか、児玉は参謀総長・大山巌の要請をうけ参謀本部次長として日露開戦に備えることとなった。内務大臣から参謀本部次長への転身は実質的に降格人事であり、陸軍の歴史のなかで降格人事はこの児玉の一例のみである。降格人事を圧してまで児玉を参謀本部に入れたことからも、軍略家・児玉源太郎への周囲の期待の高さがうかがい知れる。

日露開戦後の児玉は、遼陽、沙河、黒溝台、奉天などを転戦し大山巌を補佐するが、日露戦争下での彼の活躍のなかで最も有名なものはやはり旅順攻略戦だろう。早期陥落を焦り、正面突破を繰り返して苦戦続きだった第三軍に対し、児玉は要塞後方の二〇三高地の奪取を目指し、そのために重砲部隊を再編制することを提言した。結果としてこの方針転換が鍵となり旅順要塞は陥落した。児玉が旅順戦線に合流し基本方針の変更を提言してからわずか数日で陥落したため、「果断な勇将・児玉源太郎」のイメージはさらに膨らむこととなった。この時、第三軍を率い苦戦に苦戦を重ねていたのが「愚直な凡将・乃木希典」であったため、児玉と乃木のコントラストは一層鮮明になってしまったと言えるだろう。ただし、旅順要塞の早期陥落を焦るあまり、十分な戦闘準備期間を与えぬまま攻略戦を急がせたのは大本営であり、正面突破による正攻法の作戦を児玉も当初は指示していた。乃木は準備不足のまま作戦遂行を余儀なくされ、大本営の指針に従って作戦展開をしていたことも考慮に入れておく必要がある。極論を言えば、乃木以外の指揮官が第三軍を指揮していたとしても状況が大きく変わっていたとは考えにくい。無論、二〇三高地奪取の重要性を即座に見抜き、若干の時間を浪費しても重砲部隊を再編制し二〇三高地奪取に全力を傾けるよう方針転換ができたのは、児玉が乃木や他の陸軍の将校よりも果断で優れていた点であることもまた事実である。

果断すぎた勇将——厦門事件——

前述のように、誇張されすぎたきらいはあるが、児玉が様々な状況に柔軟に対応する思考力と、必要と判断した事柄を即座に実行に移せる行動力とを備えた優秀な軍人であったことは間違いない。しかし、この児玉の柔軟性と決断力がアダとなってしまった一件がある。それが厦門《アモイ》事件である。

厦門事件とは、児玉が台湾総督だった一九〇〇(明治三三)年に中国本土で起こった北清事変《ほくしんじへん》(義和《ぎわ》団《だん》戦争)に連なる列国と中国の間の緊張に端を発する。度重なる列強の中国介入への反発から、山東半島において義和団が外国人排斥運動を展開。運動は徐々に華北全体に広がり、時の清国の実権者・西太后《せいたいごう》は日本を含む列強八か国に宣戦布告して、北京の列強公使館を包囲した。だが、日本、ロシアなどを中心とした列強連合軍に敗れ、列強の介入を一層強めることとなってしまう。

ロシアの中国(とくに満州地方)への影響力の増大は、日本の朝鮮半島進出への脅威の増大につながるという判断が日本国内にはあり、朝鮮半島全土の支配を急ぐべきであるという強硬論(満韓不可分論)も出てきた。だが、陸海軍・政党・外務省などの幅広い勢力は、朝鮮半島への対応は他日に期し、植民地・台湾の対岸である福建《ふっけん》・浙江《せっこう》への進出を期待するようになる(北守南進論)。

児玉も北守南進論者であり、台湾と福建の双方を日本の影響下におくことができれば「我が帝国は、恰《あたか》も彼の英国が『スウェス』地峡に於けるのと同様の勢力を、東洋に占有するを得る」(児玉源太郎「台湾統治の既住及び将来に関する覚書」一九〇〇年)と指摘している。厦門は福建でも随一の良港を抱え、中国での利権確保のためにもぜひとも抑えたい場所であった。児玉と台湾総督民政局長の後藤新平は、台湾銀行厦門支店の保護を名目に福建・浙江への出兵を計画しており、寺内正毅《てらうちまさたけ》参謀次長らと密接に連携し南清進出計画を進めた。

当時の第二次山県有朋内閣は一九〇〇年八月十日、「居留民保護《きょりゅうみんほご》」を名目に必要とあれば出兵することを決定。外相・青木周蔵《あおきしゅうぞう》は児玉に「厦門又は福州に於いて都合能く排外運動を起《おこ》さしむる工夫ありや」と電文した。つまり、台湾の対岸に軍事的に進出する機会の創出を児玉に考えさせていたのである。続く十四日には海相・山本権兵衛《やまもとごんべえ》が厦門停泊中の軍艦「和泉《いずみ》」に「他に乗ずべき機会があれば陸戦隊を上陸させ「躊躇《ちゅうちょ》機会を逸せざることに注意すべし」と内訓《ないくん》を発令している。これらの外相や海相からの指示は、否《いや》が応《おう》でも児玉の出兵への意識を加速させることとなった。

だが、政府中央の台湾対岸への軍事進出意識は、児玉が考えているほど強硬なものではなかった。山県内閣は、福建・浙江を戦略的要地であると認識してはいたが、軍事力を以て制圧するというところまで具体的なことは考えておらず、「様子により台湾より一大隊の兵を出す」ことについて事前に天皇の承認を得ることを閣議決定したのみであった。この閣議決定にもとづき、陸相・桂太郎は児玉に対し「適宜厦門に派遣し、海軍と協力して其の目的を達せしむる様、予め準備し置くべし」(『大山巌日記』)と伝えている。この一連の動きは、政府や軍が列強の動向との整合性に対し慎重な姿勢であったことを意味しているが、台湾対岸確保を焦る児玉は、これらの指示を台湾対岸での武力行使に関する「ゴーサイン」であると受け取ってしまった。福建・浙江に対し色気を見せつつ、列強の顔色を窺うという曖昧な態度を中央政府がとってしまったがゆえの玉虫色の指示に対し、児玉が「果断な勇将」であったがゆえの大きな誤解が生じてしまったのである。

八月二四日未明、厦門東本願寺布教所と物置小屋から不審火が起こる。厦門総領事はこれを排外的暴徒の仕業と断定し、厦門港に停泊する「和泉」「高千穂」両艦に陸戦隊の上陸を要請した。不審火は即座に中国側によって鎮火され、厦門総領事・上野専一は市街地への陸戦隊の派遣を差し控えた。この不審火は児玉源太郎や後藤新平と通じていた厦門東本願寺布教所の高松誓という人物による自作自演であり、中央の曖昧な態度に対して焦慮した出先の勇み足による結果といえるだろう。騒ぎは速やかに収まったかに見えたが、児玉や後藤ら出先は厦門確保に対し執念を見せた。翌二五日、「和泉」「高千穂」の陸戦隊は厦門市街地派遣を強行したのだ。すでに騒ぎが収まった後であるため、当然、清国側当局は対抗措置をとり現地の緊張はにわかに高まった。上野総領事らは児玉に陸兵の派遣を要請、児玉も即座に対応し二八日午前、陸兵隊第一陣が台湾・基隆《キールン》港から出航した。児玉の悲願である台湾対岸確保に向けて、大きく事態が動き始めたのである。

しかし、台湾から厦門にむけて陸兵隊が出航したその日の夕方、政府は出先の急展開に対して出兵差し止めを訓令した。政府中央は南進論自体には理解を示す者が多かったが、元老・伊藤博文は積極策には断固反対の立場であり、「他に乗ずべき」機会があれば「躊躇」せざるべし、と指示を出した山県内閣も即時武力行使などとは考えていなかった。この政府中央の曖昧かつ消極的な態度に児玉は憤慨し落胆をした。かれは出兵差し止めの訓示が出された後の八月三〇日に台湾総督辞職(もしくは転地)の願いを中央に打電した。加えて、後藤新平を上京させ出先の状況についての説明と、中央の方針に関する一部始終について調査・糾明させた。首相・山県有朋は思いもかけぬ児玉の強硬な態度に対し、今回の勇み足について児玉には何の責任もないこと、引き続き台湾総督の任にあたることと返答し、明治天皇自らも上京中の後藤新平を呼び出し、本件について不問に付すことを直々に沙汰するにいたった。また台湾に勅使を派遣し「其職に留まり朕が意を安んぜよ」という意向を児玉に伝え、児玉も地位にとどまることを了承した。

名将から政治家へ——厦門事件の教訓を経て——

厦門事件の顚末を経て、児玉の台湾両岸の確保の道は実質的に閉ざされてしまった。この一件から、児玉は出先と中央の意識の乖離《かいり》が溝となり中央が曖昧な態度をとることで出先の差配の足かせになることを痛感した。事件以降、児玉はこの乖離と溝を埋めることを企図するようになる。児玉は、出先機関としての台湾総督府の権限拡充を図り様々な構想を練る。児玉は、台湾総督(出先)在任のまま第四次伊藤博文内閣の陸軍大臣(中央)として入閣することでこの乖離を埋めようとした。児玉は山県に対し不信感を抱いてはいたが、伊藤博文や前任の陸相・桂太郎とは比較的良好な関係を築いており、かれらとの良好な関係を利用して自身の政治課題(出先機関と軍中央の意識乖離)に対処しようとした。しかし、この第四次伊藤内閣はわずか五カ月で解体してしまう。予算編成に関わる閣内不一致が解体の主要因ではあるが、このあまりにも早い伊藤の政権放棄に児玉は落胆する。さらに児玉を失望させたのは、後継首班をめぐる元老層の迷走である。伊藤の後任は二週間以上決まらず、元老の政治的調整力の劣化が露呈したのである。難産の末、組閣の大命は井上馨《かおる》に下されたが、元老層の迷走を目の当たりにした各勢力から適当な大臣を得ることが出来ず、組閣工作は座礁する。この混迷を横目に、児玉は独自に桂太郎首班を画策する。当時対立していた山県閥(官僚層中心)と伊藤博文を中心とする立憲政友会勢力との板挟みになることを嫌い、当初の桂は出馬にはかなり慎重な姿勢であった。しかし、井上が組閣を断念するのを見て態度を改め、桂太郎に組閣の大命が下されるに至った。児玉は桂太郎内閣に陸相として入閣するのだが、桂太郎内閣はまさに「果断な勇将・児玉源太郎」がリードしたことによって誕生した内閣だったのである。

児玉は桂内閣で陸相、次いで内相(一時期は文部大臣も兼務)として桂太郎を支えた。そして桂内閣内相として在任中の一九〇三(明治三六)年に日露開戦に備えて参謀本部次長に就任、翌〇四(明治三七)年からは日露戦争に従軍し、満州地方を中心に転戦を重ねた。日露終戦の翌年の一九〇六(明治三九)年には南満州鉄道創立委員長として満鉄経営に関わるはずであったが、就任の直後の一九〇六年七月二三日自宅で急死した。

厦門事件での児玉の勇み足は、その構図だけを見れば満州事変における関東軍(石原莞爾)の暴挙に似ているとも見える。だが、中央政府が明確に「不拡大方針」を掲げていたにも関わらず中央の制止を無視して暴発・戦線拡大をした満州事変と、中央の曖昧で玉虫色の態度のために誤解が生じ、結果として出先の独断と行き過ぎを招いた厦門事件を同列に語るのはいささか乱暴だろう。だが、この厦門事件を教訓に児玉が出先の権限を拡充する意図をもって中央の政治に参画したことは大きな意味を持つ。中央政界に参入して比較的すぐに亡くなってしまったため、「職業軍人出身の政治家」としての児玉源太郎の資質を判断する材料はあまりない。だが、この児玉以降、児玉と同じやり方で寺内正毅や田中義一などが職業軍人から陸相を経由して政治家になり、陸軍の政治的主張を代弁・達成していった。いわゆる政治勢力としての「軍部」の登場である。昭和期以降、「軍部」が統帥権などを巧みに扱い、徐々に政党勢力などを圧迫しその後の軍国主義台頭の一翼を担っていったことについては説明不要だろう。児玉自身に昭和期の「軍部」のような浅薄な考えはなかったであろうが、児玉のやり方が結果として後々にまずい先例を残してしまったと言えるかもしれない。「果断な勇将・児玉源太郎」の「果断」であればこその落とし穴がそこにはあったのだ。

⦿参考文献
小林道彦『児玉源太郎』（ミネルヴァ書房、二〇一二年）
山田朗『世界史の中の日露戦争』（吉川弘文館、二〇〇九年）

1849−1912
戊辰戦争、西南戦争、日清戦争などに出陣した軍人。日露戦争では旅順攻略に手間取り批難をうける。明治天皇に殉死。

乃木希典《のぎまれすけ》

高潔な「軍神」が過ごした放蕩の日々

花岡敬太郎

乃木希典は、一八四九(嘉永《かえい》二)年に長州《ちょうしゅう》支藩長府《ちょうふ》藩士・乃木希次《まれつぐ》の三男として江戸藩邸で生まれる。当初は学者を志し藩校・明倫館《めいりんかん》の門をたたくが、藩命による御親兵入営を経て、明治維新後、新政府の陸軍に入る。秋月《あきづき》の乱、萩《はぎ》の乱などの不平士族の反乱に熊本鎮台《くまもとちんだい》歩兵第十四連隊隊長(在小倉《こくら》)として対応に苦慮し、西南戦争に従軍した際は連隊旗を西郷軍に奪われるなど苦戦する。日清戦争への従軍の後、台湾総督に就任するが日露戦争を前にした一九〇四(明治三七)年に陸軍に復帰、第三軍を指揮する。しかし、旅順要塞《りょじゅんようさい》早期攻略を焦りすぎるなどはかばかしい戦果を挙げることはできなかった。一九〇七(明治四〇)年、明治天皇の強い意向で学習院院長に就任。乃木式と呼ばれる教育方針を取り、学習院の教育を刷新。とくに皇孫・裕仁《ひろひと》(後の昭和天皇)の人格形成に大きな影響を及ぼしたと言われる。一九一二(明治四五)年七月に明治天皇が亡くなり、九月十三日に大葬が終わると妻とともに自宅にて自刃。彼の自殺は国内外に大きな衝撃をもって受け止められた。自宅があった界隈《かいわい》が「乃木坂」と改称され、乃木邸隣地をはじめ日本各地のゆかりの地に「乃木神社」が建立されるなど、死後も大きな存在感を残した。

「軍神」乃木希典が生まれるまで

乃木希典は幼名を無人(なきと)といい「泣人(なきと)」と揶揄《やゆ》されるなど泣き虫・卑怯者《ひきょうもの》とからかわれ、いささか脆弱《ぜいじゃく》な少年と周囲には見られていたようだ。それでも、帰る家が逃げ場になっていれば良かったのだろうが、父・希次、母・壽《とし》ともに厳格な性格であった。無人は徐々に家庭からの出奔《しゅっぽん》を企図するようになり、一八六四(元治元)年、萩に住む遠縁の玉木文之進《たまきぶんのしん》を頼って家を出る。「泣人」のあだ名からも想像できるように、武術の鍛錬などよりも礼儀作法や文筆を好み、両親に厳しく当たられたのもこの軟弱な性質への危惧の側面が大きい。出奔を受け入れた玉木文之進にしてからも、彼の武の道から逃避し文へと走ろうとする軟弱な志向を当初は叱責したほどである。だが、玉木家で温かく見守られ成人した無人は、成人後も文筆への志向を捨てることはなかった。

ことここに至り、無人の文人への真摯な憧れを見た文之進は長州藩藩校・明倫館へ彼を送り出す。明倫館進学後の無人は文人の道に精進する傍ら、一刀流道場にも入門。往年の泣き虫・泣人から文武ともに急成長を遂げて、乃木希典へと成長していくこととなったのである。

幕府の第二次長州征討に際して報国隊の一員として応戦に加わった乃木は、一八六八(慶応《けいおう》四)年に藩命により伏見《ふしみ》御親兵に入営、次いで一八七二年、陸軍少佐に任官する。当時、乃木はまだ二二歳、大抜擢であった。七五(明治八)年、乃木は熊本鎮台歩兵第十四連隊隊長心得《こころえ》として小倉に赴任した。乃木が赴任する前の七四(明治七)年には、江藤新平《えとうしんぺい》が佐賀で反乱を起こしているなど、新政府に対する旧武士階級の不満は高まる一方で、この時期、乃木は西日本を中心に燻《くすぶ》る明治新政府に対する不平士族の反乱に苦慮することになる。

翌七六(明治九)年、九州各地で神風連《じんぷうれん》の乱(熊本)、秋月の乱(福岡・秋月)などが相次いで起こり、これらの蜂起に呼応して萩では旧長州藩士・前原一誠《まえばらいっせい》が兵を挙げた(萩の乱)。乃木は小倉連隊の隊長としてこれらの騒動に対応する必要に迫られるが、小倉はこれら紛争地域のちょうど中心にあり、加えて乃木の前任の連隊長・山田頴太郎《えいたろう》は前原一誠の弟で、兄と気脈を通じていたことが原因で連隊長を罷免《ひめん》されているなど、兵を動かすには地理的にも人間関係的にもあまりに複雑な事情が交錯しすぎていた。乃木が隊を動かすに動かせずジリジリとした時間を過ごすことを余儀なくされるうち、熊本鎮台参謀であった児玉源太郎《こだまげんたろう》を中心にした働きによってこれらの騒動は鎮静化に向かう。

続く西郷隆盛《たかもり》による最後の不平士族反乱・西南戦争にも小倉連隊を率いて従軍した乃木は、戦いの中で連隊旗を西郷軍に奪われる大敗を喫してしまう。強行軍の末、兵も軍備も満足に整えられない状況で西郷方の大軍と鉢合わせてしまうという不運があり、一概に乃木一人の責任に帰せられる敗北ではなかったのだが、この失態の責任を乃木自身は重く受け止め自刃しようとまでしていた。

ここまでの一連の不平士族反乱への対応のなかで、乃木の指揮官としての資質に対する疑問の眼差しは陸軍内にも一定数あった。萩の乱で部隊を動かせなかったのも、西南戦争で連隊旗を奪われたのも、乃木の責任と言い切るにはあまりに酷な状況ではあったが、一方で児玉源太郎のように危機的状況下で大きな戦果を挙げた将校が同世代に(しかも近場に)いたことは、乃木の失態を結果として目立たせてしまったと言えるだろう。

小倉連隊在籍中は今一つ活躍の場に恵まれなかった乃木だが、西南戦争後、熊本鎮台参謀長に、次いで一八八三(明治十六)年に東京鎮台参謀長、八五(明治十八)年には少将に昇進するなどキャリアを重ねていく。さらに八七(明治二〇)年から約一年半の間ドイツに留学、同国陸軍の全貌を目の当たりにする。同時期に軍医としてドイツに留学していた森鷗外《もりおうがい》とも交流を持つようになった。帰国後、陸軍大臣・大山巌《おおやまいわお》に宛て、日本軍の軍紀確保や根本戦術の確定の重要性や理想とするべき将校像などに関する報告書を提出した。やや理想論に過ぎる厳粛《げんしゅく》な軍人としての乃木希典の面影はこの時期から散見されるようになる。

帰国後の乃木は数回の転任を経て、名古屋の歩兵第五旅団長に就く。だが、直属の上司たる第三師団長・桂太郎《かつらたろう》とそりが合わず、乃木は陸軍を休職する。愚直で厳粛な姿勢の乃木希典と、キレ者の評を受けながらも「ニコポン」とあだ名されるほど気さくな桂太郎とでは本質的に馬が合わなかったようである。休職中の乃木は栃木県那須野《なすの》に居を構え晴耕雨読の日々を送る。このころの彼を人々は「農人乃木」などと呼んだ。

一八九二(明治二五)年、乃木は歩兵第一旅団長(東京)として復職。九四(明治二八)年に勃発《ぼっぱつ》した日清戦争に第二軍(司令官・大山巌)として加わった。この時の乃木は旅順要塞をわずか一日で陥落させ、蓋平で清軍に重囲された第三師団を撃破するなど「右に出るものなし」とまで言われるほどの大活躍を見せた。戦争終了後、乃木は中将昇進、第二師団(仙台)師団長に就任した。九五(明治二七)年四月、乃木率いる第二師団は日清戦争の講和条約・下関条約での決定を受け日本への割譲《かつじょう》が決まった台湾を鎮定するため渡台。およそ一年間現地に留まり平定する。一旦は凱旋《がいせん》するが、半年後、台湾総督に任ぜられ現地に再赴任する。総督府の日本人官僚などに対し厳正な態度で職務にあたらせ、教《きょう》育勅語《いくちょくご》の漢語訳を制作し現地教育政策の充実をはかるなど、持ち前の厳粛さを台湾経営にも生かそうと試みるが、本質的に殖産興業に関する具体策の蓄積が彼にあるわけではなく、彼の台湾統治は成功したとはなかなか言い難い面がある。台湾経営の充実に関しては、彼の後任総督の児玉源太郎と児玉の片腕・後藤新平《ごとうしんぺい》の登場を待つこととなった。

台湾総督退任後の乃木は、再び休職と復職を繰り返す生活を送るのだが、日露戦争直前の一九〇四(明治三七)年二月、留守近衛師団長《このえしだんちょう》として復職。次いで五月、第三軍司令官となり前線に復帰した。第三軍は旅順要塞を陥落させるために編成された部隊といってもよく、乃木には頑健《がんけん》な防備を備えるこの難攻不落の要塞を早期に陥落させることが求められていた。旅順要塞は日露戦争期における最も重要な戦略拠点の一つであり、ロシアの主力艦隊・バルチック艦隊が寄港することが予想された軍港でもあった。バルチック艦隊の脅威を抑えたい大本営は旅順港の早期陥落を焦り、その焦りが乃木に十分な準備を整えさせないまま正攻法での正面突破の方針を決めさせた。しかし、重砲と堅牢な防壁に囲まれる旅順要塞を単調な正面突破で攻略するのは実質的に不可能であり旅順包囲戦は難航した。被害ばかりが増える旅順攻略戦の不首尾は世論を乃木非難の方向に傾けさせた。自邸に投石されるなど、戦争熱が高揚するなかで乃木への批判は高まっていく。しかし、旅順への正面攻撃のなかで乃木の次子・保典《やすのり》が戦死すると、乃木への批判は同情へと変わっていく。すでに長男・勝典《かつのり》も乃木が出陣する直前の南山攻防戦で戦死しており、乃木は日露戦争で二人の息子を失ってしまったのだ。

旅順包囲戦は、参謀本部次長・児玉源太郎が第三軍を訪れたあたりから大きく展開を見せる。それまで、正面からの正攻法が大本営の統一指針だったものを児玉は要塞裏手の二〇三高地奪取とそれに向けた部隊の再編制を提言した。結果としてこの提言が奏功し旅順要塞は陥落した。児玉が二〇三高地奪取の必要性を即座に見抜いたのは彼の優れている点ではあるが、参謀本部次長として日露戦争全体を俯瞰《ふかん》できる立場にいた児玉と第三軍司令官として旅順攻略にのみ専念することを求められていた乃木とでは、作戦遂行に際し与えられていた条件があまりにも違いすぎるため、この旅順陥落に手間取ったことをもって乃木を愚将と呼ぶことは到底できない。事実、旅順攻略戦のあとに行われた奉天会戦《ほうてんかいせん》では、乃木はクロポトキン率いるロシア軍に怒濤の進撃を繰り返すことで兵力を誤認させ撤退させることに成功する。野戦指揮官としての乃木の器量が決して悪いものではなかったことも間違いない。息子を失いながらも旅順要塞を攻略したこと、降伏したロシア軍兵士への紳士的な対応、奉天会戦での勝利など様々な活躍が評価され、凱旋後の乃木は一躍英雄として国内外から賞賛された。しかし、乃木自身は

只管忠良なる幾万の将卒を旅順攻囲の犠牲としたることの悲しくも亦愧《は》づかしく、今更何の面目あつて諸君と相逢ふの顔があらん、出来得べくんば蓑笠《みのがさ》に身を窶《やつ》し、裏道より狐鼠々々《こそこそ》と逃げ帰

りたい。

と自身の不甲斐なさを恥じ、歓迎の式典などもすべて辞退した。こういった振る舞いが、一層、乃木の高潔さを鮮明にし、「軍神・乃木希典」のイメージを決定づけていったと言えるだろう。

一九〇七(明治四〇)年一月、乃木は学習院院長に就任する。当初、急逝《きゅうせい》した児玉源太郎の後釜の参謀総長に据えようとの動きもあったのだが、皇孫・裕仁の学習院入学に際し、乃木に裕仁の養育を託したいという明治天皇の意向による人事であった。

乃木は、全寮制を導入、乃木自身も泊まり込むことで院生たちと寝食を共にし、剣道教育に力を入れるなど、学習院の空気を刷新、送迎車を利用して登下校していた裕仁に対しても徒歩での通学を指導する。乃木によるこれらの変化は「乃木式」と呼ばれ、子弟たちからは概《おおむ》ね好評であり、昭和天皇も自身の人格形成について学習院での乃木の指導の影響が大きかったと後に述べている。

一九一二(明治四五)年七月、明治天皇が崩御《ほうぎょ》する。その二か月後の九月十三日、明治天皇の大葬が執り行われた日の夜に乃木希典は妻とともに自刃する。乃木の突然の死は内外に大きな衝撃を与えた。生前の邸宅をはじめ、郷里である山口県の長府、陸軍休職中に過ごした栃木県・那須野など乃木にゆかりのある土地には後に乃木神社が建立され、広く人々の敬愛の対象へとなっていく。明治という時代が終わりをつげ、徐々に幕末維新までの気風から西洋近代を前提とした考え方が台頭していくなかで、「高潔な軍神・乃木希典」という偶像は、西洋化や功利主義的思潮を批判する知識人たちからも珍重されるなど、乃木の存在感は彼の死後も残り続けたのだった。

放蕩の日々―幼少期を支えた人たちの死―

「高潔な軍神」乃木希典も、一時期、酒で身を持ち崩しかけたことがあった。乃木が小倉の連隊長を務めていた時期、頻発する不平士族の反乱への対応に苦慮したことは既に述べた。西南戦争で連隊旗を奪われるなど、軍人として大きな失態があったことも乃木を悩ませたであろうが、もう一つ、乃木を苦しめたのは養父・玉木文之進と実弟・正誼《まさよし》の死である。玉木家の養子に入っていた弟・正誼は前原一誠が起こした萩の乱に前原の参謀として参戦、政府軍との戦いのなかで戦死した。文之進も前原側の人間として乱の後に自刃を遂げた。萩の乱において乃木と弟・正誼、養父・文之進とは敵対関係にあったのだ。当然、近親者が反乱軍の枢要《すうよう》を担っていることになるため、乃木自身にも内通の嫌疑《けんぎ》が寄せられていた。一連の騒動に際し、乃木が柔軟に軍を動かすことができなかったのは、小倉の地理的条件や前任の連隊長・山田頴太郎が反乱軍に通じていたことなどに加え、乃木自身の家族の問題も大きな要因だったと言える。西国で起こった相次ぐ不平士族の反乱は乃木にとって、軍人としての指揮能力を試されただけでなく、幼少期を支えてくれた恩人を敵に回す大変に厳しい戦いだった。加えて、実父・希次もこの時期に病没している。

身に降りかかる悲劇から、乃木は酒に溺れることで逃避するようになる。この時期の乃木の日記からは「小酌皆去独酔」「小酌シテ帰ル」「近年稀有《けう》ノ酩酊《めいてい》」などの記述が多い。小酌とあるが、実際には大ぶりの杯で浴びるように酒を飲む日々だったようだ。この酒への逃避は徐々に程度を悪くし、やがて自宅にいるよりも料亭にいる時間の方が長くなる程の蕩尽《とうじん》ぶりになった。まさに酒に溺れ、酒に逃げる日々だったのである。ただ、いわゆる芸妓《げいぎ》たちと枕を共にすることはあまりなかったようで、快楽のための酒ではなく、近親者を立て続けに失ったやるせなさにむせびながら浴びる酒だったようだ。乃木の放蕩は、徐々に政府高官の耳にも入るようになった。同じ長州出身の伊藤《いとう》博文《ひろぶみ》などは「マントヒヒ」とあだ名されるほどの遊び好きで有名だったのだが、その伊藤にしてからも、乃木の遊びの激烈さには驚きを隠せなかった。陸軍の重鎮・山県有朋《やまがたありとも》からも遊びすぎを諭す訓《くん》諭《ゆ》を受けている。

乃木の放蕩は留まるところを知らなかった。乃木のあまりの蕩尽ぶりに心を痛めた母・壽は、乃木が結婚することでこの負のジレンマから抜け出せるのではないかと考え、乃木に見合いを勧める。そして、乃木と見合されることになったのが生涯の伴侶・静子であった。しかし、結婚をしたからと言って、乃木の生活が改まるかと言えばそのようなことは全くなかった。乃木の放蕩はとどまらず、自身の結婚式も別の場所で飲んだくれた挙句、数時間遅刻。式の最中も新妻には目もくれず暴飲し酩酊するなど一向に改善の傾向が見られなかったのだ。夫婦仲が悪かったわけではないようであるが、一方で更生のために結婚を企図した母・壽からすれば期待外れも甚だしく、壽のいらだちは更生しない乃木にではなく、新妻・静子にぶつけられるようになる。静子は飲んだくれの夫・希典とそのことに対する怒りを自分にぶつけてくる義母・壽の板挟みになり、まさに針の筵《むしろ》の上の日々を新婚早々送ることとなったのだ。

乃木の放蕩に歯止めがかかる一大事が起こる。第一子・勝典の誕生である。子どもを授かったとはいえ、直ちに乃木の遊び癖が収まったわけではないのだが、このころから徐々に乃木の「小酌」の頻度は減っていく。いささか冷え込みがちだった乃木家に一縷《いちる》の光が差し込んだのだ。結局、乃木の遊び癖自体は、勝典誕生後、乃木のドイツ留学まで続いてはいたようだが、子どもの誕生により乃木がぎりぎりのところで持ちこたえたのは間違いない。ドイツから帰国して以降の乃木が厳粛な軍人の道を歩んでいったのは既述の通りだ。そんな息子・勝典、次子・保典は日露戦争において父・希典より先に陣没した。息子二人の早逝《そうせい》に乃木が悲嘆にくれたのは事実だが、以前のように酒に溺れ身を持ち崩すような弱さを見せることはなかった。学習院院長時代も「乃木式」と呼ばれる厳しい指導で恐れられていた半面、子弟と寝食を共にし、時には冗談を交わしあうなど親しみのある「ウチのオヤジ」として慕われもしていた。「高潔な軍神・乃木希典」の厳粛さを支えていたのは、「泣人」とからかわれたり身の不幸から酒へ逃げていったりした幼・少・青年期の弱さゆえの経験の積み重ねだったのかもしれない。

⊙参考文献

大濱徹也『乃木希典』(講談社学術文庫、二〇一〇年)

佐々木英昭『乃木希典』(ミネルヴァ書房、二〇〇五年)

1847–1913
ドイツに留学し軍事学を修める。台湾総督、陸軍大臣を経て、首相。日英同盟締結、日露戦争の勝利に貢献。

勅語で政敵を倒そうとした官僚政治家

桂太郎

…かつらたろう…

岩間一樹

長州閥《ちょうしゅうばつ》で陸軍出身の桂太郎は、日露戦争を勝利に導き、明治時代後半に政友会の西園寺公望《さいおんじきんもち》と交互に政権を担当した。大正の初めには、衆議院に止まらず、貴族院や官僚組織までも横断する大規模政党を構想した。

閥族のプリンス

教科書や社会科資料集、学習マンガで紹介されている桂太郎はどんなイメージだろうか。試みに教科書を紐解《ひもと》いてみよう。

日露《にちろ》戦争の前後は、藩閥《はんばつ》や官僚《かんりょう》を後ろだてとする桂太郎と、立憲政友会の総裁の西薗寺公望が、交互に内閣を組織し…軍備拡張をおさえようとした西園寺内閣が、陸軍の反対で倒れると、陸軍大将の桂太郎が三度めの組閣を行いました。……立憲政治に反したやり方であるとして、桂内閣打倒の運動を起こし、民衆の支持を広く集めました（教育出版『中学社会　歴史　未来をひらく』平成二八年）。

とあり、どの教科書も同じような記述である。要するに桂とは、明治維新を実現させた長州閥の秘蔵っ子で、陸軍の軍人で、政党の邪魔《じゃま》ばかりをし、日露戦争では与謝野晶子《よさのあきこ》の弟のように国民に犠牲《ぎせい》を払わせ、自分ばかりが順調に出世し、最後は大正政変で失脚した男というものではないだろうか。

ニックネームも八方美人ならぬ「十六方美人」。こうした如才《じょさい》なさから、いつしか「ニコポン」(桂がニコニコしていて、肩をポンとたたかれると相手が丸め込まれてしまうため)とも呼ばれるようになった。往年のジャーナリスト阿部真之介《あべしんのすけ》からも「常人に傑出した才能があるのでもなく……元老以上の政治勢力を持つまでにノシ上ったのは、ニコポンの効験」とひどい言われようなのである。

従来の桂の評価が「悪人」にぶれすぎたのか、近年は好意的な論文が登場してきている。しかし、今回は「悪」らしく、なぜ悪人に書かれてきたのか、教科書で必ず出てくる大正政変のクライマックスを中心に追いかけてみることにしよう。

日露戦争まで

桂は長州藩出身ではあったが、幕末期は小姓《こしょう》として仕えており、政治的経験を積む舞台には立たなかった。一般に桂が山県有朋《やまがたありとも》・井上馨《いのうえかおる》・伊藤博文《いとうひろぶみ》とは違い、維新の第二世代と呼ばれているのは、この政治的経験の違いからである。年齢は、伊藤に比べて六歳年下なので、さほど違わなかった。桂は自費留学後に陸軍へ入り、陸軍大臣になるなど順調に昇進した。一九〇一(明治三四)年、初めて内閣を組織し、四年半の長期政権となった。この間、ロシアとの緊張感が強まるなかで、三度の総選挙に勝利して議会とのバランスを保ち、ウルサ型の先輩の意見を調整しながら、一九〇二(明治三五)年に日英同盟を締結させ、対露開戦までに国内外をまとめあげた。

転落劇の始まり

桂は総理大臣として日露戦争を勝利に導いた男であり、この功績で右に出る者はいなかった。しかし、皮肉なことに桂の転落劇もここから始まった。日露戦争は戦死傷者十一万人ともいわれる大きな犠牲を払ったために、講和で獲得した権益の少なさが目立ち、東京・日比谷で焼き打ち事件が発生した。大衆による騒擾《そうじょう》事件に政治を預かる者なら誰しもショックを覚えた。

それからしばらくして桂は、二度目の政権を担当し、日露戦争後の財政整理を行い、余力を残して再び西園寺に譲った。この後、外遊に出たが明治天皇崩御《ほうぎょ》の報せを受けて帰国し、内大臣兼侍従長として宮中に入った。これについては、既に山県から疎《うと》んぜられており、宮中に追いやられた説や、むしろ新しい宮中を山県が自派で押さえておきたかったとする説がある。

政変の第一幕

ところで陸軍は、日露戦争後の朝鮮半島を防備するために、新たに二個師団の増設を要求していた。陸軍は行政整理に協力的でないうえに、軍拡の予算要求をしたので西園寺が拒否した。政変はここから始まる。陸軍大臣上原勇作《うえはらゆうさく》は、大正天皇に上奏して辞任、代わりの大臣を陸軍側が出さなかったので、西園寺内閣は潰《つぶ》れてしまったのである。陸軍省官制の定員表の備考欄には「陸軍大臣及総務長官ニ任セラルルモノハ現役将官ヲ以テス」(軍部大臣現役武官制)と書かれており、現役の大中将が結束して大臣を出さなければ、内閣は維持できなくなるのだ。

他方、桂からすれば、西園寺内閣の閣僚人事や外交政策への不満、桂内閣で創設した減債基金を海軍拡張のため廃止を検討するなど、施策が当を得ていないように見え、陸軍と西園寺の間を調整しなかった。

西園寺の辞職に伴い、次の総理候補を決めなければならない。慣例によって元老《げんろう》会議が開かれることになった。桂も内心では政権運営に自信があったが、それを隠して会議に参加した。会議では候補者の名前が浮かんでは消え、いたずらに時間が経過するだけであった。このありさまを見て、政友会幹事長野田卯太郎《のだうたろう》は「老の群れ枯野《かれの》辿《たど》りつ何処へ行く」(野田卯太郎日記)と皮肉った。

桂の政界復帰

結局、一九一二(大正元)年十二月十七日、桂に組閣の大命が降下し、宮中から政界への復帰について許しを得た。その際桂は、遠回しに元老の政治介入を避け、内閣が責任をもって政治を行うことを天皇に奏上したといわれている。

内閣の陣容をみれば、内務官僚出身の大浦兼武《おおうらかねたけ》が選挙対策のかなめである内務大臣であった。これをみた政友会総務の原敬《はらたかし》は、我が党と戦う準備をしているのではないかと不信感を募らせていた。

当時の国民感情はどうだったか。十二月二四日、大阪毎日新聞社長の本山彦一《もとやまひこいち》が、桂の側近で逓信《ていしん》大臣となった後藤新平に対し、今回の内閣は、国民の同情が集まる西園寺の後継なので、困難なこともあるだろうと案じ、政変は新聞報道により有識者から馬丁車夫《ばていしゃふ》までもが話題にするほどで、一般大衆の政治意識が変化してきていると報せた。また、重税と物価の高騰もあいまって、万が一新聞紙が大衆を唆《そそのか》せば、焼き打ち事件が再燃するだろうと伝えている。一般国民には第二次西園寺内閣を葬った二個師団増設問題は、陸軍の大御所である山県や桂が画策したのだと思われていた。また、桂が政権に就くと、海軍予算が認められないとみて辞任を申し出た海軍大臣斎藤実《さいとうまこと》を、天皇の勅語《ちょくご》で慰留《いりゅう》させたので、さらに非難の的となったのである。

政党観の相違

山県には政党への不信感が根底にあった。自分たち君主主義を信条とする者は劣勢にあり、桂に対しても政友会は単に師団増設や陸軍を問題にしているのではない。ここで一気に政治を政党勢力で席巻《せっけん》する気でいるとか、「陸軍対国民、藩閥対国民、官僚対国民」という構図で逆襲してくるから警戒するように（上原勇作書状桂太郎宛 大正元年十一月十七日付山県意見書）とアドバイスをしていたくらいである。

そのような山県に対して、桂も「中央突貫《とっかん》」するのだと応え、一九一三（大正二）年一月二〇日、その具体策が明るみになった。「広く天下同志の士と共に茲《ここ》に新政党を組織し、以て大正日新の時局に応酬《おうしゅう》し、以て憲政完美の功を全《まっと》うせん」と新党結成の決意を表明したのである。これについては、もともと桂に新党構想があり、この際計画を前倒しにして山県に挑戦したのだとか、政友会をはじめ、既成政党を切り崩すための方策だったのだとか諸説のあるところだ。実際、桂新党の結成に当たっては、立憲国民党から河野広中《こうのひろなか》・島田三郎・大石正巳《まさみ》ら有力者が引き抜かれている。そして国民党に残った犬養毅《いぬかいつよし》が、桂新党の後継である憲政会に敵意をむき出して対立し、大正末期まで政党政治が実現できない遠因となった。

桂内閣弾劾

二月五日、衆議院本会議において政友会の尾崎行雄《おざきゆきお》が桂内閣弾劾演説《だんがいえんぜつ》に立った。尾崎本人も当時を回顧《かいこ》して言っているように、相当激烈な演説だった。

彼らは常に口を開けば直に忠愛を唱え、あたかも忠君愛国は自分の一手専売の如く唱えてありまするが、そのなすところを見れば、常に玉座《ぎょくざ》の蔭に隠れて、政敵を狙撃《そげき》するが如き挙動《きょどう》を執《と》っているのである。彼らは玉座をもって胸壁《きょうへき》となし、詔勅をもって弾丸に代えて政敵を倒さんとするものではないか。……また、その内閣総理大臣の位地に立って、しかる後政党の組織に着手するというが如きも、彼の一輩が如何《いか》に我憲法を軽く視、その精神のあるところを理解せないかの一班が分かる(衆議院議事速記録)。

演説の要点は三つあった。

①よく知られる「玉座を以て胸壁となし、詔勅を以て弾丸に変えて政敵を倒さんとするものではないか」と迫り、桂の顔が青ざめた話である。一度は政界を退き、再び宮中から総理大臣となるに当たっても勅語を拝し、その後も詔勅を乱発するように、なんでも天皇の命令でやるのなら、国務大臣の責任はどうなるのだ。立憲政治にもとることになるではないか。

②内閣総理大臣の就任後に与党を結成するのも立憲政治に反する。そもそも政党は自分たちの政綱や公約を詳らかにし、選挙で国民の審判をあおいで政権に就くものである。もともと桂内閣が選挙で選ばれてもいないので、国民の信任が果たしてあるのか。

③桂がにわかに立憲的であろうとしても、今まで大隈・板垣退助《いたがきたいすけ》・伊藤の政党内閣を妨害してきたことは明らかであり信用できない。げんにこうして議会を停会ばかりさせ、既存政党をかく乱させているではないか。帝国議会をとりまく民衆を前になすすべがないではないか。

というものであった。

最近の研究では、政党政治を模索する桂の姿は好意的に描かれる。しかし、桂が政党政治家へ転身することは、同じ土俵の既存政党から余計に攻撃されることに他ならなかった。桂嫌いと言って憚《はばか》らない尾崎は、演壇では憤りのあまり用意した原稿に目もくれずにまくし立てたという。

尾崎の批判を掘り下げてみよう。まず、時代の趨勢《すうせい》として、明治時代に伊藤の政治的危機をたびたび救った天皇の詔勅が、大正の新時代を迎えて乱発できなくなったということである。

次に、現在の視点からすれば、選挙の結果として多数を獲得した政党が政権に就くのが常識だろうが、帝国憲法のもとではそうではない。元老などが総理候補を天皇に奏薦《そうせん》するので、たいていの衆議院総選挙は政権ができてから解散する（その間に政権側が勝つように体制を整える）パターンだった。野党側が選挙に勝利して政権に就いたのは、大正末期の護憲三派《ごけんさんぱ》内閣（政友会・憲政会・革新倶楽部《クラブ》）くらいである。

また、桂が超然内閣として帝国議会で賛成派を形成する程度なら、方法はいろいろあったはずである。新党結成に踏み込んだのは、政友会と妥協せずに政治をしたい考えと、自分なら実現できる自信の表れであった。それとともに、明治時代の後半から、国民参政の要望が幅広い層で起こっており、大衆政党が時代の要請になっていたことも合わせて見るべきだろう。

最後は「言行不一致ではいけない」ということである。実生活で一致しないことはよくあっても、政党政治家たろうとすれば、広く大衆に向かって政綱を掲げることや公約を果たすことが重要なのであり、少数有力者のみを調整してきた桂の手法は通用しないのだ。

さらなる禁じ手

尾崎の演説後、議会を停会（今はできない）にした桂は、再び天皇を頼ることにした。英国では国王エドワード七世の逝去《せいきょ》とジョージ五世の即位に伴い政争を止めた例がある。これにならって明治天皇の服喪中《ふくもちゅう》であるから、勅語によって政争を一時休止しようというのだ。これは英国大使として目撃し、桂新党の後継者となった加藤高明《かとうたかあき》の献策といわれている。衆議院に提出された内閣不信任決議案が、野党党首に対する勅語一つで潰されるならば、立憲政治は終わってしまう。しかし、桂は停会中に開かれた西園寺との会談を通じて、最終的に西園寺が折れて政友会をまとめる感触を持ったようだ。二月九日、大正天皇のおられる青山離宮に召された西園寺に「諒闇中《りょうあんちゅう》政局紛糾の状あるは朕《ちん》の軫念《しんねん》に堪えざる所なり……目下の紛擾《ふんじょう》を解き朕の心を安んぜよ」（明治天皇の喪中に政局が紛糾しているのは残念なので解決せよ）との御沙汰があった。これを受け、西園寺は聖旨《せいし》に従うように政友会の議員に働きかけた。しかし、議員は耳を貸さないばかりか、かえって突進しようと満場一致で党論を固めてしまう結果となり、説得は失敗に終わった。これがもとで、立憲同志会や言論界の一部から、西園寺は違勅《いちょく》の罪があるとまで批判され、政友会総裁を辞任することとなった。

一方の桂も停会あけの二月十日、突如訪れた山本権兵衛《やまもとごんべえ》に政権に恋々としないと話したことが政友会に広まり、また衆議院議長の大岡育造から「現に議院門外において騎兵群集を馬蹄《ばてい》にかけ血を流しつつあり、一揆の起る責任取るべし」（「原敬日記」）と諭《さと》されたこともあり、ようやく総辞職を決意した。

その後も桂は新党結成に向けて活動していたが、この年の十月に亡くなった。

⊙参考文献

阿部眞之助『近代政治家評伝　山県有朋から東條英機まで』（文藝春秋、二〇一五年）

千葉功編『桂太郎関係文書』（東京大学出版会、二〇一〇年）
千葉功編『桂太郎発書翰集』（東京大学出版会、二〇一一年）
千葉功『桂太郎　外に帝国主義、内に立憲主義』（中央公論新社、二〇一二年）
原奎一郎編『原敬日記』三（福村出版、一九六五年）
山本四郎『大正政変の基礎的研究』（御茶の水書房、一九七〇年）
立命館大学編『西園寺公望伝』第三巻（岩波書店、一九九三年）

1852−1919
陸相として日露戦争の勝利に貢献。長州閥陸軍の重鎮として政界にも進出。韓国併合を進め、初代朝鮮総督となる。

米騒動に際して言論を抑圧

寺内正毅

…てらうちまさたけ…

岩間一樹

寺内正毅は陸軍出身の官僚政治家で、大正期に総理大臣となった。当時は第一次世界大戦中で日本は好景気であったが、インフレなどによって米価が高騰しており、シベリア出兵がさらに拍車《はくしゃ》をかけ、各地で米騒動《こめそうどう》が多発した。寺内はその責任を取って辞職した。

官僚政治家の王道

一九一六（大正五）年十月九日、長州閥《ちょうしゅうばつ》の陸軍元帥《げんすい》寺内正毅が、元老山県有朋《げんろうやまがたありとも》の奏薦《そうせん》により、政党には中立的立場の超然《ちょうぜん》内閣を組織した。寺内は当時人気のあった「ビリケン人形」に顔が似ており、もじって「非立憲（ビリケン）」とも呼ばれていた。非立憲とは憲法の精神や慣例に反するといった意味である。寺内は政治家というよりも練達した行政官であった。陸軍出身で軍政畑から大臣となり、のち朝鮮総督《そうとく》として国家経営に携わるなど官僚政治家としての王道を歩んだ。

ところで超然内閣といっても帝国憲法の規程上、予算や法律の成立には議会の協賛が必要である。寺内は衆議院総選挙を行って第一党の突出《とっしゅつ》を抑え、各党に第一次世界大戦中を理由に挙国一《きょこくいっ》致《ち》を呼びかけ、官制の臨時外交調査委員会のメンバーとして政権への取り込みを図った。

シベリア出兵

第一次世界大戦中の一九一七(大正六)年三月、ロシア革命が起こり、ロシアに成立した社会主義政権がのちにドイツと単独講和を結ぶと、以後の戦局や社会主義の自国への浸透を危ぶむ連合国諸国は、革命への干渉《かんしょう》を協議した。米国からはオーストリア–ハンガリー帝国からの独立をめざしてロシアにいたチェコスロバキア軍をヨーロッパへ転戦させるため、ウラジオストク限定で七〇〇〇人規模の共同派兵をするという提議があった。山県・寺内もこれを受け入れて出兵に賛成した。臨時外交調査委員会においては延期論が巻き起こったが、委員の伊東巳代治《いとうみよじ》がシベリア全域に派兵ができるように画策し、八月二日、政府はシベリア出兵宣言を行った。「帝国政府は合衆国政府の提議に応じて其の友好に酬《むく》い……先《ま》ず之を浦塩(ウラジオ)に派遣せんとす」がこれである。そして寺内は、今後チェコスロバキア軍の状況次第で増派する可能性がある旨の談話を発表した。既にウラジオストクに派遣する兵員は一万二〇〇〇名に膨《ふく》れ上がり、これとは別に満州からシベリアに向けて日本軍が展開されるのであった。

米騒動起こる

出兵宣言に先立つ七月二三日、富山県下新川郡魚津町《しもにいかわぐんうおづまち》の漁民の女房が、米価が高くなることを心配し、海岸の倉庫から米を船に積むのをやめるように要求する事件が起きた。当初、警察の説得で解散していた小規模だったものの、都市部に波及すると、群衆が役場や警察署、米穀商《べいこくしょう》などに押し寄せ、米の放出や安売りを要求、放火・打ちこわしにも発展した。名古屋市では鶴舞《つるまい》公園の平穏な演説会が終わったあと、群衆が米穀仲買人《なかがいにん》のいる米屋町に向かう途中から暴動に発展した。京都では鎮圧《ちんあつ》のため、ついに軍隊が出動。神戸でも三菱《みつびし》造船所で労働者が暴動を起こし、新興商社の鈴木商店が焼き打ちにあった。各地の炭坑や軍港での蜂起もあり、この騒擾《そうじょう》は四二道府県に及び、参加人員は約七〇万と推定されている。

もともと米の生産量の伸び悩みや都市生活者の増加による消費の拡大、大戦中の好景気の下でのインフレにより、米価の高騰や生活難を引き起こしていたが、シベリア出兵決定による軍の調達や、投機的な買占め・売り惜しみが米価を押し上げた。一月に一升三〇銭だったものが、六月に三五銭、七月に四〇銭、八月はじめに五〇銭を超えたのである。

寺内内閣は抜本的な対策をとらず、米騒動が始まってようやく米価対策に支出することを決めるほか、資産家の寄付金による米の安売りを行わせた。それも米騒動で米価が安くなるという印象を避けるため、八月下旬には打ち切った。

新聞報道への抑圧

一方、政府は米騒動が収拾せず各地に広がっていくのは新聞報道に原因があるとし、そのつど発売禁止処分にしていたが、騒擾の余波が東京に及ぶと、ついに一切の報道を禁止することにしたのである。そして八月十四日午後十一時、内務大臣水野錬太郎《みずのれんたろう》が東京の各新聞・各通信社代表を内務省に集め、米騒動関係の記事を差止めると通告した。これによって米騒動関係の記事全てが無期限に差し止められてしまったのである。新聞各紙は発売禁止処分を恐れ、組版《くみはん》が終わった十五日付の米騒動関係記事を鉛版《えんばん》もろとも削り、そのままの紙面で発行した。

騒動のピークであったこの時期、寺内内閣は通常の警察力ではこの騒擾を鎮圧できないと考えており、戒厳令《かいげんれい》施行の勅令《ちょくれい》案を八月十五日の閣議で取りまとめようとしていた。しかし、水野が戒厳令は国内が内乱に陥ったような場合に施行すべきで、今は地方官憲の権限で取り締まれる状況であると反対して押しとどめたのであった。

一方、在京の新聞・通信社の編集幹部は、水野に記事差止処分の取消しを再三申し入れ、内務省発表の公報を基礎にした事実報道をすることや、誇大でなく扇動的な記事を掲載禁止にするものではない、との妥協的回答をようやく得ることができた。

白虹事件

しかし、記者の間では寺内内閣への批判が強まっていた。八月十六日の「大阪毎日」夕刊は、「政府の監督者となり、国民唯一の耳目《じもく》となりて、内外いっさいの事情を明らかにするものは、言論、報道の機関あるのみにあらずや。……寺内内閣は、自己の失政を反省せずして、敢《あ》えて権力を濫用《らんよう》し、以って言論、報道の自由を奪いて全国を暗黙裡《あんもくり》に葬り、以ってその専横をほしいままにせんとするなり。……憲法及び言論の神聖と自由とは、断じて寺内内閣失政糊塗《こと》のために汚されざるべからざるなり。

と主張している。

また、全国的に新聞・通信社による大会が開かれるようになり、内閣の言論圧迫を攻撃し、寺内退陣を要求するようになった。八月二五日、大阪で「言論擁護《ようご》内閣弾劾関西新聞社通信大会」が開かれた。「大阪朝日新聞」は大会の模様を翌日の夕刊に掲載した。この記事に「白虹《はっこう》日を貫けり」（内乱や革命の兆しがある）との一節があり、これが新聞紙法に抵触《ていしょく》し、社会不安を煽《あお》り、皇室を冒瀆《ぼうとく》したとして発行兼編集人と筆者が大阪府警察部に告発される事態となった（白虹事件）。

そして裁判では、検事が最終論告で被告の処罰と同時に、「大阪朝日」の発行禁止を求刑した。まさに新聞社存続の危機に立たされたのである。その後、内々に当局の意向も伝えられたと見え、十月には社長村山龍平《むらやまりゅうへい》をはじめ編集幹部が相次いで退社し、十二月、筆禍《ひっか》事件の概要を述べた後、新しい編集綱領を社告として掲載した。「大阪朝日」はその後の判決で発行禁止だけは免れることができた。

寺内は既に逓信大臣の田健《でんけん》治郎《じろう》に辞意を漏らしていたとおり、騒擾の鎮静化を見計らって、九月二一日に内閣を総辞職していた。継いで総理大臣となった政友会の原敬《はらたかし》を新聞は「平民宰相《へいみんさいしょう》」の誕生として歓迎したのだった。

司法大臣を兼任した原は、「大阪朝日」を検事控訴して再度発行禁止を求めるかが問題となったとき、十二月の社告だけでは不十分だとして、社長上野理一《うえのりいち》を呼び出した。上野が過失を再び引き起こさないこと、今回の判決は寛大であり、控訴しない旨を誓って一件落着にしたと日記に綴《つづ》った。

⊙参考文献
麻田雅文『シベリア出兵』（中央公論新社、二〇一六年）
尚友倶楽部・西尾林太郎編『水野錬太郎回想録・関係文書』（尚友倶楽部、一九九八年）
細谷千博『シベリア出兵の史的研究』（岩波書店、二〇〇五年）
原奎一郎編『原敬日記』五（福村出版、一九六五年）

1856–1921
岩手県出身。陸奥外相の下で外務省で活動後、立憲政友会総裁として本格的政党内閣を率いて活躍。凶刃に倒れた。

悪評まみれの「平民宰相」
原 敬
…はらたかし…

鈴木一史

原敬（一八五六（安政《あんせい》三）～一九二一（大正十）年）は、明治～大正時代の政治家。南部《なんぶ》（盛岡《もりおか》）藩藩士の家に生まれ、司法省法学校第二期生として在籍する。その後、郵便報知新聞社《ゆうびんほうちしんぶんしゃ》等での評論活動を経て、一八八二（明治十五）年に外務省御用掛《ごようがかり》に任命され、第二次伊藤博文《いとうひろぶみ》内閣では陸奥宗光《むつむねみつ》外相のもとで外務省通商局長や外務次官、朝鮮公使を歴任した。陸奥の死去後は大阪毎日新聞で社長を務め、立憲政友会《りっけんせいゆうかい》に入党した。一九〇〇（明治三三）年に第四次伊藤内閣で逓信《ていしん》大臣として初入閣、一九〇二（明治三五）年に衆議院議員に初当選してからは連続八回の当選を数え、一九一四（大正三）年には政友会総裁に就いた。一九一八（大正七）年に首相に就任したが、一九二一（大正十）年、省線《しょうせん》（国鉄）大塚駅の転轍手《てんてつしゅ》・中岡艮一《なかおかこんいち》に東京駅で暗殺された。享年六六。

はじめに

「力を以て強行した力の政治家」「西にレーニン、東に原敬」。
前者は原が暗殺された当時の「東京朝日新聞」に載せられた記事の一節で、後者は立憲憲政会の代議士・永井柳太郎《ながいりゅうたろう》が一九二〇(大正九)年に行った演説の一節である。今でこそ、日本初の本格的な政党内閣を率いた人物として、また爵位《しゃくい》の受け取りを断り続けた「平民宰相《へいみんさいしょう》」として知られる原敬だが、生前は悪評にさらされ続けた政治家でもあった。暗殺を伝える号外には「原首相誅《ちゅう》される」という見出しが踊り、四国や九州ではバンザイと叫びながら号外を売り歩く者もいたという。

なぜ、原は悪評にさらされることになったのか。彼の生涯をたどりながら、その理由を考えたい。

「白河以北一山百文」——「朝敵」の藩に生まれて

原の祖父、原直記政元《なおきまさもと》は盛岡藩で主君に代わって文書へ署名したりハンコを押したりする家老《かろう》加《か》判《ばん》を務めた人物である。しかし、時は明治維新、盛岡藩は原が十二歳の時に起こった戊辰《ぼしん》戦争で官軍に対抗したものの敗れてしまう。新政府が求めた七〇万両の献金が払えず、廃藩置県《はいはんちけん》を前にした一八七〇(明治三)年、盛岡藩はなくなってしまった。

新政府の重要な役職は、維新で活躍した薩摩《さつま》藩(主に現代の鹿児島県)や長州《ちょうしゅう》藩(山口県)の出身者で占められることになった。その勢いは、薩長の人でなければ人にあらずと言われるほどだったという。

一方、戊辰戦争で官軍と戦って負けた東北地方の諸藩出身者は侮蔑《ぶべつ》の対象になった。当時、薩長の人びとが使った言葉の一つに「白河《しらかわ》以北一山百文《ひとやまひゃくもん》」がある。これは、かつて関所があった白河(福島県)から北は、山一つが一〇〇文の値打ちしかない荒れ地ばかりという意味で、東北地方の諸藩出身者がいかにさげすまれたかを示している。原の号である「一山」(逸山)もまた、この一節に由来する。原が自身の出自によって苦しみながらも、それを克服しようとしたことがうかがえよう。

原は一八七一(明治四)年に上京した後、フランス人のカトリック宣教師が開いていた進学塾を経て司法省法学校に入った。しかし、「賄征伐《まかないせいばつ》」(食費に比べて食事の質が悪いことなどを理由に抗議すること)に関係したことで退学となり、東京の下宿で新たな道を模索し始めた。この時原は、同じく退学した陸羯南《くがかつなん》らと、新聞記者になって民権運動の意義を論じ合い、国会議員になって藩閥《はんばつ》を打倒し、やがては大臣になるのだと意気投合したという。一八七九(明治十二)年、二四歳で郵便報知新聞社に入社した原は、フランス語新聞を翻訳《ほんやく》したり、論説を書いたりした。

明治十四年の政変で状況は一変する。当時、大隈重信《おおくましげのぶ》は政党による内閣を実現するとともにすぐに国会を開くべきという主張を行い、自由民権派から大きな支持を得ていた。これに対して、伊藤博文らは大隈を辞めさせ、国会開設などを約束した。これが明治十四年の政変である。原が務めていた郵便報知新聞社は、大隈に連なる矢《や》野《の》龍渓《りゅうけい》らに買収され、急進的な民権色へと変わった。これを嫌った原は退社し、一八八二(明治十五)年に大阪の大東日報社に勤めた。同社の背後には、下野した板垣退助《いたがきたいすけ》や大隈らに対抗し、藩閥政府が支援する形で立ち上がった立憲帝政党《りっけんていせいとう》の存在があった。

当時の原の入社理由には、天皇中心の政体の下で社会の秩序が重んじられるべきで、主義を同じくする大東日報社に入る旨が書かれている。国会開設日程が示されたことは原にとって満足だが、急激な変化ではなく、政府と国民とが歩み寄り、文明開化や殖産興業を進めるべきと原は考えた。

しかし、立憲帝政党の支持が広がらず、大東日報の売れ行きも伸びなかった。一年も経たずして社を辞めた原は東京に戻り、薩摩出身で後に京都府知事を務めた中井弘《なかいひろし》のあっせんで外務省御用掛に採用された。中井が当時の外務卿《がいむきょう》・井上馨《いのうえかおる》と親しかったためだという。原は他の非藩閥出身者と同じく、藩閥関係者に近づくことで、自己の立身を実現していった。一八八九(明治二二)年には井上が農相に転じたことから農商務省に移り、井上に代わって農相となった陸奥宗光のもとで、秘書官兼参事官として働くことになった。原が三四歳の時である。

一八九〇(明治二三)年の国会開設当時、議会や政党の意向にはそわないとする超然《ちょうぜん》主義を掲げる政府と、国民の負担を減らすべきと民力休養を掲げる自由党や改進党などの民党《みんとう》とが対立していたものの、陸奥の活躍で、第一回帝国議会は解散することなく無事に終わった。紀州《きしゅう》藩(和歌山県)出身の陸奥は、西南戦争で政府の転覆《てんぷく》をはかったため投獄された経験から、政府に入って力をつけ、中から藩閥の支配を変えようとしたとされる。

陸奥の境遇や考え方に自らと通じるものを見いだしたのだろう、原は「剃刀《かみそり》大臣」と称された陸奥のもと、薩摩閥の次官一派を辞めさせるなど農商務省での非藩閥化に活躍した。陸奥が大臣を辞めると原も農商務省を辞め、第二次伊藤博文内閣で陸奥が外務大臣になると、原は通商局長や外務次官に起用された。原は陸奥を深く尊敬し、陸奥もまた原を重用した。

陸奥の死去と前後して、原は一八九七(明治三〇)年に外務省を辞める。大阪毎日新聞社に社長として勤めた後、一九〇〇(明治三三)年、伊藤博文が中心となって結成された立憲政友会に参加し、第四次伊藤内閣で逓信大臣に任命された。東北諸藩の出身者として初めての入閣だった。

「情意投合」のなかで――政友会を率いる

原が政界での地位を固めていった時期は、一八九四(明治二七)年に勃発《ぼっぱつ》した日清戦争という国家の危機に対して、国内でのナショナリズムが高まった時代に重なる。また、江戸時代から続く名主や庄屋、また明治維新を経て経済的に上昇した者が、農地を持ちながらも近代的な産業に携わることで、それぞれの地域において中心的な役割を担う地方名望家として現れてきた時期でもある。明治維新を経た後のさまざまな対立は収束し、国内での殖産興業が重視されるようになっていた。

こうしたなか、原は一九〇六(明治三九)年には第一次西園寺公望《さいおんじきんもち》内閣、一九一一年(明治四四)年には第二次西園寺内閣、一九一三(大正二)年に第一次山本権兵衛《やまもとごんべえ》内閣で三回も内務大臣を務めるなど、政界での地位を固めていった。この時期は「桂園時代《けいえんじだい》」と呼ばれ、長州出身の陸軍大将・桂太郎《かつらたろう》と公家出身の政友会総裁・西園寺公望が交代で首相を務めた。桂内閣では原が属する政友会は与党だったが、西園寺内閣では、元老・山県有朋やその一派である官僚が中心となっていた。

一般的に、桂園時代は安定した政治が行われたとされる。しかし実際には、多数の議員を国会に送り込んで力を行使する政党を快く思わない山県を中心とした勢力と、それに対抗する政友会との激しい対立があった。また、それを前提に、山県の介入を受けたくない桂と政友会が連携するという構図が生まれた。当時、首相は元老《げんろう》と呼ばれる維新の功労者らによる相談で実質的に決められており、強い発言権を持っていた山県の勢力が、政界に強い影響力を及ぼしていた。

日露戦争さなかの一九〇四(明治三七)年十二月、桂が政友会を信頼すると言っていると伊藤から聞いた原は、桂と話し合い、日露戦争が終わった後で桂自身が首相を続けていれば政友会と連立して内閣を組み、そうでなければ西園寺を首相に推薦するという合意に達した。また、一九一〇(明治四三)年の十二月に行われた両者の会談では、桂が首相を降りた後は政友会に政権を譲ると約束した。翌年一月には、桂が懇親会を開いて政友会に属する貴族院・衆議院議員を招き、政府からは大臣や次官が出席するなど、両者の連携は深いものとなっていった。

例えば、国会に出そうとしている議案について、政友会の反応が思わしくない時、桂は原をはじめとした政友会のメンバーを呼び出す。原はすぐに腰を上げるのではなく、しばらくしてから桂のもとを訪ねる。そこで議論がはじまるが、ある程度で原は、政友会の皆で相談してみると応じて帰っていく。もちろん、政府の思い通りにいかなかった場合に備えて、ほかのメンバーが「調整は難しいかもしれない」と釘をさすのも忘れない。密接な連携は、こうした場面に表れていよう。

一方、原は山県との関係にも気を配らねばならなかった。山県は、自らを勤王家、すなわち国家や天皇に尽くす者と考えていた。常に青と赤の色鉛筆を持ち、書類や本にマーキングを欠かさないなど、その時々の政策について熱心に勉強したという。しかし原から見れば、自身の手下を通じて枢密院《すうみついん》や官僚組織へ勢力を拡大し、政府に干渉しようとする山県は、私利私欲の権化でしかなかった。山県は忠君愛国を口にするものの、実際には疑わしいというのは、原の山県評である。

しかし、山県の力を無視することはできない。結局、原はさまざまな案件について山県に相談をしながら事を進める一方で、山県系の勢力の基盤であった地方官僚の切り崩しを図った。原は一九〇六(明治三九)年に六名の知事を休職させ、翌年には七名を免職に、さらに次の年は五名を休職にした。内務省はじまって以来の大規模な更迭《こうてつ》である。表向きは老害となった者を取り除き、若い人材を入れることが目的とされたが、足下を切り崩された山県派も黙っていない。大隈内閣だった一九一四(大正三)年には十人、翌年には七人の知事を更迭して非政友会系の人物を後任に充てるなど、両者の攻防は激しさを増した。知事の交代は、地域のどこを開発し発展させるかという問題とも密接に関わっていたため、政友会は公共土木事業を利用して地方の開発を進めることにもなった。

こうした原や政友会の動きは、当時の人びとから見れば、藩閥勢力とはできる限り決定的な対立を避けて妥協し、公共事業という巨大利権に群がり、ひたすら党勢拡大を図るものだった。権謀《けんぼう》術数《じゅっすう》に長《た》けているが政治的信念がないという悪評が、原にはついてまわった。

こうしたなか、対立していた原と山県が急接近する時がきた。きっかけは第一次世界大戦と米騒《こめそう》動《どう》である。

一九一四(大正三)年の第一次世界大戦勃発により、欧米諸国は一度中国大陸から撤退した。しかし戦争が終わった後に各国は経済を復興させねばならず、中国市場が注目される。その時のために日本は国力を蓄えねばならないし、中国に強硬な要求を呑ませた対華二十一箇条要求で国際社会から向けられた不信の目を払拭《ふっしょく》しなければならない。原と山県はこうした意見を共有していた。一九一六(大正五)年に行われた二人の会談で、山県は原に対して、政党による多数派工作という一点を除いて、互いの意見が一致しないものはないとまで言ったという。

さらに、一九一八(大正七)年の米騒動である。米の値上がりで生活に苦しんでいた富山県の漁民の妻らが起こした暴動をきっかけに、一道三府三八県という全国規模で米問屋や富豪などが襲撃され、家財や米、金品の略奪、焼き打ちが行われたこの騒動は、政府や政党に衝撃を与えた。一部の新聞が騒動を煽《あお》った面はあるが、米騒動はあくまで自然発生的なもので、特定の勢力の指示で引き起こされたものではない。しかし、群衆が一致団結して暴動を起こしたことで、革命すらあり得るという恐怖は、その後の選挙法の改正や社会政策といった動きとしてあらわれることになった。

当時の寺内正毅《てらうちまさたけ》内閣は総辞職し、山県は次の首相を推薦《すいせん》することになった。政友会をはじめとした政党が多数を占めることを嫌った山県は、一時は西園寺を推薦しようとした。しかし、一九一四(大正三)年に政友会の総裁に就任していた原以外に適任者は見つからず、遂に原を次期首相に推薦した。山県がよく目を覚ましたものだと問われた原は、米騒動で官僚内閣が無力だと山県にも分かったのだろうと返したという。革命への恐怖が、政党を嫌っていた山県をも動かしたのである。

こうして、日本の憲政史上、衆議院に議席をもつ政党の党員が初めて首相に就任した。

「由々しき大事」——普通選挙運動に接して

初めての本格的な政党内閣の首相として、現在では比較的よいイメージがついている原だが、在任当時は悪評にさらされ続けた。当時の若手政治家も、政治を腐敗堕落させた元凶《げんきょう》は、山県ではなくむしろ原だと考えていたという。その大きな原因となったのが、普通選挙(普選)運動である。

普通選挙とは、人種や信条、性別や身分、財産の多少などで選挙権を制限しない選挙のことである。

米騒動や当時盛り上がっていた社会運動の影響もあり、原は組閣後の一九一九(大正八)年三月に選挙法改正案を議会に提出した。これは、納税額の条件を直接国税十円から三円に引き下げるとともに、当時実施されていた、一つの選挙区から複数の議員を選ぶ大選挙区制をやめて、現在と同じく一つの選挙区から一人の議員を選ぶ小選挙区制を採用するものだった。

これに対して、野党の憲政会と立憲国民党も改正案を提出した。これは、納税額の条件を十円から二円に引き下げるとともに、中等学校卒業以上の学力がある者(独立の生計を営む者)に選挙権を与え、従来の大選挙区制を続けるというものだった。

大選挙区制は一つの選挙区から二人以上の議員を選び出す制度である。少数派の代表も議員に選ばれる可能性があり、労働者階級が議会に進出することになりかねない。また、小選挙区制は、農村に幅広い支持者を持つ大政党の政友会に有利だった。結局、労働者階級の力が強くなることを恐れた貴族院は、内閣が提出した改正案に賛成し、前者の案が成立した。選挙権を持つ者は、当時の人口の約二パーセントにすぎなかった。

しかし、普選を求める運動は収まらず、さらなる盛り上がりを見せた。一九二〇(大正九)年に普選法案が上程されたのに合わせて、帝都東京は「普選デー」と呼ばれるほどに運動が盛り上がった。二月十一日には芝《しば》公園や上野公園などに集まった人びとが行進しながら日比谷《ひびや》公園に集結して演説会を始め、皇居から芝公園の政友会本部へと向かった。法案審議の日には五〇〇〇〇人もの民衆が国会に入ろうとして警官隊と衝突し、「ワーワッショワッショ」という鬨《とき》の声は、院内の議場にも響きわたったという。しかし原は採決を行わないばかりか衆議院を解散し、しかもその後の選挙で自らが率いる政友会の議席を三八一から四六四へのばした。

普選運動をめぐる原の対応を見れば、普通選挙に反対し、議会を解散した挙句《あげく》、自らが率いる政友会の勢力を伸ばすことに腐心したことが悪評の原因であることは想像に難くない。しかし、普選運動のさなか、原の自宅を訪れた普選賛成派の人びとに対して、自分は普選には根本において決して反対しないが、いつ実現するかははっきりとは言えないと答えたとされる。また、普選法案が国会に上程された際には、一年前に変えたものを更に変えるのは法律の信用にかかわるもので、朝《ちょう》令暮改《れいぼかい》となり国民にも信用されず、憲法政治の発展のためにならないと演説した。さらに、原の日記には、議会で普選法案を否決しただけでは、今後さらに運動が激しくなり「由々《ゆゆ》しき大事」になりかねないと考えて解散に持ち込んだことや、段々と選挙権を広げていくことに異論はないが、階級制度を打ち破ることを目的に納税資格を撤廃するのは実に危険であり、国家の基礎をおびやかしかねないと記されている。

原は、普選自体に反対していなかった。しかし、急激に制度が変わることは憲法政治の上で望ましくないとも考えていた。また、一部の資本家や地主などによる政治を否定し、労働者による政治を実現しようとする普選は共産主義であり、国家にとって危険であると捉えていた。米騒動を目の当たりにした原にとって、普選が革命につながるかもしれないという危機感は、切実なものだった。

しかも、議会で否決すれば火に油をそそぎ、運動側に勢いを与えるだけである。だとすれば、普選法案は否決せず、国会を解散して政界を一新するしかない。

原は、理想的な国家のあり方と現状とを比べながらも、急激な変革をよしとせず、政府と国民とが歩み寄る道を模索したといえよう。

おわりに

「今日主義者」。この言葉は、明治時代から昭和戦前期まで主に新聞記者として活動し、原の伝記を記した前田蓮山《まえだれんざん》による、原についての評言である。原にとって国家百年の大計など「痴人《ちじん》の夢」に過ぎないという別の一節と考え合わせれば、「今日主義者」という言葉には、原は高い理想とは無縁で、目の前のことをこなしているに過ぎないという批判が込められていることがわかる。しかし、同じ文章で前田は次のようにも記している。「原は今日この場での計画という点ではさまざまな奇策《きさく》や妙計《みょうけい》が浮かび、電光石火のごとくもれなく実現する」と。正反対にも見えるこれらの評言は、歴史上の人物に対する悪評について考える上で、一つのヒントを与えてくれる。

強い勢力を誇っていた藩閥政府ともちつもたれつの関係を保ちながらも、大政党を率いて議席の拡大にひた走り、普通選挙など時期尚早と切り捨てて議会を解散した原の姿は、当時はレーニンと並び立つほどの悪者に見えたのだろう。そこには、高い理想を掲げ、そこへ邁進《まいしん》するのが政治家のあるべき姿という認識を見て取ることができる。しかし、藩閥政府がわが世の春を謳歌《おうか》するなか、原は単に藩閥打倒を叫ぶのではなく、政府に入り、山県や桂といった実力者と渡り合いながら、政治家としての地位を築いていった。その過程は、理想を抱きながらも、目の前の現実を正確に捉え、いかにして現実そのものをより良くしていくかという試行錯誤の連続だったといってもよい。

悪評は、その人物のどのような行動に対して、いかなる視点から向けられたものか。そして、どの程度妥当なものか。悪評にさらされた人物は何を考え、目の前の物事をどのように認識し、どう向き合おうとしたのか。悪評について考えることは、悪評にさらされた人物を見直すきっかけでもある。悪評を鵜《う》呑《の》みにせず、いったん立ち止まって、さまざまな視点からもう一度考えてみること。これが、歴史上の人物について考える時に最も大切なことではないだろうか。

⦿参考文献

信夫清三郎『大正政治史』(勁草書房、一九六八年)
升味準之輔『日本政党史論　第四巻』(東京大学出版会、一九六八年)
岡義武『近代日本の政治家』(岩波書店、一九七九年)
『原敬日記　第五巻　首相時代』(福村出版、一九八一年)
升味準之輔『日本政治史二　藩閥支配、政党政治』(東京大学出版会、一九八八年)
松尾尊兊『普通選挙制度成立史の研究』(岩波書店、一九八九年)
今井清一編著『日本の百年五　成金天下』(筑摩書房、二〇〇八年)
季武嘉也『原敬　日本政党政治の原点』(山川出版社、二〇一〇年)

1852–1933
海軍の改革に奔走し、海軍大臣も務めた。首相にも2度就任したが、海軍の汚職、虎ノ門事件で総辞職した。

「悪豪傑」と「善豪傑」のあいだで

山本権兵衛

…やまもとごんべえ…

鈴木一史

山本権兵衛（一八五二（嘉永《かえい》五）～一九三三（昭和八）年）は、明治時代から昭和戦前期の海軍軍人・政治家。薩摩《さつま》（主に現代の鹿児島県）藩藩士のもとに生まれ、一八六三（文久三）年に十二歳で薩英戦争に参加し、砲弾の運搬などに従事する。一八六七（慶応《けいおう》三）年に薩摩藩の藩兵募集に応じて採用され、藩主にしたがい上洛した後、翌年には鳥羽《とば》・伏見《ふしみ》の戦い、奥州戦争に参加し、薩摩へと帰った。

一八六九（明治二）年、藩からの派遣で東京へ遊学し、昌平黌《しょうへいこう》（学問所）や開成所で学んだのち海軍を志し、藩の推薦を得て海軍兵学寮へ入る。卒業の後、一八七四（明治七）年に実地研修のために巡洋戦艦・筑波に乗艦してアメリカを、一八七七（明治十年）から翌年にかけてドイツの軍艦・ライプチヒ号に乗りチリやペルーを周航した。天城の艦長を経て、一八八七（明治二〇）年には海軍大臣伝令使として当時の次官・樺山資紀《かばやますけのり》の欧米視察に随行し、アメリカ・イギリス・フランス・イタリア・ドイツ・ロシア・オランダ・ベルギーの軍港や造船所などの海軍施設を視察した。

一八九一（明治二四）年に海軍大臣官房主事となり、海軍大臣・西郷従道《さいごうつぐみち》（西郷隆盛《たかもり》の弟）のもとで海軍の行政整理や地位向上に努めた。その後、一八九八（明治三一）年から一九〇六（明治三九）年まで海軍大臣を務め、日英同盟締結や日露戦争の勝利に尽力した。

一九一三（大正二）年、首相に就任したが翌年にジーメンス事件で総辞職するとともに予備役となり、一九二二（大正十一）年には海軍を退役した。翌年九月、再び首相に就任したが、同年十二月、皇太子（後の昭和天皇）の車列に難波大助《なんばだいすけ》が発砲した虎ノ門事件により総辞職した。一九三三（昭和八）年に八二歳で没し、海軍葬が営まれた。

はじめに

「功績の偉大なりしこと」「人材雲の如く集まる」「偉大なる人格」。山本について回想した文章には、山本を称える数々の言葉が記されている。一方、「誤解」という言葉も多く見られる。曰く、「剛腹健闘の人ででもあるかのように誤解された」「兎角《とかく》世間から誤解せられて誠に損な人」。他にも、他人の評判に耳を貸さない、敵を倒さなければとまらない、恐るべき人物といった評言もある。

山本は、海軍の近代化を推し進め、日露戦争でバルチック艦隊を破った連合艦隊司令長官である東郷平八郎《とうごうへいはちろう》を起用し、二度も首相を務めた人物である。山本についての評価は、器が大きいながらも細かいところに気を配り、大きなことを成し遂げた人物という評価と、自らの地位に汲々とした悪の権化だという評価との両極に分かれる。

では、こうした両極端な評価をもつ歴史上の人物を、われわれはどのように捉えればよいのだろうか。

本稿では、山本の生涯やその業績を通じて、そのことを考えてみたい。

「一意海軍の修行に励み」——海軍軍人を目指す

山本は一八五二(嘉永五)年、薩摩国鹿児島郡鹿児島鍛冶屋《かじや》町に生まれた。父の五百助盛珉《いおすけもりたか》は、書画や和歌に通じていたことから藩の右筆《ゆうひつ》(藩主の文書などを代筆する役)として出仕し、藩主・島津《しまづ》氏の書道指南役も務めた。

山本は、小さい頃から負けず嫌いで口が達者だった。たびたび友達と喧嘩をしたり、家に押し掛けて兄を脅す暴れ者に対して「すぐ帰ってくれ」と言い放ち、退散させたりしたこともあったという。

山本の青年期は、明治維新の歩みと重なる。維新前年の一八六七(慶応三)年、王政復古に際して薩摩藩が兵隊を募ったとき、山本はこれに応じて小銃第八番小隊に編入された。本来十八歳以上でなければ入れなかったが、十二歳の山本は、年齢を偽って入隊したという。同年に藩主・島津忠義《ただよし》にしたがい鹿児島から京都へ向かった山本は、翌年の戊辰《ぼしん》戦争に参加し、鳥羽・伏見の戦いや越後《えちご》、奥羽、庄内《しょうない》藩(山形県)と各地での戦いに参加した後、京都に凱旋《がいせん》して鹿児島へと帰った。

戊辰戦争が終わり、東北地方の諸藩が平定された一八六九(明治二)年、薩摩藩は軍の制度を改めるとともに、兵の中から五〇人を選び、東京や京都などへ遊学させた。山本も遊学生の一人に選ばれ、東京へ向かった。十八歳になった山本は、長崎海軍伝習所を経て咸臨丸《かんりんまる》で渡米し、戊辰戦争時には幕府軍の軍事総裁として江戸城の無血開城につくした勝海舟《かつかいしゅう》に教えを乞うた。西郷隆盛から海軍に入って国に尽くすようにすすめられた山本は、海軍を志していた。西郷は山本のために勝への紹介状を書き、山本に海軍へ進ませる糸口をつかませようとしたのである。

勝は最初、山本の願いを聞き入れなかった。しかし、幾度となく訪問してくる山本の熱意に動かされ、洋学を学ばなければ海軍に関連する学問は身につかないのだから、数学などをきちんと勉強して素養を作ってから海軍に入るよう教えたとされる。納得した山本は、一八六九(明治二)年に設けられた海軍修練所に鹿児島藩の推薦を受けて入った。

こうして、海軍に入るため勉学に励む山本だったが、一八七三(明治六)年、その決意が試される出来事がおこった。

きっかけは征韓論《せいかんろん》をめぐる政府内での対立である。武力で朝鮮に開国をせまるべきだという主張が板垣退助《いたがきたいすけ》らを中心に唱えられ、西郷が使節として朝鮮を訪れることになった。しかし、欧米から帰国した岩倉具視《いわくらともみ》・木戸孝允《きどたかよし》・大久保利通《おおくぼとしみち》らが反対したことで訪問は中止され、板垣や西郷らはいっせいに政府を辞めたのである。

政府内の動揺を知った山本は、西郷の真意を確かめ、自らの進退を決めるために、同僚の左近《さこん》充《じょう》隼太《はやた》と鹿児島へ戻った。しかし、二人を迎えた西郷は、案に相違して山本らを諭《さと》した。曰く、戊辰戦争の直後、薩摩藩では特によく戦った者を選んで日本各地へ派遣した。その狙いは、学問をおさめて大勢を観察して報告することだった。君たちは若いころから海軍に入り、まだその道は遠い。日本が中国やロシアの近くに位置する以上、将来必ず海軍に力が必要になる。政治の動きに右往左往するのではなく、海軍の修行に励み、国家のためにつくしてほしい。

後に西郷は政府に反旗をひるがえし、西南戦争を起こすことになる。しかし、西郷は若い世代を自らの動きに引き込まず、むしろ広い視点から国家のために働くよう、山本たちが学窓に戻ることを望んだ。山本は自らの浅慮を恥じて東京へと戻り、いっそう勉学に励むようになったという。

「権兵衛大臣」――海軍の行政整理を担う

一八九一(明治二四)年、四〇歳の山本は海軍大臣官房主事となった。海軍大臣や海軍次官のもとで事務をつかさどる役職である。山本は時の海軍大臣・西郷従道に重用され、「権兵衛大臣」と称されるほどの活躍をみせた。

当時は、初めての国会である帝国議会が開かれた時期である。初期の帝国議会では、政府と野党である民党がたびたび対立していた。民党は政府の予算を減らす「政費節減」と、国民への重い負担を減らす「民力休養」を掲げ、予算の削減や内閣不信任案を使って政府を攻撃した。政府側は、解散や天皇からの詔書《しょうしょ》を切り札に対抗した。

こうした対立が時にあらわれたのが、一八九二(明治二五)年に開かれた第四議会である。軍艦製造費を削る修正予算案が衆議院で可決されたものの、大日本帝国憲法の下では、政府の同意なしに予算案は修正できない。民党側が内閣を弾劾《だんがい》する上奏案を議決しようとしたため、伊藤博文は天皇に議会の解散を求めたが、天皇はこれを許さなかった。代わりに、行政の整理を命じ、皇族の日常的な生活のための予算である内廷費から六年の間、毎年三〇万円を支出するとともに、官僚の俸給を十パーセント削減して軍艦の建造費にあてる旨の勅語《ちょくご》を出した。いわゆる「和協詔勅」である。最終的に、一八九三(明治二六)年度の予算は、二六〇万円の減額で決着をみた。

この結果、政府はもちろん、海軍も行政を整理することを迫られた。この時に活躍したのが山本である。山本は、一八七六(明治九)年から約二年間、ドイツの軍艦ピネタ号に乗り組むとともに、一八七七(同二〇)年には海軍大臣の伝令使として欧米視察に同行し、自らの見聞を広めていた。既に西郷の許しを得て、山本は海軍の制度改革案についての研究を深めていた。そこへ、行政整理のタイミングが訪れたのである。海軍では、山本の案をもとに行政整理を行い、主に二つの成果をあげた。

一つ目は、海軍軍令部条例の制定である。現在と異なり、大日本帝国憲法下では軍が天皇に直属していた。また、兵隊の配置や作戦の計画といった事項は、大臣ではなく陸軍参謀本部や海軍軍令部という天皇直属の組織が担っていた。しかしこの当時、海軍には軍令部がなく、陸軍よりも格下の扱いを受けていた。各藩の軍事力に対抗し、国内での反乱に備えるために、陸軍を整備することが優先されたからである。しかし、軍令部ができたことで、陸軍と同じ格を得た海軍は、力をのばすことになった。

二つ目は、人員整理である。海軍は、将官八名をはじめ、左官および尉官八九名の計九七名を現役から退かせる大規模な人員整理を行った。現在ならば一〇〇名近くの幹部自衛官を一斉にリストラするようなものである。その規模の大きさがうかがえよう。

この時、整理すべき者のリスト作りを担ったのが山本である。リストを見た海軍大臣の西郷は、これだけ多くのリストラは人手不足につながるのではないかと山本に尋ねたという。しかし山本は、新しい教育を受けた者も育っており、戦争が長引いたりした時には現役を退いて予備役になった者を呼び戻せばいいのだから問題ないと答えた。西郷は納得し、この人員整理を行うことにした。

現役から退かせる者を選ぶにあたり、山本は同郷の薩摩出身者や自らと親しくしていた者に手心を加えなかった。山本自身はこの人員整理の目的を、組織の新陳代謝を進め、後進の者が戦艦の操縦技術を実地で磨けるようにするためと語っている。山本は海軍の世代交代を促進させ、海軍を近代的な軍隊に変えようとしていた。

しかし、この人員整理案が公表されると、海軍内は大騒ぎになった。海軍はじまって以来の大規模な人員整理で、しかも対象者には明治維新の頃から勲功《くんこう》があった者が多く含まれていたからである。自分の功績を挙げて辞めることを渋る者、自分のような有能な者を辞めさせれば国家にとって損であると抵抗する者、西郷に対して山本ばかりを重用すると食ってかかる者など反対者が続出し、一部の新聞は、山本が自分の地位に汲々とする悪者だと攻撃した。「長の陸軍、薩の海軍」、すなわち長州(山口県)出身者が要職を占める陸軍、薩摩出身者が要職を占める海軍といわれるほど藩閥の勢力が強かった時代である。

山本の悪評は当時枢密院《すうみついん》議長を務め、貴族院や官僚に対して強い影響力を有していた山県有朋《やまがたありとも》の耳にも届いた。山県は西郷を通じて、渋る山本を自邸へ呼んだ。近頃海軍内で様々な改革を行い、事を誤る可能性があるという注進を受けているが、一方の言い分だけを聞いていては判断に苦しむからと、山本に事情を尋ねたのである。山本は、欧米の視察を通じて各国の海軍制度を調べた上で、研究に多くの努力を重ねていると答えた。山県は山本への疑念が晴れ、以後高く評価するようになったという。人員整理は無事に行われ、海軍組織は一新されたのである。

「海軍といえば山本」——首相就任

一九一三(大正二)年二月、六二歳となった山本は内閣総理大臣に就任した。

日清・日露戦争をへて日本の国際的な地位は一挙に高まり、イギリス・フランス・ドイツ・オーストリア・イタリア・アメリカ・ロシアとならび、八大国の一つとして列強の一角を占めるようになっていた。しかし、戦争のために国民は税金をはじめとした多くの負担を強いられ、日露戦争では十一万人以上の死傷者を出していた。こうしたなか、ポーツマス条約での賠償金《ばいしょうきん》なしという講和内容への不満がきっかけとなり、日比谷《ひびや》焼打ち事件をはじめとした暴動がおこった。また、一九一二(大正元)年、陸軍が増設を要求していた二個師団について、西園寺公望《さいおんじきんもち》内閣が財源不足を理由にこれを拒否したことで、陸軍大臣の上原勇作《うえはらゆうさく》が辞職した。陸軍・海軍大臣は現役の大将および中将に限ると定めた軍部大臣現役武官制を盾に陸軍が後任の大臣を出さなかったため、西園寺内閣は総辞職した。国民はこうした動きを見て、後任の首相である桂太郎ら陸軍の軍閥こそが西園寺内閣を倒したのだと捉え、第一次護憲《ごけん》運動が起こった。桂は山本の説得により総辞職し、山本が後継に指名されることになった。

山本は組閣に際して、とても一人ではできないので政友会の援助を得たいと、当時立憲政友会に属していた原敬《はらたかし》に伝え、原は承諾した。しかし、党内からは反発がおこった。そもそも山本は藩《はん》閥《ばつ》側の人間であり、憲政擁護を掲げて桂内閣を倒したのに山本を支持することなどできなかったのである。原の日記に記された「党員も世間も閥族なりとして山本を喜ばず、物情騒然」という一節からは、当時の山本が、薩長を中心にした藩閥政府の側の人間であり、首相になることは許されないと考えられていたことが読み取れよう。

しかし、原は政友会内をまとめ上げ、①政友会の綱領をそのまま施政方針にすること、②首相および陸軍・海軍大臣と外務大臣を除いたすべての閣僚が政友会に入党して政党員となることなどを主な条件に、政友会との協力が成立した。原は、建前上は憲政擁護を盾に山本内閣に反対しようとも、実際には政権に協力すれば出世の道も開かれるだろうという、政友会の党員の心理を利用したのである。こうして山本内閣は組閣に至った。

成立時の悪評とは裏腹に、山本内閣は多くの実績を残した。そのひとつが行政の整理である。組閣直後に原内相が各省から原案を提出させ、一九一三(大正二)年に成立した行政整理は、当時の一般会計予算約六億円のうち三八五〇万円におよび、五〇〇〇人以上のリストラという大規模なものだった。当時は定年が明確に定められていなかったこともあり、官吏の近代化が進むことになった。

また、高級官僚の任用について定めた文官任用令も改正された。元々は一八九三(明治二六)年に定められたもので、現在の国家公務員総合職の採用試験にあたる高等文官試験に合格した者だけが天皇に任命される高級官僚(勅任官《ちょくにんかん》)に就くことができ、内閣に連動する一部のポストのみを内閣が自由に任用できる仕組みだった。山本内閣はこれを改め、各省の次官クラスまでを内閣が自由に任用できるようにした。枢密院は改正に反対したが、山本は自分が議長に就任しようとするなど強い態度を取り、改正を実現させた。

さらに山本内閣は、軍部大臣現役武官制の改正も行った。西園寺内閣が倒れる原因となったこの制度について、山本内閣は現役の大将・中将に限らず、予備役まで含めるようにその範囲を広げたのである。これに対して、陸軍では閣議への提出書類に歩兵・騎兵・砲兵・工兵のすべての課長が不同意の旨を記した。書類に貼られた多くの付せんに、反対の意が記され、山本と会談した陸軍参謀《さんぼう》総長《そうちょう》は、やるならおやりなさいと言い放ち、席を蹴って退場した。当時、軍事課長を務め、のちに軍縮に尽力した宇垣一成《うがきかずしげ》も「帝国建軍の基礎を危うくし国家に害毒を流す」と記した。陸軍内での反発の大きさが読み取れよう。

山本が手がけた数々の制度改正は「空前の整理刷新」と評され、反対党といえどもその業績は認めざるを得なかったとされる。しかし、既成の制度を次々と変えていく山本内閣を、藩閥を重視する官僚たちは快く思わなかった。「政党流なるものは勝手次第なる暴言」「国務機関を一朝にして無造作に打壊」「官吏はあたかも政党流者の使用人の如き」といった表現からは、彼らが自ら築いてきた地位やプライドを崩され、憎悪すら抱いていた様子がうかがえよう。

山本は首相としてその手腕をいかんなく発揮したが、ジーメンス事件をきっかけにして総辞職することになった。

一九一四(大正三)年一月二三日、新聞『時事新報』はロイター通信発の情報として、ドイツの造船会社・ジーメンス社の東京支社でタイピストとして働いていたカール・リヒテルという者が、書類を盗み出して会社や海軍省を脅したとして逮捕され、審問の場でジーメンス社が注文を得るために日本の海軍将校に贈賄《ぞうわい》をしていた旨を申し立てたと報じた。日本海軍は、ジーメンス社に発注する見返りとして賄賂《わいろ》を受け取る一方、ジーメンス社には秘密で、ライバルだったイギリスの造船会社・ヴィッカース社にも発注を行い、その代わりに賄賂を受け取ったというのである。

第一次世界大戦前、世界各国は軍艦の増備を進めていた。日露戦争直後の一九〇六(明治三九)年にイギリスが十二インチの主砲を十門備え、速力二二ノット(時速約四一キロメートル)の性能を備えた戦艦ドレッドノート号を開発したことで、各国の競争が始まることになった。日本もこの流れに遅れまいと、一九一三(大正二)年には戦艦三隻の建造について予算計上を行い、事件が起こった際に審議された翌年度の予算には、戦艦一隻を加えた軍備拡張費を計上していた。

山本は海軍大臣も務めた、海軍の大御所ともいうべき存在だった。海軍といえば山本が想像されるほどだったのである。山本自身は贈収賄に関わっていなかったが、この事件の影響は大きかった。海軍からは艦政本部長をはじめ逮捕者を出し、衆議院では内閣弾劾決議案が提出された。決議案は、政友会の多数によって否決されたが、東京や大阪で国民大会が開かれ、否決の報に接した民衆は、そのまま議会を取り囲んで乱入し、警察や陸軍が出動して一三三名が逮捕された。軍艦の建造で海軍の首脳が私腹を肥やしたのではないかという疑惑が広がったことで、海軍将校が軍艦をかじっている絵が人気を集め、海軍の軍人は軍服を着て外を歩けない雰囲気になったという。議会では山本に聴くに耐えない罵声が浴びせられた。当時内閣を弾劾していた尾崎行雄《おざきゆきお》は、満身の力を込めて大声で山本を叱りつけたが、山本は一歩も引かずに睨《にら》み返してきたという。

逆風のなか、山本内閣は戦艦一隻分の予算を削るなどの対抗策を打ち、衆議院で予算を通過させた（野党は投票せず）。一方、山県系の勢力が強かった貴族院では、行政整理や文官任用令の改正などで不利な立場に追い込まれたことに対抗して、衆議院は数の力で押し切られるのだから「天下の危急を救う」のだと話し合い、海軍の予算を更に削った。結局、両院協議会での折り合いがつかず、山本内閣は総辞職に至った。

海軍主事の頃から「権兵衛大臣」と呼ばれ、海軍の近代化に尽力した山本は、よくも悪くも海軍を象徴する存在だった。薩摩軍閥の巨頭とみなされ、首相在任中には常に悪評がつきまとうことになった。実際にはそれまで成し得なかったほど大きな改革を行ったものの、それゆえにジーメンス事件の際に、攻撃の的となったのである。

おわりに

「山本権兵衛なるものは（略）海軍省主事に過ぎざれど一個の豪傑《ごうけつ》と見られ或は悪豪傑と称するも

あれば善豪傑と称するもあり」。これは、山本が海軍の行政整理に取り組んでいた一八九三（明治二六）年の新聞に書かれた山本評である。この記事には、山本が自分の地位に汲々としていると評する者がある一方で、海軍のために熱心に尽力し、同僚や部下に対しては尊敬や礼を失わず、実に偉いと評する者もいると記されている。

山本が行った数々の改革は、当時としては画期的なものだった。一方で、改革によってそれまでの権勢や利益を失った者も数多く存在した。また、薩摩に生まれた山本は、薩長土肥《さっちょうどひ》という藩閥支配の一角を占める存在として、悪評を背負い続けた。こうしたことが、山本に対する評価を両極端なものにしたのだろう。

褒《ほ》め称えるばかりではその人間の限界を見逃すことになり、悪評を鵜呑《うの》みにして事足れりという態度では、その人間が何をどこまで成し遂げたかを考える機会を失う。歴史上の人物について考えるとき、われわれは礼賛や悪評をそのまま受け入れるのではなく、まずその人物が生きた時代がどのような時代かを知ることが必要である。そして、その人物が何を目指し、自らが描いた理想や夢をいかに成し遂げようと行動し、その結果、どのような立場の人物や勢力からいかなる評価を受けたかということまで目を向けることが、重要ではないだろうか。

⦿参考文献

故伯爵山本海軍大将伝記編纂会編『伯爵山本権兵衛伝』全二巻（一九三八年〔非売品〕）

山本英輔『日本宰相列伝 六　山本権兵衛』（時事通信社、一九五八年）
林茂・辻清明編『日本内閣史録 二』（第一法規出版、一九八一年）
升味準之輔『日本政治史 二　藩閥支配、政党政治』（東京大学出版会、一九八八年）
季武嘉也編『日本の時代史 二四　大正社会と改造の潮流』（吉川弘文館、二〇〇四年）
今井清一編著『日本の百年 五　成金天下』（筑摩書房、二〇〇八年）

【執筆者略歴】（掲載順）

吉峯真太郎（よしみね　しんたろう）
一九八〇年、鹿児島県生まれ。二〇〇七年、東京学芸大学大学院修了。現在、いちき串木野市立羽島小学校教諭。主要論文：「薩摩の郷士」（大石学編『時代考証の窓から―「篤姫」とその世界―』所収）「高松家の宿運営と宿共同体」（大石学監修『内藤新宿と江戸―首都江戸と周辺の結節点の視点から―』所収）大石学監修・竹村誠編『楽学ブックス　文学歴史十五　浮世絵と古地図でめぐる江戸名所散歩』（共著）大石学編『シリーズ江戸学　江戸のうんちく　社会と生活』（共著）大石学編『坂の町・江戸東京を歩く』（共著）

杉本寛郎（すぎもと　ひろお）
一九八四年、秋田県生まれ。成蹊大学大学院文学研究科修了。現在、富士山かぐや姫ミュージアム学芸員

野村　玄（のむら　げん）
一九七六年、大阪府生まれ。二〇〇四年、大阪大学大学院文学研究科博士後期課程修了。現在、大阪大学大学院文学研究科准教授。主要著書：『日本近世国家の確立と天皇』『徳川家光―我等は固よりの将軍に候―』『天下人の神格化と天皇』

椿田有希子（つばきだ　ゆきこ）
一九七四年、神奈川県生まれ。二〇一〇年、早稲田大学大学院文学研究科史学（日本史）専攻博士後期課程単位取得退学。博士（文学）。現在、神奈川県立公文書館非常勤職員。主要著書・論文：『近世近代移行期の政治文化―「徳川将軍のページェント」の歴史的位置―』「日光社参を見る眼―天保期における将軍権威の変質と民衆―」（『日本歴史』七七一号）「下田・羽田奉行所の設置と江戸湾防備網構想―天保十四年日光社参前後の動向を中心に―」（『関東近世史研究』七二号）

佐藤麻里（さとう　まり）
一九八四年、神奈川県生まれ。二〇一二年、東京学芸大学大学院連合学校教育学研究科博士後期課程単位取得退学。現在、八王子市史編さん室市史編さん専門員。主要論文：「死を操作される将軍―近世後期将軍の「身体」から権力を考える」（『史海』五八）「将軍の死と『自粛』する江戸社会―都市江戸の鳴物停止・商売停止について」（『学校教育学研究論集』二四）「徳川将軍の葬送と江戸の町々」（『人民の歴史学』二〇六）

福留真紀（ふくとめ　まき）
一九七三年、東京都生まれ。お茶の水女子大学大学院博士後期課程修了。博士（人文科学）。現在、東京工業大学リベラルアーツ研究教育院准教授。主要著書：『徳川将軍側近の研究』『名門譜代大名・酒井忠挙の奮闘』『将軍側近　柳沢吉保―いかにして悪名は作られたか』『将軍と側近―室鳩巣の手紙を読む』

吉成香澄（よしなり　かすみ）
一九八〇年、埼玉県生まれ。二〇一四年、学習院大学大学院博士後期課程単位取得退学。現在、豊島区教育委員会文化財保護専門員、徳川林政史研究所非常勤研究員。主要論文：「将軍姫君の婚礼の変遷と文化期御守殿入用―尾張藩淑姫御守殿を事例として―」（『学習院史学』四七）「将軍姫君の公儀付人・女中について―尾張藩主徳川斉朝夫人淑姫の事例から―」（『徳川林政史研究所研究紀要』四四）

保垣孝幸（ほがき　たかゆき）
一九六九年、神奈川県生まれ。一九九六年、東京学芸大学大学院修士課程修了。現在、東京都北区立中央図書館地域資料専門員。主要論文：「江戸周辺地域における『寺社領』の位置―近世『寺社領』論の前提として―」（竹内誠編『徳川幕府と巨大都市江戸』所収）「近世『御朱印』寺社の所領特質と制度的展開」（関東近世史研究会編『関東近世史論集―宗教・芸能・医療』所収）「近世における鎌

倉寺院と江戸―建長寺江戸宿坊の機能と役割を中心に―」(中野達哉編『鎌倉寺社の近世』所収)

浅井雅(あさい みやび)
一九七八年、兵庫県生まれ。二〇一六年、神戸大学大学院国際文化学研究科博士後期課程修了。博士(学術)。現在、神戸大学国際文化学研究推進センター協力研究員、岡山大学非常勤講師、八尾市史編集委員会近世部会専門部会員。主要論文:「藩儒の修学過程と公務―龍野藩儒股野玉川を主な事例として―」(『教育史フォーラム』第八号)「諸藩における儒者登用の動向―十七~十八世紀の龍野藩を中心として―」(『日本思想史学』第四六号)「近世藩儒の研究―十八世紀龍野藩の事例を中心として―」(神戸大学博士論文、未刊)

木村涼(きむら りょう)
一九七九年、千葉県生まれ。二〇〇八年、法政大学大学院人文科学研究科日本史学専攻博士後期課程単位取得満期退学。二〇一一年、博士(歴史学)。現在、岐阜女子大学文化創造学部特任准教授。主要著書・論文:『七代目市川團十郎の史的研究』『八代目市川團十郎　気高く咲いた江戸の花』『七代目市川團十郎と甲州亀屋座興行」(『演劇博物館グローバルCOE紀要演劇映像学』二〇一〇年第四集)

松本剣志郎(まつもと けんしろう)
一九八〇年、大分県生まれ。二〇〇七年、東洋大学大学院修了。現在法政大学文学部助教。主要論文:「江戸の公共負担組合と大名家」(『社会経済史学』八三巻一号)「江戸の橋梁維持と武家屋敷組合」(『比較都市史研究』三六巻一号)「江戸における公儀地の論理」(『法政史学』八八号)

池田芙美(いけだ ふみ)
一九八三年、福岡県生まれ。二〇〇八年、東京大学大学院人文社会系研究科修了。現在、サントリー美術館学芸員。主要論文:「英一蝶『四季日待図巻』を読み解く」(『風俗絵画の文化学II』。主要担当展覧会:「歌麿・写楽の仕掛け人 その名は蔦屋重三郎」展、「原安三郎コレクション 広重ビビッド」展、「天下を治めた絵師 狩野元信」展など。二〇一三年第三〇回鹿島美術財団賞受賞

金井貴司(かない たかし)
一九七七年、群馬県生まれ。二〇〇五年、早稲田大学大学院文学研究科修士課程修了。現在、江東区文化財専門員。主要著書・論文:『将軍家の鷹場と杉並』(杉並区立郷土博物館)「中野村組合と馬橋村」(『杉並区立郷土博物館研究紀要』第十八号)「人足寄場周辺雑記~深川との関係を中心に~」(『江東区文化財研究紀要』第十八号、所収)

安田寛子(やすだ ひろこ)
一九五八年、三重県生まれ。二〇〇三年、法政大学大学院人文科学研究科日本史学専攻博士後期課程単位取得。現在、法政大学兼任講師。主要論文:「江戸島問屋の御用と島類流通構造」(『日本歴史』第六七八号)「慶弔儀礼をめぐる幕府と諸外国の対応」(『日本歴史』第七〇七号)「幕末の日光山をめぐる人々の意識」(『大石学編『十九世紀の政権交代と社会変動』所収)「行き倒れ人の取り扱いおよび埋葬に関する一考察」(大石学・時代考証学会編『大河ドラマと市民の歴史意識』所収)

Le Roux Brendan(ル・ルー ブレンダン)
一九八〇年、フランス国生まれ。二〇一二年、東京学芸大学大学院連合学校教育学研究科修了。博士(学術)。現在、帝京大学外国語学部准教授。主要論文:「『安政五ヶ国条約』を問うて―開港条約の再検討へ」(大石学編『十九世紀の政権交代と社会変動―社会・外交・国家』所収)"Was Lafcadio Hearn's prophecy about Japanese migrants in Guadeloupe right? – The Background of the 1895 Japanese Workers' Labour Movement"(*Annals Of "Dimitrie Cantemir" Christian University – Linguistics Literature And Methodology Of Teaching*)「フランス人宣教師メルメ・カションの『日本のヒエラルヒーに関する研究』について」(『帝

京大学外国語外国文化』第八号）「通訳・外交官としての宣教師メルメ・カション―日伊条約の交渉を事例に」（荒武賢一郎・池田智恵編『関西大学文化交渉学教育研究拠点　次世代国際学術フォーラムシリーズ』第三輯）

鈴木崇資（すずき　たかし）
一九八三年、大分県生まれ。二〇〇七年、東京学芸大学大学院修了。現在、晃華学園小学校教諭。主要論文：「第二次幕領期における蝦夷地の警衛体制」（大石学編『十九世紀の政権交代と社会変動』所収）。大河ドラマ「八重の桜」資料提供

太田和子（おおた　かずこ）
一九五一年、東京都生まれ　國學院大学大学院特別研究生

神谷大介（かみや　だいすけ）
一九七五年、静岡県生まれ。二〇〇五年、東海大学大学院文学研究科史学専攻博士課程後期満期退学。現在、東海大学文学部非常勤講師。博士（文学）。主要著書・論文：『幕末期軍事技術の基盤形成―砲術・海軍・地域―』「幕末期における幕府艦船運用と寄港地整備―相州浦賀湊を事例に―」（『地方史研究』五八巻二号（通号三三二））「万延・文久期における江戸湾浪士取締体制と沖番船出役」「文久・元治期の将軍上洛と「軍港」の展開―相州浦賀湊を事例に―」（『関東近世史研究』第七二号）

落合功（おちあい　こう）
一九六六年、神奈川県生まれ。一九九五年、中央大学大学院博士後期課程修了。現在、青山学院大学教授。主要著作：『大久保利通』「「徳川の平和」を考える」『国益思想の源流』

桐生海正（きりゅう　かいせい）
一九九〇年、神奈川県生まれ。二〇一四年、東京学芸大学大学院修了。現在、神奈川県立秦野曽根高等学校教諭。主要著書・論文：「近世白山麓における材木の生産と流通」（大石学監修・東京学芸大学近世史研究会編『首都江戸と加賀藩―江戸から地域へ・地域から江戸へ』所収）『「首都江戸と藩」研究』（共著）「小田原藩生産方役所による炭の流通統制と地域社会の動向」（徳川林政史研究所『研究紀要』五一号『金鯱叢書』四四輯に所収））

門松秀樹（かどまつ　ひでき）
一九七四年、神奈川県生まれ。二〇〇六年、慶應義塾大学大学院単位取得退学。博士（法学）。現在、慶應義塾大学・尚美学園大学等非常勤講師。主要著書：『開拓使と幕臣』『明治維新と幕臣』

花岡敬太郎（はなおか　けいたろう）
一九八三年、千葉県生まれ。二〇一一年、明治大学大学院博士前期課程修了。現在、明治大学大学院博士後期課程。

岩間一樹（いわま　かずしげ）
一九七五年、山梨県生まれ。一九九八年、山梨学院大学卒業。現在、衆議院憲政記念館課長補佐

鈴木一史（すずき　かずふみ）
一九八四年、東京都生まれ。二〇〇九年、千葉大学大学院人文社会科学研究科博士前期課程修了。現在、小田原市文化財課学芸員。主要論文：「アジア太平洋戦争期日本の戦争遂行に対する合意形成の様相アニメーション映画『桃太郎の海鷲』と『桃太郎　海の神兵』の考察」（『表象／帝国／ジェンダー』所収）「MLA連携における学芸員の役割　小田原市立図書館での実務経験から」（『記録と史料』所収）戸ノ下達也編著『〈戦後〉の音楽文化』（共著）。展覧会図録に『小田原城址の一五〇年　モダン・オダワラ・キャッスル一八六八―二〇一七』（小田原城天守閣）

「悪《あく》の歴史《れきし》」日本編《にほんへん》【下《げ》】

2017年12月25日　第1刷発行

編著者
大石《おおいし》 学《まなぶ》

発行者
渡部　哲治

印刷所
図書印刷株式会社

発行所
株式会社 清水書院
〒102-0072
東京都千代田区飯田橋3-11-6
［電話］03-5213-7151㈹
［FAX］03-5213-7160
http://www.shimizushoin.co.jp

デザイン
鈴木一誌・山川昌悟・下田麻亜也

ISBN978-4-389-50064-1
乱丁・落丁本はお取り替えします。